世界一流大学发展模式比较研究

刘宝存　莫玉婉 等　著

人　民　出　版　社

责任编辑:郭星儿
封面设计:源　源

图书在版编目(CIP)数据

世界一流大学发展模式比较研究/刘宝存 等著. —北京:人民出版社,
2022.12
ISBN 978-7-01-024125-8

Ⅰ. ①世… Ⅱ. ①刘… Ⅲ. ①高等学校-发展-对比研究-世界
Ⅳ. ①G649.1

中国版本图书馆 CIP 数据核字(2021)第 258726 号

世界一流大学发展模式比较研究
SHIJIE YILIU DAXUE FAZHAN MOSHI BIJIAO YANJIU

刘宝存 莫玉婉 等 著

人民出版社 出版发行
(100706 北京市东城区隆福寺街 99 号)

北京汇林印务有限公司印刷 新华书店经销

2022 年 12 月第 1 版 2022 年 12 月北京第 1 次印刷
开本:710 毫米×1000 毫米 1/16 印张:22. 75 字数:345 千字

ISBN 978-7-01-024125-8 定价:68. 00 元

邮购地址 100706 北京市东城区隆福寺街 99 号
人民东方图书销售中心 电话 (010)65250042 65289539

总　序

在“十四五”乃至更长一个时期，我国教育改革与发展正在面临着新的国内外环境，面临着新的发展机遇和挑战。从国际上看，正如《中华人民共和国国民经济和社会发展第十四个五年规划和2035年远景目标纲要》明确指出的，“当今世界正经历百年未有之大变局，新一轮科技革命和产业变革深入发展，国际力量对比深刻调整，和平与发展仍然是时代主题，人类命运共同体理念深入人心。同时，国际环境日趋复杂，不稳定性不确定性明显增加，新冠肺炎疫情影响广泛深远，世界经济陷入低迷期，经济全球化遭遇逆流，全球能源供需版图深刻变革，国际经济政治格局复杂多变，世界进入动荡变革期，单边主义、保护主义、霸权主义对世界和平与发展构成威胁。”从国内看，经过40多年的改革开放，我国社会经济发展取得了辉煌的成就，实现了全面建成小康社会的目标，我国已转向高质量发展阶段。在新的历史阶段，我们必须统筹中华民族伟大复兴战略全局和世界百年未有之大变局，深刻认识我国社会主要矛盾变化带来的新特征新要求，深入贯彻创新、协调、绿色、开放、共享的新发展理念，加快构建新发展格局，推动高质量发展，为全面建设社会主义现代化国家开好局、起好步。

教育是高质量发展的重要内容，也是高质量发展的基础，因此，建设高质量教育体系，实现教育现代化，建设教育强国，便成为我国教育改革发展的主旋律和归宿。我国要打造的高质量教育体系应该是服务全民终身学习的教育体系，是满足所有人的发展需要的全纳、个性化的教育体系，是上下衔接、普职融通的教育结构体系，是优质均衡的基本公共教育服务体系，是多元、高效的教育评价与质量保障体系，是政府、学校、企业、社会共同参与的教育治理体系，是全面布局、重大突破、分类发展的高水平教育对外开放体系。在“十四五”乃至更长一个时期，我国教育改革与发展将致力于推进基本公共教育均等化，增强职业技术教育适应性，提高高等教育质量，建设高素质专业化教师队伍。这些重大任务的推进，迫切需要深化教育改革。

从国际上看，自 20 世纪 80 年代以来世界性的教育改革不但没有停止，而且随着 21 世纪社会经济、科学技术、文化等方面的新发展、新要求和新挑战而日益走向深入。在教育普及化的时代，不断推进教育现代化是教育改革发展的总体目标，提高质量和促进公平仍然是教育改革发展的主旋律，主要的改革趋势包括重新界定核心素养并将核心素养融入培养目标、课程、教学和评价当中去，以培养创新能力、实践能力和学习能力为核心推进教学模式与方法的创新，以教师专业发展为指导推进教师职前教育和职后教育的一体化改革，以应对全球化时代挑战和全球性问题解决为目的推动国际理解教育、全球素养教育、全球公民教育和可持续发展教育，以教育数字化转型为途径应对信息革命、智能革命为主要驱动力的数字化社会带来的挑战，以全民终身学习和学习化社会为宗旨推进终身学习体系建设，以简政放权和提高效率为中心推进教育治理体系改革，以联合国教科文组织和多边主义等基础建构多行为体共同参与的全球教育治理体系。新冠肺炎疫情的全球蔓延使得全球教育面临着更大的不确定性，如何应对因疫情导致的面对面授课受限、国际交流与合作下降、教师与学生流动减少、失学和辍学人数飙升、毕业生就业恶化等挑战，如何在后疫情时代实现教育的重建，也成为世界各国和国际组织共同关心的问题。

在全球化时代，世界教育改革与发展进入一个互学互鉴的时代。我国的教育改革与发展的核心是建立高质量教育体系，实现教育高质量发展。这是一项前所未有的改革任务，迫切需要建立中国特色的教育现代化理论体系，探索中国式教育现代化的发展道路。这要求我们既要立足我国文化传统、教育理论和我国的现实国情，总结我国教育发展的经验，也要研究世界教育理论发展前沿、教育改革发展的趋势和经验教训，为我国教育改革与发展提供借鉴。

正是在这种背景下，北京师范大学国际与比较教育研究院组织出版了“国际与比较教育研究丛书”。该丛书主要收纳教育部人文社会科学重点研究基地北京师范大学国际与比较教育研究院和教育部国别和区域研究基地北京师范大学国际教育研究中心的研究成果，同时也对国内外国际与比较教育学者开放，力求反映世界教育理论发展的最新成果、世界教育改革与发展的最新动态，并在世界教育改革与发展的大背景下审视我国教育的改革与发展，为我国教育改革与发展提供借鉴。在丛书出版过程中，人民出版社给予了大力支持，特别是王萍女士付出了大量的心血，在此谨致以衷心的感谢。

刘宝存

2021 年 12 月于北京师范大学国际与比较教育研究院

目　　录

前　言

当今世界，科学技术迅猛发展，知识经济日益深入，全球化进程步入快车道。在知识经济时代，知识的创造、加工、传播和应用正在成为经济增长的最重要源泉，知识创新正在成为知识经济发展的基础。随着经济形态的转变，社会经济的发展越来越依赖知识和技术，大学特别是高水平大学，正在从社会经济发展舞台的边缘走向中心，成为社会经济发展的“轴心机构”，成为社会经济发展的动力源和发动机，成为国家创新体系和创新型国家建设中的核心因素。

为了迎接科学技术和知识经济的挑战，1993 年，我国开始实施“211 工程”，即面向 21 世纪，重点建设 100 所左右的高等学校和一批重点学科、专业，力争在 21 世纪初有一批高等学校和学科、专业接近或达到国际一流大学的水平。1998 年，我国开始实施“985 工程”，创建若干所具有世界先进水平的一流大学和一批一流学科。2017 年，我国启动世界一流大学和世界一流学科计划（简称“双一流计划”），争取到 2020 年，若干所大学和一批学科进入世界一流行列，若干学科进入世界一流学科前列；到 2030 年，更多的大学和学科进入世界一流行列，若干所大学进入世界一流大学前列，一批学科进入世界一流学科前列，高等教育整体实力显著提升；到本世纪中叶，一流大学和一流学科的数量和实力进入世界前列，基本建成高等教育强国。

经过“211 工程”“985 工程”和“双一流计划”的建设，在我国初步形成了一批具有中国特色的高水平大学，有些大学已经进入世界大学排行榜的前列，有力地推动了我国高校争创世界一流大学和高水平大学的进程。但是，我国创建世界一流大学仍然任重道远，有关世界一流大学的很多理论与实践问题也一直没有解决，如世界一流大学的内涵、基本特征，世界一流大学建设的政策路径，世界一流大学的形成与发展模式，世界一流大学的管理模式、人才培养模式、科学研究模式、质量监控与保障模式等问题的研究都有待深化，对于我国创建世界一流大学建设的成效和差距、我国创建世界一流大学的政策路径与发展模式选择等问题，也必须作出正面回答。

早在 2006 年 12 月，教育部人文社会科学重点研究基地北京师范大学国际与比较教育研究院申报的“世界一流大学形成过程与机理的国际比较研究”课题就被立项批准，课题组也于 2011 年完成课题研究并顺利结题。但是，无论从国际上看还是从我国来看，世界一流大学建设的国家战略、政策和项目不断丰富和深化，课题组也在不断修改和完善原来的研究报告。本书就是在“世界一流大学形成过程与机理的国际比较研究”课题研究报告的基础上修改而成的。本书揭示了世界一流大学的内涵和基本特征，总结了世界一流大学建设的政策路径与基本经验以及世界一流大学的形成与发展模式，具体探讨了世界一流大学的管理模式、人才培养模式、科学研究模式、质量监控与保障模式，并在此基础上分析了我国世界一流大学和学科建设的发展历程和取得的进展、存在的问题和面临的挑战，对我国世界一流大学建设的政策路径与发展模式选择提出了政策建议。

本书是集体合作的成果，具体分工如下：第一章“世界一流大学的政策路径与发展模式”由华南师范大学职业教育学院莫玉婉撰写，第二章“世界一流大学的管理模式”由中国教育科学研究院比较教育研究所赵章靖撰写，第三章“世界一流大学的人才培养模式”由中国教育科学研究院比较教育研究所张永军撰写，第四章“世界一流大学的科学研究模式”由华南师范大学职业教育学院莫玉婉撰写，第五章“世界一流大学的质量监控与保障模式”由中国教育科学研究院教育体制机制改革研究所罗媛撰写，第六章“我国世界一流大学建设的政策路径与发展模式选择”由北京联合大学应用科技学院李润华、北京师范大学国际与比较教育研究院康云菲和刘宝存撰写，最后由刘宝存和莫玉婉通稿。另外，在课题研究和写作过程中，北京师范大学教育学部鲁妩媚做了大量的工作。

在写作过程中，我们参考了国内外的一些研究成果，未能一一列出，在此一并表示感谢。人民出版社王萍女士为本书的出版付出了辛勤的劳动，在此深表谢意。在本书即将付梓印刷之际，世界各国的世界一流大学建设的政策和改革实践仍然在不断完善和丰富，我们对世界一流大学发展模式的研究仍然非常粗浅、初步，纰漏之处在所难免，恳请各位专家和读者不吝赐教，以便我们以后不断改进。

刘宝存

2021 年 12 月于北京师范大学国际与比较教育研究院

第一章　世界一流大学的政策路径与发展模式

自从1998年12月教育部发布的《面向21世纪教育振兴行动计划》明确提出，要“创建若干所具有世界先进水平的一流大学和一批一流学科”以来，建设世界一流大学就成为我国高等教育改革的重要措施，也成为一批著名高等学府的奋斗目标。2010年7月正式颁布的《国家中长期教育改革与发展规划纲要（2010—2020年）》更是将“加快创建世界一流大学和高水平大学的步伐，培养一批拔尖创新人才，形成一批世界一流学科，产生一批国际领先的原创性成果，为提升我国综合国力贡献力量”，作为我国高等教育改革与发展的重要目标。2015年10月，国务院印发《统筹世界一流大学和一流学科建设总体方案》，开启了新一轮的世界一流大学和一流学科建设。2020年，第一轮“双一流”建设进入尾声，2021年3月《“双一流”建设成效评价办法（试行）》的印发，标志着第二轮“双一流”建设周期的开启。可见，世界一流大学建设已经成为一定历史时期内我国高等教育改革的重要目标。但是，人们关于“何谓世界一流大学”，“如何建设世界一流大学”等基本问题依然没能达成共识。正如阿特巴赫（Philip G. Altbach）所言，“每个国家都想拥有一所世界级大学，似乎一旦离了它，便寸步难行。但问题是，没有人知道世界级大学究竟是什么，更没有人描绘过如何才能建成世界级大学。”① 基于

① ［美］菲利普·阿特巴赫、叶志坚、周岳峰：《世界级大学的代价和好处》，《高等教育研究》2004年第5期。

此，我们尝试从理论层面探讨世界一流大学的内涵、特征、发展模式等建设世界一流大学的基本问题。

第一节 世界一流大学的内涵与基本特征

“世界一流大学”是一个相当模糊的概念，而不是严格意义上的科学概念，至今没人能一窥其全貌，也没有普遍接受的世界一流大学的定义。也正是因为定义的不确定和不统一，导致我们在实践中无法明确辨识世界一流大学。从现有的世界大学排行榜来看，不同排行榜使用的指标虽然不同，但是重复出现在各自排行榜前几位的大学往往是相同的。比如，哈佛大学、斯坦福大学、剑桥大学、牛津大学、麻省理工学院、普林斯顿大学、芝加哥大学、耶鲁大学等等。这就说明世界一流大学又具有某些共性特征值得我们探索。正如美国比较教育专家阿特巴赫教授所言，“当我看到它，我就知道了它。”①

一、世界一流大学的内涵

在过去的若干年里，“世界一流大学”成为一个热门词汇，但对其内涵的界定往往似是而非。世界一流大学的概念依然是模糊的、不确定的和有争议的，不同国家的界定也各不相同。② 人们对世界一流大学的认识也是仁者见仁、智者见智。所用的术语也有一定的差异，如英语中与世界一流大学内涵相关的概念就有 world-class university、research university、flagship university、world-renowned university、global research university 或者 meritocratic university 等等。为了进一步厘清世界一流大学的内涵是什么的问题，我们尝试对已有的世界一流大学的认识进行归类：

---

① Philip G. Altbach. The Costs and Benefits of World-class Universities. 2020-03-25. https：//ejournals.bc.edu/index.php/ihe/article/view/7381/6578.

② Jun Li. World-class Higher Education and the Emerging Chinese Model of the University. *Prospects*. 2012，42（3），pp.319-339.

（一）群体论

目前比较盛行的是研究型大学论，认为世界一流大学是一个大学群体，通常指的是具有国际竞争力和国际声望的高水平研究型大学。丁学良认为世界一流大学首先必须是研究型大学，是对人类社会作出了重大贡献并得到国际公认的高水平大学。① 马万华也将世界一流大学对标于“全球性研究型大学”。上海交通大学世界一流大学研究团队也认为，世界一流大学一般是指全球研究型大学或者“旗舰”大学，是所有学术体系的基石。在全球知识经济的背景下，它们是各国提升和发展国际竞争力必不可少的部分。这些大学处于高等教育层级的顶峰，在知识的创造和传播中扮演关键角色，致力于培养具有高技能、知识型的精英人才，并服务于社会需求。② 伦敦大学学院迈克尔·巴蒂（Michael Batty）提出世界一流大学就是英国大学拨款委员会确定的 RXT 大学分类标准中的研究型大学。③ 还有一些学者和大学管理者将“世界一流”界定为达到世界大学排名的标准，但是现在排名靠前的大学无一例外全都是研究型大学。

（二）声誉论

声誉论认为世界一流大学必须在世界范围内获得认可，即世界范围内最有影响力的大学。成为世界一流大学中的一员靠自我标榜是不行的，相反，所谓“精英”是外界基于国际社会普遍认可所赋予的。到目前为止，判定是否是世界一流大学的依据是一种主观的资格评定，即通常说的名誉。④ 而且，这一概念有时候仅仅指的是国际地位，或者指的是“对卓越的毫无意义的追求，即使这种卓越根本就不存在”⑤。美国大学联合会常务副主席约

---

① 喻恺、徐扬、查岚：《转危为机：世界一流大学在国际金融危机中的应对策略》，知识产权出版社 2015 年版，第 21 页。

② 程莹、王琪、刘念才：《世界一流大学：对全球高等教育的影响》，上海交通大学出版社 2015 年版，第 1 页。

③ 夏国萍：《世界一流大学关键特征与中国路径依赖研究》，《中国电化教育》2019 年第 9 期。

④ ［摩洛哥］Jamil Salmi：《世界一流大学：挑战与路径》，孙薇、王琪译，上海交通大学出版社 2009 年版，第 3 页。

⑤ Rosemary Deem，Ka Ho Mok & Lisa Lucas. Transforming Higher Education in Whose Image? Exploring the Concept of the World-class University in Europe and Asia. *Higher Education Policy.* 2008，21（1），pp.83-97.

翰·冯（John Vaugh）认为，“一所世界一流大学就意味着这所大学的地位受到了全世界大多数国家的关注和认可。”① 在实践中，人们也往往依靠学术声誉对“世界一流大学”作出一种主观的资格评定。比如，美国的常春藤大学（哈佛大学、耶鲁大学、哥伦比亚大学等等）、英国的牛津大学和剑桥大学，日本的东京大学等等。但是并没有直接、严密的衡量手段来证实这些学校在研究生培养、科研产出、技术转化等方面确实处于世界一流。② 在澳大利亚大学校长协会前会长约翰·泥兰德（John Niland）眼中，“对大学来讲，世界一流的地位是建立在声誉和感知的基础上——经常是主观和不确定的，需要大学在很多方面有卓越的表现。”③ 除此之外，曾任清华大学副校长的施一公教授也认为世界一流大学是指一些进入到世界最有名大学行列中的大学。④ 王英杰教授也认为，“声誉就是大学的‘货币’，有了声誉就可以吸引更多的投入，‘购买’一流的学者，吸引一流的生源，有了一流的教师和一流的学生，就有了更高的学术声誉和更多的‘货币’，从而形成大学的持续发展，实现建成世界一流大学的雄心壮志”⑤，不仅将声誉作为世界一流大学的衡量标准，更是将声誉作为实现世界一流大学建设的手段。

（三）排名论

排名论认为世界一流大学主要指的是位于世界大学排行榜前列的大学。随着世界排名在过去若干年的蓬勃发展，还是出现了比较系统的对世界一流大学进行鉴定和分类的方法。当前较为权威的世界大学排名榜主要包括：上海交通大学“世界大学学术排名”（ARWU）、《美国新闻和世界报道》的“世界最佳大学排名”、英国《泰晤士报高等教育》的“世界大学排名”（THE）、

① 王晓阳、刘宝存、李婧：《世界一流大学的定义、评价与研究——美国大学联合会常务副主席约翰·冯（John Vaugh）访谈录》，《比较教育研究》2010 年第 1 期。

② ［摩洛哥］Jamil Salmi：《建立世界一流大学所面临的挑战》，载刘念才、［加］Jan Sadlak 主编《世界一流大学：战略·创新·改革》，上海交通大学出版社 2009 年版，第 4 页。

③ ［澳］John Niland：《亚洲地区建设世界一流大学的挑战》，载刘念才、［加］Jan Sadlak 主编《世界一流大学：特征·排名·建设》，上海交通大学出版社 2007 年版，第 86 页。

④ 施一公、饶毅：《靠什么创建世界一流大学》，《光明日报》2008 年 4 月 2 日。

⑤ 王英杰：《广义国际化与世界一流大学建设》，《比较教育研究》2018 年第 7 期。

英国 QS 世界大学排名等等。上海交通大学在 2003 年首次公布了世界大学学术排名，倾向于使用客观指标来评价大学的学术水平，评价指标包括获得诺贝尔奖和菲尔兹奖的校友数，获得诺贝尔奖和菲尔兹奖的教师数、高引用科学家数，在 *Nature* 和 *Science* 上发表的文章数、在科学引文索引扩展版和社会科学引文索引期刊上发文数以及人均加权指标。THE 则综合了主观评价（如同行评议、雇主满意度评价）、定量数据（包括外国留学生数和海外教师数）以及学术影响力（用教师学术研究成果被引用次数来表示）。评价指标主要包括教学、科研、引用、国际化、企业经费等，较为全面地评价了大学的各个方面。与早期唯"大学排行榜"马首是瞻不同，近年来，人们能够更为理性地看待世界大学排行榜，认识到世界一流大学是无法完全通过量化指标来呈现的，现有的评价指标，只能反映出世界一流大学显性的、局部的外在表现，无法衡量世界一流大学整体的、隐性的内在特点，不能反映世界一流大学的具体内涵。或许无论是过去、现在还是将来，一流永远都只能是一种迷思。[①] 我们可以将排行榜作为一种参照物，但不能作为唯一的评价标准。

总的来看，三类观点分别探讨了世界一流大学的某个属性，并不能作为世界一流大学内涵的权威界定。世界一流大学并不存在一个确切的标准，它是模糊的、相对的、也是动态发展的。世界一流大学是一个模糊的历史性概念，不同的时代对其衡量标准不同。自中世纪现代大学产生以来，随着政治、经济、社会和科学技术的发展，教育与科技中心在世界范围内发生了若干次转型，每一次转型背景下的世界一流大学标准并不相同；世界一流大学是一个相对概念，也是一个比较性概念。世界一流大学只能在一定范围内相对其他同类大学的比较而言，是在一个评价指标下的相对排名靠前而已，并没有绝对的世界一流大学[②]；世界一流大学最终是个发展性的概念，是大学在运行过程中所表现出来的一种结果和状态，是一个连续不断的持续过程。

① 王建华：《学科的境况与大学的遭遇》，教育科学出版社 2014 年版，第 4 页。

② 李志民：《关于建设世界一流大学的"冷"思考》，《中国高校科技》2016 年第 Z1 期。

世界一流大学也并非一朝一夕可以建成，而是需要几十甚至上百年的时间，在人才、资源、理念和制度等因素共同作用的基础上所达成的结果。如果非要给世界一流大学下个定义，我们认为，世界一流大学指的是位于高等教育金字塔顶尖的那部分高校，它们办学质量一流且具有卓越的国际声誉，它们的国际地位和成就获得全世界大多数国家和高校的普遍认可。

二、世界一流大学的基本特征

一些学者通过发掘世界一流大学具备而其他大学没有的特性，确定了世界一流大学的一些基本特征，如国际知名教授、卓越的科研成果、巨大的经费投入、先进的办学设施、卓越的人才培养、国际化的办学环境等等；还有学者通过实证研究，选取全球排名前 100 的若干所高校，通过总结他们的共同特征来给出世界一流大学的特征。可见，无论世界一流大学的内涵如何模糊，世界一流大学总存在某些“共性”特征。本研究认为，世界一流大学应该具备如下基本特征：

（一）学科门类齐全，顶尖学科突出

大学是以知识为基础建构起来的社会组织，是知识的传承者、知识的引领者、知识的创造者和知识的服务者。知识是大学的本质属性和根本生存逻辑，因此，对大学的研究需以知识为逻辑起点。① “而学科是全球知识的分类保存形式，也是大学、科研机构各方学者们进行专门研究的方向设定和领域界定的参照。” ② 所以，大学是由各个学科组成的一个学术共同体，学科是大学得以存在的基本元素。大学建设与学科建设二者相辅相成，二者不能脱离彼此而独立存在。只有打造一定数量的世界一流学科才能支撑起世界一流的大学。

世界一流大学以综合性大学居多，通常学科门类齐全。即使像麻省理

---

① 聂永成：《知识生产模式转型视角下的大学治理结构变革》，《国家教育行政学院学报》2019 年第 9 期。

② 王莉华、王素文、汪辉：《世界一流大学学科竞争力》，浙江大学出版社 2015 年版，第 13 页。

工学院这样的理工科大学，其实也是相当综合的，它的艺术系、历史系等人文社会科学都有不凡的业绩。① 普朗克在《世界物理图景》一书中指出："科学乃是统一的整体，它被分为不同的领域，与其说是由事物本身的性质决定的，还不如说是由于人类认识能力的局限性造成的。"② 为了弥补学科划分的局限性，设置相对较为齐全的学科，成为世界一流大学探寻事物真谛的方式之一。以哈佛大学为例，该校共设置 1 个本科生院（哈佛学院）、拉德克利夫高等研究院和 11 个研究生院，分别是约翰·保尔森工程与应用科学学院、文理学院、商学院、牙医学院、设计学院、神学院、教育学院、肯尼迪行政学院、法学院、医学院、公共卫生学院。此外，哈佛大学还设有专门的研究机构，如国际事务研究中心、东方研究中心、电子加速器研究中心、教育政策研究中心、古希腊研究中心等。斯坦福大学的电机工程、环境工程、统计学、生物化学、计算机工程、航天工程、数学、化学、物理、地质科学、土木工程、医科等学科都排名前十，其人文社会科学也毫不逊色，心理学、历史学、经济学、大众传播等学科也有着十足的影响力，斯坦福大学要求学生文理兼顾，做既有理科知识又有人文修养的通才学生。东京大学的学科也基本囊括了当今高等教育学术研究的主要领域。学生在各种学科相互渗透、各种文化相互整合的环境中才能够培养全面素质。

世界一流大学要有一流的学科。世界一流大学也不可能在所有领域都卓越，必须聚焦于优势学科，增强自己的比较优势。正所谓"世界一流大学的学科不在乎有多全，而在乎有多强。一流的大学都有一流的学科。每一所大学应根据自身条件，努力建设好特色学科、优势学科，而不应该一味追求'大而全'，关键在于有特色，并把特色发挥到极致。"③ 牛津大学以法学和政治学著称，剑桥大学则在数学、物理学、化学、植物学、地质学和天文学领域取得了创新性的研究成果，哈佛大学的商学和法学在全世界名列前茅，普

① 刘仁文：《远游与慎思》，商务印书馆 2015 年版，第 9 页。

② 陶爱珠：《世界一流大学研究：透视、借鉴、开创》，上海交通大学出版社 1993 年版，第 4 页。

③ 刘宝存：《世界一流大学发展模式的个性化选择》，《比较教育研究》2007 年第 6 期。

林斯顿大学则被称为“数学之都”，加州理工学院的物理学享誉世界，麻省理工学院虽然增设了人文和社会科学，但是它依然毫不讳言称自己为一所“科技学校”，电子工程和计算机科学更是全美公认的第一。

此外，跨学科也成为世界一流大学的典型时代特征。随着经济和社会问题变得越来越复杂，传统的单一学科难以解决复杂的现实问题，跨学科研究就成为必然趋势。“在西方人眼中，科学是一种思维方法，不论研究的对象是自然还是社会，凡是符合科学方法论的都是科学。所以，他们一般把人文科学、社会科学和自然科学放在一个学院里，目的是便于跨学科之间的合作。”① 早在二战之后，美国大学就存在着各种形式、有各种目标的有组织的研究单位，它们是各种中心、研究所与联邦签约的合同研究中心。而这种“中心”往往倾向于进行跨学科的研究，这种跨学科的研究方式进一步促成了美国大学在二战之后一跃成为世界一流大学的主体。斯坦福大学就是最早建立跨学科研究中心、增设跨学科课程的大学，其目的就是让学生通过跨学科学习，以激发其潜在的主观能定性、培养创造力。

（二）师资队伍优质，知名学者集聚

一流的师资队伍是世界一流大学的灵魂。1933 年出任哈佛大学校长的科南特（James Bryant Conant）曾指出：“大学者，大师荟萃之地也。如果一所大学聘任的终身教授是世界上最优秀的，那么这所大学必定是最优秀的大学。”② 加利福尼亚大学伯克利分校前校长麦克·黑姆（Ira Michael Heyman）在 1980 年的就职演说中提出的第一个奋斗目标就是“保持极优秀的教师阵容——这是大学的核心。”③ 约翰·霍普金斯大学的首任校长吉尔曼（Daniel Coit Gilman）认为“大学的名誉依赖于它所聚集起来的教师和学者的声望”④。

① 石毓智：《斯坦福的创造力：来自世界一流大学的启示》，科学出版社 2018 年版，第 54 页。

② Seymour Martin Lipset，David Riesman. Education and Politics at Harvard. New York：Mcgraw-Hill Book Company，1975，pp.154-155.

③ 徐艳秋、余建森、何勇：《论跨世纪优秀年轻学术带头人的培养》，《师资培训研究》1997 年第 4 期。

④ John S. Brubacher，Willis Ruby. Higher Education in Transition. New York：Harper &Row Publishers，1976，p.179.

也正是因为对一流师资的重视，才使约翰·霍普金斯大学高度重视科学研究和研究生教育，也使其在开办十年，就成为美国同类大学中的佼佼者。我国清华大学早期校长梅贻琦也曾给大学一个定义："所谓大学者，非谓有大楼之谓也，有大师之谓也。"拥有一流的师资队伍已经成为一流大学办学者的共识。

一流的师资必须具有一流的科研能力。自德国柏林大学将科研作为现代大学职能之一开始，科学研究就成为教师的正式职责，大学里最好的和最有能力的教师无疑是那些具有卓越科研成就的优秀学者，与此直接相关的重要指标就是大学教师的学术研究成果及其在学术界和文化界获得的奖励和认可。世界一流大学聘请的教师不乏世界一流的科学家。以加州理工学院为例，著名的物理学家爱因斯坦（Albert Einstein）、费曼（Richard Phillips Feynman）、密立根（Robert Andrews Millikan）、盖尔曼（Murray Gell-Mann），著名的天文学家哈雷（Edmond Halley）、遗传学的鼻祖摩尔根（Thomas Hunt Morgan）、火箭专家冯·卡门（Theodore von Kármán）都曾执教于此。而世界排名百强大学有超过八成的教师从世界百强大学获得博士学位，吸引了全球超过八成的诺贝尔奖和菲尔兹奖获得者、三分之二的高被引科学家。①

一流的师资队伍需要一流的师资管理。为了保证招聘到世界上最好的学者，哈佛大学每年都有一批联络员或顾问在世界各地为哈佛大学进行调查分析，把各个学科最优秀的学者推荐给哈佛大学。哈佛大学也建立起一套严格的招聘制度和程序，以确保选拔最优秀的学者。哈佛大学坚持"非升即走"的教师聘任制度，目的是保证学校有世界上最好的教授。麻省理工学院通过学术劳动力市场来配置学术劳动力资源，依据岗位职责将师资队伍分为专任教师、教学主导型教师和专职科研人员三类，并对其进行分类管理，保证了教学、科研人员精专一职，提高了学术工作效率。②除此之外，一流的

---

① 刘继安、冯倬琳：《世界一流大学的主要特征和建设策略》，2016 年 3 月 25 日，见 http://opinion.people.com.cn/n1/2016/0325/c1003-28226356.html。

② 李志锋、汪洋：《世界一流大学教师队伍的结构与分类管理逻辑——以 MIT 为案例》，《教师教育研究》2018 年第 1 期。

师资要有一流的待遇。对大学教授最大的尊重体现在其经济地位上。因此，洪堡在创建柏林大学的时候，就考虑到了师资的待遇问题。尽管当时的办学条件十分拮据，但他仍然坚持为那些到柏林大学任教的教授提供相对优厚的待遇，以确保他们能在没有经济烦恼的前提下专注于增进知识。[①] 对大学教授的尊重才得以吸引更多的一流学者来柏林大学任教，从而进一步支撑起了柏林大学的精神高度。

（三）科学研究卓越，重视研究生教育

科学研究是现代大学的主要职能之一，也是衡量大学水平的重要尺度。[②] 19 世纪初的柏林大学正式将科学研究纳入大学职能中来，洪堡成为第一个提出大学教学应当与科学研究相结合的人。他宣称只有教师在创造性活动中取得的研究成果，才能将其作为知识加以传授，只有这种教学才真正可称之为大学水平的教学。20 世纪以来，随着全球科技的快速发展，科技成果在世界范围内广泛使用，科学研究在大学内部得到前所未有的重视。借鉴德国现代大学模式而发展起来的美国研究型大学，不仅重视教学与科研的结合、本科生教育和研究生教育的结合，还重视科研专利的产出，这也进一步展示了科学研究在世界一流大学建设中的重要地位。

一流的科研成果需要与社会的发展需求相对应。真正的一流大学并不仅仅在于发表了多少一流的科研论文，还在于能否满足国家和社会发展的需求，能否将学术成果转化为现实生产力。这就需要加强一流大学的科学研究与社会 / 企业的互动与合作，科技园区便是最具代表性的模式。以美国斯坦福大学为主导发展起来的“硅谷”科学工业园区，以麻省理工学院、哈佛大学为核心的波士顿科研中心，以及英国剑桥科学园，都是以著名大学为中心，以高新技术产业群为基础形成的产学研结合的科技发展基地。科技园区的发展推动大学科研的转变，突破了象牙塔的单一模式，形成了出人才、出成果和出产品并举的模式，缩短了高科技由创造加工到传播应用的周期，加

---

① 徐昭恒、王琪：《走进世界名校：德国》，上海交通大学出版社 2014 年版，第 152 页。

② 贺国庆：《德国和美国大学发达史》，人民教育出版社 1998 年版，第 195 页。

速了新经济的发展步伐。主动融入国家和区域发展的建设，已经成为现代大学快速发展的一种有效路径。

世界一流大学普遍重视研究生教育。研究生教育更能将研究生培养与科学研究有机结合起来，一流大学许多重大的发现和科研成就，就是师生相互切磋，同心协力，共同攻关的结晶。在诺贝尔自然科学奖获得者中，不少人就是凭借自己的研究生学位论文而获奖，还有的获奖者的获奖研究成果是在攻读博士学位期间形成的。例如，1953 年，刚从麻省理工学院获得学士学位的施里弗（John Robert Schrieffer）来到伊利诺伊大学，在巴丁（John Bardeen）的指导下攻读物理学博士学位，并选择了当时困扰科学界 40 年之久的“超导成因之谜”的问题作为博士学位论文的题目。1957 年，施里弗和巴丁、库珀（Leon N. Cooper）共同创立了 BCS 理论，对超导电性作出了科学的解释，由此获得了 1972 年诺贝尔物理学奖。[①]

（四）生源质量优异，重视本科教学

世界一流大学拥有世界一流的生源。世界一流大学高水平的师资队伍和优越的办学条件，能够吸引更多更高质量的生源，这也造成了世界一流大学本科招生的高选拔性特征。哈佛大学 2021 年（Class of 2025）的本科生申请人数为 57786 人，录取人数为 1962 人，录取率为 3% 左右；[②] 麻省理工学院 2020 年（Class of 2024）本科生的申请人数为 20075 人，录取人数为 1457 人，录取率为 7% 左右；[③] 牛津大学的招生也极具竞争性，在 2020 学年和 2021 学年的招生周期中，每年都有超过 2.3 万人申请，但通常只有大约 3300 个招生名额，录取率不足 14%[④]。剑桥大学 2019 学年的本科生申请人数为 19359 人，招生名额仅为 3500 人，录取率不足 18%。[⑤] 除低录取率之外，

① 陈其荣：《科学技术哲学论集》，上海人民出版社 2017 年版，第 413—414 页。

② Harvard University. Admissions Statistics. 2021-12-30. https：//college.harvard.edu/admissions.

③ MIT. About MIT. 2021-12-30. https：//www.mit.edu/about.

④ Oxford University. Facts and Figures. 2021-08-07. https：//www.ox.ac.uk/about/facts-and-figures.

⑤ Cambridge University. Cambridge at a Glance. 2021-09-01. https：//www.cam.ac.uk/about-the-university/Cambridge-at-a-glance.

为了保证生源的质量，世界一流大学在招生时不仅考察申请人有关入学考试的成绩，还十分注重申请人中学阶段所修的课程及其成绩，以及中学教师的评语，并对申请人进行面试，综合考虑申请人的素质。

世界一流大学重视一流的教育过程。美国的研究型大学曾一度因为过度关注研究生教育而忽视本科教育。为了改善研究型大学本科教育的质量，自20世纪80年代起，美国发布了一系列研究报告，分析本科教育存在的问题并提出相应的对策建议。如《国家在危机中：教育改革势在必行》《投身学习，发挥美国高等教育的潜力》《挽救我们的精神遗产——高等教育人文学科报告书》《大学课程的完整性》《大学——美国本科学生的就读体验》《重建本科生教育：美国研究型大学发展蓝图》《重塑本科教育：博耶报告三年回顾》《失去灵魂的卓越：哈佛是符合忘记教育宗旨的》《回归大学之道：对美国大学本科教育的反思与展望》《斯坦福大学本科生教育研究》等等。这些权威性的研究报告对美国研究型大学的课程、教学等人才培养过程的改革产生了极大的影响。与此同时，一些研究型大学还进行了具有校本特色的教育教学改革，比如麻省理工学院1984年开始实施的"回归工程实践"(Return to Engineering Practice)的改革对世界工程教育产生了极为深远的影响；加州大学洛杉矶分校1998年开始实施的"普通教育改革计划"，提倡跨学科的课程改革；哈佛大学面向21世纪的本科课程改革，进一步提高课程内容的国际化程度，等等。

世界一流大学能够培养出顶尖人才。世界一流大学的声誉很大程度上是建立在其优秀毕业生的基础上的，可以说世界一流大学就是优秀毕业生的输送基地，世界一流大学培养出来的学生将成为各行各业的领导者。只有培养出一批顶尖人才，一流大学的教育质量才可能被社会所认可。纵观世界名牌大学，无不造就了一批批各领域最前沿的科学家、工程师、政治家、文学家、艺术家以及顶尖学者，正如哈佛被誉为"诺贝尔奖获得者的摇篮""亿万富翁的摇篮"，耶鲁被称为"总统的摇篮"；剑桥大学大约有80多名诺贝尔奖获得者曾在此执教或学习，其中，70多人是剑桥大学的学生，剑桥除了培养出3任英国首相之外，凯恩斯经济学派的创始人凯恩斯（John Maynard Keynes），数学家和分析哲学的创始人罗素（Bertrand Arthur William Russell），生物化学家李约瑟（Joseph Needham）等都出自剑桥；印度前任总理尼赫鲁（Jawaharlal Nehru）、甘地（Mohandas Karamchand Gandhi）以及新加坡前任总理李光耀等都是剑桥校友。截至 2021 年，加州大学伯克利分校已有 31 位获得诺贝尔奖的校友，获奖领域涉及生理学 / 医学、化学、物理学和经济学。[①] 斯坦福大学的校友也有 9 位诺贝尔奖得主，获奖领域涉及物理学、化学、经济学。[②] 一流大学培养了一批世界公认的精英人才，并以此吸引和培养更多的杰出人才。

（五）办学经费充足，办学条件优越

丰富的办学经费和设施资源是成为世界一流大学的必要条件，是世界一流大学教学、科研与社会服务质量的重要影响因素，同时也是留住高质量的师资和吸引优秀生源的前提条件。19 世纪末，哈佛大学校长艾略特（Charles W. Eliot）对洛克菲勒（John Davison Rockefeller）说，创建一所研究型大学需要 5000 万美元和 200 年的时间。进入 20 世纪，芝加哥大学从洛克菲勒处获得了 5000 多万美元，仅用了 20 年的时间就取得了世界顶尖的地位。可见，随着经济、社会和科技的发展，丰富的办学资源在世界一流大学建设中的作用日益明显。

世界一流大学需要充足的办学经费。虽然一流的教育投入不一定造就一流的教育产品，但是没有足够的教育经费则一定办不出世界一流大学。目前，世界一流大学的办学经费不仅充足还呈现出经费来源多样化的特征。例如，在 2022 财年，哈佛大学的总经费为 58 亿美元，比上年增加了 5.87 亿美元。其中，捐赠占 45%，学生学费 21%，科研收入 17%，其它 17%。[③] 密

---

① University of California（Berkeley）. Alumni Nobel Prizes. 2021-10-09. https：//www.berkeley.edu/about/history-discoveries/alumninobels.

② Stanford University. Stanford Facts 2021. 2021-02-09. https：//facts.stanford.du/wp-content/uploads/sites/20/2021/02/Stanford-FactBook-2021-FINAL.pdf.

③ Harvard University. Financial Report（Fiscal Year 2022）. 2022-10-22. https：//finance.harvard.edu/files/fad/files/fy20_harvard_financial_report.pdf.

歇根大学 2016 年总经费约为 66 亿美元，其中，医疗收入占 50.31%，学费占 16.29%，联邦、州和地方政府的运营性项目补助占 12.78%、非运营性收入 11.96%，学生公寓等收入 4.03%，教育销售与服务 1.88%。①2016 年，东京大学总经费为 2274 亿日元，运营费交付金最多占比 32.58%，附属医院收入占 21.10%，受托研究收入 19.56%，学费等收入占 7.19%，补助金、设施费等占比 4.16%，捐赠占比 3.6%，研究相关收益 2.34%。② 可见，这些大学的办学经费来源广泛且多元，并不仅仅依赖于政府直接投入，竞争性投入占比较高。其余获得资金的方式，比如社会捐赠和学校营收等则进一步丰富了办学资金来源。

世界一流大学需要先进的基础设施。最先进、最具创造性的研究和最富创新性的教学都有赖于先进的图书馆和实验室等基础设施资源。一流的基础设施和一流的人才共同构成了突破性科研成果的基础。哈佛大学长期执美国高等教育和学术科研的牛耳，其图书馆系统也走在世界前列。截至 2022 年，哈佛大学共有 28 个图书馆，藏书 2000 万册，书信、照片和手稿等稀有物品 4 亿件，图书馆的专业工作人员就多达 700 人。③ 剑桥大学的卡文迪实验室是 20 世纪物理学的发源地之一。伯克利加州大学的劳伦斯实验室就拥有世界上最先进的回旋加速器、原子加速器和交流梯度同步加速器。正是由于这些条件，一些具有划时代意义的重大科技成果的 70% 诞生于此。④

（六）面向世界办学，国际化程度高

“全世界办得最好的大学都是国际化程度很高的，好大学本身就应该是全球化的先锋。”⑤ “大学从诞生的那天起，其精神其实就是一种‘普遍主

① 陈丽媛、祁翔：《世界一流大学投入模式研究——基于中国、美国、日本与中国台湾地区的比较》，《高等教育研究》2018 年第 9 期。

② 陈丽媛、祁翔：《世界一流大学投入模式研究——基于中国、美国、日本与中国台湾地区的比较》，《高等教育研究》2018 年第 9 期。

③ Harvard University. Check out Our Books. 2021-12-30. https：//www.harvard.edu/campus/libraries.

④ 朴雪涛：《重建中国精英高等教育》，黑龙江人民出版社 2002 年版，第 101 页。

⑤ 丁学良：《什么是世界一流大学?》，北京大学出版社 2004 年版，第 7 页。

义'。"① 世界上最古老的大学博洛尼亚大学，当时它的学生都不是来自一个国家，教学的内容也不限于一国的事务。世界上最古老大学间的关系，同样体现出普遍主义的精神。剑桥大学是牛津的师生办的，哈佛是剑桥的毕业生创办的，耶鲁则是哈佛的师生创办的。一流大学的普遍主义精神体现在普天之下都是我的领地、世界人才为我所用的气质之中。② 可以说，国际化是世界一流大学的内在需求，也是其重要特征，更是提升大学国际竞争力的主要方法和途径。

世界一流大学一般面向世界开放办学，具有国际化的办学视野。随着经济全球化的开展，困扰当今社会的全球性挑战，比如气候变化、可持续能源的开发、安全、宗教冲突、传染病等全球性问题，在很大程度上不可能由一个国家独自解决。美国麻省理工学院查尔斯·M. 维斯特（Charles M.Vest）校长认为，"现在我们正在进入这样一个时代，在这个时代大量的学者和知识跨越许多国界，就成为造就一流的科学技术、一流的大学的必要条件。我们必须依此而行动。"③ 这从侧面反映了一个世界一流大学校长对国际化办学理念的认识。进入 21 世纪后，麻省理工学院重新修订了大学的使命，认为麻省理工学院的使命在于"在科学、技术和其他学术领域增进知识，培育人才，从而在 21 世纪为国家和世界提供最好的服务。"④ 哈佛大学也提出了 21 世纪的发展战略，将哈佛大学定义为在国际舞台上具有国际影响力的大学，而不仅是马萨诸塞州和美国的大学。在新的时代背景下，世界一流大学不仅仅是服务一个国家和地区的大学，更是服务于国际社会的大学，这是世界一流大学的使命也是其担当所在。

世界一流大学师生构成普遍国际化。高等教育国际化可以实现全球范围内一流教育资源的全球配置，可以推动全球师生之间的国际交流与合作，

① 丁学良：《什么是世界一流大学?》，北京大学出版社 2004 年版，第 27 页。

② 丁学良：《何为世界一流大学——丁学良教授在北京大学的讲演》，《文汇报》2005 年 1 月 26 日。

③ 张鹰、龚映杉：《建设一流大学的重要内容》，《中国高等教育》1999 年第 15 期。

④ MIT. Mission and Origins. 2020-10-28. http：//web.mit.edu/facts/mission.shtml.

提升大学的科研水平，产出世界一流的科研成果；可以择天下英才而育之，招收大量的外国留学生，打造多元化的校园环境，培养具有国际视野、通晓国际规则、在全球化背景下工作的世界一流水平的杰出人才；与此同时，接受留学生数量的多寡也在一定程度上显示了一所高校在国际上的认可程度，间接证明了高校在世界大学群体中的地位。2021 年，牛津大学共有来自 160 多个国家的 10900 名国际学生，占全校学生的 45%。①2021 年，哈佛大学的学生、教师和校友来自 180 多个国家，哈佛的教职工中有 5000 多名是国际学者，是美国国际师资最多的大学，哈佛大学国际学生数量是学生总数的 24%。②2021 年，耶鲁大学的国际学生比例也占到 21%，国际学生来源国也多达 120 多个国家，国际学者也达到 2789 名。③

（七）办学理念先进，学术氛围宽松

先进的办学理念在世界一流大学成长的过程中扮演着重要的角色。考察世界一流大学的发展史可以发现，无论是历史悠久的大学，还是新近崛起的大学，其成功的关键在于办学理念的创新。大学理念可以相同，但每个学校的办学理念则不相同。办学者应该在一般性的大学理念的基础上树立自己的办学理念，即想把一所大学办成什么样的大学。④ 剑桥大学“追求学术性，培养有教养的人”的理念，较早地突破了宗教的束缚；柏林洪堡大学的“教学与科研相统一”的理念，较早地确立了科学研究和学术民主在大学的地位；威斯康星大学的“大学必须为社会发展服务”的理念，确立了现代大学社会服务的新职能，等等。当下，世界范围内的著名大学都把服务国家、服务人类作为核心理念。斯坦福大学提出“立志创造有利于社会发展的知识”、麻省理工学院提出“学校要致力于发展知识，培养学生在科学、技术及其他方面的学识，更好地为国家、为世界服务”；牛津大学的目标之一则是“通

---

① Oxford University. Facts and Figures. 2021-07-08. https：//www.ox.ac.uk/about/facts-and-figures.

② Harvard University. Global Engagement. 2021-08-21. https：//www.harvard.edu/about-harvard/harvard-in-the-World.

③ Yale University. Yale Facts. 2021-08-29. https：//www.yale.edu/about-yale/yale-facts.

④ 陈利民：《办学理念与大学发展》，中国海洋大学出版社 2006 年版，第 6 页。

过大学的研究成果和毕业生的技能，使世界、国家和地方社会富饶起来”；东京大学则期望“通过积极地用研究成果回报社会和工商业，以进一步提升自身存在的价值”。①

世界一流大学需要专业化的大学校长。校长是大学的标志与象征，是大学的引路人，其办学理念往往决定着大学未来前进的方向。专业化的大学校长之所以珍贵，是因为他们拥有先进的办学理念，在大学改革与发展的过程中，牢牢把握着大学的发展方向。一流的大学校长往往能在世界一流大学形成的过程中起到扭转乾坤的作用。以哈佛大学为例，哈佛大学自创立至今共经历了 33 位校长，平均每任 12 年，最长的是艾略特（Charles William Eliot），任职长达 40 年。这些人以校长为职业，全身心地贡献给了哈佛，所以他们成了每个时期哈佛大学的核心人物，形成了一种“哈佛精神”。② 加州大学伯克利分校的世界地位与惠勒（Benjamin Ide Wheeler）校长和斯普劳尔（Robert G.sproul）校长紧密相连，他们分别在位 20 多年，使伯克利从一个默默无闻的小学校发展成为世界著名的高等学府。③ 除此之外，范海斯（Charles Van Hise）之于威斯康星大学，费希特（Johann Gottlieb Fichte）之于柏林大学，赫钦斯（Robert Maynard Hutchins）之于芝加哥大学等等，其眼光和学识促成了这些世界一流大学发展过程中的异军突起。

世界一流大学需要自由的学术氛围。思想独立和学术自由，是世界一流大学建设与发展的灵魂。放眼现有的世界一流大学，无不是将教学与科研放在治理问题的顶端。教师和学生必须可以自由地追求知识，不用担心受到学术或者外部权威的限制。学术自由是学术研究的基本原则，也是成为世界一流大学的主要条件和特征。美国斯坦福大学前校长卡斯帕尔（Gerhard Casper）把斯坦福大学成为世界一流大学的秘诀归于大学始终把学术自由作

① 马德秀：《变革与超越：走中国特色的一流大学之路》，上海交通大学出版社 2014 年版，第 18—19 页。

② 刘道玉：《中国怎样建成世界一流水平的大学》，《高等教育研究》2003 年第 2 期。

③ 叶桂芹、袁本涛：《大学校长与世界一流大学建设：伯克利的案例》，《清华大学教育研究》2008 年第 1 期。

为“不可或缺的灵魂”。① 日本的东京大学就一直坚持“学术自由、学习自由、教学自由、创新自由”的人才培养理念。② 为了确保大学的自治地位，一些国家在大学和政府之间设立了相应的中介组织，比如美国的大学联合会(AAU)、英国的“高等教育基金委员会”等。

第二节　世界一流大学建设的政策路径与基本经验

随着知识经济社会的深入发展，大学在国际竞争中的重要性越来越突出，已然成为新一轮国际竞争中的重要战略资源。世界一流大学建设逐渐成为一种全球趋势，越来越多的国家开始加入到这场追逐“世界一流大学”的“战役”中来。为了能够在世界大学排行榜上位于前列，各个国家 / 地区纷纷通过制定相应的政策措施来推进本国 / 地区的世界一流大学建设。截至 2015 年，全球先后有 30 多个国家和地区出台了具有本国（地区）特色的“世界一流大学创建计划”。③ 如下尝试通过阐释具有代表性的德国、俄罗斯、韩国、法国和日本的世界一流大学建设举措，以把握世界一流大学建设的政策趋势和经验。

一、世界一流大学建设的政策路径

世界各国为了提升高校在国际高等教育领域中的竞争力和学术排名，纷纷实施了一系列以创建世界一流大学为目标的教育计划，比如日本的“21 世纪 COE 计划”、德国的“卓越战略”、韩国的“BK21”系列工程等。可见，争创“世界一流”已经成为世界各国重组本国高等教育的政策基础和

① 王英杰：《以美国为例谈世界一流大学建设中的几个问题》，《华东师范大学学报》（教育科学版）2016 年第 3 期。

② 董泽芳、袁川：《国外高校成功培养创新型人才的经验与启示——以哈佛大学、牛津大学和东京大学为例》，《现代大学教育》2014 年第 4 期。

③ 刘宝存、张伟：《国际比较视野下的创建世界一流大学政策研究》，《比较教育研究》2016 年第 6 期。

目标。

（一）韩国“BK21 PLUS 工程”

韩国政府于1999年启动了“21世纪智慧韩国工程”（Brain Korea 21），简称“BK21工程”，这是韩国历史上首次在国家层面针对高等教育的重大投资和改革计划。该计划包括两个阶段，第一阶段是1999—2005年，共投资1.3万亿韩元；第二阶段2006—2012年，共投资1.8万亿韩元。2008年，韩国教育科学技术部公布了“建设世界一流大学计划”（The World Class University Program）实施方案（简称“WCU工程”）。韩国政府于2008年至2012年5年间共计投入8250亿韩元，每年投入1650亿韩元。[①] 该计划与以往过于粗放地资助大学不同，重点资助大学招聘国际大师，其核心目标在于吸引外国知名学者来韩任教，推动韩国大学快速发展，逐步提高韩国学者、韩国大学的国际影响力。该计划主要由两大任务组成：一是通过聘任具有杰出科研能力的国际学者来韩任教、组建世界一流的师资队伍，继而建立世界一流的学科院系，最终建立世界一流的具有全球竞争力的研究型大学；二是通过聘任世界学术领军人物，开发世界一流研究项目，从事尖端领域、核心动力领域的科学研究，满足国家的迫切需要，重点培育基础学科中颇具前景的新领域，发展跨学科研究，促进以知识为基础的新兴产业，为社会和国家发展作出贡献。[②] 2013年，韩国政府启动了“21世纪智慧韩国+工程”（BK21 PLUS），旨在弥补“BK21工程”与“WCU工程”的不足，提升高等教育的质量与大学的科研水平，并在改善制度与完善评价管理方面做了较大幅度的调整。该计划在2013年9月至2020年8月的7年时间里共投入2727亿韩元，资助计划分为三类：国际化人才培养计划、特殊领域专业化人才培养计划与未来创意人才培养计划。国际化人才培养计划重点资助推动创新经济发展且国家亟须的交叉学科群；特殊领域专业化人才培养计划虽面向

---

① 한국교육개발원 . 데이터 기반 교육정책 분석 연구 (Ⅲ)：지방대학의 교육실태 및 성과 분석 . 2020-12-23. https：//www.kedi.re.kr/eng/kedi/cmmn/file/fileDown.do? menuNo=200014&atchFileId=FILE_000000000000914&fileSn=1&bbsId=.

② 赵俊芳、安泽会：《韩国“WCU计划”实施述评》，《高等教育研究》2016年第9期。

科学技术与人文社会所有学科进行资助，但重点资助时尚设计、数码多媒体、文化创意、旅游观光、信息安全与特殊装备等学科领域，以促进高附加值领域与国家战略领域高级专业人才的培养；未来创意人才培养计划分为面向基础科学、应用科学、人文社会与交叉学科等领域进行全面资助的“项目组”，以及仅限于基础科学中的数学、物理、化学、生物与地球科学，应用科学中的信息技术（电器、电子、通信、计算机等）、机械、应用生命（药学、农林水产业、兽医学、应用生命科学等）、建筑、化工、材料、医学/齿医学/韩医学等领域的“项目组”。① 与“BK21 PLUS”工程同时启动的还有“全球 EXCEL 工程”（Global Excellence and Competitiveness Endeavor for Leading Universities），分为全球领导型、复合型、自律革新型三个领域，目标是使韩国本土 7 所以上大学跻身全球高校前 100 名。②

（二）德国“卓越战略”

自 19 世纪柏林洪堡大学改革以来，德国所有的大学都重视教学与研究的结合，所以德国的大学都是研究型大学，居于同等地位，整体上并无高下之分，但是高等教育全球化趋势的加强，外加德国大学在世界大学排行榜上位置的不理想，使得德国大学这一根本原则开始动摇，开始承认大学体系内部的差异，重点打造“卓越大学”。2005 年，德国联邦政府和各州政府签署了《关于联邦和各州资助高校学术研究的卓越计划的协议》（简称“卓越计划”，Exzellenzinitiative），推动德国顶尖大学和尖端科研领域的发展，打造德国的世界一流大学。卓越计划出台伊始便被赋予了解决三个关乎德国科研水平的重大问题的责任，包括：如何有效提高大学的国际声誉，如何控制高水平科研由高校向校外机构漂移，以及如何解决博士生培养的无序和质量问题。基于这样的目标设定，“卓越计划”具体由三个子项目组成，分别为资助高校中的“研究生院”（Graduiertenschulen）、“卓越集群”

---

① 魏玉亭、高长完：《韩国一流大学与卓越人才发展计划：“BK21 PLUS 工程程”实施述》，《高等工程教育研究》2020 年第 3 期。

② 闫俊、钱多：《韩国“世界一流大学工程”对我国“双一流”建设的启示》，《辽宁教育行政学院学报》2019 年第 4 期。

(Exzellenzcluster)以及“未来构想”(Zukunftskonzepte)。[①]“研究生院”,主要培养德国优秀的科研后备人员,为博士研究生进行国际化、跨学科的研究提供良好的科研环境。“卓越集群”主要支持大学建立具备国际竞争力的卓越的研究和培训机构。“未来构想”主要资助已经获得“研究生院”和“卓越集群”资助的高校,通过双重的经费扶持提高德国顶尖大学的国际竞争力。2006 年至 2017 年期间,德国联邦政府和各联邦州政府以 3∶1 的比例投入资金 46 亿欧元,共同建设 14 所卓越大学、43 个协同创新中心和 46 个博士生院。[②]

2016 年,在对“卓越计划”实施效果进行评估的基础上,德国通过了新一轮世界一流大学的资助计划——“卓越战略”(Exzellenzstrategie)。该计划将原有的三条资助路径转变为两条,取消了“研究生院”和“未来计划”,但保留了“卓越集群”(ExzellenzCluster),同时新增了“卓越大学”(Exzellenz Universitaäten)项目,将建设德国卓越大学与学科作为长期性发展战略,其目标是继续发展和提升德国作为国际研究基地的地位,并增强其国际竞争力。2019 年 7 月 19 日,德国政府公布了新一轮“卓越大学”名单,包括 1 个大学联盟和 10 所大学,并为其提供每年 1.48 亿欧元的长期资助。[③]、预计该计划于 2026 年对首轮获得资助的大学(联盟)开展整体评估,以决定这些大学(联盟)是否有资格继续获得资助。

(三)俄罗斯“5—100 计划”

自 20 世纪 90 年代以来,俄罗斯政府实施了一系列改革措施,试图改变本国大学在世界大学排名上的表现,包括“创新大学项目”(Innovative University Programme)、“联邦大学计划”(Federal Universities Project)和“国家研究型大学计划”(National Research Universities Initiative)。这三个项

---

① 徐昭恒、王琪:《走进世界名校:德国》,上海交通大学出版社 2014 年版,第 155 页。

② 俞可:《从卓越计划到卓越战略——德国志在打造高等教育强国》,《中国教育报》2016 年 7 月 1 日。

③ BMBF. Excellence Strategy. 2019-09-18. https://www.bmbf.de/bmbf/en/academia/excellence-strategy/ excellence-strategy_node.html.

目为俄罗斯建设世界一流大学奠定了基础。2012年5月俄罗斯颁布联邦总统令《关于国家政策在教育科学领域的实施措施》，要求俄罗斯到2020年至少有5所大学进入世界大学排名前100强，明确提出了创建世界一流大学的目标。①2012年10月，俄罗斯政府颁布2006号政府令《俄罗斯一流大学提高国际竞争力实施计划》，该文件是俄罗斯政府正式提出世界一流大学目标后的第一个政策文件。主要包括三个方面：（1）完善组织、经济和法律保障；（2）发展参赛大学的人才潜力；（3）开展大学的教育科研活动。②2013年3月，俄罗斯联邦政府颁布第211号政府令《提升俄罗斯一流大学在世界领先科学与教育中心竞争力的国家扶持办法》，正式启动"5—100计划"，资助高校共计21所（2013年第一批次15所，2015年新增6所）。③ 但是该目标未能如期实现。2021年1月，俄罗斯政府启动了"优先2030计划"取代先前的"5—100计划"，力图实现两项目标：资助高校和科研机构制定发展计划，以联邦预算补贴方式为发展计划提供资助；保障公民实现自我发展的机会，充分发挥高校的作用，确保俄罗斯科学水平在2030年跻身世界前10位。基于上述目标，该计划还提出了6项任务，即为保障俄罗斯科学计划和经济社会发展，制订或引入新的高等教育大纲或专业培养方案；开展高等教育大纲线上教学规划，与大学、科研机构及社会组织共同开展自然科学和人文社会科学研究的物质基础和技术条件；供给自然科学和人文社会科学研究所需的人力资源，引进顶尖的科学家和科研团队；大力促进学术交流，开展跨学科、跨国的联合科学研究；吸引外国公民到俄罗斯高校学习，吸纳优秀留学生在俄罗斯工作。④

---

① 徐娜、孙春梅：《俄罗斯提升大学国际竞争力"5—100计划"评析》，《比较教育研究》2016年第11期。

② 赵伟：《从隐性走向显性：俄罗斯创建世界一流大学政策评析》，《比较教育研究》2016年第6期。

③ 闫欢欢、王莉：《俄罗斯的世界一流大学建设："5—100计划"述评》，《高教探索》2020年第10期。

④ 王世英：《"优先2030计划"：俄罗斯新一轮世界一流大学建设述析》，《江苏高教》2022年第4期。

（四）法国“卓越大学计划”

法国于2006年提出了“校园计划”（Plan Campus）和“联合大学”计划（又名高等教育研究与研究集群），“校园计划”将投资50亿欧元建设10个具有国际“能见度”的大学教研中心，包括39所大学和37个高等教育研究机构，以打造法国的世界一流大学；“联合大学”计划是要将同一区域的不同综合大学、高等专业学院、科研机构联合起来，相互合作和共享资源，提高法国高等教育与研究系统在世界的“能见度”和吸引力。① 2009年，法国政府启动了一项巨额资助计划——“未来投资计划”（Programme d'investissement d'avenir），旨在不断提高法国生产效率、创新能力及企业竞争力，促进高等教育与培训、科学研究、工业等领域中投资和创新的平等机会，推动经济增长与社会就业。② 该计划包括一系列支持高等教育与科研体制的强力举措，以期使法国高校更快速、更果断地适应国际竞争，从而在一个全新的创新型生态系统中转变为一名高效的参与者。2010年出台的“卓越大学计划”（Initiative d'Excellence）便是其重点投资和优先发展项目。该计划旨在创建法国本土世界顶尖大学，力图打造5—10所具有国际竞争力世界顶尖大学，能够与剑桥大学、哈佛大学等世界一流大学相媲美，改善法国高校多年来在全球大学排名中不够突出的状况。该计划由法国国家研究署负责，总投资63.5亿美元，分两期执行，第一期从2010—2013年，投资31亿欧元，共资助3所大学；第二期从2014年开始，投资20亿欧元。法国还实施了卓越实验室计划（Laboratories d'Excellence），被选中的实验室将获得资助用于支持发展拥有较高潜力的研究团队，并立足本地或建立国内联结网络；“创新卓越计划”（Initiatives d'Excellence en Formations Innovantes）致力于资助学生教育、培训与补习方面的卓越项目。除此之外还有“卓越设备计划”（Equipements d'Excellence），旨在构建高质量的基础设施。③

---

① 谷小燕：《世界教育蓝图与中国教育发展研究》，山西教育出版社2018年版，第102页。

② 张惠、刘宝存：《法国创建世界一流大学的政策及其特征》，《高等教育研究》2015年第4期。

③ 程莹、王琪、刘念才：《世界一流大学建设：对全球高等教育的影响》，上海交通大学出版社2015年版，第28页。

（五）日本“全球顶尖大学计划”

2001 年以来，日本推出了“大学法人化”改革，意图提高日本公立大学的绩效和竞争力。该计划被称为“远山计划”，建议从国立、公立、私立大学中选出若干所大学作为重点支持对象，将其建设成为世界最高水平的研究机构，即世界顶尖级大学。① 之后文部省提出了“21 世纪 COE 计划”（21st Century Centre of Excellence），该计划的资助对象主要是研究型大学，旨在提高日本大学科研的国际水平。2007 年，日本政府启动了新一轮的“21 世纪 COE 计划”，即“全球 COE 计划”（Global Centre of Excellence）。该计划的目的是通过进一步充实和强化研究院的教育和研究机能，并在世界最高水准的教育和研究基础上培养引领世界潮流的具有创造力的人才，重点支援创建卓越的国际性教育和研究基地，并以此推动更加具有国际竞争力的大学建设。2008 年，文部省又出台了“核心大学国际化战略”（或称“全球 30 计划”），计划在 2009—2013 年间选择 30 所国际化基础较好的院校重点资助，将其打造成高等教育国际化中心。2014 年，日本文部省启动了“全球顶尖大学计划”（Top Global University Project），旨在推进日本高等教育国际化的进程，带动大学的全面改革，提升日本高等教育的国际竞争力和影响力，力争在 2023 年创建 10 所世界百强大学。经过公平竞争、严格筛选，最终确定了 13 所“顶级型”大学和 24 所“全球化牵引型”大学。所谓“顶尖型”指的是以跻身世界百强榜为目标，开展世界高水平教育和研究的大学；所谓“全球化牵引型”指的是勇于创新、并有望引领日本社会全球化发展的大学。②

二、国外创建世界一流大学政策的基本经验

世界一流大学的建设需要一个过程，而非一蹴而就，部分世界一流大学的办学奇迹可遇而不可求。通过总结国外创建世界一流大学的政策实践可

① 张晓鹏：《日本的“大学机构改革”：进展、背景和意义》，《复旦教育论坛》2003 年第 2 期。

② 陈瑞英：《日本创建世界一流大学的政策措施：“全球顶尖大学计划”》，《比较教育研究》2018 年第 3 期。

以发现，现有的世界一流大学建设普遍呈现出“对接国际标准实现指标意义上的世界一流”的取向。比如，日本“全球顶尖大学计划”的最大特色之一就是适应国际化趋势，将国际通用性指标引入入选高校的行政管理、教学改革和国际化建设等的评价体系中；俄罗斯也是根据国际排行榜的规则和标准组织竞赛，遴选获得国家资助的大学等等。与此同时，各个国家也在尽量结合自身的资源优势制定具有国家特色的世界一流建设计划。总的来说，已有的世界一流大学建设政策呈现出如下特征：

（一）注重政府的直接参与，赋予大学更多自主权

世界一流大学建设存在两种建设逻辑，一种奉行市场逻辑，认为世界一流大学是自由竞争的产物；另一种遵循行政逻辑，强调世界一流大学的产生是政府政策推动的产物。[①] 世界一流大学建设从本质上来看是一个自然演化的过程，但是在世界大学排行榜的指挥下，世界一流大学建设俨然成为一种世界范围内的竞争性行为，政府主导成为后发型国家参与这场竞争的共同选择，而提供足够的经费支持则是政府参与世界一流大学建设的主要方式。正如阿特巴赫指出的，“研究型大学是十分奢侈的机构，比起其他大学，它们需要更多的资金，以吸引优秀的教师和学生，为教师和科研提供良好的基础设施……研究型大学必须有足够、持续的财政预算，如果资金不足或者波动过大，它们将难以取得成功”[②]。基于这样的考虑，政府可持续的、稳定的资金支持成为世界一流大学建设的必要条件。比如，德国“卓越计划”第一期 2006—2012 年共投资 19 亿欧元，第二期 2013—2017 年共投资 27 亿欧元[③]，进入“卓越战略”阶段又将投入 37.31 亿欧元[④]；法国的“卓越大

① 周光礼、蔡三发、徐贤春、王顶明：《世界一流大学的建设与评价：国际经验与中国探索》，《中国高教研究》2019 年第 9 期。

② ［美］菲利普·阿特巴赫等：《世界一流大学：发展中国家和转型国家的大学案例研究》，王庆辉等译，上海交通大学出版社 2011 年版，第 18 页。

③ DFG. Excellence Initiative at a Glance. 2019-06-17. https：//www.dfg.de/en/research_funding/programmes/excellence_initiative/index.html.

④ BMBF. Excellence Strategy. 2019-09-18. https：//www.bmbf.de/bmbf/en/academia/excellence-strategy/excellence-strategy_node.html.

学计划”第一期2010—2013年共投资31亿欧元，2014年之后的第二期共投资20亿欧元[①]；日本的“21世纪COE计划”共投资5.25亿美元[②]；韩国的“BK21工程”计划自1999年至2012年共投资36.4亿美元，升级版的“BK21 PLUS工程”又投入20多亿美元[③]。

虽然各国的世界一流大学政策普遍强调政府在资金支持上的直接参与，但这并不意味着政府直接参与院校内部的资金分配与教育教学改革。相反，世界各国一流大学建设计划普遍与高等教育体制改革相伴随。各国政府通过改革政府与大学的关系，转变政府职能，赋予高校更多的自主权。赋予大学更多自治权能够迫使大学在发展过程中承担更大的责任，最大化地增强院校的竞争能力，盘活现有资源。最为典型的非日本莫属，日本的世界一流大学建设计划与国立大学法人化改革并行不悖。国立大学法人化后，大学与政府的关系、大学内部管理体制、经费来源渠道以及构成比例等方面都产生了不同程度的变化。法国2007年8月颁布实施的高等教育改革法案《综合大学自由与责任法》也一再强调赋予综合大学独立的法律地位和最大限度的自主权，通过对高等教育实施宏观管理和监督，实现国家权力的下放和角色转变。[④] 德国“卓越计划”时期的“未来构想”项目设置的目的就是让大学规划自己的发展蓝图，设定自身未来的发展方向与理想目标，形成独有的发展路径，给大学提供足够的自由生长的空间，在纵向分层和横向分化中实现差异化发展。[⑤] 如此一来，将资助经费拨付给高校，由高校自主决定校内资金的分配，能够充分发挥大学的自主性和资金使用的科学性。

---

① 张惠、刘宝存：《法国创建世界一流大学的政策及其特征》，《高等教育研究》2015年第4期。

② 邱均平、欧玉芳：《亚欧四国世界一流大学建设比较研究》，《高教发展与评估》2016年第4期。

③ 邱均平、欧玉芳：《亚欧四国世界一流大学建设比较研究》，《高教发展与评估》2016年第4期。

④ Valérie Pécresse. Projet de Loi-relatif aux Libertés des universities. 2019-11-03. http：//www.senat.fr/leg/pj106-367.html.

⑤ 潘黎、邢颖：《德国“卓越大学”理念嬗变及对我国“双一流”建设的启示》，《教育科学》2020年第1期。

（二）实施项目制重点建设，建立动态化管理机制

各国世界一流大学建设普遍采取“择优资助”的原则，推出所谓的“重点建设计划”，通过遴选方式将办学资金集中在少量优势学校和优势学科上，这是各个国家通常会选择的建设世界一流大学的资金分配方式，这种方式也可以在最短的时间内取得成效。这就需要设立竞争机制，使高校通过竞争获取资助名额，各国的资助计划在项目征集和入选阶段，都要进行几轮评审。而且获得资助的高校并非一劳永逸，而是根据评估结果决定能否获得下一轮的资助。日本的“全球顶尖大学计划”就是面向日本所有高校公募的竞争性资金项目，摒弃以往“论资排辈”“身份固化”的思维模式，将富有创新性、挑战性的“中上流”大学也纳入考量范畴。法国的“校园计划”也是根据质量指标有选择地资助一部分大学，激励众多大学通过竞争的方式赢得资助。

各国在鼓励竞争的同时还引入退出机制，充分激发各参与主体的竞争意识，将竞争机制常态化，激励大学探寻自身的发展优势，提高自身的创新能力。德国的“卓越计划”首轮入选的卡尔斯鲁厄理工学院、弗莱堡大学、哥廷根大学在第二轮遴选的过程中被淘汰。而“卓越战略”在实施的过程中也引入了竞争和淘汰机制，即 11 所卓越大学在 7 年建设周期后，需要接受彻底的评估，表现不佳者将面临从“卓越大学”名单中淘汰的命运。为了保持自己的竞争力，大学必须具备强大的创新能力，拓展新的发展领域，以求在每一次的评比中取得胜利。韩国的“BK21 PLUS 工程”也将中期考核分为“成果评价”和“再进入评价”两个阶段。前者根据对既有项目团（组）两年间成果的评价保留排名前 50%的团队，并经过工程管理委员会的审议淘汰排名最后 5%—10%的团队，严格执行退出机制；后者通过排名后 50%的项目团（组）与新投标的项目团（组）之间的竞争重新确定资助团队。①

① 魏玉亭、高长完：《韩国一流大学与卓越人才发展计划：“BK21 PLUS 工程”实施述评》，《高等工程教育研究》2020 年第 3 期。

（三）实施过程性质量监控，建立第三方评价制度

为了保证世界一流大学计划实施的质量，以及实施评估的公平、公正和专业，有必要引入社会力量对政策实施过程和效果进行评估，以避免行政部门对大学事务的直接干预。日本“21 世纪 COE 计划”的评估由来自产业界、教育界以及外国的专家学者共同组成的评审团实施，整个评估囊括了事前评估、中期评估和事后评估。事前评估主要是对申请基地的研究实力、发展规划等进行评估，包括初审、复审、协调和确认四个阶段，最后给出确定立项、有可能立项和不立项三种结果。中期评估主要是了解基地发展情况，以便根据问题及时调整或终止资助，并给出等级评定；事后评估主要就项目实施的总体情况进行评估，并给出等级评定。① 德国的“卓越战略”在实施过程中也将更加重视外部评估，比如在卓越战略中对精英大学引入每 7 年一次的独立外部评审。② 韩国的“BK21 PLUS 工程”也由国内政产学研专家和国际专家组成的管理委员会，对实施过程展开绩效考核，并将第三方的评估结果作为调整世界一流大学建设工程经费投入的依据。在 2015 年度中期评估中，对受资助事业团进行多个步骤的评价，对总排名中的前 50% 范围内的事业团继续给予资助，后 50% 范围的事业团将与新参选团队进行竞争，通过比较选取新的资助团队。为了确保评估效用的公信力，评价程序、评价标准、评价结果都公布在 BK21PLUS 官方网站上。③ 委托专业的第三方机构开展多视角的评估活动，不仅能够保证评估活动的科学公正，还有利于政府及时获取信息并调整相关策略，以促进预期目标的最终实现。

（四）重视科学研究和人才培养的卓越，关注提升科研竞争力

受世界大学排行榜重视科研指标的影响，各国政策都将培养科研创新

---

① 左雪丽：《日本“21 世纪 COE 计划”研究》，吉林大学硕士学位论文，2009 年，第 21—25 页。

② 朱莲莲：《德国卓越大学建设——“卓越计划”到“卓越战略”的异同对比分析》，《教育教学论坛》2020 年第 39 期。

③ 金玉善：《韩国世界一流大学建设工程研究——以“BK21plus 工程”为例》，天津师范大学硕士学位论文，2019 年，第 37—38 页。

人才、提高科学研究实力作为世界一流大学建设的落脚点。比如，德国“卓越计划”的资助分为三个类别，但是每个类别里面都包含有博士生培养的内容。比如，“研究生院”项目重视对科研环境的优化，“研究集群”则是通过加大对大学的资金资助以及加强大学与科研机构的合作来推动大学科研的发展。德国“卓越战略”时期的资金投入也将重心进一步集中在“卓越集群”上，进一步将世界一流大学的建设放在顶尖特色研究上来。俄罗斯世界一流大学建设计划则重新强调了高等院校的科研职能，试图结束科学研究和教育分离的局面。比如，2012 年《俄罗斯一流大学提高国际竞争力实施计划》中就提出，“在大学中确定和实施科研工作计划，兼顾基础研究和应用研究的国际优先发展方向；以大学为基础，实施吸引国外和俄罗斯学者的科研方案，与有前景的科研机构合作，与国外高科技公司实施科研及实验设计方案。”① 在之后的“5—100”项目中，俄罗斯更是斥巨资支持一流大学提高科教竞争力。日本的“WCU 计划”着力资助研究中心，以此促进科研实力的提高和科研队伍数量的增长。韩国的“BK21 计划”旨在强化高校的科研基础，并通过对研究生的稳定财政资助来培养优秀的研究生。无论是德国的“卓越计划”，还是俄罗斯的“5—100”项目、韩国“BK21 Plus 计划”，甚至是日本的“WCU 计划”都将资助研究群组和独立的研究者、加强研究生培养作为世界一流大学建设的重要目标。

（五）鼓励跨学科机制建设，推动学科的交叉融合

随着知识生产方式的转变，大学传统采用单学科方法来解决问题的局限性日益突显。运用综合的方法，在分散化状态下结合多种知识来解决现实问题显得尤为必要。跨学科研究则能够克服传统学科划分的不足，成为科学技术发展和创新的主导模式。与此相呼应，跨学科也成为各国世界一流大学建设中的重要举措。德国早在“卓越计划”时期的战略目标就包括加强学科与机构间的合作，“卓越集群”和“研究生院”两项建设内容则是跨学科思

---

① 赵伟：《从隐性走向显性：俄罗斯创建世界一流大学政策评析》，《比较教育研究》2016 年第 6 期。

想的集中体现。比如“卓越集群”就鼓励大学设立跨学科研究机构，借助校外研究机构、企业界等的力量开展广泛合作，以提升科研吸引力和国际竞争力。“研究生院”项目意在资助优秀博士，为博士研究生的国际化和跨学科研究提供良好的科研环境与条件。在实践中，每所入选的高校都有清晰的跨学科战略定位，譬如海德堡大学力求“实现综合大学的潜能开发”，德累斯顿工业大学旨在构建“全面协同大学”，慕尼黑大学则提倡“启动大脑—互联思想—活跃知识”等。在“卓越战略”时期，申请卓越大学的前提是至少获得2项“卓越集群”，“卓越集群”成为德国卓越大学建设中的核心。德国“卓越计划”时期的“卓越集群”成为“卓越战略”时期衡量“卓越大学”资质的一把可靠的标尺。① 而“卓越集群”是具有国际竞争力的研究领域，是超越学科的，多数具有跨学科性质，甚至跨两个或三个学科领域。日本的“21世纪COE计划”也将加强跨学科研究，建设具有国际领先水平的学科群作为重要的建设内容。由于日本与欧美等高等教育先发型国家相比，在基础科学研究领域积淀不足，于是将世界领先水平的、独特的“新领域”作为主攻对象。在“21世纪COE计划”中，跨学科和新兴领域最多有77个项目，占总数的28%，因而所获资助也最多，占总金额的26.8%；在“全球COE计划”中，32个跨学科项目份额最大，占总数的23%。② 除此之外，日本大学在学校层面也非常注重跨学部、跨学科的专业教育培养方式。如日本东北大学在世界范围内最具竞争力的理工学部，其本科阶段的5个专业全部都是以跨学科研究的方式来进行专业设置的，除了少数低阶的原理性课程之外，绝大多数课程都是跨学科的课程。③

---

① 陈洪捷、巫锐：《“集群”还是“学科”：德国卓越大学建设的启示》，《江苏高教》2020年第2期。

② 李金烁：《日本“COE计划”阶段演变的特点及启示》，《中国高校科技》2019年第4期。

③ 廖菁菁：《日本建设世界一流大学的战略及实践——以日本东北大学为例》，《当代教育科学》2018年第5期。

第三节 世界一流大学的形成与发展模式

“任何大学都是遗传和环境的产物”①，世界一流大学的成长和发展也离不开内外两方面因素的作用。其中，外部因素包括社会、政治、经济、文化对大学提出的各种要求，以及社会为大学提供其成长和发展的所需资金、制度等物质条件和文化环境；内部因素则表现为大学需要遵循自身内在的发展逻辑，树立正确的办学理念，在满足社会需要的同时促进自身发展。但是正如世界一流大学尚无确定的衡量标准一样，世界一流大学的形成与发展模式也各不相同。耶鲁剑桥在800多年的发展历程中，通过不断与时代的抗争与妥协而屹立在世界一流大学之巅；哈佛、斯坦福和麻省理工等大学无不在时代变革的潮流中，适时抓住发展机遇，一跃成为世界顶尖大学的一分子；而在短时间内，通过人为设计的发展规划迅速加入世界一流大学行列的，就非香港科技大学莫属。可以说，世界一流大学的形成与发展无不与其较长的办学积淀、特定的时代背景以及有针对性的规划设计等等因素有关。为了能够更清晰地描述世界一流大学的形成与发展模式，我们尝试对世界一流大学形成的影响因子进行分类。当然，这种分类并非尽善尽美，而且世界一流大学在其形成与发展过程中也并非是由单一因素促成的，大部分是多个因素协同作用的结果。

一、历史积淀型

放眼世界各个大学排行榜，排在前列的牛津、剑桥、哈佛、耶鲁等世界一流大学无不拥有几百年的发展历史。它们之所以能够在不同历史时期培养出适应时代发展所需的精英人才，取得世人瞩目的学术成就，最终成为世界顶尖大学的楷模，正是因为它们在悠久的历史进程中，不断地积淀办学经

① ［英］阿什比：《科技发达时代的大学教育》，滕大春、滕大生译，人民教育出版社1983年版，第7页。

验，最终形成自己独特的办学理念、大学文化和人才培养模式。“我们可以在较短的时间内建成一所设施齐全、学科体系完备的现代化大学，却很难在较短的时间内形成一所大学所应具有的文化内涵、精神品质。”[①] 这种悠久的文化积淀和传承，是需要一所大学在长期发展过程中形成的。作为英语国家中最古老的大学和中世纪古典大学的代表，牛津大学有着 800 多年的辉煌历史。自中世纪以来，牛津大学以其独特的大学理念和办学传统，培养了数以万计的政治精英和社会精英，从一个地区性、单一学科和古老大学逐渐发展成为一个精英人才辈出、办学特色鲜明、文化传统厚重、文理学科并进、学术成果斐然的世界一流大学。[②]

牛津大学是法兰西巴黎大学的学者和学生回到英格兰，在牛津自发地汇集、相互学习交流而产生的。它并非按照预先设计、规划创建出来的，也不是根据专门的法令创办的，而是随着时间的推移和教学的需求逐渐形成的。它一开始只是一所教学型大学，设置的专业有神学、法律、医学和文学，主要用拉丁文上课。13 世纪后，牛津大学开始设立学院，比如巴利奥尔学院、默顿学院和大学学院等。此时的牛津大学开始与巴黎大学齐名。进入 15 世纪，牛津大学又先后创办了林肯学院、众灵学院、莫德林学院和其他学院，最终形成了牛津大学独具特色的学院制办学模式。进入 19 世纪后，随着工业革命的发展，英国社会发生了深刻的变化，社会各个领域都在进行变革。伦敦大学的建立以及城市学院的兴起打破了牛津大学和剑桥大学独霸英国高等教育的局面，牛津大学因为坚守古典的教育传统，在社会变革的大潮面前显得有些不合时宜。经过两次世界大战的洗礼，牛津大学更加明确了改革的方向和前进的道路，改革了人才培养目标，设立了新学科，迅速在人文、数学、自然、科学等领域建立起国际声誉，从一个地区性的单一的学科大学转变为一个文理学科并重的世界性大学。从 20 世纪 60 年代开始，随着英国政府高等教育政策的不断调整，牛津大学面临着一个新的发展机遇，从

① 顾明远：《铸造大学的灵魂——一流大学建设的关键所在》，《清华大学教育研究》2003 年第 3 期。

② 周常明：《牛津大学史》，上海交通大学出版社 2012 年版，第 1 页。

过去的私立大学转变为接受国家资助的"国立"大学。自然科学领域在此时也有了新的进展，学院制传统在创建新的学院过程中得到传承和创新，大学也与工商企业联合走上了一条产学研结合的道路。纵观牛津大学的发展历史，它克服了一个又一个挑战，并最终在秉承传统的基础上，与时俱进、锐意进取，克服各种困难，使得这所古老大学重新焕发出勃勃生机。牛津大学在不断与外界发展环境进行周旋、抗争与妥协的过程中维护着一所世界一流大学应有的地位，不断探索着世界一流人才培养的经验与模式。

二、集成创新型

阿什比（Eric Ashby）曾经指出："大学的进化很像有机体的进化，是通过持续不断的小改革完成的。大规模的突变往往会导致毁灭。大学的变革必须以固有的传统为基础。"① 哈佛大学的发展经历了以英国大学为模板建立的殖民地学院时期和学习德国大学为模板而进行改良的现代大学时期，并最终引领了现代大学的发展趋向，是集成创新型世界一流大学发展的典型代表。成立于 1636 年的哈佛学院是美国第一所高等学府，它是根据英国剑桥大学伊曼纽尔学院的模式开办的，实施的是典型的英国式的自由教育，其根本目标是培养有学问的神职人员、医生、律师等专业人员。随着独立后资本主义经济的迅速发展，美国很快从一个落后的农业国向工业国转变，此时的美国社会迫切需要掌握实用知识和实际技能的人才，这就与继承自英国的自由教育传统格格不入。此时的美国创办了"一批注重理论和实用学科相结合的大学和学院，一些传统学院也开始允许学生选修实用学科。"② 但是这种趋势遭到了来自传统学院卫道士们的强烈抵制，显著标志便是 1828 年的《耶鲁报告》。此时，大洋彼岸德国柏林大学的出现，使得德国现代大学思想广泛传播。哈佛大学派往德国的首批学者回国后积极效仿德国大学进行改革，通过发展专业学院、建立研究生院等方式，构建了哈佛大学成为现代研究型大

① ［英］阿什比：《科技发达时代的大学教育》，滕大春、滕大生译，人民教育出版社 1983 年版，第 20 页。

② 许迈进：《美国研究型大学：办学功能与要素分析》，浙江大学出版社 2005 年版，第 14 页。

学的基本架构；引入德国大学教学与科研相结合的理念，从而推动了哈佛大学研究生教育的发展。而艾略特的自由选修制度、洛厄尔（Abbott Lawrence Lowell）的集中分配制、科南特（James Conant）的通识教育改革，再到博克（Derek Bok）的核心课程改革，则奠定了哈佛大学一流的人才培养模式的地位。

三、产学驱动型

随着知识经济时代的来临，大学的结构和功能都在发生转变。世界一流大学作为未来行业精英、政治领袖、社会栋梁的人才培养基地，与社会有着越来越紧密多样的联系，大学对校外机构的资金支持依赖增加，国家、社会对大学人才、成果以及各种类型的服务要求提高。① 大学只有对接国家和地方经济社会发展的需求，实现大学与社会需求的双向高度耦合，才能加速世界一流大学的发展。斯坦福大学是世界一流大学中的新生代，从建校到成为一流大学用了 70 年时间。创办之初的斯坦福是美国西部荒野中为数不多的几所大学之一，在办学实力上根本无法与东部老牌大学相比。甚至不少悲观人士预言，其招生开学之日就是其关门倒闭之时。然而，斯坦福大学却在战后通过产学对接，实现了自身的跨越式发展。

斯坦福大学创建于 1891 年，在 20 世纪 70 年代以前，斯坦福大学还只是美国一所普通的私立大学，曾一度因为财政危机而无法继续。二战期间通过与联邦政府进行军事研发合作，获得了大量的科研经费而度过危机。二战后，没有了政府的资金资助，斯坦福大学再一次陷入财政危机。后来受到当时哈佛大学校长詹姆斯·科南特“广泛运用实用主义哲学，转变私人企业与大学的关系”理念的影响，斯坦福大学开始积极与企业开展合作寻求研究资助。虽然资金缺乏，但斯坦福大学却拥有 8000 多英亩的广阔校园。当时的工程学院院长弗雷德里克·特曼（Frederick Terman）提出了一个构想——

① 王战军、蓝文婷：《世界一流大学与社会发展“双螺旋”模式》，《中国高教探究》2020 年第 8 期。

将 1000 英亩土地以极低廉、只具象征性的地租，长期租给工商业界或毕业校友设立公司，再由他们与学校合作，提供各种研究项目和学生实习机会。1951 年，斯坦福大学工业园区（Stanford Industrial Park）建成。斯坦福大学成为美国首家在校园内成立工业园区的大学。随着园区内企业的陆续进驻，原有的园区已经无法提供足够的土地，于是就向外扩展形成了如今举世闻名的“硅谷”。正是创建工业园区这一举措成就了斯坦福大学在 20 世纪 70 年代的腾飞。斯坦福带动了硅谷电子工业的发展，而硅谷造就了斯坦福大学的辉煌。通过与企业界的联姻，斯坦福大学不仅获得了学校发展运营所需要的充裕的资金，还为学校的教学、科研提供了基础设施，与市场和产业的紧密合作最终推动了研究成果的市场化，形成了一种新型的大学发展模式。

四、机遇成就型

历史充满了偶然性。自然灾害、瘟疫、战争以及领导人的素质甚至一念之差，都可能改变一个国家或民族的走向与发展速度。社会事业的某些方面或领域也经常受某些偶然机遇的影响，抓住历史的机遇，就会获得先机，否则错失良机。① 大学发展亦是如此。可以说，几乎所有世界一流大学的形成都是偶然性与必然性相结合的结果。历史上诸多大学就是在历史机遇的筛选过程中实现了走向一流大学的飞跃。战争使得美国开始苏醒，开始意识到学术研究的价值。所以，战争是美国研究型大学得以崛起的重要机遇之一。善于抓住历史的偶然机遇，是世界一流大学发展过程中必须具备的一种品质。世界一流大学需要具有足够的实力来迎接发展过程中遇到的各种挑战，并善于将其转化为决胜的机遇。麻省理工学院便是其中的佼佼者。

麻省理工学院建于 1861 年，一开始只是一所普通的工程技术类高校，与世界一流大学相差甚远。20 世纪初期，麻省理工学院意识到学校不能只是一所普通的工程技术学院，应当承担更大的社会责任。传统的工程技术

---

① 王凤玉、都本伟：《第二次世界大战前美国一流大学群体崛起的原因及其启示》，《教育科学》2019 年第 3 期。

教育只能教给学生一般的有用知识，学校应当将基础科学引入工程技术教育，办成一所真正的理工科大学，从而体现学校校训“手脑并用”（Mind and Hand）的精神。第一次世界大战期间，麻省理工学院为了支持美国打赢战争，开设了海军飞行员、航空工程师、无线电工程师及其他战争急需专业。第二次世界大战期间，麻省理工学院则承担了大量的军事研发任务。当时该校雷达等军工技术相关专业的学生人数激增，而注册其他专业学习的学生人数锐减。据统计，二战时该校在军队中服役的校友人数为 8776 人，占当时在世校友人数的近四分之一，其中，包括 98 位陆军将军和 52 位海军上将，牺牲的校友有 148 人。[①] 因此，有人戏称麻省理工学院是“战争学院”。[②] 战争时期联邦政府对大学科研日益重视，大量的军事科研项目和资金涌入大学校园。战后联邦政府一系列科技政策的出台，进一步巩固了政府与研究型大学之间的科研合作，比如《科学：无尽的前沿》（*Science：The Endless Frontier*）、《国防教育法》（*National Defense Education Act of 1958*）等等。在国家战略需求和自身发展需要等多重因素的共同作用下，麻省理工学院抓住军事工业研究的机遇，得以迅速腾飞。

五、学科带动型

学科是大学最基本的单位，是汇聚学术力量、培养人才、进行知识创新、服务社会的基础与核心。纵观世界一流大学的发展历史，可以发现大多数世界一流大学都经历了从单一学科转向多学科，并最终走上了学科门类齐全的综合性大学的发展道路。但是门类齐全不等于一流，只有一流的学科才会有一流的大学。麻省理工学院和加州理工学院这两所“小而精”的世界一流大学的崛起恰恰印证了这一点。虽然这两所大学在发展过程中也注重发展人文社会科学学科，但仍无法与其更出色的理工学科相比。两校一流的理工学科是其成为世界一流大学的主要突破口。[③] 但一流学科最初还是

---

① 郜承远、刘宁：《麻省理工学院》，湖南教育出版社 1996 年版，第 78 页。

② 别敦荣：《世界一流大学教育理念》，厦门大学出版社 2016 年版，第 21 页。

③ 庞青山：《大学学科论》，广东高等教育出版社 2006 年版，第 89 页。

要靠学科带头人与其梯队建立起来。一旦学科冒尖，其良性循环就成为必然。① 以加州理工学院为例，田长霖先生曾言：加州理工学院的腾飞"就是靠两个教授"，一个是密立根（Robert A. Millikan），诺贝尔物理学奖获得者，他使这个学校的实验物理迈进了世界一流；然后是冯·卡门（Theodore von Kármán），钱学森先生的老师，他把美国的航空技术带起来了。有了这两个人，加州理工学院就世界知名了。②

加州理工学院创建于 1891 年，是一所位于美国西海岸加利福尼亚州帕萨迪纳小镇的私立大学。1921 年，密立根执掌校印。他选择将物理学作为学院起飞的基点，致力于将加州理工学院打造成为不亚于世界上任何地方的数理中心和学院。他和他的执行委员会达成共识：物理学是其他许多学科的基础，只有首先将这里建成一个物理学中心，然后才有可能将它建成一个强大的多学科中心。③ 鉴于美国的实验物理学在 20 世纪 20 年代初已经达到了比较高的水平，但理论物理却处于落后状态，密立根决定将发展理论物理学作为发展该校物理学科的着力点。密立根不仅加大资金投入建造物理实验室，还凭借个人的威望和广泛的联系，接连邀请了一大批理论物理学家到校访问讲学或从事合作研究。来访者中包括洛伦兹（Hendrik A.Lorentz）、薛定谔（Erwin Schrödinger）、爱因斯坦（Albert Einstein）、玻尔（Niels Bohr）等世界著名物理学家；除此之外，他还请来了爱泼斯坦（Paul S.Epstein）、托尔曼（Richard C. Tolman）等知名物理学教授，在加州理工学院搭建了一支美国最早的现代物理学专业梯队，并且很快发展成为美国主要的理论物理学中心。科研后备人才的培养在这一时期也有了质的突破。1921 年，加州理工学院教师不过 60 人，学生不足 400 人，从没有培养过博士研究生。④1926

① 王英杰、刘宝存：《世界一流大学的形成与发展》，山西教育出版社 2008 年版，第 266 页。

② 徐昭恒、王琪：《走进世界名校：德国》，上海交通大学出版社 2014 年版，第 191 页。

③ 《自然辩证法通讯》杂志社编：《科学精英：求解斯芬克斯之谜的人们》，世界图书出版公司 2015 年版，第 76 页。

④ 《自然辩证法通讯》杂志社编：《科学精英：求解斯芬克斯之谜的人们》，世界图书出版公司 2015 年版，第 75 页。

年，加州理工学院仅培养了 8 名物理学博士，但已经与加州大学伯克利分校并列全美各大学之首。1930—1935 年，它共培养了 59 名物理学博士，将其他大学远远地抛在了后面。①

除了物理学，密立根还将航空工程学作为该校发展的核心学科。1926 年，他说服古根汉姆基金会（Solomon R. Guggenheim Foundation）资助加州理工学院兴建了一个航空实验室。1929 年，又请来著名的航空大师冯·卡门主持该学科的工作。为了促进学院全面发展，密立根不仅创立了地质学、遗传学、生物学等学科，还专门设立了人文与社会科学系。可以说，加州理工大学的世界一流大学崛起之路，正是“名师带动学科发展，学科带动大学发展”的缩影。

六、规划引领型

每一所世界一流大学的产生都有其独特的文化，以及独特的机遇与挑战。大学战略规划能够充分利用大学发展的外部机遇和自身优势，在合理配置办学资源的基础上，为大学发展寻找最佳的发展方式和路径，并最终促进大学的跨越式发展。香港科技大学从 1991 年创立招生到 2001 年创校校长吴家玮离任的 10 年间，迅速跻身亚洲顶尖大学行列，又在短短的 20 年间迅速成长为世界一流大学，也是亚洲进入世界百强大学中最年轻的大学。能够在短期内实现跨越式发展自然是多种因素共同作用的结果，但发展战略规划也在其中起着举足轻重的作用。

香港科技大学创校校长吴家玮曾说：“一所好的大学在一个区域，等于一条鱼在水缸里，拿出来就会干死。一所大学必须清楚学校在国家、地区和不同阶段发展的情况，比如属于哪种类型，与别的学校又有何区别。”② 正是基于这样的原则，并抓住香港地区经济从劳动密集型向知识密集型转型过程

---

① 《自然辩证法通讯》杂志社编：《科学精英：求解斯芬克斯之谜的人们》，世界图书出版公司 2015 年版，第 77 页。

② 马德秀：《变革与超越：走中国特色的一流大学之路》，上海交通大学出版社 2014 年版，第 62 页。

中急需培育企业人才和科学家的契机，港科大在创办之初就明确定位为“集中精力专攻高科技和现代企业管理，又能与同类世界级院校一争雌雄的研究型大学”①。校董会又在2000年确立了建成“一所在国际上具有深远影响，而又致力于本地区服务的优秀学府”的战略目标。与许多老牌大学追求学科齐全的发展战略不同，港科大从创建之初就在学习加州理工学院“小而精”模式的基础上，把有限的资源用在少数学科以及处于国际领先地位的专业上。在创校初期，港科大仅设理学院、工学院、工商管理学院和人文社会科学学院等4个学院，并在选择具体研究领域时，以“是否能对香港的经济、文化和社会发展起到作用，对中国有贡献；是否找得到、请得起该学科或专业的一流学者来领头；是否找得到足够的经费，养得起这些精英人才”②为衡量标准。在这种发展理念的指导下，港科大的专业设置只关注少数几个领域。以物理学为例，港科大的科研重点只关注其中两三个领域，而不是物理学的每一个分支。在战略执行的过程中，港科大不仅聘请了一流的大学校长还引进一批世界顶尖的科学家，拥有充足的科研经费，并建立了教授治校和以人为本的管理制度等等，并最终促成了香港科技大学的崛起。

---

① 付军龙：《大学创新教育论》，教育科学出版社2012年版，第167页。

② 马德秀：《变革与超越：走中国特色的一流大学之路》，上海交通大学出版社2014年版，第62页。

第二章　世界一流大学的管理模式

王英杰教授认为：我国大学现在和世界一流大学相比，最主要的可能是在理念上、制度上的差距。① 制度与理念是决定大学学术能力与声望的最根本因素，如果说理念集中体现了大学的导向、灵魂、使命与发展方向，那么在大学的制度层面——管理体制则是大学灵魂与使命的承载者，理念的贯彻离不开有效的管理体制支撑。大学的管理体制，既包括基于权力分配的领导体制、组织架构，也包括基于学术事务的学术管理、师资管理，以及经费筹措、分配与使用的筹资体制。在管理体制运行中所衍生的管理文化，也集中体现了大学的管理理念与大学的气度与风范。本章拟从世界一流大学的管理体制入手，对关涉大学的领导体制、教师管理体制以及经费筹措管理体制分别进行研究，分析世界一流大学内部学术权力、行政权力、政治权力等各种权力形态的运行，探究不同类型世界一流大学管理体制的共同特征，以期对我国当前“双一流”大学建设提供相应的借鉴。

第一节　世界一流大学的内部领导体制

大学内部领导体制，其核心是权力的分配、布局与运作，是如何围绕大学创造知识、传递知识以及服务社会等职能的实现而形成的权力分配格局

① 王英杰：《关于世界一流大学建设之路的思考》，《清华大学教育研究》2003 年第 3 期。

与组织架构。因受各自国别、民族文化传统的影响与现实改革的需要，各国一流大学的领导体制有其特定的模式、架构及相应的传统品格。

作为高校权力的集中体现，高校的领导体制从根本上决定了一所院校权力的分配布局。不同的高校领导管理体制，乃是不同国家民族文化传统与学术管理传统的多重因素共同作用的结果，既体现了各自的特色，又适应本国学术的发展需求，为大学探究学问、培养人才提供了相应的制度环境。纵览世界各国一流大学，从权力来源与权力格局分配的角度，可将大学的领导体制分为董事会领导的校长负责制，教职员全体大会领导下的理事会制，国家协调与学术自治相结合的领导体制，以及评议会、经营协议会、董事会与校长相结合的大学领导体制等四种类型。

一、董事会领导下的校长负责制的大学领导体制

大学实行董事会制度的历史源远流长，自美国人引以为豪的哈佛大学成立之初，就奉行董事会管理制度。由创办该院校的团体建立一个上级机构——董事会，它拥有关涉大学管理种种事务的最高权力，董事会按照自己的意愿把权力委托给校长和教授。董事会成员一般由社会名流、企业家、大学校长、教授群体、学生群体等代表不同利益的团体或个人担任。哈佛、耶鲁、普林斯顿等常青藤大学均采用董事会领导下的校长负责制，董事会通常把管理大学内部日常事务的权力委托给校长，而把管理学术事务的权力交给大学教授会（或评议会）。可以这么说，校长及相应的行政机构代表着行政团体，而教授会等相应的学术机构则代表着学术团体，二者在价值取向、利益诉求等方面既有交集，又有张力或冲突。以哈佛大学领导体制为例，来具体了解美国大学的领导体制。

由图 2–1 可见，哈佛大学实行董事会领导下的校长负责制。其中，哈佛董事会（Havard Corporation）与监事会（Board of Overseers）是哈佛的最高权力机关。2010 年起，哈佛董事会规模从原有的 7 名成员扩展至 13 名成员，目的在于吸引更多的社会名流，为哈佛开拓更多资源。2019 年，哈佛校友出身的蒂莫西・巴拉凯特（Timothy R. Barakett）和马里亚诺 – 佛罗伦

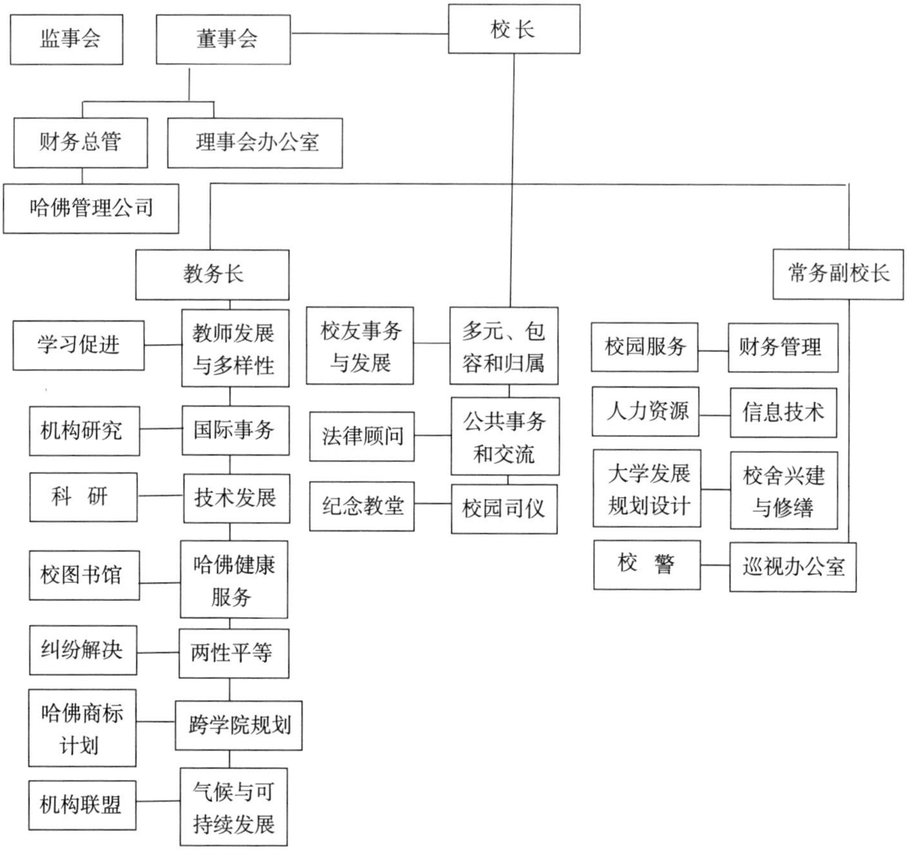

图 2–1 哈佛大学领导结构图

资料来源：Harvard University Office of Institutuonal Research. Organizational Chart-Central Administration. 2021-09-20. https：//oir.harvard.edu/fact-book/org_chart_central.

萨·奎利亚尔（Mariano-Florentino Cuéllar）当选为新的董事会成员，至此，哈佛董事会规模已扩展至 13 名成员，其中有 9 名为哈佛校友。这些成员大多来自大学、高科技公司、法院、金融等社会机构，有着丰厚的阅历，社会活动能力强，校长和财务总管为董事会列席人选，有投票权。董事会是哈佛最高的决策与审议机关，下设财务总管和兼顾董事会和监事会日常事务的理事会办公室两个机构，财务总管下设哈佛管理公司，通过一流的投资经营为哈佛的教学与科研提供强有力的财源支持。理事会办公室负责处理董事会、监事会的日常事务。有关教育政策和机构设置的重大事务，由校长和各学院院长向董事会提出并讨论决定。

哈佛监事会由 30 名左右的成员组成，各成员的任期 3—6 年不等，成员一般由哈佛校友自行选举产生，来自社会不同的部门，其中，校长、财务总管为其当然人选。监事会通过常务访问委员会（Standing and Visiting Overseers）定期主办会议，及时了解大学的教育政策和教育实践。在对大学的工作进行调查研究的基础上，监事会对董事会提出建议并批准重要的行动计划，支持学校的重大活动。主要的教学和管理任命必须由董事会和监事会批准通过。需要说明的是，与哈佛大学设立董事会和监事会两个最高权力机构不同，后来成立的美国大学基本上都实行单一的董事会制度，并未设立监事会，董事会是其唯一的最高权力机构。

哈佛校长由董事会任命，现任校长为劳伦斯·S. 巴科（Lawrence S. Bacow），为哈佛校史上第 29 任校长。校长全面负责学校工作，如图 2–1 所示：校长作为哈佛法人代表，直接领导校友事务、对外交流、校园司仪等代表性事宜；另外设有教务长和常务副校长，他们直接对校长负责。哈佛教务长担任哈佛的首席学术官，与校长一起监督全校范围内的学术政策和活动。教务长办公室与大学的学术和行政领导密切合作，以促进跨学科合作，提高哈佛学术声誉，促进教师发展，推进大学范围内的合规和研究政策方法，监督和协调大学的国际活动，支持教师、学生和学术专业人士推进教学创新，以及监督与知识产权、技术转让、研究合作和商标许可有关的活动，等等。常务副校长则主要负责校园服务、校园财务、大学发展规划、校舍兴建与修缮等方面工作。

另外一项重要的学术机构就是图 2–1 中未标示出的学术组织——教授会（或称评议会），美国大学教授协会组织（American Association of University Professors，AAUP）1967 年发表的《大学和学院治理声明》（*Statement on Government of Colleges and Universities*）规定：董事会是大学的最高权力机关，主要负责制定大学的宏观发展政策和大政方针。董事会将管理大学内部日常事务的权力交给校长，把管理学术事务的权力交给教授会，教授会是负责大学学术活动的基本组织，接受董事会的领导。①

董事会制下的美国大学的内部管理，有着发达的科层式组织，行政权力较强，但以教授会为代表的学术权力仍有效地控制着大学的学术事务。②哈佛各学院的教授群体，通过院一级的教授会议，对所在学科专业的课程设置、教师晋升、终身任期制以及学术标准等方面集体讨论、民主决策，以促进学术研究、教学育人，学术权力得以保障。校长、教务长在执行校务时，必须遵从代表教师意愿的教授会在学术方面的决策。具体到代表学术权力和权益的教授会组织实体，以教授会权力强势著称的加州大学最为明显。

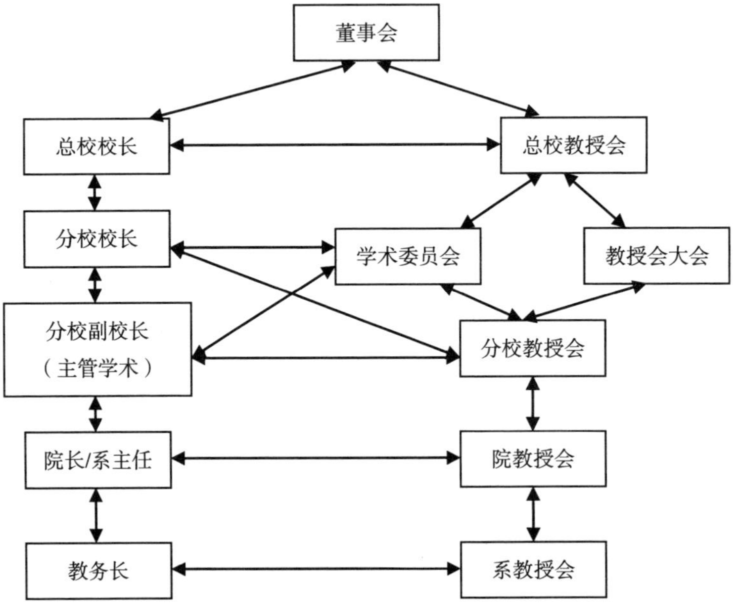

图 2–2　加州大学教授会组织图

资料来源：黄镇：《美国加州大学教授会研究》，河南大学硕士学位论文，2007 年，第 24 页。

① American Association of University Professors. Statement on Government of Colleges and Universities. 2021-09-10. https：//www.aaup.org/report/statement-government-colleges-and-universities.

② 李巧针：《美国大学董事会、校长、评议会权力关系解析及启示》，《国家教育行政学院学报》2007 年第 11 期。

由图 2–2 可见，加州大学的教授会与加州大学内部各级行政团体并行而不悖，同一级别或范围的行政团体有相应的教授会与之并行，教授会的成员由教师群体民选而来。这样行政机构在履行自身职责时，有相应的学术团体监督；而校长、副校长或院长在履行学术事务的管理时，须遵从教授团体的意见。在加州大学的管理中，整个学校的学术政策和相关规划的制定全部由教授会负责，以校长为首的行政体系基本上是受董事会委托，执行教授会制定的学术方针和规划。① 而越往基层教授会的权力越突出，控制了院系一级的教学改革、课程设置、学位基本要求、教师聘任与晋升等各项权力；反之，越往高层，其权力就越弱小，主要发挥作用的领域集中在咨询、建议以及组织协调方面。

美国一流大学主要采用董事会领导下的校长负责制的大学领导体制，通过上述分析可见，这种领导体制主要有如下几方面特征：

1. 董事会、校长以及教授会之间权责明晰，各司其职，相互制衡。董事会拥有最高权力，但其成员并不直接控制大学。董事会对学校拥有监督权，通过合议制的方式，发挥群体的优势，对校务运行实行民主监督。依据校务需要，董事会将具体的行政事务委托给校长及其所辖的行政机构负责，将学术事务委派给大学内部的教授会负责。董事会成员中的绝大多数为校外不同领域的社会名流，由此可以密切大学与政府、社会的联系，也为大学筹资提供了便利。总体来看，董事会扮演了大学与外部社会沟通的中介角色。

2. 董事会采用合议制来对大学的事务进行管理，其自身的管理与决策方式亦能够影响到大学内部事务的决策。董事会通过下设各种常设委员会，分别负责各方具体事宜，例如发展委员会负责开辟财源，投资委员会负责私人捐赠和现金收入，学术事务委员会负责向董事会提出学术政策与教师代表举行会议。

3. 美国大学校长集中代表了专业性的校务管理。美国一流大学的校长通常由德才兼备者担任，既有着很强的实践能力，是优秀的“规划者、评价

① 张劲夫主编：《海外学者论中国》，华夏出版社 1994 年版，第 240 页。

者、招募者、革新家、鼓动家和企业家”①；又有着博雅的学识，深谙大学管理之道，能够很好地将大学的使命、人才的培养、资金的筹备等各项任务结合起来。美国一流大学的校长、教务长与各副校长之间职责分明，避免了相互推诿扯皮的现象。

4. 由大学教师等组成的教授会集中代表了学术团体，呈现出学术组织的“底部沉重”特征。由教授群体组成的学术组织——教授会（或评议会），对大学管理产生了重要的影响，教授会既象征着大学的学术权力，通过教授会的民主议事，对大学的教学、科研发挥着举足轻重的影响；它又作为教授群体利益的代表，在大学共同治理中，对于均衡大学内部各方利益，防止权力独大，发挥着重要的作用。

美国一流大学行政管理的科层制特征较为明显，学术权力与行政权力既有合作又有冲突，大学在二者之间的张力与均衡中发展。说到底，行政权力的运行，其根本诉求也正是为了学术价值的实现。

二、教职员全体大会领导下的理事会制的大学领导体制

这种领导体制以英国一流大学为代表，其学术组织突出体现在学院制的组织结构，早期美国高校的学院制就是照搬英国大学的模式。在19世纪英国城市大学的改革中，有些院校如爱丁堡大学又借鉴了美国董事会模式。但是英国一流大学的历史远比美国一流大学悠久，古老的牛津、剑桥大学均起源于中世纪时代，在内部领导体制上，美国大学组织结构虽与之有部分类似但差别又很明显。以牛津大学为例，在欧洲中世纪时代，学者们为自身在教学、免税、免责等方面的利益结成行会，行会在神圣教权与世俗王权的夹缝中游走，不断争取权力以捍卫大学自治，彰显学术自由的理念，是这一时期的突出特征。“牛津大学自创建之日起，其所有权就不属于创立人和捐助人，而属于全体教职员，是学术行会的典型。”② 中世纪牛津大学的所有权与

① 王英杰：《美国高等教育的发展与改革》，人民教育出版社2002年版，第73页。

② 甘永涛：《英国大学治理结构的演变》，《高等教育研究》2007年第9期。

管理方式对其领导体制也打上了深刻的历史烙印，较为突出的表现在，无论牛津还是剑桥，相对于校一级的权力实体，学院的权力较为独立，学院在成立伊始就拥有独立的法人地位。正如伯顿·克拉克（Burton R. Clark）所说：从垂直维度来看，英国模式中最强的权威是处于底部的行会形式的控制。①

院系层面的行会式管理意味着教授群体有着广泛的权力，教授得以自由开展教学、科研、招生、学位授予等一系列学术事务。这种由教授结成的行会制的运行模式，深深影响到更高一级的校务领导结构形态。以牛津大学校务领导体制的组织结构为例，我们即可窥见一斑。

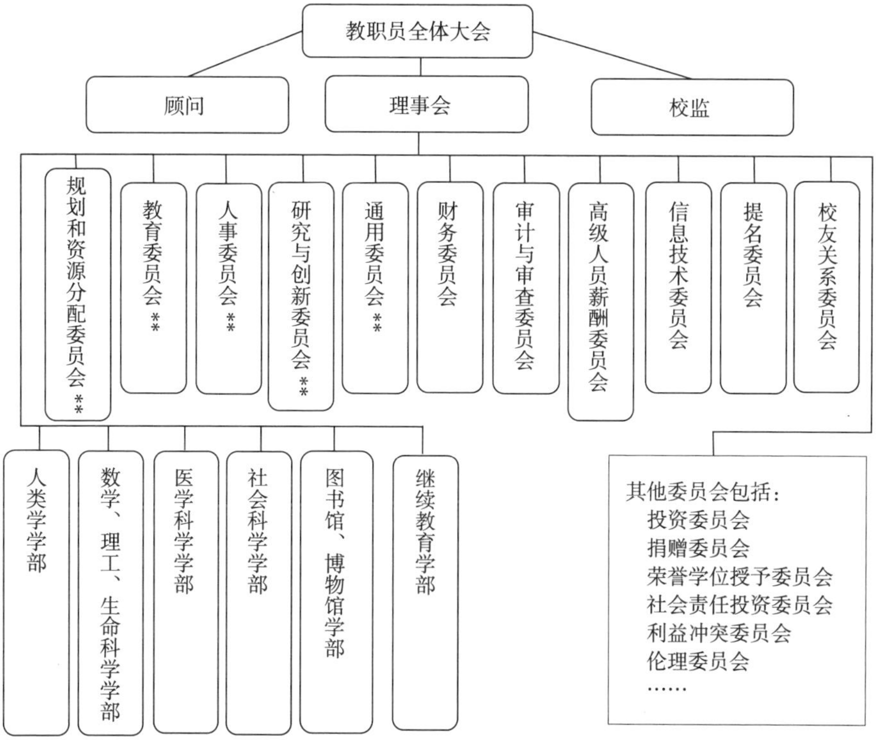

图 2–3　牛津大学管理结构图

资料来源：University of Oxford. University Committees. 2021-12-30. https：//www.admin.ox.ac.uk/sites/default/files/staff/documents/media/university_committees.pdf.

① ［美］伯顿·克拉克：《高等教育系统——学术组织的跨国研究》，王承绪译，杭州大学出版社 1994 年版，第 140 页。

根据牛津大学章程，牛津大学是独立、自治的学术机构，由大学各学院、学系、图书馆、博物馆、教职员全体大会、理事会以及各种委员会等机构所共同组成。教职员全体大会（Congregation）由几乎所有学术研究人员、部分教研辅助人员、管理人员和图书馆人员组成，代表人数超过5000人，其地位相当于英国议会在英国权力系统中的地位。作为牛津大学最高权力机构，教职员全体大会主要负责学校立法、学位授予和校长任命大权，具体负责审议理事会或教职员向其提交的主要政策建议事项；为大学的相关部门如理事会、审计与审查委员会选举相关成员，批准大学的章程和条例的变更。

理事会（Council）是牛津大学的执行理事机构，由教职员全体大会选举出的相关成员组成，一般固定人数为25人，外加最多3名增选成员。其中9名为当然成员，包括副校长（Vice-Chancellor，担任理事会主席）、学院联席会议主席、顾问、校监，以及来自人类学、数理生科、医学科学、社科学部的主任。此外，有4名成员为理事会提名，并经教职员大会批准。其他成员由教职员全体大会选举产生。根据牛津大学章程，理事会负责“推进大学实现目标，管理学校行政和财务”，其主要职责是制定年度预算、战略计划和其他计划，作出重大战略决策，审核与批准其下属委员会和业务部门（如牛津出版社）的工作报告。

牛津大学理事会主要通过教育委员会（Education Committee）、通用委员会（General Purposes Committee，GPC）、人事委员会（Personnel Committee）、规划和资源分配委员会（Planning and Resource Allocation Committee）以及研究与创新委员会（Research and Innovation Committee）等常务委员会行使职能。五个委员会通过与各学部、学院、图书馆、信息技术、继续教育委员会等部门的工作的信息沟通，在各自的职权内协调各学部、学院、图书馆、继续教育委员会等部门的工作，对上向理事会负责。理事会定期召开会议，副校长为理事会主席；副校长下面设有五个分管副校长（Pro-Vice-Chancellors），分别担任上述五个委员会的主席。五个委员会的职能分别如下：(1) 规划和资源分配委员会：制定学校财政和预算规划，并实施监督，并就关涉财务的计划、预算以及预报、筹资等向理事会提供建议。为大学的其他重要职能分配资金，该委员会还监督学生人数规划、确定学费以及其他影响收入和支出的活动。(2) 教育委员会：主要负责制定大学的教育理念、政策和相应标准，定期审查大学的使命和战略计划，负责本科生和研究生的招生工作，制定本科、硕士生和博士生的课程计划，安排毕业生的评估和考核，安排考试和监考人员，监督整个学校的学位授予标准，等等。(3) 人事委员会：主要负责学校工作人员的在职管理，包括招聘、选拔、培训、奖金等，监督有关人事的事务，制定关于职称的规定，授予客座教授或客座讲师等；(4) 研究与创新委员会：就研究方面的政策与计划事务向理事会提供建议，负责向理事会建议相关的研究问题，制定研究战略和研究活动，对研究活动进行审查，结合规划与资源分配委员会负责学校的成本和定价政策，促进高校的国际科研合作。(5) 通用委员会（又译“一般目的委员会”）：就大学范围内的问题、事项与相关政策向理事会提供建议，建议事项有时也会涉及理事会的其他主要委员会或其他专家委员会的管理范畴。通用委员会监督学校层面的政策活动及大学与外界的关系，监督学校子公司的管理和运营，在法律允许的范围内，该委员会有权建立新的信托或其他专项资金资助、奖学金等事项。①

牛津大学校长由牛津大学召开大型正式会议（Convocation）任命。遵循古老的传统，校长（Chancellor）一般是负责礼仪性、外交性的事务，在名义上代表学校，虽然参加所有的理事会议，但不具有管理学校事务的实际权力。真正具有管理学校日常事务权力的是副校长，副校长的职责是领导由各学院组成的大学并为大学的发展制定战略，同时在国际、国内和区域内代表学校并确立学校的地位。副校长是牛津大学的实权领导人，任职 7 年，担任牛津大学最重要的决策机构理事会的主席，提名其他主要负责人。副校长必须同各学院一起密切合作，确保各学院按照大学的整体部署高效率运行，副校长也要掌管学校的基金筹集，尤其要负责发展与校友的关系，以确保学

---

① 赵军彩：《牛津大学内部决策制度及其对我国高校内部管理的启示》，河北师范大学硕士学位论文，2016 年，第 13 页。

校的财政基础平稳、持续发展。

在行政职级层面，与上述五个委员会平行的机构还有人类学部、数理生科学部、医学科学部、社会科学部等主要学术机构。这些学部下设不同的学院，值得注意的是，牛津大学各学院与各学部之间并没有隶属关系。牛津大学设有 39 个学院和 7 个永久性私立学堂，由各学院组建的联席会议负责协调这些机构，各学院都是在财务、人事、学术事务等方面具有高度自治的学术组织，有着独立的法人地位。

由牛津大学管理结构及上述内容可见，英国一流大学的领导体制，体现了西方民主代议制与传统的行会式管理色彩，其特征可简要梳理为如下几点：

首先，牛津大学有着近千年的传统，其领导机构完全由牛津大学的教职人员选举产生，这也是与实行董事会领导的美国大学最明显的差异。

其次，英国大学的英式民主管理，还体现在负责人员为副校长及负责具体事务的分管副校长，而非校长，这与其君主立宪制的政体有关。校长如同英国王室，作为一校元首，对外代表学校，负责礼仪外交事务，但并不具有实权，权力主要由相当于英国体制中政府首相角色的副校长手中，并且，副校长权力的行使，须向代表民意的教职员全体大会负责。

再者，学校一级的管理机构与各学院之间，更体现组织的“松散连接”的关系，体现出浓厚的传统的行会自治风格。英国一流大学的各学院在财务、人事、教学、科研等各方面有着广泛的自治权力，甚至有着独立的法人地位，如剑桥大学内部的独立学院，有其独立自治的传统、资产和收入，能够自订章程。①

与哈佛大学的不同之处还在于，英国一流大学的管理更多体现了教授群体行会自治的特色，但是缺乏像董事会那样的有效中介机制，致使英国大学难以像美国大学那样敏锐捕捉社会需求，直接与高科技企业展开合作，并

① ［英］艾伦·文特、邵文忠：《英国剑桥大学的管理及运行机制》，《临沂师范学院学报》2008 年第 4 期。

由此而成为社会前进的发动机或加速器。

三、国家协调与学术自治相结合的大学领导体制

在欧洲大陆国家，尤其是在德、法两国，政府与高等教育的关系非常密切。在德国，高校在相当程度上有着政府机构的属性，高校教师甚至被视为政府公务员，领取政府通过拨款给大学派发的工资。高校教师可以通过传统“学术行会”的方式，在大学校园里享有自治，政府充分尊重学者群体的自由，这便是“国家官僚——教授管理大学模式”。①

德国实行联邦制的高等教育管理体制，高等教育由各州政府负责，联邦政府对高等教育几乎没有任何权力，只有通过预算才能对有关政策产生一定影响。② 德国的大学，一方面有着自柏林大学成立以来的自治传统，另一方面也深受德意志民族崇尚法治的影响。在 20 世纪六七十年代的德国高等教育改革中，德国大学与政府的法律关系得到了法理上的确认。德国于 1976 年颁布的《高等教育总纲法》规定：“大学既是公法上的社团，同时又作为国家设施，在法律规定的范围内，大学享有自治权。”作为公法人，大学是“本于国家之意，为公共目的，依据法律或法律之授权而设立，具有独立权利能力之法人”③。作为国家机构，高校可以法人身份处理学校事务和政府事务。作为公法上的社团，大学享有充分的自治权力，可以根据规章制度进行自我管理。德国大学通过《高等教育总纲法》，在尊重学术自治的同时，扩大了校长权限，延长了校长任期，这一模式的采取实际上是借鉴了美国大学注重校长管理作用的经验。1976 年的《高等教育总纲法》参照美国的专门术语和美国高等教育模式，规定了校长（president，选举产生，任期 4—8 年）的职责和作用：校长是大学管理中在“法律”和学术两个方面的领导

---

① 张雪：《19 世纪德国现代大学及其与社会、国家关系研究》，华中师范大学博士学位论文，2012 年，第 140 页。

② ［荷］弗兰斯 · F. 范富格特主编：《国际高等教育政策比较研究》，王承绪译，浙江教育出版社 2001 年版，第 179 页。

③ 董保城：《教育法与学术自由》，月旦出版社股份有限公司 1997 年版，第 127 页。

人。① 校长的权限有所加强，大学的领导体制从“国家官僚——教授管理大学模式”转向“国家官僚——校长管理大学模式”。

德国大学的校长与政府之间是密切合作的关系，校长由学校内部民主选举。由于德国的大学及研究所有着政府下属的管理机构的属性，因此，大学教师本身也是公务人员。德国大学的管理，实际上是德国政府领导下的大学自治。

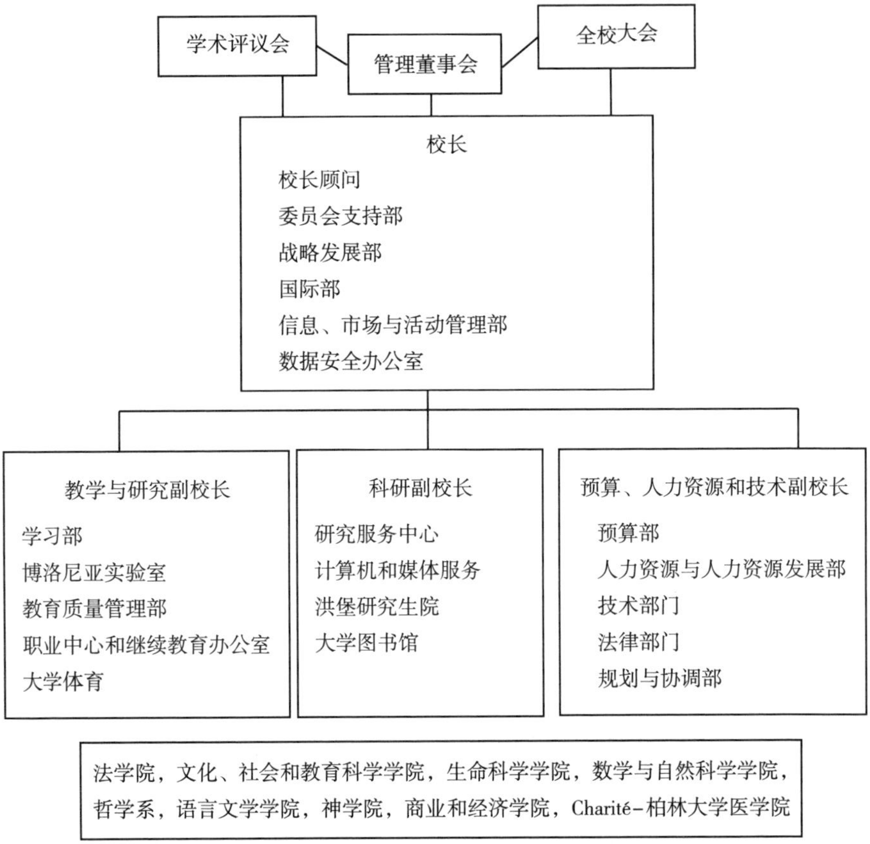

图 2–4　德国柏林洪堡大学管理组织结构图

资料来源：Humboldt-Universität zu Berlin.Organisation chart of Humboldt-Universität zu Berlin. 2021-12-30. https：//www.hu-berlin.de/de/einrichtungen-organisation/organigramm. 根据柏林洪堡大学官方网站相关信息整理，其中，为更清晰地理解该大学的领导体制，作者根据相关资料增加了“全校大会”“管理董事会”与“学术评议会”等组织团体。

① ［荷］弗兰斯 · F. 范富格特主编：《国际高等教育政策比较研究》，王承绪译，浙江教育出版社 2001 年版，第 180 页。

以德国柏林洪堡大学为例，来看德国一流大学的管理体制。

在德国高等教育史上，威廉·冯·洪堡（Wilhelm von Humboldt）和亚历山大·冯·洪堡（Alexander von Humboldt）的办学理念与实践深深影响了德国大学教育乃至世界高等教育的发展和演变。在洪堡兄弟的理念与倡议中创立的柏林大学，是德国大学之经典理念“教学与科研相统一”的发祥地，因此，柏林大学的理念与管理体制曾一度成为世界其他大学效仿的典范，柏林大学也一度被誉为“现代大学之母”。第二次世界大战后东德与西德分立，也导致柏林大学分离成柏林洪堡大学（东德）和柏林自由大学（西德）。

我们可以从柏林洪堡大学的领导体制入手，探究承载这一办学理念的制度基础。柏林洪堡大学的传统突出体现在崇尚“探究高深学问”理念基础上的学校自治，无论在学校一级，还是在院系一级，决策管理中都有高校教师、行政人员和学生的共同参与。学生参与校务管理，是西方大学在中世纪时期就植下的文化基因。校长、教师、学生及其他员工多方团体的参与，也是大学共同治理的核心体现，由此保证了学校管理的权力均衡，照顾到大学内部各团体的利益。

根据《柏林洪堡大学章程》，在学校的管理层面，柏林洪堡大学的校级组织结构主要由管理董事会、学术评议会、全校大会、校长、副校长等构成（见图 2–4）。在其中，管理董事会、学术评议会和全校大会为校一级权力机构，校长、副校长为次一级权力机构。

管理董事会是大学“最高主管部门”，负责大学常规管理。从其构成与权力行使来看，管理董事会的行政权力并非“一权独大”，而是受学术评议会和全校大会的约束。学校董事会由 9 名具备投票权的成员组成，在其中，州政府高校主管和大学校长是当然成员，此外的 7 个人中，教授 2 名，其他人分别为学生、教学与研究人员、全校大会行政人员、州工商界代表。学术成员在管理董事会中占 4 席，有一定的比例优势。根据《柏林洪堡大学章程》规定，管理董事会中当然成员之外的成员由学术评议会选举产生，由此可见，管理董事会中的非学术主体也必须为学术负责。管理董事会主席每学期都要向学术评议会进行一次工作汇报，学术评议会对管理董事会的部分职责如预算、院系的建立和废止、课程设立与停止等事项有着监督和建议权，当管理董事会的提案获得学术评议会一致性意见时，管理董事会必须遵照学术评议会的意见行事。

学术评议会是柏林洪堡大学的学术权力、学术利益的集中代表。根据《柏林洪堡大学章程》规定，学术评议会的主体构成为教学与研究代表，在其25名正式委员中有17个教师和学术助理席位，另外有4个学生及其他职工席位。从其权限来看，学术评议会在学术事务管理中具有决策权，例如“学院的专业设置与撤销”“教学及考试基本规章”“确定教授招聘职位和教授岗位要求”“研究项目的设立与分配”“决定科研方针”等。此外，对于大学重大事务的管理，学术评议会也具有决定权，例如“批准大学预算草案”“批准高校与柏林州的协议草案”“确定招生人数”“决定绩效资金分配”等。由此来看，学术评议会行使的是大学一级的行政权，具有大学权力机构的性质，这也是德国大学在治理结构上区别于他国的重要制度特征。由于学术评议会在本质上反映的是学术意志，因而它在行使大学行政权的过程中，能有效地反映和保护学术利益。①

全校大会是柏林洪堡大学的重要权力机构，职权广泛，包括“审议通过章程与选举条例”“决定副校长人数”“选举校务委员”“讨论校务会年度工作报告”等。值得注意的是，全校大会具有国家授予或委托之权责的分配权，政府将部分大学管理权让渡给大学，而这部分权力的配置与实施在很大程度上由全校大会负责，即使是作为学校最高权力机构的管理董事会，在对国家授权事宜进行决议时，也需要以全校大会的方案为前提。

根据《柏林洪堡大学章程》规定，在全校大会的61名成员中，学术评议会的25名正式委员是当然成员，在另外的36名成员中，教授席位占一半，学术助理人员、学生和其他职工分别占有6个席位。相比学术评议会，全校

① 张继明：《德国柏林洪堡大学的治理结构及其特征——基于〈柏林洪堡大学章程〉文本的解读》，《中国高等教育评论》2016年第6期。

大会中学术主体所占比例更大，这也意味着学术权力或学术意志在柏林洪堡大学中具有广阔而通畅的表达空间。作为政府在大学的直接代言者，学校管理董事会也要受到全校大会及学术评议会的约束。①

柏林洪堡大学校长由全校大会选举产生，并且兼任学术评议会主席。《高等教育总纲法》实施以来，校长的权力得到了加强。各州依据此法，分别制定了本州的大学法。《柏林州高等学校法》规定：柏林洪堡大学的主要决策机构由校长、学术评议会和全体大会组成。校长应从该高校教师中选举产生；校长候选人由管理董事会与全校大会代表组成的校长遴选委员会提名，全体大会就提名进行选举，选举结果报州主管部审批。校长办公室下设三个主要的办公室，分别是管理体系办公室、公共事务办公室、战略规划办公室。管理体系办公室是大学的核心职能机构，该办公室的主要职责是：组织大学的决策系统开会，并做好相应的会议记录，以及执行会议的管理决策；就决策团体的工作事务，向大学的管理董事会成员、学术评议会以及相应机构提供建议；为那些未在副校长负责范围内的会议组织或工作团体提供管理上的支持、组织以及建议；组织并监管核心决策团体的常设委员会的人事工作。公共事务办公室负责对外宣传柏林洪堡大学与高等教育政策，协调与外界的信息交流事宜。战略规划办公室的职责包括：为校长、副校长提供在战略与跨专业事务方面的支持；协调跨学科间的合作；为重大的科研工程提供财务上的支持；在教学与科研方面为女性争取平等权利。

大学校长之下设分管教学、科研、财务及人事的三位副校长，各副校长权限分明，在校长负责制下共同致力于大学的发展事务。

柏林洪堡大学的学术部门由9个不同院系组成，各院系是在最初由教授主管的讲座制基础上转化而来，其内部组织带有教授权力独大的特征。系主任一般也是从该系教授中选举产生，负责在系一级层面的协调工作。教授的独立权力主要体现在直接从政府获得工资及其教职的研究经费，在财务上不

---

① 张继明：《德国柏林洪堡大学的治理结构及其特征——基于〈柏林洪堡大学章程〉文本的解读》，《中国高等教育评论》2016年第6期。

依附大学的管理层——校长办公室，也不依附于系主任办公室。同时，教授享有国家法定的教学与科研自由，所从事的活动具有很强的专业性，无论校长还是系主任都很难对其进行有效的干涉和监控。在学科与学科之间，院系与院系之间，教授之间也“互不干涉”。

我们可以看到，德国大学学术组织，尤其是在教授群体之间，也具有明显的“松散连接”特征。在素来以寂寞与自由为传统的德国大学教育观念中，这种学术组织方式有其独到的优势：首先，它方便了不同专业文化、不同价值体系和不同行为理性标准在同一组织内的共存和发展；其次，松散式结构令整个组织可以更好地感知并适应周围环境的变化；再者，在这种分散式的学术组织结构下，大学教授被赋予了很大的自主权和行动空间。这正是大学教授工作积极性很高的一个重要原因。①

另外，大学属于国家机构，政府赋予大学充分的学术自治权，也是德国大学领导体制不同于英美大学领导体制的特征。柏林洪堡大学前任副校长普洛梅尔（H. Promel）指出，德国的大学之间非常相似，都是国家所有，并由国家提供资助。② 一般而言，政府的不合理干预，往往会损及大学的自治，进而威胁学术自由，德国大学的学术自由在历史上曾受过纳粹的粗暴钳制，但最终在崇尚人文教育、提倡学术自治的德意志民族精神上升为国家意志的推动下扭转过来。

在高等教育全球化趋势下，德国一流大学在管理体制上也有所改变，较为突出的是加强校长一级权力，如 1997 年以来通过设置高校委员会，赋予其战略、监督校务以及选举、罢黜校长委员会成员的大权，企图以此提高校长对校务的控制性，由此不可避免地干涉内部教授自治的权利。当前，德国一流大学在提高校务管理权力与保持教授自治的张力中，谋取进一步的发展。

---

① 孙进：《德国大学改革问题的组织理论解析》，《北京大学教育评论》2005 年第 2 期。

② ［摩洛哥］H.Promel：《追求卓越：洪堡大学的经验》，载刘念才、［加］Jan Sadlak《世界一流大学：特征、排名、建设》，上海交通大学出版社 2007 年版，第 207 页。

四、评议会、经营协议会、董事会与校长相结合的大学领导体制

在教育史上，日本素来以善于学习他国先进文化著称，反映在教育管理制度上，也突出体现了这一特征。日本大学的领导体制，综合杂糅了欧美国家一流大学的管理特长，在校务管理机构上，既有明治维新以来向德国大学习得的评议会制度的痕迹，又有二战后仿效美国建立的董事会管理风格，二者结合，在日本本土形成了独有的大学领导管理体制。根据日本出台的

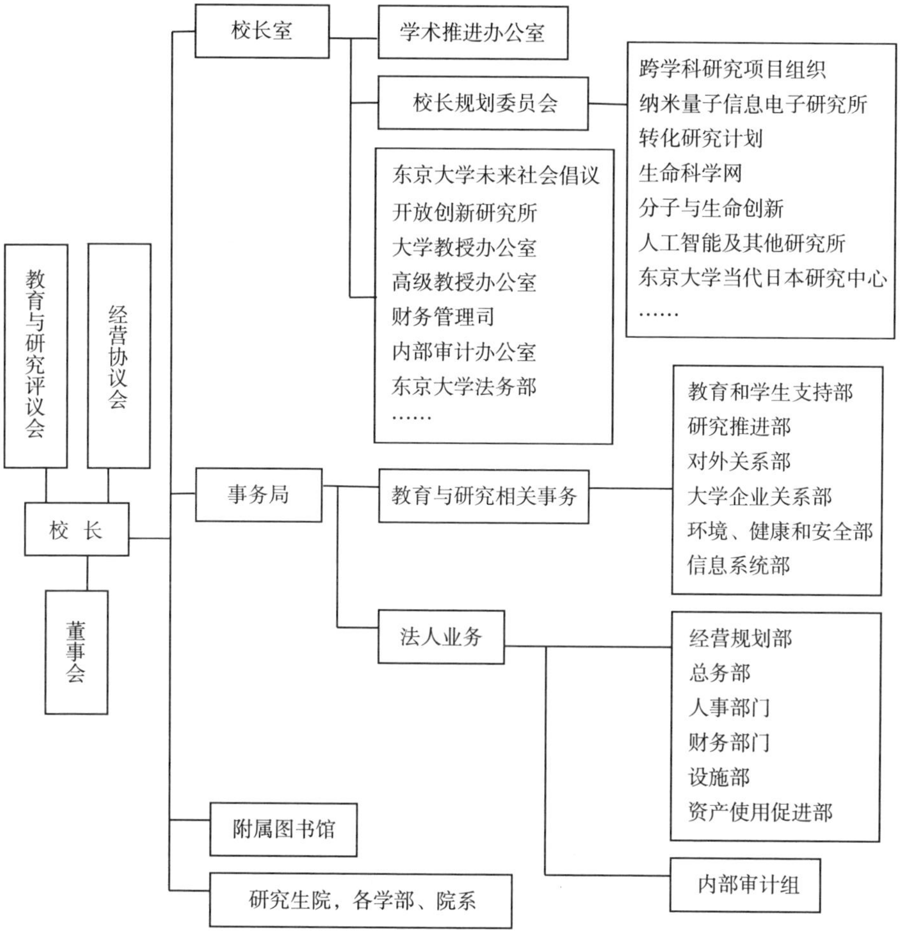

图 2–5　东京大学管理组织结构图

资料来源：The University of Tokyo. Organizational Chart. 2021-09-25. https：//www.u-tokyo.ac.jp/en/about/administrative_system.html. 根据东京大学官网资料整理得出。为简洁起见，本图只突出学校领导层的权力结构，其余部分有所省略。

《学校教育法》规定，大学设立评议会，为学校最高权力机构。政府（文部科学省）名义上不干涉学校具体事务，让学校自主办学。

下面以东京大学的校务领导体制为例，来进一步分析说明。

如图 2–5 所示，东京大学的领导机构为校长、教育与研究评议会（简称评议会）、管理委员会（又称经营协议会）（Administrative Council）与董事会（Board of Directors）的"三会一长"制。其中，评议会成员由总长、各学部长、直属部门负责人、每学部两名教授代表组成。总长为评议长和法人代表，总长、校长两职合一。评议会审议、协调、决定学校常务重大事项（如教学、教师人事管理）和监督总长工作。

经营协议会由校外的经营管理方面的学者专家（兼职）以及校内经营管理方面的代表（董事等）组成，主要是对财务会计（预算、结算、财产处分等）、组织构成、职员配置、工资、董事报酬等经营方面的重要事项和方针的审议。

董事会的成员由校长和校长任命的董事，以及专职和兼职的校外聘用人员组成；董事会的职能是制定经营管理和教学方面的中期目标、中期计划、预算、结算等特别重要的事项，对于这些事项，在校长作出最终决策之前必须经过董事会的审议。

在"三会一长"的权力格局下，下级机构又可分校长室、又称事务局、图书馆以及各研究学部等具体的行政、教研机构。校长室负责具体的行政事务。在国立大学法人化之前，事务局往往是可与前述三会平起平坐的组织，事务局主任由文部科学省任命并向文部科学省负责，但是在校长的领导下工作，在许多方面是文部科学省的代表。国立大学法人化之后，事务室负责具体的教育研究推进业务与法人业务。

在日本国立大学法人化之前，东京大学由国家行政组织统一管理；国立大学法人化之后，国立大学由国家行政组织的一部分转变为独立行政法人，在预算、组织等方面有了更多的自主权。大学与政府之间的关系从行政隶属关系转变为权利和义务对等的法律关系。在此过程中，三会的权力有所调整，如董事会权力有所增强，评议会权力有所削弱，但在不同大学有不同的情况，在东京大学，评议会依然是最高的权力机关。

在国立大学法人化的过程中，校长的产生由原来东京大学学部委员选举之后，报请文部科学省“任命”，转而为由评议会、经营协议会以及董事会三会的成员组成遴选委员会选举产生。校长作为教育与经营两方面的最终责任者，作为法人之长，对三会负责，“考虑从教育、研究以及经营两方面使组成人员的意见能达到圆满及综合的统一，同时实现有效且机动灵活的运营”①，对校务进行自上而下的领导，这将不可避免地冲击法人化之前的“教授会自治”的传统。

在此之前，日本国立大学是采用教授会和评议会合议制与学部长、校长负责制相结合的管理体制，决策过程往往遵循由教授会到评议会的自下而上的程序。② 在国立大学法人化后中，评议会、经营协议会与董事会的权限有所调整，校长的权限有所加强，原本许多为教授群体所有的权力为“三会一长”所有，套用一句流行的话语，即“行政权力扩张，学术权力缩减”。但在素来坚持大学自治理念的东京大学，以民主原则组合的“三会”，校长及其领导下的行政系统，能够尊重教授会的自治传统，与教授团体开展良好的合作，原属于学部一级的教授在教学、科研事务方面的权力并未受到侵蚀。在《东京大学宪章》中，开卷第一条便申明学校的办学目标，即：“以学术自治为基础，追求真理，创造知识，保持和发展世界最高水平的教育和研究。深知研究对社会的影响，大学应努力确保与社会的广泛联系，以应对社会活力，并为人类的发展作出贡献”③ 的条款，学术自治始终得到应有的尊重。面临当前日趋激烈的高等教育国际竞争，日本国立大学法人化改革正是出于教授会自治本身的局限性而进行的，在解决大学现实的生存、发展问题方面具有一定的积极意义。

---

① The University of Tokyo. The University of Tokyo Charter. 2021-12-30. https：//www.u-tokyo.ac.jp/en/about/charter.html.

② 郭丽：《日本大学教授会自治的形成与演变》，《外国教育研究》2006 年第 6 期。

③ The University of Tokyo. The University of Tokyo Charter. 2021-12-30. https：//www.u-tokyo.ac.jp/en/about/charter.html.

综合上述世界一流大学不同的领导体制，可归纳为如下特征：

首先，不同国家一流大学内部领导体制各具特色，又相互借鉴。各国一流大学独有的领导体制，既带有这所大学自身在悠久的历史中沉淀下来的文化基因，与本国文化有着不可分割的关系；又带有各国间互相学习的特征，在其内部，都或多或少地保有学术自治的文化底色。

其次，一流大学校长的产生程序，由内部公推而不是外部任命，一般是由该校资深教师担任。校长权力的行使，有相应的委员会监督，在美国、德国、日本均有相应的董事会监督，在英国则为教职员全体大会。

第三，世界一流大学的领导体制都体现了“分权制衡”的特征。本节所列举的不同类型的领导体制，都有学术团体、行政团体以及领导者之间的分权。分权既是防止权力独大、避免个人专断，也为民主管理提供了保障。在其中，教授群体参与管理是分权制衡下的又一特色。在学校的领导层面，都有教授参与管理，这里并非全部是教授治校，但教授群体有权在关涉大学内部组织运行尤其是教育与科研的规划中发出自己的声音，维护自身利益，并坚持校务运行的学术本位。

第四，世界各国一流大学的领导体制，为大学的共同治理提供了良好的制度保障。校务领导均由委员会式的机构民主决策，防止了行政寡头的权力独大。再就是世界一流大学，无论是政府协调与学术自治结合，还是董事会、委员会领导下的大学管理，均具有明确的公共法人地位，在法律层面上厘清政府、大学与社会的关系。

第五，世界一流大学的学术本位原则鲜明，大学的领导体制为学术自治理念提供了良好的制度环境。在当前竞逐知识创新以提升综合国力的背景下，各国不约而同地加强了对本国大学事务的干预，通过立法、拨款等形式引导大学的科学研究、人才培养及社会服务。在此过程中，大学校长的权力得到加强，原来的学术自治不可避免地受到干预，但并不意味着学术权力的丧失。学术自治依然得到充分的尊重，保障大学的学术自治，发挥师生的创造性，乃是全社会的共识。

第二节　世界一流大学的教师管理体制

“大学者，大师之谓也”，一所大学的学术实力与声望直接取决于这所大学的师资质量。卓越的师资可以吸引来最有才能的学生，培养最杰出的毕业生，并能产生最高质量的研究成果，获得最多的科研资助。放眼世界一流大学，无不将卓越的师资作为立校之本，大学教师的聘任、评审、晋升、激励等环节，折射出一流大学的立校理念与学术诉求。

从管理内容来看，大学教师管理可依次分为对教师的聘任、晋升、工资、激励、评价与考核、专业发展，以及退休、解聘等环节的管理，每个环节均折射出一所大学师资科研水平、教学实力以及大学教师学术能力发展。另外，从一个国家的社会分工与文化传统来看，世界一流大学的教师管理体制，也在一定程度上折射出所在国家政府与知识分子之间的关系。本节拟根据伯顿·克拉克（Burton Clark）提出的“政府权力（政府）—学术权威（大学）—市场（社会）”[①] 的三角关系模型，将大学教师划分为作为自由职业者的大学教师和作为公务员身份的大学教师两种类型。在此基础上，从聘任、晋升、考核、发展等纵向递进环节，来考察不同文化背景下世界一流大学教师的管理体制。

一、自由职业者身份的世界一流大学教师管理体制

在奉行实用主义、崇尚个性自由的美国大学，教师作为自由的社会职业者而活跃在探究知识的场所，再加上高度国际化的用人政策、较高的薪酬待遇和科研环境，使得美国大学能够最大限度地面向全球招聘优秀教师与优秀学生，美国也因此而成为世界上拥有国际教师数量最多的国家，由此也为美国大学面向世界吸纳优秀人才提供了保障。

---

① ［美］伯顿·R. 克拉克：《高等教育系统——学术组织的跨国研究》，王承绪等译，杭州大学出版社 1991 年版，第 159 页。

美国大学教师职称类型多样，一般主要包括正教授、副教授、助理教授、讲师（lecturer）、教员（instructor）、无职称教师（no-rank）等，但各校之间有一定差异。这六类职称又可划分为终身教职序列（ladder faculty ranks）和非终身教职序列（non-ladder instructional ranks）两大类，指向终身教职序列的职称结构大体分为教授、副教授、助理教授等，终身教职主要包括教授、副教授两类职称。以耶鲁大学为例，该校的教师职称分为三类序列，分别为：终身教职序列教师、非终身教职序列教师和科研序列教师。终身教职序列教师包括获得终身教职的副教授、教授；以及还没有获得终身教职的转轨讲师（lecturer convertible）、助理教授、副教授、法学临床教授（clinical professor of law）、临床医生（clinical）、临床教育工作者（clinician-educator）、临床科学家（clinician-scientist）和临床研究者（investigato r）。非终身教职序列教师包括讲师（lecturers）、讲座教师（lectors）、兼职和访问教师（adjunct and visiting faculty）等。① 在美国大学，每个职称的聘任都有严格完善的程序，教师晋升也有着严格的标准，如广为流传的“非升即走”原则、避免“近亲繁殖”原则等。以下将从聘任、晋升、评价与发展环境等维度，分述美国一流大学教师的管理。

（一）公开、公正、严格、民主的教师聘任制度

世界一流大学教师聘任的一般程序包括：公开招聘——应聘者报送材料——系招聘委员会讨论——面试——系终身教授会讨论表决——院教授会讨论决定——校学术委员会认可、董事会批准——签订聘用合同。② 一般来说，学者若想在美国一流大学取得教师资格，首先要具有博士学位，多是需要毕业于名牌大学；其次要有一定的学术经历，以证明可以胜任当前的教学和科研工作；再者，申请者必须有丰富的成果，要在同行认可的杂志上发表过论文，要有相关的著作、专利等等。

公开招聘是美国大学人事聘任的突出特征，“在大学内部，不论是教师

---

① Yale University. *Faculty Handbook*. 2021-10-01. https：//provost.yale.edu/faculty-handbook.

② 王英杰、刘宝存：《世界一流大学的形成与发展》，山西教育出版社 2008 年版，第 219 页。

还是行政管理人员，只要有岗位空缺、需要补充，就要公开选聘。这是美国根据平等竞争原则制定的法律规定，必须执行”①。美国一流大学面向全球公开招聘教师，只要符合条件的人选，均可按照选聘工作设定的程序应聘，从而确保大学可以面向全世界挑选到最好的老师。美国一流大学教师的聘任资格中，均明确规定教师的选拔是根据其学术成就和实力，不得有任何种族、性别、宗教、社会地位的歧视，此举最大限度确保了公平、公正。如耶鲁大学在其教师手册中明确规定：耶鲁大学教职人员的任用，完全基于其资格、学术能力，而不受性别、种族、肤色、国别、宗教、年龄、残疾与否等方面影响。② 为了保障公平公正的选聘而避免附加的歧视，美国大学如耶鲁大学在校一级层面专门设立了“机构公平和机会均等办公室”（Office of Institutional Equity and Accessibility）以确保应聘机会的公正。

在美国大学，教师聘任制、试用制和终身聘任制同时并行，讲师、助理教授以及没有获得终身教职的副教授都有一定的任期，采用“非升即走”的政策；只有获得终身教职的副教授、教授才可以在大学任教到退休，大学教师的经济收入得以保障，解除了后顾之忧。如前所述，耶鲁大学的教师职称划分为终身教职序列、非终身教职序和科研序列，对于不同序列和不同身份的教师，耶鲁大学在招聘条件和流程、休假和福利政策、聘期等方面有不同的政策。③

美国大学教师岗位完全是根据学校发展要求来设置，学校并不设置固定的教师职称比例或名额固定的高级职称，而是根据学校发展和各院系科研、教学需要灵活确定。以耶鲁大学教师招聘为例，教师岗位的确立与教师的任命程序必须要与耶鲁大学的办学宗旨相一致，并且要达到最高质量。在耶鲁大学，不同类型的教师有着不同的聘任标准、聘任程序、任期与薪酬层次。对于耶鲁大学的一般院系而言，教师的聘任与晋升通常是在院系层面作

---

① 俞云金：《美国大学教师选聘机制的考察与思考》，《国家教育行政学院学报》2008 年第 7 期。

② Yale University. *Faculty Handbook*. 2021-10-01. https：//provost.yale.edu/faculty-handbook.

③ Yale University. Faculty Handbook. 2021-10-01. https：//provost.yale.edu/faculty-handbook.

出决策，然后报请耶鲁大学教务长批准。在耶鲁大学医学院、护理学院以及公共卫生学院，终身教职身份的获取须经过耶鲁大学教务长的特别批准。① 一般来说，教师聘任大权由院系一级的教师聘任委员会执掌，教务长、院长和“机构公平和机会均等办公室”负责一些具体的文案事宜。

耶鲁大学各学院的招聘程序一般如下：首先，耶鲁大学相关院系的负责人先向负责监督该系选聘过程的院长申报岗位招聘，获批后，通常是在专业学术杂志上登载广告，或是在专业学术会议上发放相关招聘信息，在世界范围内寻找合适人选，或直接通过电话、邮件、信函等方式与拟招聘人员联系。有意向者按要求准备个人材料与研究计划，然后报送拟应聘的院系。随后，拟招聘学院组织遴选委员会对申请者开展资料审核、面试考察、民意调查等。当遴选委员会经过评估确定好候选人后，采取无记名投票方式确定是否聘任，由相应的系主任审阅并签署意见后，再将意见交给“聘期聘任委员会”（Term Appointments Committee）（非终身教职序列）或“终身岗位聘任委员会”（Committee on Tenure Appointments）（终身教职序列）。意见通过后，再由其提交给文理科教授会投票决定。若投票结果为同意聘任，则该聘任建议将由教务长交给耶鲁董事会进行最后的审核；经学校最终批准聘用，学校会给候选人发去录用通知。②

美国大学的文理学院主要承担本科生的教学任务，院长在本科生教学方面负有重要责任。职是之故，耶鲁大学文理学院教职的聘任与晋升，须经由院长的审核，这是与一般的专业学院略有不同之处。相同之处就是必须经过教授群体遴选，然后经由相关委员会的审议，报请耶鲁董事会批准。总体来看，耶鲁大学教职的任命过程是建立在教授群体民主评选的基础上，凸显了学术至上和民主、公开、公正的原则。

---

① 按照耶鲁教师手册规定，在耶鲁大学下属的 12 个学院中，其中 10 个学院有正式的管理机构以及教师的人事任命机构，并且同时有权经院长的推荐授予相应的聘任资格。见 Yale University. Faculty Handbook.2021-10-01. https：//provost.yale.edu/faculty-handbook。

② 黎军、陈微：《中美高校教师招聘制度的比较——基于耶鲁大学与北京大学教师招聘制度的分析》，《教师教育论坛》2013 年第 7 期。

在耶鲁大学，所有教师的最终任命程序均由耶鲁大学董事会执行，或者是经由校长、教务长授权后的机构任命。通常情况下，到了这一环节往往是象征性的，董事会不会轻易否决经同行评议和民主决策所最终选定的人选。

另外，从大学师资队伍学缘结构的角度来看，“远缘杂交”是美国一流大学的学缘结构特征，美国高校，尤其是知名大学的研究生院一般都不聘用自己的毕业生，直到他们获得学术界认同，才能荣归母校执掌教席。不直接聘用本校毕业生任教已成为美国大学约定俗成的惯例。① 美国一流大学通过学术上的“远缘杂交”，有效地促进了不同学派之间的争鸣，进而促进了学术繁荣。

（二）严格、公正、科学的教师评价制度

高校教师评价是大学教师专业化水平认定的途径，直接关系到大学教师的遴选、晋升、学术声誉、薪酬待遇，进而关涉大学的人事决策、大学发展乃至大学的声望。因此，拥有世界一流师资的美国一流大学向来把教师评价作为学校战略发展的关键考量。

高校教师评价的核心是对其工作绩效进行评价，如加州大学伯克利分校教师绩效评价大体可分为人事决策的评价（如聘任、续聘、晋升）和日常性评价（包括终身教授的职后评价）两类，它贯穿于教师管理的全过程，是教师发展的重要推动力。从教师绩效评价指标来看，伯克利分校的教师评审委员会将指标细分为教学能力（teaching）、科研能力（research and other creative work）、专业发展能力（professional competence and activity）和参与大学和社会公共服务的能力（university and public service）等四个方面。②

作为研究型大学的美国一流大学并不因科研而忽视教学，而是将科研与教学并重。加州大学伯克利分校认为：如果不能证明在教学方面的能力与诲人不倦的精神，教师在任何情况下都不可能获得终身教职。因此，伯克利

① 林杰：《中美两国大学教师“近亲繁殖”之比较》，《高等教育研究》2009 年第 12 期。

② Berkeley Center for Teaching & Learning. Advancement and Promotion. 2021-12-16. https：//teaching.berkeley.edu/advancement-and-promotion.

分校始终突显“高水平的教学是大学享誉世界的基础”的理念，将教学水平提升作为重要使命。① 在教学方面的评价内容主要包括教师对学科知识的掌握程度、教师的教学技能、教师能否激发学生的主动性与创造性、教师能否营造激励探索的学术氛围，等等。对这些教学表现进行评价，既有量的统计，又有质的分析。量的统计包括授课数目与种类、所开课程的注册学生数量、每门课参与课程评价的学生比例等；质的分析主要包括学生对教师的评价、教师自我评价、教师同行评价以及教师的教学成就等方面。

教师的科研能力、科研成果是教师科研的主要评价领域。在教师科研评价上，加州大学伯克利分校既重视论文数量，也重视论文质量，以及研究工作的创造性思想与效果、对待研究工作的态度等等，并将教师发表或出版的学术论著，在专业实践领域的贡献乃至于在专业领域的新观点等也作为科研能力的重要内容。对于科研成果的评价既看科研成果的品位规格（如期刊层次、论著声誉等），也注重成果本身的影响力，以及科研成果背后的工作付出等，此外也关注学术同行的评价——如论著被引率、评论性文献对于研究成果的评价等。

加州大学伯克利分校将教师的专业能力和活动列为一类评价指标，根据不同的学科专业特点来衡量教师在专业领域中对解决实际问题的贡献。通过前述领导体制，我们知道“教授治校”传统在伯克利占有重要的位置，大学注重教师群体在学校管理和政策形成过程中的作用，也注重教师对社区、州和国家服务。因此，教师能否在专业领域提供高水平的社会服务也成为教师评价的内容。

就评价程序而言，伯克利教师人事决策的评估工作主要由学术人事委员会（academic personnel committee）提名的评审委员会（review committee）来负责，评审委员会专门负责教师人事决策评估，评审委员会成员虽未必是被评价者专业领域的权威专家，但至少要熟悉该领域。评审委员会最终形成一

---

① 陆道坤、［肯尼亚］Joseph Muiruri Thige：《加州大学伯克利分校教师教学能力发展机制研究》，《大连理工大学学报》（社会科学版）2016 年第 2 期。

份详细全面的报告，以供学术人事委员会进一步评审，为分校校长或校长提供决策参考。同时，该委员会既强调委员会内部的协商一致，又注重评估过程中的民主，将委员会的评审意见与其他不同看法一同提交到学术人事委员会。系主任（department chair）负责关于评估的具体材料的收集，材料包括能够证明被评价者具备合格资格的一切资料，在此过程中，系主任必须要与系内其他成员讨论，充分掌握民意，同时也搜集关于被评价者的传记、研究成果。在关涉终身教职的晋升方面，系和评审委员会还将考虑校外专家对被评价者的意见。其主要流程见图 2–6。

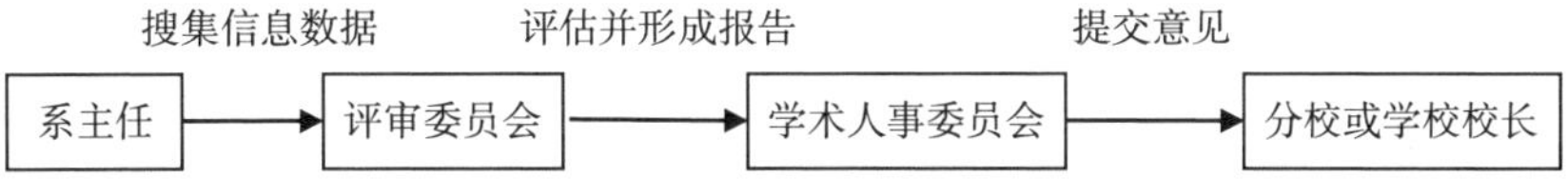

图 2–6　伯克利分校人事评估流程图

资料来源：江红岩：《从伯克利管理视角谈美国研究型大学的教师绩效评估》，《高等农业教育》2007 年第 1 期。

在教师评价过程中，同行评议扮演着最重要的角色，评审委员会和学术人事委员会成员均为相关领域的学者。美国的大学教师专业队伍是“以建基于市场的社会需要和建基于专业的同行评价为基础的，而不是以政治官僚体系或宗教神圣等级身份体系为基础的”①。

从以上简述可见，加州大学伯克利分校教师评价有着健全的制度，采用较为科学、民主的评价指标与方式，在其评价过程中，系主任在搜集整理资料方面起到了重要作用，评估的主体也较为多元化，既有学术团体的同行评议，又有学生群体的民意倾向，以及上级审核与外界评论，由此保证了最大限度的客观性。总结其评价特点，大致可用几个结合来概括，即：定性评价与定量评价相结合，奖惩绩效与促进教师发展相结合，内部评价与外部评价相结合，以及结果评价与过程评价相结合。

① 乔玉全：《21 世纪的美国高等教育》，高等教育出版社 2000 年版，第 33 页。

（三）崇尚学术的教师发展环境

“学术自由是学术界的要塞，永远不能放弃。”[①] 布鲁贝克（John Seiler Brubacher）在《高等教育哲学》中的这一论断，对美国大学教师专业发展也有着重要意义。在美国一流大学，学术自由在领导体制、学术管理以及教师管理等各方面均有所体现，对于师资管理而言，其意义在于保障教师自主开展科研与教学，激发教师的创造性，有效维护教师的利益。

终身教职制度（tenure system）是维护大学教师权益和学术自由的重要保障。依照美国大学教授协会（AAUP）的定义，终身教职制度是指在一定的试用期之后，教师应当享有永久性的、持续的终身任期制，除非极特殊原因（如财政困难、项目被迫中止等），不得终止任期。[②] 终身教职制度解除了教师的后顾之忧，使其能够沉潜下来安心于学术，做自己喜欢做的科研工作。

在崇尚学术的工作氛围中，终身教职的另一个意外结果，就是使得那些被赋予终身教职的教师群体，在参与所在院系聘任新教师时有足够的积极性去寻找更为优秀的学术同行，而不是寻找比自己差的“队友”，因为他们不用担心自己的职位会被新进的人抢走，而优秀的同事会更加有助于提升本系的学术水平和声誉。相反，如果负责招聘工作的教授本身也为自己的职位而战，那他们的招聘策略就会大不相同。在学术团队具有招聘新成员的自主权的情况下，关键的问题便在于如何使得这个团队有足够的积极性去寻找最好的新成员。正是在这意义上，终身教职制度保证各个院系在教师聘任方面的高标准、高要求、公开性和广泛性，从而保障了教师流动机制的良性运行。[③]

无疑，终身教职制度对于捍卫学术自由和维护教师利益发挥了不可估量的作用，但也时常引发相关的争议，如滋长学术人员的懒散意识，不利于学术竞争，扭曲了个人职业发展的正常模式等，这样的争议并未促进终身教

---

① ［美］约翰·S. 布鲁贝克：《高等教育哲学》，王承绪、郑继伟、张维平、徐辉、张民选译，浙江教育出版社 1998 年版，第 60 页。

② AAUP.Tenure.2021-12-12. https：//www.aaup.org/issues/tenure.

③ 王宁：《美国大学教师流动机制研究》，北京师范大学硕士学位论文，2008 年，第 40 页。

职的废除，反而促进了其制度的完善。如坚持发展性、教师参与程序公正原则的“终身教职后评估”（post-tenure review）的引入。

再就是为促进教师学术水平提高而普遍奉行的“非升即走”政策、学术休假制度。在美国的绝大多数高校，学衔较低的教师，若在7—8年内不能晋升为副教授或教授，就不得不离开原来的高校另谋出路，永久聘书只发给有限的一些副教授和教授。“非升即走”的采用，促进职称较低且学术水平在竞争中处于劣势的学术人员不断流动，聘期内不能晋升而被解聘的教师不得不到水平低一级的学校去应聘或另找出路，最终促使教师努力提高自身学术水平，推出研究成果。学术休假制度一般是指，凡是符合规定的教师，在工作若干年后即可选择全薪休假半年或半薪休假一年，如此循环，周而复始。在耶鲁大学，所有的副教授和正教授在五个学期的教学工作之后，都会享受至少一个学期的休假，且享受全额薪水。在这段时间里，教师可以集中精力从事自己的研究而不用承担教学工作，也可以参加国内外的学术会议，或到国外考察。总之，在学术休假期间，教师可以有充分的时间追求自己的学术兴趣并保持专业上的进一步发展，进而带着新鲜的活力、观点和见识重返工作岗位。①

就校外环境而言，1791年的美国宪法第一修正案关于“言论自由”的条款，为大学的学术自由创设了必要环境。19世纪末20世纪初的美国高校师法德意志古典大学实现了研究型大学的创设与转型，又将德意志大学学术自由的理念带到了美国，并极大促进了美国大学的科研探索。再后来，联邦最高法院涉及学术自由案的一次次判例，为美国大学教师逐渐提供了丰富、具体的学术自由保障条款，从法律制度上提供了学术自由保障。

再就是美国社会发达的民间性教育组织，也为捍卫学术自由，保障大学教师权益提供了社会保障。这类组织往往被称为“中介团体”（intermediary body）或缓冲组织（buffer organization）、“减压阀”，是指按照一定的法律、法规、规章，遵循独立、公开、公正的原则在教育活动中发挥

---

① 王英杰、刘宝存：《世界一流大学的形成与发展》，山西教育出版社2008年版，第227页。

服务、沟通、公证、监督和评价的功能，实行具体服务性、执行及部分监督行为的社会机构。在关涉教师管理与利益协调方面的组织中，比较著名的有全美教育协会（The National Education Association，NEA）、美国教师联合会（American Federation of Teachers，AFT）、美国大学教授协会（American Association of University Professors，AAUP）等等。这些中介组织作为社会第三方，在维护教师权益、保障教师学术自由、规范教师管理等方面发挥了重要作用。如美国大学教授协会的核心诉求即在于捍卫大学教师终身教职制度，保障学术自由。协会的宗旨十分明确：致力于通过捍卫终身教职、学术程序和质量标准来促进学术自由。美国大学教授协会自成立之日起所作出的努力，无一不是在推进美国大学教师利益的维护和学术自由的保障，美国大学教授协会所确立的学术自由与终身教职存在内在联系这一认识，已经成为美国高等教育制度文化的一部分，成为大学教师学术自由权利的基本保障工具。①

美国大学开放的教师招聘制度、“非升即走”的原则、作为自由职业者的大学教师，三者结合，在高度市场化的社会环境下，形成了自由流动的学术劳动力市场。市场经济的竞争规律和激励原则，在高等教育领域表现为大学教师之间的学术水平、教学能力的竞争及相应的优胜劣汰。教育教学能力强、综合素质高的教师更容易获得施展才华的机会，也更容易为诸多名校瞩目，获得更好的发展空间。那些具有雄厚的资金基础、宽松的学术氛围、优厚的福利待遇以及友好的管理环境的美国一流大学，无疑在吸引一流学者方面具有优势，从而保障了在学术竞争中立于不败之地。

二、作为公务员身份的世界一流大学教师管理

欧美世界有不少国家的大学最初是由政府创立，以德国最为典型，相应地，大学自然就成为国家机构。在德国，最初大学的功能是为世俗和精

① 王保星：《美国大学教师终身教职与学术自由的关系》，《北京大学教育评论》2005 年第 1 期。

神的管理机构培养官员；大学教师也在“教授”称谓之下，成为拿薪水的国家官员。① 在洪堡（Alexander von Humboldt）、施莱尔马赫（Friedrich Daniel Ernst Schleiermacher）等有识之士的改革下，德意志的大学逐渐走上了科学研究的道路，逐渐远离了“官员养成所”的旧有传统，也相应减弱了官僚控制。大学成为独立科学生活的化身，其美好愿望是：无拘无束地为真理服务，不仅是与国家利益相一致的，而且还是与之息息相关的。② 大学教师在保留公务员性质的同时，淡化了官员身份，而凸显出学者精神。德国的大学与学术自治相结合，实现了学术自治与国家管控的有机统一，延续至今，德国大学的教师管理也体现出这一浓厚文化传统。

与德国大学的管理体制相一致，德国一流大学的教师管理也带有着浓厚的法律主义色彩。德国《高等教育总纲法》《公务员法》等法案均有关于学术自治、教师权益保障等方面的明文规定，德国大学在教师的招聘、晋升、任用、培养等方面也都制定了比较完整的法律、法规和严格规范的程序。

（一）德国一流大学教授的聘任

与美国一流大学教师的聘任相似，德国一流大学教师的聘任也体现了公开、公平、公正、民主的原则。德国大学的招聘是一种超越本校、在德国全国乃至整个世界范围内所有相关专业的学者都可以参与的公开竞争，这种招聘方式既保证了教学质量和科研质量，又避免了人际间因此产生的不必要的摩擦。③ 成为一名德国大学教授，靠的是自身卓著的学术成就、潜心治学的精神以及漫长的学术修炼。在历史上以科研精神著称的德国大学，大学教职的取得，有着独特的程序规则。

根据德国 1998 年颁布的《高等教育总纲法》，将大学教师职称分为四

① ［德］弗里德里希·包尔生：《德国大学与大学学习》，张弛、郄海霞、耿益群译，人民教育出版社 2009 年版，第 72 页。

② ［德］弗里德里希·包尔生：《德国大学与大学学习》，张弛、郄海霞、耿益群译，人民教育出版社 2009 年版，第 75 页。

③ 孙淑芹：《德国高校教师职务的聘任与启示》，《中国林业教育》2000 年第 4 期。

类，即教授、大学助教、学术合作者和艺术合作者、特别任务教师。2002年修订《高等教育总纲法》，新设“准教授”（或称“初级教授”）一职，“准教授”主要以年轻研究者为主。现在德国大学教师主要有教授（professor，C4级相当于教授，C3级相当于副教授，C2级相当于讲师）、学术助教（Wissen-schaftlicher Assistant）、艺术助教（Kunstlerischer Assistant）以及学术合作者、艺术合作者、特别任务教师。[①] 通常情况下，人们将德国大学教师分为教授和教授辅助人员两大类。

在德国高等教育系统中，院校的分类对学术人员的结构有着明显的影响。德国的应用科学大学一般只开展本科生教育和硕士研究生教育，虽然可以培养博士研究生，但一般必须与德国研究型大学合作培养，近些年来开始尝试独立培养博士研究生；与德国研究型大学对比，应用科学大学研究相对较少，主要限于应用技术领域，这些院校的教授占比也相对偏低，教授职位通常仅为C2教授和C3教授。[②] 而那些有着世界一流大学之称的德国研究型大学，其教师群体拥有教授职称的也不过30%左右的比例，另外70%左右都是非教授职位。教授职称占比的偏低，并不意味着科研实力的弱小，而是反映出德国大学教授条件的苛刻。“大学中4/5的研究力量和整个高等教育中2/3的教学力量都是非教授学术人员”[③]，这样的既定现实与通向教授之路的途径之艰辛，本身说明了德国一流大学学术实力的强大，并不依赖于教师职称比例结构的静态因素，而更在于从助教到教授的漫长、艰巨的学术修炼过程。

德国大学教师职称的界定与大学教师的组织工作有着密切的关系。所有的教授、助教、编外讲师，均围绕着以“讲座制”为特色的学术组织开展工作。讲座教授由大学评议、提名，由国家任命、拨款，讲座教授是该研究

① 陈永明：《德国大学教师聘任制的现状与特征》，《集美大学学报》2007年第3期。

② 孔捷、[德] 马蒂亚斯·韩、迟芳：《讲座制下德国大学教师的职业发展》，《外国教育研究》2010年第1期。

③ [美] 菲利普·G.阿特巴赫主编：《变革中的学术职业：比较的视角》，别敦荣主译，中国海洋大学出版社2006年版，第22页。

领域中唯一的一名讲座持有者，也是研究所的唯一负责人，对研究、教学、人事、财务等事务负全责，其他人（包括助教、编外讲师、学术合作者等）工作时只能处于从属地位。由助教、编外讲师上升到教授身份将会经历一系列复杂的过程与严格的筛选。

讲座制秉持“教科研相统一”的理念，把研究和教学统一在主持讲座组织的教授身上，加强了其学术领导地位，在大学管理方面也发挥了兼职决策的作用。讲座组织也是教师控制较高组织层次的较为重要的根源，它加强了大学评议会政治的冲击力。① 德国大学的讲座制也是德国大学理念的制度基础，有效地捍卫了学术自治精神与教授群体的利益。

正因为德国讲座制的上述特征，在教师基层组织方面自然也就不同于以学院制为主体的英美院校，容易形成外界所诟病的“学阀”局面。教授支配着丰富的学术资源，享有较高的自由度，也担负着更多的学术责任。因此，德国大学教师的聘任，尤其是在教授的聘任或晋升上，其程序严格程度在欧洲是首屈一指的。

在德国大学，申请教授资格须具备两个重要前提：其一是获得大学授课资格，获得大学授课资格最重要的条件是完成一篇大学授课资格论文，这篇论文要具有独创性，学术水平也应超过博士论文。大学授课资格可以证明申请人具有独立进行科学研究和教学的能力。其二是要有编外讲师的经历，编外讲师制度是德国大学所特有的一项教师制度，往往被看作是德国大学教师学术发展的起点所在。它是指已取得大学授课资格，因没有相应的职位未被任命为教授的教学人员，没有固定薪水，只有通过授课而得到课时费。

一般来讲，德国一流大学教授的聘任通常有如下几个步骤：首先，有关院系在某一教授职位空缺之前向学校提出招聘申请，学校根据院系的申请在报刊上发布招聘通知，在全国或世界范围内进行公开招聘。然后，院系成立聘任委员会（通常由教授与学生代表组成），对应聘者进行审核、面试，同

① ［美］伯顿·克拉克：《高等教育系统——学术组织的跨国研究》，王承绪、徐辉、殷企平、蒋恒译，杭州大学出版社 1994 年版，第 51—52 页。

时邀请校外专家对申请材料进行鉴定，并请应聘者进行试教，在众多的应聘者中确定三名拟聘任人选及先后次序。接下来，再由学院委员会（通常由院长、教授、学术人员以及学生组成，教授占多数）对申请者进行审议，将相关材料上报学校一级。再次，由学校评议会（通常由校长、教授、学术人员、学生组成，教授仍占多数）对学院委员会选定的名单进行审议，并将审议结果作为大学一级选定的顺序向所在州的文化教育部报备。最终，由州文化教育部根据上报材料作出任命决定。在这一环节，州文化教育部也有可能会改变大学选定的人事顺序进行任命，但这种情况很少见。并且，由于教授是公务员身份，其薪水待遇、研究所的人员配备、研究设备及研究经费等事宜，均可以由大学所在州的文化教育部官员直接与拟聘任的人选就有关问题进行磋商。讲座教授一经聘任便成为州政府公务员，享受终身职位权利。

另外，关于教授的招聘，德国《高等教育总纲法》规定：教授根据大学的要求由州法律规定的有权威的机关任命，大学原则上不允许在校内招聘教授。这也就意味着教授的晋升，必须要到其他学校中去，从而杜绝了学术上的“近亲繁殖”，促进了教师流动。

由此不难看出，德国大学教授的招聘带有鲜明的精英主义取向，竞聘教授所要经历的程序和内容，相对于美国大学教授招聘要更为繁杂与苛刻。德国教师聘任既是公立高校自治范围内的事务，也是高校与州政府共同的职责，教授任命的最终决策权在州文化教育部而不在高校，这一点充分体现了德国大学“政府部门严密的政治管制和教授主导的学术寡头自治相结合的传统”①。

在德国大学任用委员会、学院委员会、评议会等团体中，教授占多数，其中也有行政力量与学生参与其中，这也是与美国大学教师聘任不同的地方，学生参与其中，也可以反映学生群体的诉求。

德国大学教授聘任过程之严格与复杂，在保证优秀的师资方面确实有可圈可点之处，然而对于那些志愿成为教授的学者来说，由于讲座制的组织

① 牛风蕊、沈红：《德国研究型大学学术职位制度的历史、特点及变革趋势》，《外国教育研究》2015 年第 10 期。

形式以及聘任教授的严格程序，客观上为年轻的学者晋升造成了重重关口。与教授的聘任是一种正式的多层次决策的结果，而且最后的决定权主要在州文化教育部所不同的是，非教授学术人员职位通常都是由有关教授所了解的人担任的，聘任权多为讲座教授独揽。故而，初级学术人员的晋升阶梯是有关院校内部劳动力市场的一部分，而教授系列的终身教职聘任和进一步的职位升迁则更多地依赖于外部劳动力市场。① 外部劳动力市场的运作，是建立在院校内部劳动力市场为其提供充足的人力资源基础上的。以下将通过对院校内部学术职业发展的考察，来了解成为德国一流大学教师所经历的程序。

（二）德国一流大学教师的评价与晋升

成为讲座教授意味着国家公务员身份、终身教职身份的取得，在德国大学是每一位有志于学术者梦寐以求的目标，而达成这一目标，则需要较为漫长的时间与充分的准备。根据杰根·恩德斯（Jürgen Enders）的研究，可通过以下图示来看学术人员成长为教授之途的复杂与漫长（见图 2–7）。

由图 2–7 可见，若想进入德国大学教师队伍，前提是必须取得大学授课资格。大学授课资格的取得大致有两条路径：其一是先取得第一级学位后，经过研究生助理兼职或受聘为学术雇员 4—5 年工作之后取得博士学位，再经由多达 6 年的助教工作取得授课资格。其二是取得第一级学位后，经过与校方签署 5—12 年的有限期合同，考核合格，取得授课资格。

首先，大学毕业生通过考试获得本科或硕士文凭时，通常已 28 岁左右，此时学术事业的第一阶段才刚开始；或者作为博士候选人，取得博士基金的资助，兼职 4 年的研究生助理；或者作为被聘的学术雇员，与校方签署有限期合同，受额外的研究或大学资助从事科研，期间也可申请博士学位，或直接申请大学授课资格。大多情况下，博士候选人没有特定的课程计划，所获得的学术指导也相当个性化，攻读学位期间，博士候选人可在学校遍访教授，享有充分的治学自主。

---

① Jürgen Enders. A Chair System in Transition：Appointments，Promotions，and Gate-Keeping in German Higher Education. *Higher Education*，2001，41（1-2），pp.3-25.

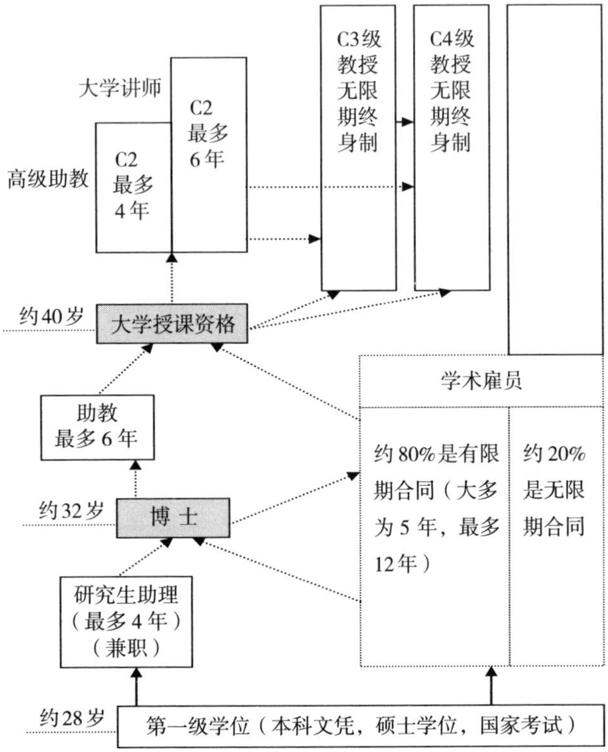

图 2–7　德国学术人员成长路径示意图①

资料来源：Jürgen Enders. A Chair System in Transition：Appointments，Promotions，and Gate-Keeping in German Higher Education. *Higher Education*，2001，41（1-2），pp.3-25.

用约四五年时间做完学位论文并获得博士学位后，学术人员进入第二个事业阶段，这一阶段将持续5年或更长。取得博士学位者或会被聘为高级研究人员，或是再做6年助教，之后再取得大学授课资格。助教的教学任务不到教授任务的一半，研究人员不一定要求教学，但要做兼职讲师。一般而言，讲师的教学任务比教授更繁重，讲师的位置是暂时的。

只有取得大学授课资格后，才会走出初级学术人员的行列，此时学者的年龄一般达到40岁左右。一般来说，还须“再花上两三年，才能最终成

① 对于医学类教师而言，助教任职期限最长为10年，高级助教为6年，大学讲师10年；对于工程类教师而言，高级助教任职期限最长为6年。

为编外讲师，进而去竞聘教授职位”①。从图2–7可以看出，授课资格取得者按部就班地继续经过高级助教、大学讲师的任期，通过校外招聘，步入教授的行列。对那些才能卓著者而言，也可直接到校外竞聘教授职位。

在此过程中，每一职位的获得，都有着严格的程序要求，除了教授职位的获得外，余者均在校内进行，也就是前面所述院校内部劳动力市场的“升级”。从助教到获得大学授课资格，从编外讲师到教授，跨越每一步都必须打败相应的竞争对手。在这一过程中，交织着讲座教授个人学术权力的操控与校内一系列严格的考核制度等种种规则要求，如博士候选人资格的取得，必须经过讲座教授的同意；而大学授课资格的取得，必须有学校规定的相关论文的提交与审核通过。要想在其中脱颖而出，非有耐得住寂寞的钻研精神与硕果累累的学术之志者而无法达成。由此也不难看出，德国大学教师制度体系总体上是一套筛选制度。德国大学学术人员的结构体系呈典型的金字塔状，非教授人员处于金字塔的中下段，是这一体系的根基，教授处于塔尖，享有特权。②

德国一流大学教师的评价，在评价内容、评价程序上与美国大学教师评价有所不同。由于德国大学教师的成长机制的原因，关注于教师晋升的评价往往集中于成为教授之前的学术资格的取得。在前述初级学术人员向大学教师晋升的路径中，就包括了德国大学教师的评价筛选机制，虽然不像美国一流大学那样“要么发表要么出局”规则要求下对科研成果的量化考核，然而，若想取得稳定教职，博士学位的获取、漫长的助教任期以及授课资格的获取，本身即说明了通向教授之路的严格与卓越。

在取得教授职位后，对教授的筛选与评价就会相对淡化，这也成为讲座制下的德国大学教授饱受诟病的原因之一。教授在他们的工作中享有非常高的自主权，具有较高的薪水和终身聘用权。但是，与其他国家相比较，德国没有引入全国统一的评价标准，正规的人员评价和评估活动在德国高等教

---

① ［美］菲利普·G. 阿特巴赫主编：《变革中的学术职业：比较的视角》，别敦荣主译，中国海洋大学出版社 2006 年版，第 27 页。

② 陈艺波：《德国高校教师制度理念探析》，《比较教育研究》2009 年第 9 期。

育体系中还不普遍。[①] 也正是意识到这一点，在近年来的改革中，德国大学才废除了教授职位的永久性资源配给制度，资源的配给将每 5—7 年根据教授绩效评估结果进行一次重新分配。

（三）作为公务员身份的德国一流大学教师职业特征分析

“讲座制”这一滥觞于古希腊罗马时期的学者间交流、传授学问的组织形态，经由中世纪大学以师徒关系形式出现的行会组织的强化，最终在 19 世纪的德国大学，在学术自治理念与威廉·冯·洪堡（Wilhelm von Humboldt）、约翰·戈特利布·费希特（Johann Gottlieb Fichte）等先驱的努力下，独特的近代高等教育管理模式——讲座制得以创生。讲座由大学评议、提名，由国家任命、拨款，教授是讲座组织的主要负责人，对研究、教学、人事、财务等事务负全责，俨然一学术独立王国。讲座制的创设，为 19 世纪德国大学“教学与科研统一”“为科学而生活”“大学自治”等理念的实施奠定了坚实的基础，使德国大学成为 19 世纪世界高等教育史上的一支独葩。[②]

德国大学教师公务员身份的获得，是由德国大学既是“公法上的社团组织，又是国家设施”的双重身份决定的。讲座教授一经聘任便成为州政府公务员，享受终身职位权利。其他教学和研究人员，一般由教授推荐，并与州文化教育部长签订短期合同，是学校的公务雇员。教授与其他学术雇员的地位、待遇、身份均有着极大的差别，成为一名德国教授是所有学术人员梦寐以求的目标。

从德国大学讲座制的特征不难看出，讲座制对大学教师尤其是大学教授的学术自由有着强有力的保障作用。在菲利普·G. 阿特巴赫（Philip G.Altbach）看来，“德国学者非常消极地看待高等教育管理，德国年轻学者对雇佣和工作条件的看法比其他国家（地区）的同事消极得多”[③]。事实上，

---

① 孔捷、[德] 马蒂亚斯·韩、迟芳：《讲座制下的德国大学教师的职业发展》，《外国教育研究》2010 年第 1 期。

② 赵俊芳：《讲座制的历史演进及其当代评价》，《现代大学教育》2009 年第 3 期。

③ [美] 菲利普·G. 阿特巴赫主编：《国际学术职业：十四个国家和地区概览》，周艳、沈曦主译，中国海洋大学出版社 2008 年版，第 301 页。

对大学行政管理的拒斥与傲慢也从侧面说明了德国大学教授“学术独立王国”的尊贵。

德国大学教授有公务员身份，但其学术研究并不像政府其他部门那样，听命于上级意志，学术自治得到了有效保障。究其原因，我们认为其主要在于以下两点：首先在于作为政府管制与大学自治相结合的德国大学，学术自由、学术自治是其世世代代所崇奉的办学理念与行为方式，为德国朝野上下一致认可，故而，在德国大学的基层学术领域，是“学本位”而不是“官本位”。德国政府赋予大学教授公务员身份，其意在于表示对大学教授身份的尊重，也是为了凝聚学界的民族精神，共同致力于国家的福祉；其次，从前述学术人员晋升的严格、漫长而又复杂的途径来看，教授的聘任遵从学术至上、民主选举的原则与公开透明的操作方式，这样的操作方式深入人心，即便教授可以在学术资源使用方面“独断专行”，但并不会由此倾向于官方意志，使学术沦为官方附庸。

然而，教授晋升路径的漫长与艰辛，一方面固然保障了大学校园里“大师”级人物的诞生，一方面却又使得不少青年学者望而却步。从获得博士学位，到取得大学授课资格，再到获得编外讲师资格，至少要花十几年的时间才能具备晋升教授的资本，在这一过程中生活待遇微薄且不说，而且作为国家公务员的德国教授，国家对其实行定额制管理，其数量是一定的，只有因退休或其他特殊原因而离开岗位，教授席位才会出现空缺。因此，每年有许多获得大学教师资格的学术后备人员，而申请教授职位成功者却非常稀少，不可避免地造成了学术后备人员的大量积压。“相当严苛的教授增补制度，对年轻学术人员而言，获取教授职位的前景十分困难。”①

不仅如此，对于讲座制的组织形式而言，固然使讲座教授拥有广泛的学术自由与富足的学术资源，但对于那些依附于讲座教授的其他学术人员来说却难以享受到。金字塔式的学术人员结构体系造成的最直接结果就是资源分配不公，教授以外的科研和教学人员没有科研教学的独立权，完全在教授

① 蒋晓伟、张海舟：《德国的教授制度》，《社会》2001 年第 11 期。

的支配下工作，其选择研究课题和教学内容必须要经过教授的同意，申请独立预算的资金时，也要得到教授的支持。这样使得他们在其创造力旺盛、科研经历充沛的阶段，因受到教授过多的约束而无法发挥才智，学术能力有可能被埋没。

相对于较为机动灵活的美国大学教师工作环境，上述两点是德国大学教授工作环境与晋升路径的缺憾所在，也是其进一步改革的动力所在。“政府主导、等级分明和非连续性的特征造成了学术人员阶层分化和制度性分割，影响了研究型大学学术水平的整体发展，成为德国大学学术创新的阻力。近年来，德国政府进行了多方面的改革，力图优化研究型大学的学术职位制度，促进高等教育系统多元化，提升德国的学术竞争力。”①

通过前述对美国和德国一流大学的教师管理的案例分析，可将欧美国家一流大学教师的管理简要归纳为如下几点特征：

首先，大学教师管理遵循学术至上的原则。这一点尤为鲜明地体现在其教师聘任上，因之而衍生的公开、公正、合理、透明的原则，保障了最大限度地遴选优秀人才。不同之处在于，美国大学教师聘任完全是大学自己的事务，作为自由个体的学术人员可以根据自己实力灵活选择大学任职；而德国大学教授资格的取得则必须经由政府的同意，一旦任职，便获得政府公务员身份。这在根本上是由大学与政府的关系的不同所造成的。

其次是严格的评价与考核机制。无论是美国一流大学教师科研、教学能力的考核，还是德国一流大学教师漫长晋升途径中的考核筛选，均向教师提出了高标准的要求，严格保证了师资质量。所不同之处在于前者是对于学术人员从入职直到离职之前，均有量化与质性相结合较为完善的评价考核体制；后者的教师评价则渗透在讲座制教职获得之前的漫长的晋升过程中，且多为质性评价。

再就是大学教授的终身任职。在美国表现为人所称道的终身教职制，

---

① 牛风蕊、沈红：《德国研究型大学学术职位制度的历史、特点及变革趋势》，《外国教育研究》2015 年第 10 期。

在德国体现在公务员身份的讲座制教授制度。虽然德国大学近期的改革中有仿效美国研究型大学的动向，然而作为德国大学基层学术组织传统，仍然延续了下来。二者的共性在于有效保护了大学教授的学术自由，不同之处主要在于前者是大学教师自身在长时期的维权过程中成立的制度，且有社会组织如美国大学教授协会强有力的支持；后者则是德国历史上教育家办学顺应文化传统的产物，且与德国政府对于大学的管理有着密切的关系。德国大学讲座制教授名额有着严格的限定，且缺乏任职后的考核，不利于学术的进一步发展，“享受公务员身份的教授缺乏有效的监督与考核，使教授在学术研究上产生倦怠，停滞不前，僵化的人事聘用制度也使得中层学术人员的学术道路异常艰辛”①。诸如此类的评价，是对德国大学讲座制的尖锐批评。

再回到伯顿·克拉克的“政府—大学—市场”的三角模式来看两国大学教师管理：美国的大学教师管理，更多体现在大学与社会的关系，有着灵活的流动机制；而德国一流大学教师的管理，更多体现的是政府与大学的关系，教师的流动必须依照法律规定，只有在晋升为教授的环节才不得不到其他学校应聘；前者的教师流动多为自发，后者的教师流动则多少带有一些被动性。

第三节　世界一流大学的经费筹措

凡是称得上“世界一流”的研究型大学，无不有成熟高效的融资体制作为支撑。当前，居于全球大学排行榜前列的世界一流大学就是各主要国家高等教育系统金字塔顶端的“巨型化大学”。在这些巨型化大学，高端实验室的建设与维护，跨学科研究项目的设立与运行，“大科学”项目研究团队的组建与工作开展，教师薪金支付与福利保障，人才培养所需资源的维持，大学图书馆的建设、维护与运行……凡此种种，无不需要巨额资金作为支

① 张凌云：《主动与渐进：德国高校教师聘任制度的特点与改革动向》，《高等教育研究》2009年第5期。

撑。大学资金是否充足，成为影响大学运行的基础性、关键性要素。根据相关研究，进入21世纪以来，全球范围内世界一流大学的收支均呈逐年增长态势。[①] 这种背景下，大学的筹资能力就成为衡量大学在竞争中是否能够保持竞争力的“压舱石”。

大学筹资是指大学在一定社会环境中，为了实现办学目标和使命，根据自身的办学水平，面向社会，通过一定的筹资渠道，运用适当的筹资方式，实现筹措办学所需资金目标的一种行为，所筹集的资金可以表现为货币（现金、证券）、物品（动产、不动产）、人力等。[②] 大学筹资是大学正常开展教学与科研工作的前提，在大学正常运行中发挥着基础性、前提性的作用，特别是在“学术资本主义”（academic capitalism）盛行的背景下，大学在资金方面的需求日益迫切，大学筹资的战略意义也越来越凸显。

世界各国一流大学的经费来源有着不同的渠道，形成了不同的筹资体制。在欧美国家一流大学中，根据经费来源渠道的不同，大致分为以美国一流大学为代表的多元化渠道筹资体制和政府投资为主体、多渠道筹资并行的欧洲一流大学筹资体制。

一、多元渠道筹资、公司化经营的美国一流大学筹资体制

灵活有效的大学筹资路径、方式和管理模式是美国高等教育发达的重要原因之一。美国一流大学经费来源渠道已成多元化体系，主要渠道有政府（联邦政府、州政府、地方政府）拨款、学费、社会服务收入、捐赠、自身基金收益与其他收入。不同的高校，收入来源渠道、资金规模以及所占比例也不尽相同。以在美国一流大学中筹资能力最强，筹资金额最高的哈佛大学为案例，来看美国一流大学筹资机制。

（一）稳定的财源结构

作为多元化筹资的典型，哈佛大学财务收入来源及结构在很长时间

---

① 陈文博：《世界一流大学经费规模、收支结构与科研产出的实证研究》，浙江工业大学硕士学位论文，2019年，第50—59页。

② 储祖旺：《中国高校筹资问题研究》，华中科技大学博士学位论文，2003年，第2页。

以来呈现为“4–2–2–2”格局，具体来讲，分别是哈佛管理公司（Harvard Management Company，HMC）通过对社会捐赠所运营得来的收入，或称“捐赠基金经营收入”（endowment income made available for operations）占财务收入的将近四成，学生收入（student income）、科研资助（sponsored support）、社会当年捐赠（gifts for current use）和其他（other）收入分别占总收入的两成左右（见图 2–8）。

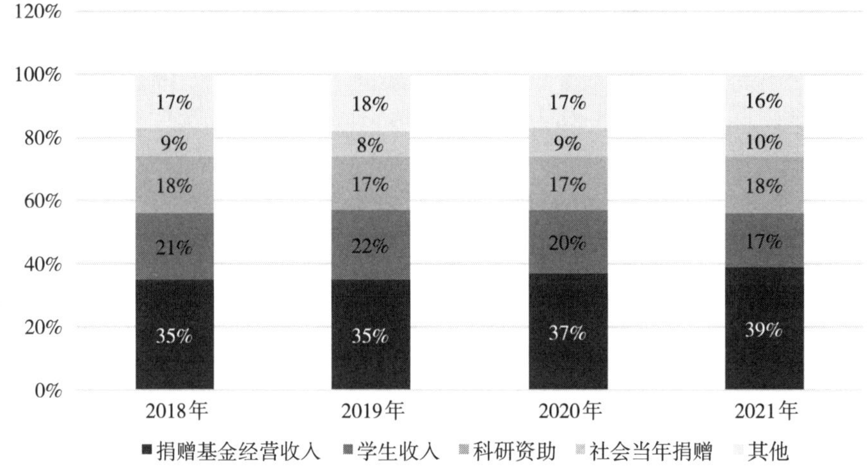

图 2–8 哈佛大学财务收入结构

资料来源：根据哈佛大学 Financial Administration 发布的 2018—2021 年度 Annual Financial Report 整理得出，2021-12-12. https：//finance.harvard.edu/annual-report.

从图 2–8 可以看出，近年来，哈佛大学主要收入来源的“4–2–2–2”格局基本保持不变。近年来，受疫情影响，哈佛加强了对捐赠基金的经营管理，以对冲社会经济形势动荡所带来的风险。2020 年，“捐赠基金经营收入”部分所占比率有所上升，由原来的三分之一强最终达到几近四成。哈佛年度财务报告（2019）显示：2019 年哈佛总经费收入为 55 亿美元，其中，“捐赠基金经营收入”为 23.7 亿美元，成为 2019 年哈佛经费收入的最大来源，占总经费收入的 43%。[①] 而根据此前数据，2008 年这一比率为 34%，1998

① Harvard Unversity. Financial Report（Fiscal Year 2019）. 2021-10-24. https：//finance.harvard.edu/files/fad/files/fy19_harvard_financial_report.pdf.

年这一比率则只有 23%。[①] 如此迅速的增长，与哈佛校友的慷慨支持以及有效利用捐赠基金获取营业收入不无关系。

社会捐赠基金是指由捐赠者成立的永续运作的基金，其本质是让学校能够通过对这部分基金的运作创造更多的收入以供学校发展之用。社会捐赠基金在美国一流大学尤其是一流私立大学的财源构成中占据极其重要的地位，也正是由于社会捐赠基金强有力的支持，方为美国私立一流大学在日趋激烈的竞争中立于不败之地提供了根本保障。在美国的顶尖大学，捐赠基金发挥的作用越来越大，并逐渐成为大学代际发展的基础性支柱。[②] 在哈佛大学，近年来随着学校筹资能力的不断增强，社会捐赠在哈佛大学财源中的地位也日益突出。

进入 21 世纪以来，哈佛捐赠基金总额呈迅速增长趋势。2000 年，哈佛捐赠基金总额为 192 亿美元[③]，到 2008 年升至 369 亿美元，达到金融危机爆发前的最高峰，经历了金融危机冲击后的短暂显著下降后，又波动式攀升，2016 年为 357 亿美元；而到了 2021 年，已高达 532 亿美元。[④] 正是由于捐赠基金的庞大，使哈佛资产赢得了富可敌国的称号；也正是由于捐赠基金作为哈佛筹资“压舱石”的存在，使得哈佛大学足以应对金融危机的风险和全球疫情的冲击，在面临诸多不确定性因素的形势下做到“旱涝保收”，有效支撑了哈佛教学、科研和社会服务的有序进行。

学生收入在哈佛校史上是悠久的存在，哈佛的“学生收入”（student income）主要包括本科生、研究生学费和企业高管培训、继续教育收入两大部分。在整个 19 世纪和 20 世纪三四十年代，学费收入一般占到哈佛大学经

① Harvard Unversity. Financial Report（Fiscal Year 2008）.2021-12-07. https：//hwpi.harvard.edu/files/fad/files/2008fullreport.pdf.

② 佟婧、申晨、洪成文：《牛津、剑桥捐赠基金资产配置及对“双一流”的启示》，《中国高等教育》2018 年第 1 期。

③ ［美］莫顿・凯勒、菲利斯・凯勒：《哈佛走向现代：美国大学的崛起》，史静寰、钟周、赵琳译，清华大学出版社 2007 年版，第 529 页。

④ Harvard Unversity. Financial Report（Fiscal Year 2021）.2021-12-30. https：//finance.harvard.edu/files/fad/files/fy21_harvard_financial_report.pdf.

费来源的一半，有时候甚至更多。[①] 直到“二战”后，随着联邦政府对科研资助的增强和社会捐助的增加和累积，学生收入占比方逐渐降下来。2019年，学生收入为 12 亿美元，其中包括 5.04 亿美元的本科和研究生学费，以及 5 亿美元的企业高管培训和继续教育净收入，占比 22%。受新冠肺炎疫情影响，哈佛一度采取由线下转到线上教学，并向学生退还了部分费用，学校食宿收入也有所减少。据哈佛财务年度报告显示，2020 年学生收入下降至 11 亿美元，2021 年学生收入降至 8.88 亿美元，相应地，在学校总收入中占比也降至历史最低，为 17%。[②]

进入 21 世纪以来，特别是近年来，美国政府对大学科研重视力度进一步加强，科研资助已成为美国一流大学的重要收入来源。疫情期间，政府加大了对哈佛的资助力度，尤其是在疫苗研发领域，已初见成效，当前在美国可用的三种疫苗中，有两种起源于哈佛医学院实验室：摩德纳疫苗和强生疫苗。与前一年相比，2021 年来自科研赞助的收入增加了 1%，达到 9.27 亿美元。

（二）多元化的筹资渠道

哈佛收入结构的稳定及其丰厚的经费收入，反映了其筹资体制的成熟与完善。就筹资渠道而言，除政府科研资助外，学生个人教育投资、社会捐赠、哈佛管理公司（HMC）的商业运营以及文体事业经营性收入构成了其主要的融资渠道。

首先，政府拨款是哈佛大学稳定的经费来源之一，政府拨款主要流向科研资助。以政府拨款为主体的科研资助在哈佛财源收入中占比趋于稳定，在 2021 财年，哈佛从联邦政府、社会企业、基金会等渠道获得的科研资助经费总额为 9.27 亿美元，占哈佛年度财务收入的 18%。其中，联邦政府拨款约占哈佛科研资助总额的 67%，为 6.25 亿美元。来自公司、基金会和其

---

① 徐来群：《“哈佛帝国”的建立——哈佛大学筹资研究》，《高教探索》2010 年第 2 期。

② Harvard Unversity. Financial Report（Fiscal Year 2021）. 2021-12-30. https：//finance.harvard.edu/files/fad/files/fy21_harvard_financial_report.pdf.

他非联邦机构的科研资助保持相对稳定，为 3.02 亿美元。① 政府也通过其他渠道如资助学生、利用税收政策和专利政策等来资助大学，如面向学生群体设立“佩尔助学金”（Pell Grant）等，这类资助根据获资助学生的指标直接进入哈佛大学账户。哈佛所在州的议会也会通过颁布有利于捐赠的法律来支持大学发展，例如实施“捐赠免税”法案，将征收的高额遗产税用来资助大学，等等。

其次是学生收入（又称学杂费收入），学生收入是哈佛大学传统经费来源，也是唯一可以确定的收入，在哈佛财务收入中一直占有稳定的比例。在殖民地时期学杂费收入曾一度高达总收入的 50%，依靠学费收入一直是哈佛大学的一种策略，即使在今天哈佛大学富可敌国的情况下仍然收取高额学费，一般占到收入的 20%，学杂费收入主要包括学生学费、学生食宿费、继续教育和行政教育收入等等。如前所述，受新冠肺炎疫情影响，学费降至历史新低之际，也不过为 17%。在哈佛，除了学校提供的奖助学金之外，有 96% 的本科生和 87% 的研究生需要通过缴纳学费的方式获取入学资格，据 2019 年哈佛财务报告显示，哈佛大学本科生和研究生学费净收入已高达 5.04 亿美元。②

再者，吸引社会捐赠是哈佛筹资活动的主要渠道，捐赠收入也是哈佛最主要的财务收入。哈佛捐赠主体广泛，包括从不分种族、国籍、肤色、宗教的历届校友、社会贤达，到公司、企业、民间团体、基金会等组织实体，捐赠形式包括了现金、有价证券、不动产、有形资产、无形资产、人寿保险、廉价转让等。哈佛大学是全美大学获得捐款最多的大学，总捐赠基金由过去350年创建的13000多个个人捐赠基金组成，这些基金支持教师和学生，包括教授职位和本科生奖学金、研究生奖学金以及学生生活和活动。哈佛捐赠收入分为“捐赠基金经营收入”和“社会当年捐赠”两部分，前者是历年

---

① Harvard Unversity. Financial Report（Fiscal Year 2021）. 2021-12-30. https：//finance.harvard.edu/files/fad/files/fy21_harvard_financial_report.pdf.

② Harvard Unversity. Financial Report（Fiscal Year 2019）. 2021-01-20. https：//finance.harvard.edu/files/fad/files/fy19_harvard_financial_report.pdf.

捐赠所形成的捐赠基金得来的收入，哈佛为此专门成立了“哈佛管理公司”（HMC）专门经营社会捐赠，通过发行债券、私募股权、对冲基金经营等方式，对庞大的社会捐赠进行专业化经营，在此基础上所获得的利润，用于维系哈佛大学的日常运行。“社会当年捐赠”是指哈佛收到的年度捐赠，受疫情影响，“社会当年捐赠”从2019财年的6.13亿美元降到了2020财年的4.69亿美元。①

通过借款和发行债券来筹集校园建设资金也是哈佛集资并转嫁财政负担的精明之道。历史上，在二战后经济快速发展的20世纪60年代，哈佛就借马萨诸塞州发行卫生与教育设备管理局的债券之机为本校谋取了急需的校园建设资金，1972年，哈佛发放债券达1250万美元，到1986年增长到7.82多亿美元，以至于美国国会通过了一项限制私立大学债券的税收改革法案。1996年，哈佛总证券负债额高达12.5亿美元，其中60%以上是限制法案实施之前通过发行免税债券的方式获得的。② 随着高校对资金依赖程度的日益递增，哈佛管理公司也在日渐强化其盈利能力。自2017年以来，哈佛每年出具的财务年度报告中，在例行公开财务审计报告的同时，并设有哈佛管理公司首席执行官的报告，就哈佛管理公司所面临的任务、机遇、风险以及相关的对策面向全社会公开。

同时，文化、体育等事业经营性收入也为哈佛提供了资金支持，如哈佛大学出版社的出版收入和传统大学运动赛事的门票收入，等等。③

此外，哈佛大学通过社会服务，以知识市场化为手段创收。知识市场化的形式较为灵活，包括通过教授个人创办公司赚取利润，与公司签订研究合同以获取相关收入，或者通过与公司合作谋求资助，等等。哈佛此举得到了政府的支持。1980年联邦政府颁布了《拜杜法案》（*Bayh-Dole Act*），该

---

① Harvard Unversity. Financial Report（Fiscal Year 2020）. 2021-01-20. https：//finance.harvard.edu/files/fad/files/fy20_harvard_financial_report.pdf.

② ［美］莫顿·凯勒、菲利斯·凯勒：《哈佛走向现代：美国大学的崛起》，史静寰、钟周、赵琳译，清华大学出版社2007年版，第531页。

③ 胡娟、张伟：《哈佛大学资金来源、筹资模式及其启示》，《高等教育研究》2008年第5期。

法案允许大学用联邦政府资助的研究申请专利，这样大学就可以通过申请科研成果专利，得到更多的经费。专利权给大学提供了一种动力，使它更加努力地在实验室中发现有价值的创建，从而一方面可以加速知识转化成适用性成果或方法的速度，一方面又可获得新的收入来源，增加学术研究的经费。① 特朗普政府时期出台的《减税和就业法案》（*The Tax Cuts and Jobs Act of 2017*），却给哈佛增加了新的税收负担，直接导致哈佛 2019 财年增加了 4980 万美元的税务开支。② 因此，如何进行合理避税并发挥效益，也成为当下哈佛管理公司的重要考量。

（三）成熟有效的公司化筹资管理体制

从哈佛筹资案例可见，多元化的筹资渠道为美国一流大学的筹资活动提供了长袖善舞的空间；与此同时，哈佛筹资成就的显著，也离不开其有效的制度性安排，包括高效的组织管理平台、灵活顺畅的管理机制。

前文分析了哈佛大学的领导体制，哈佛实行董事会领导体制，董事会将行政事务委托给校长，将学术事务委托给教授委员会，大学是独立的法人实体，具有独立的名称、财产，这本身说明哈佛大学的经营管理体制吸纳了公司制的特征。董事会下设的哈佛管理公司正是作为营利性的公司运营的，只不过获利的目的是用于维持哈佛校务的顺利开展。

作为一校之长，大学校长的自身定位会在一定程度上影响到学校发展。美国大学校长大致可分为学者型校长、领导型校长和经理型校长。应该说，成功的大学校长，应该兼备上述三种不同类型的领导者素质。学者型校长主要运用其在学术上的知名度和丰富的学识来管理学校；领导型校长主要运用其手中的权力统管学校的教学、科研及有关事务；而经理型校长主要运用其经营（如经济、外交、宣传、公关等）的能力来管理学校。③ 美国一流大学运行所需费用的节节攀升，对校长的筹资能力提出了更高的要求，筹集资金

① 徐来群：《“哈佛帝国”的建立——哈佛大学筹资研究》，《高教探索》2010 年第 2 期。

② Harvard Unversity. Financial Report（Fiscal Year 2019）. 2021-10-15. https：//finance.harvard.edu/files/fad/files/fy19_harvard_financial_report.pdf.

③ 代蕊华：《筹资者：大学校长新角色》，《高等教育研究》2000 年第 3 期。

业已成为大学校长的主要任务，筹资的多少、筹资能力的强弱也成为评价大学校长成功与否的重要标志。美国一流大学的筹资体制，首先体现在筹资体制上的公司制经营与大学校长作为筹资者角色的定位，大学校长必须与学校筹资部门密切合作，统筹规划，为学校的资金筹备作出不懈的努力。

就学校内部资金筹备机制而言，服务于哈佛筹资活动的主要组织机构包括以下几种类型：

第一类是直接负责或管理捐赠事务的管理部门或组织机构，包括哈佛大学基金会、哈佛校友联合会和学校开发办公室。基金会实行市场化、专业化的运作机制，每年都举行定期或项目性的筹资运动来吸引捐赠；校友联合会通过参与学校管理事务、组织校友聚会来联络校友与母校、校友之间的感情，增进双方互利合作；学校开发办公室由负责校友事务和发展的副校长领导，承担大型筹资活动的策划、组织、协调与实施。

第二类是负责进行投资运作的哈佛管理公司。哈佛管理公司创建于 1974 年，直接隶属于哈佛大学董事会，由校长和董事会任命的一个执行委员会（Board of Director）负责运营。哈佛管理公司负责管理哈佛的捐赠基金、退休金资产（pension assets）、营运资金以及“延缓给予结余资金”（deferred-giving balances），以保持和增进哈佛大学的财务资产。哈佛管理公司是具有独立法人资格的哈佛大学附属实体，对学校监事会（Harvard Board of Overseers）和学校董事会（Harvard Corporation）负责并汇报工作。执行委员会是公司最高权力机构，委员会主席是财务总管，其他常务委员还包括哈佛大学的校长、财务副校长和哈佛管理公司总裁。哈佛管理公司依靠其专业的理财高手、审慎的投资策略，使得其投资绩效一直保持良好的纪录，并由此而成为哈佛资金的“压舱石”，先后历经金融危机和疫情冲击而安然无恙。2008 年，哈佛管理公司投资总账户资产总额高达 430 亿美元，因受当时的金融海啸的影响，投资回报率仅为 8.6%。到了 2020 年，又受到疫情冲击，人们预测哈佛收入在未来一段时间内将会持续下行。2020 年当年，总营业收入下降了 3%，降至 54 亿美元，出现了 1000 万美元的财政赤字，然而到第二年就实现了翻盘，收入盈余 2.83 亿美元，基本达到疫情前水平，由此也可见哈佛管理公司强大的运行能力。

第三类是负责进行成本收支平衡和预算管理的财务法人，包括财务总管、财务副校长和财务部。哈佛大学资金筹措之所以具有竞争绝对优势，除了缘于捐赠活动的广泛开展和投资管理的成功之外，其专业化的财务管理制度也值得一提。20 世纪中期以后，内森·马什·普西（Nathan Marsh Pusey）校长时期，财务长保罗·卡伯特（Paul Cabot）于 1970 年设立投资总账户，将所有的捐赠基金纳入其中，对其分配使用率进行了调整。德里克·博克（Derek Bok）校长时期，财务副校长黑尔·商普因（Hale Champion）特别注重精细财务管理，于 1973 年建立运营总账户。运营总账户实质上是哈佛的"中央银行"，"它独有接收、管理款项，为各学院和其他单位的存款（从学费到其他收入都包括在内的存款）设定利率的权力，并且有权投放资金、发放贷款、为重大项目筹集资金"①，从而取代了过去由各学院自行管理收支余额的管理体制。投资总账户和运营总账户管理体制的建立，不仅使得哈佛财政管理实现了由分散向集中的转变，而且为哈佛带来了相当可观的资金增长。例如早在 2008 年，哈佛大学投资总账户、运营总账户就分别达到 430 亿美元和 65.75 亿美元。此外，哈佛经典的"一个萝卜一个坑"预算规则，以及财务长保罗·卡伯特（Paul Cabot）确立起来的"不可派分总体投资收益"制度，与精细财政账户管理密切配合，推动了哈佛大学财政持续健康运行。

哈佛大学年复一年的筹资，逐步促成了哈佛筹资体制的成熟与完善。从前述哈佛筹资机制不难看出，不少部门都是在筹资过程中的产物，各类部门的设立、运营和优化均是筹资经验的结晶。面临时代挑战，根据高等教育发展特别是哈佛大学本身发展的需要，开发出新的筹资战略，不断把筹资运动推向科学化、组织化、多样化、专业化的方向。②

正是由于多元化的筹资渠道与成熟的筹资机制，哈佛大学财务收入方在日趋激烈的国际高等教育竞争中立于不败之地，哈佛的财务收入逐年攀

---

① ［美］莫顿·凯勒、菲利斯·凯勒：《哈佛走向现代：美国大学的崛起》，史静寰、钟周、赵琳译，清华大学出版社 2007 年版，第 527—537 页。

② 徐来群：《"哈佛帝国"的建立——哈佛大学筹资研究》，《高教探索》2010 年第 2 期。

升，从 2002 年的 23.49 亿美元迅速增长到 2019 年的 55 亿美元[①]，有力地支持了哈佛的运营。

然而，过度依赖于市场的筹资体制也有其弊端，面对诸如金融海啸和全球疫情那样的“黑天鹅”事件，便是号称“帝国大学”的哈佛大学也难免受其影响。2008 年哈佛捐赠基金虽然达到 369 亿美元的高峰，投资总账户资产总额高达 430 亿美元，但由于金融危机，经营公司的投资回报率却仅为 8.6%，远低于 2007 年的 23.0%，这一点业已反映出经营萧条的败象。随着金融危机的加剧，2009 年投资回报率下降了 27.3%，捐赠基金大幅缩水，仅为 260 亿美元。学生抗议随之而来，领导被迫削减开支，一些在建项目不得不中止。“无止境扩张、庞大债务、傲慢自大和管理不善摧毁了华尔街，同样的问题是否也将置哈佛于死地？”[②] 这是媒体对哈佛巨额财务危机的强烈质疑。究其原因，根本就在于哈佛筹资模式自身。由此出发，哈佛进一步调整完善哈佛管理公司。2020 年，在新冠肺炎疫情冲击下，哈佛出现了 1000 万美元的财务赤字，哈佛管理公司为此做了充分准备，在收入下行的背景下，于 2021 年就实现了 2.83 亿美元的收入盈余。

二、政府拨款为主体，多渠道筹资并行的欧洲一流大学融资体制

长期以来，欧洲国家的高校依赖于政府拨款，如法国、德国的大学收入来源，大部分依靠政府提供的资助。随着高校科研费用的急剧增长、高校规模的扩张、入学人数的增多，单一的经费渠道来源已难以适应大学发展需求。欧洲国家高校在经历了长期依靠政府出资办学后，已经面临着难以为继的窘境和生存的严峻挑战，因此，广纳社会资源，成为世界各国高校办学的共同趋势。[③] 与欧洲其他国家相比，英国大学靠着成熟的中介体制与大学自

---

① Harvard Unversity. Financial Report（Fiscal Year 2019）. 2021-10-21. https：//finance.harvard.edu/files/fad/files/fy19_harvard_financial_report.pdf.

② 彭涛：《从最有钱大学到最严重财政危机》，《南方都市报》2009 年 7 月 27 日。

③ 李伟：《欧美高校经费筹措多元化途径探析》，《沈阳建筑大学学报》（社会科学版）2008 年第 4 期。

身的经营，在多元化筹资方面走在欧洲国家的前列。英国一流大学的筹资机制也在日趋成熟，本部分拟以英国牛津大学为例，分析英国一流大学筹资机制的特征。

（一）牛津大学财务收入结构

自 2017—2018 学年开始，牛津大学年度总收入已超过 20 亿英镑。在 2017—2018 学年到 2020—2021 学年的 4 个学年中，牛津大学年度总收入分别为 20.08 亿英镑、22.2 亿英镑、23.06 亿英镑、22.6 亿英镑。总体看来，新冠肺炎疫情对牛津大学的筹资影响程度并不太明显，原因也在于牛津大学做了充分的应对措施，在 2020—2021 学年的报告中关于新冠肺炎疫情，有如此表述："到目前为止，这场大流行的财务影响并没有我们预期的那么严重。预计大流行的成本将在 9000 万英镑左右，我们的预算赤字为 3800 万英镑，将通过动用储备金来提供资金。"而事实上，"学生人数并没有像预期的那样下降，在一个强劲的财务状况中结束了这一年，这主要是由于异常强劲的投资业绩。"①

图 2–9 呈现了自 2017—2018 学年以来牛津大学主要的筹资情况，科研资助与合作（research grants and contracts）、出版服务（publishing services）、学费与教育合作（tuition fees and education contracts）、资助机构拨款（funding body grants）、投资收益（investment income）、捐款和捐赠（donations and endowments）以及其他收入（other income）构成了牛津大学财务收入的主要来源。

比较图 2–8 和图 2–9 可见，牛津大学资金来源与前述哈佛大学资金来源差别较大，这与大学的历史渊源、公 / 私立属性、宏观管理体制等方面的区别有着密切的联系。在 2020—2021 学年的收入结构中，各部分占比分别为：科研资助与合作（28.8%）、出版服务（26.0%）、学费与教育合作（18.6%）、基金会拨款（9.1%）、捐款和捐赠（4.6%）、投资收益（4.8%）、其他收入

① Oxford University. Financial Statements 2020-21. 2021-09-10. https：//www.ox.ac.uk/sites/files/oxford/field/field_document/Oxford%20University%2C%20Financial%20Statements%202020-21_a.pdf.

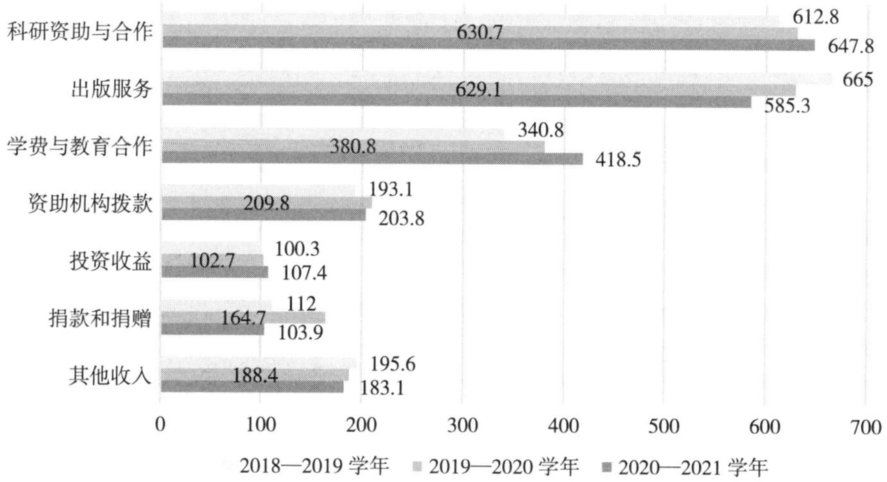

图 2–9 牛津大学收入情况（2017/18—2020/21）（单位：百万英镑）

资料来源：根据牛津大学官网 2017/18—2020/21 学年“牛津大学财务报表”整理得出。University of Oxford. Finance and Funding.2021-12-30. https：//www.ox.ac.uk/about/organisation/finance-and-funding.

(8.1%)。科研资助、出版服务以及学费与教育合作所占比重较大，其他如基金会拨款、投资收益等作用亦不容忽视。

（二）以科研资助与政府拨款为主体的多元化筹资渠道

牛津大学的资金来源大致可分为政府拨款与民间经费两大主要领域，再具体可分为大学基金、研究资助、学生学费、社会捐赠和对外合作研究经费等（见图 2–9）。

1. 科研资助（research grants and contracts）。牛津大学的科研资助包括政府拨款和社会资助两类，其中政府拨款通过“英国研究与创新署”（UK Research and Innovation，UKRI）①、英国政府与卫生组织以及其他政府部门，

---

① 英国研究与创新署的前身为研究委员会（Research Councils），旨在促进科研合作，以提高其研究、培训和创新效益，为实现政府的科学和创新目标作出贡献。该组织由英国政府下属的自然环境、农业、生物医学、天文学、物理学、化工、经济与社会研究委员会等研究委员会联合而成。为适应新形势需要，在此基础上，于 2018 年改组成为“英国研究与创新署”（UK Research and Innovation，UKRI），由原有的艺术与人文研究委员会（AHRC）、生物技术和生物科学研究委员会（BBSRC）、工程和物理科学研究委员会（EPSRC）、经济和社会研究委员会（ESRC）、医学研究委员会（MRC）、自然环境研

社会资助则主要包括英国慈善机构、工商业机构等。其中，英国研究与创新署拨款与英国慈善机构资助各占高达近三分之一的份额，是牛津稳定的财务收入。

科研资助作为牛津大学的重要收入来源，近年来呈不断增长趋势，结合图 2–9 可见，2018—2019 学年为 6.128 亿英镑，2020—2021 学年增至 6.478 亿英镑。科研资助的迅速攀升，反映出知识经济时代政府与社会各界对大学科研重视力度的增强。牛津大学科研实力雄厚，自由探究新知与开发新科技的触角无处不在，业已成为引领整个英国科研驱动经济增长的轴心。牛津大学副校长路易丝·理查德森（Louise Richardson）在 2020—2021 学年的财务报告中说："在牛津每投资 1 英镑，研究和创新为英国经济创造的收益就超过 10 英镑。"① 2018—2019 学年、2019—2020 学年牛津大学科研立项分别为 2304 项和 2307 项，2020—2021 学年跃升至 2747 项，新增科研项目主要就集中在新冠肺炎病毒研究和疫苗研发等领域。疫情期间，牛津大学经历了校园和实验室封锁，许多科研无法正常开展，而与新型冠状病毒（COVID-19）相关的研究紧锣密鼓进行，在引领科研收入增长中发挥了主导作用。

2. 出版服务（publishing services）。牛津大学出版社是世界最大的大学出版社，在全球范围内服务于三个核心出版市场：研究、英语学习和教育，出版物种类涵盖 100 多种语言。进入 21 世纪以来，在纸媒出版日益受互联网冲击的形势下，牛津大学出版社热切拥抱数字出版行业，并提高数字、数据和技术能力，力图在新兴市场实现增长。其营业创收额度不断增长，疫情前的 2018—2019 学年已高达 6.65 亿英镑，2019—2020 学年以来，受疫情

究委员会（NERC）、科学技术设施委员会（STFC）等 7 个研究委员会组合而成，其目的是向英国各大学研究机构执行政府拨款，加强各研究委员会之间的沟通与信息交流，共同致力于科学技术的社会转化，造福于英国社会。（资料来源，UKRI 官网：Who We Are.2021-12-28. https：//www.ukri.org/about-us/who-we-are/）

① Oxford University. Financial Statements 2020-21. 2021-12-30. https：//www.ox.ac.uk/sites/files/oxford/field/field_document/Oxford%20University%2C%20Financial%20Statements%202020-21_a.pdf.

冲击，出版创收额出现了小幅下降。与此同时，更注重数字产品和平台建设，其下属的旗舰教育平台 MyMaths、Kerboodle 和 Oxford Owl 均作出了迅速调整以适应疫情期间需求，Oxford Owl 和 MyMaths 的日常使用量分别增加了 970% 和 245%。与此同时，加快拓展国际市场的数字业务，例如在肯尼亚，为多个平台开发电子书，用户数量增加了 160%，类似的举措在巴基斯坦的电子书用户数量增长了 3000%。在中国大陆，牛津大学出版社也在网络市场上开设了第一家店铺天猫，目前拥有 700 多种产品。①

3. 学费及教育合作收入（tuition fees and education contracts）。英国是福利国家，1998 年才结束不收学费的历史，最初建议每年的学费标准为 1000 英镑。在高等教育经费来源中，英国本国学生学费所占比例相对较小，比外籍学生要低很多。2020—2021 学年，牛津学费及相关教育收入总额为 4.19 亿英镑，其中本国学生学费为 1.15 亿英镑，欧盟国家学生学费为 0.28 亿英镑，外籍学生则为 1.60 亿英镑，余者为专业及非预科课程、考试及其他费用、研究培训支持补助金等。

4. 资助机构拨款（funding body grants）。以英国研究院（Research England）② 为主体的资助机构拨款（funding body grants），为牛津大学收入又一主要来源。如图 2–9 所示，2020—2021 学年，牛津大学资助机构拨款共计 1.93 亿英镑，占比 9 个百分点。其中，英国研究院的拨款占绝大部分，2020—2021 学年，在“资助机构拨款”专项中，英国研究院向牛津拨款总额为 1.5 亿英镑，占该专项的 77.7%。其他的基金赞助实体主要包括非经常

① Oxford University. Financial Statements 2020-21. 2021-12-30. https：//www.ox.ac.uk/sites/files/oxford/field/field_document/Oxford%20University%2C%20Financial%20Statements%202020-21_a.pdf.

② 英国研究院是英国研究与创新部（UK Research and Innovation，UKRI）的一个新委员会。其负责监督 UKRI 的英格兰分部，其职能主要限于大学研究和知识交流，包括为英国大学的研究和知识交流活动提供拨款，与英国高等教育资助机构合作开发和实施卓越研究框架，监督英国高等教育研究基地的可持续性，管理 9 亿英镑的英国研究合作投资基金以及管理高等教育创新基金（HEIF），等等。作为资助机构，其资助方向和范畴与前述科研合同资助有所区别，见 Home-Research England. 2021-12-30. https：//re.ukri.org。

性基金（如高等教育创新基金会、牛津网络机构）、学校培训和发展机构基金以及递延资本基金等。

5. 投资收益（investment income）。牛津大学的投资收益主要包括牛津大学衍生公司的投资利润，牛津基金的股息以及其他投资收入和利息等，2020—2021 学年的投资收益为 1.074 亿英镑，占总收入的 4.6%。然而与之相关的社会效益却远高于此，英国第三方经济咨询公司比格经济研究所（Biggar Economics）在 2017 年开展的一项研究表明，牛津大学为英国经济贡献了约 58 亿英镑，并支持 5 万多个全职工作岗位；而在全球范围内，影响高达 71 亿英镑。2017 年，牛津大学在 139 家活跃的衍生公司中投入了总额达 1.714 亿英镑的资产。①

6. 捐款和捐赠（donations and endowments），主要包括可支付性捐赠收入、永久性捐赠、转出公司投资带来的利润以及其他的投资与利润收入。捐赠与投资收入在牛津总收入中所占份额较少，约为 5%，但捐赠作为一种自中世纪大学以来就有的筹资模式，在牛津 800 余年的办学史上曾有过辉煌的历史，如 17 世纪以校友托马斯·博德利（Thomas Bodley）名字命名的博德利图书馆落成，与当时英国书业公所定下的向其赠书的规定，几个世纪过后至今仍然有效，保证了牛津大学图书馆藏书的完整。结合慈善机构、校友会、基金会等不同团体对所捐赠基金的意愿，牛津大学将捐赠基金划分为永久不受限制（permanent unrestricted）、永久限制（permanent restricted）和消耗性限制（expendable restricted）三种类型，并配以不同的保管和使用方式。2019—2020 学年牛津捐赠与投资收入为 1.65 亿英镑，受疫情影响，2020—2021 学年缩减为 1.04 亿英镑。

7. 其他收入（other income）。其他收入的来源较多，主要包括举办会议及相应招待收入、外汇收益、国家卫生服务收入、版税收入、经营租赁的租金收入等。随着牛津大学创收能力的增强与资金来源渠道的日益广泛，“其

① Oxford University. Financial Statements 2018-19. 2021-12-30. https：//www.ox.ac.uk/sites/files/oxford/field/field_document/Oxford%20University%2C%20Financial%20Statement%202018-19_0.pdf.

他收入”在总收入中所占份额日益增多，2018—2019 学年为 1.96 亿英镑，受疫情影响略有下降，2020—2021 学年降至 1.83 亿英镑。

同样是多元化的筹资渠道，与哈佛大学相比，历史更为悠久的牛津大学更多依赖于政府拨款、出版服务、科研资助以及学费和教育合作。近些年来，牛津大学注重完善并加强自身筹资机制，投资收益较之以往有所增多。两者相比，无论在筹资渠道，还是财务管理机制，差别迥异而又各有特色，是欧美国家一流大学筹资机制的突出代表。

（三）政府、社会资助与学校自治相结合的筹资机制

牛津大学的筹资机制可分为两个层面，一是介于政府与大学之间的中介组织，如高等教育基金委员会（Higher Education Funding Council，HEFC）、英国研究与创新署（UK Research and Innovation，UKRI）、英国研究院（Research England）等；二是大学层面的筹资机制，又分为大学和学院两个层次。

就中介机构而言，高等教育拨款委员会为政府教育部门领导，研究委员会为政府科研部门领导。政府通过这样的行政实体向大学提供资助，必须先经由议会通过，作为国家拨款，划拨到各个高校。

高等教育基金委员会由此前的大学拨款委员会与多科技术学院基金委员会合并转化而来，其前身作为中介机构，在英国近现代高等教育史上发挥了重要作用。高等教育基金委员会对英国高校的拨款分为四个部分：教学拨款、科研拨款、专项拨款、指定项目基建拨款。其资助在牛津收入中被划入大学基金（funding body grants）范畴，其中用于资助大学科研的款项，被称为基于水平的科研拨款（quality-related），旨在支持大学的基本研究能力。

英国研究与创新署对大学的拨款聚焦于科研项目资助，因此又被称为基于项目的科研拨款（project-related），议会批准的科研预算由科研主管部门按照学科分配给英国研究与创新署下设的相应研究委员会，研究委员会以通过同行评议分配到最有能力承担项目研究的大学和科研机构。英国研究与创新署分配的科研项目资金大约有 50% 流向大学，其余资金流向研究委员会的科研机构。

就学校层面而言，作为牛津大学最高的权力执行机关，校务会议对牛津的资金筹备与财务运营负全责，主要体现在做好其管理下所有的资金账户记录，为牛津各部门、委员会的常务运行所需资金开列单据；并采取其他相关措施以确保牛津大学筹资业务有条不紊地高效率开展。具体说来，其措施主要包含以下几个方面：保管好大学资产，防止资产经营的腐败与不法行为；确保高等教育基金委员会及其他机构的拨款到位以及合理应用；监督公共资金以及其他资金的管理措施到位，以确保牛津收支经济高效地运行。

对于主管牛津大学日常事务的副校长而言，筹资也成为其工作内容的重要部分。首先，副校长掌握着广泛的财务大权，他/她主持并定期召开大学校务会议，负责整个大学的管理与学校资产的管理，以及协调与政府中介拨款部门的关系。副校长会对财务决策过程发生影响，是大学与外部经费来源尤其是政府部门的联系人。其次，副校长负有资金筹措的任务，并在资金的使用方面发挥相当大的影响力。再者，副校长作为牛津大学理事会主席，服务于所有的委员会和与之相关的次一级委员会，因而处于整个现代预算过程的中心。[①] 受各自筹资渠道和管理机制影响，相比之下，牛津大学副校长在面向筹资能力方面的重视程度尚不如哈佛校长那样显著，在筹资专业化方面，哈佛也更为突出。

牛津大学的财务管理内容主要有如下几点：制定获取资源计划，确定获取资源对象，委任相应的财务人员，制定相应的获取资源策略。

牛津大学理事会下设一系列与筹资事务相关的委员会，包括通用委员会（General Purposes Committee）、规划与资源分配委员会（Planning and Resource Allocation Committee）、财务委员会（Finance Committee）、投资委员会（Investment Committee）、审计与审查委员会（Audit and Scrutiny Committee）以及建议委员会（advises Council）等等。对于这些分委员会的校务管理职责前面有所涉及，在此简要介绍其财务管理职责。

首先，在学校层面的各类委员会而言。通用委员会除了对大学层面的

① 郑文：《论英国大学副校长的角色、特征及权力》，《比较教育研究》2006 年第 7 期。

管理（包括财务管理）对校务会议进行建议之外，其财务职责主要是受理事会委托对于财务风险管理的策略事项负责。

规划和资源分配委员会的职能是监控学校财政和预算计划，并就关涉财务的计划、预算以及预报、筹资等向理事会提供建议。

财务委员会在理事会的领导下，负责如下事务：审查牛津大学与牛津大学出版社的年度财务报告，审查牛津每五年的财政预算，协调与银行事务，审查并通报财务规章与程序。

投资委员会在理事会的领导下对大学投资事业进行投资组合管理。

审计与审查委员会的职责包括聘任外界审计师，负责内部审计服务，确定审计师的工作性质、范围和薪酬，评估风险经营效益与学校内部财务经营管控，监督财务年度报告与财务政策执行，以确保筹来的资金得以妥善保管和透明、合理地使用。审计师的工作主要是依照英国法律与校务运营需求对大学财务报告进行审计。

其次，就各学院而言，作为学术自治的团体，除格林学院（Green' College）、凯洛格学院（Kellogg College）和圣十字学院（St Cross College）是牛津大学自身直辖管理部门外，其余学院均是分散而有独立法人身份与独立经费的实体组织，故而，在牛津大学财务报告中，并不包含关于这些学院自身的账户审核。在历史上，各学院最大的财产来源主要是在大学管理层面所占份额较少的慈善捐赠。慈善捐赠的最初目的是资助那些在大学攻读高级学位的学者。后来，牛津有意地建构和维持受捐赠学院与捐赠者之间的利益共同体关系，允许捐建的学院在大学中充分自主，从而形成了学院控制的财务模式，并在崇拜私有财产、维护个人产权观念的英国社会受到了支持。

随着社会对大学科研重视程度前所未有的加强，以及国际高等教育竞争的日趋激烈，经费短缺的问题日趋突出，牛津大学也开始面向世界同行学习，如模仿剑桥大学创建“牛津科技园”（Oxford Science Park），强调科研的社会效益和创收；效仿哈佛大学，优化校园资产管理，并在政府引导下，加强与社会工商界的合作，自主创收的能力也在不断增强。

通过以上对哈佛、牛津筹资机制的简要分析可以看出，筹资渠道多元化是当前欧美国家一流大学的共同趋势。在财务收入结构、筹资渠道以及筹资管理机制方面，哈佛与牛津差别甚大。其共同点在于政府投入所占比例日益减少，以及学费收入的稳定。在有效吸纳社会捐助方面，二者均有着辉煌的传统，其中哈佛在吸引校友、社会团体捐赠方面更胜一筹，原因在于其设定的一系列宽容政策与政府关于免税方面的法律，大大鼓励了社会捐赠渠道的灵活而多样。相比之下，牛津大学坚持“学术神圣”的取向，在招生中执行“无偏向”政策，对捐助者子女入学并不额外照顾，在坚持学术自主与接受外界捐赠作出相应调整方面不如哈佛那样灵活，从而在吸引社会捐助方面也不如哈佛。同样，在面向社会筹资方面，哈佛比牛津成效更为显著，原因在于哈佛的筹资渠道更为广泛，并且有哈佛管理公司的强有力支持，使哈佛更能适应“一切向钱看”的美国社会，得以迅速赚取高额利润。由此也可见大学领导体制对筹资机制的制约，素来具有“敢为天下先”声誉的哈佛大学，其董事会制的领导管理机制相比“学者自治”的牛津大学更为灵活。然而，面向社会筹资也有风险在其中，2009 年哈佛筹资的大幅度缩水即是一明确的证明，猝不及防到来的新冠肺炎疫情，又让哈佛大学财务一度出现赤字。相应地，哈佛大学也成立了财务风险容忍小组，以化解在筹资、投资经营中所面临的各种财务风险。相比较而言，牛津的筹资更为保守而稳定，在 2008 年的金融危机大潮中并未遭遇寒冬，在疫情冲击下也并未预期的那样严重。

通过以上对世界一流大学领导体制、教师管理以及筹资机制的案例分析，我们可以看出，世界一流大学的管理体制有如下特征。

首先，领导体制在大学的管理体制中起到了基础性、决定性的作用。大学的领导体制，关涉一所大学权力的根本所属和运作机制。通过以上分析不难发现，世界一流大学的权力，无论采取何种组合形式，最终仍属于大学里的学者群体，尽管在公立私立、政府所有还是社会团体所有上会有所区别，但是在具体的领导选举上，代表大学权力核心的大学校长几乎都是由大学内部学者选举产生；或者大学校长的任免虽是由政府提名，而最终也须征得大学教师群体的同意。这在根本上保证了大学在学术上的独立。

领导体制在大学管理中的基础性作用还体现在，无论对于教师的招聘与晋升、还是筹资机制的运行，都发挥着或隐或显的影响。如德国大学教师招聘与晋升，在教授资格的获取上，最终是由教育行政部门拍板而不是大学内定。再比如董事会领导、带有公司化运行色彩的美国大学领导体制，从根本上决定了美国大学筹资的模式与筹资机制；而向来崇尚学术自治的英国大学，学校资金则主要源自政府拨款与社会资助。

其次，领导体制、教师管理与筹资机制之间也相互影响，教师管理与筹资机制反过来又对领导体制起到了改善或调节的作用。例如在哈佛大学，筹资机制的逐步完善和筹资能力的日渐提升，反过来又巩固了哈佛董事会领导下的校长负责制，并且促使校长管理工作的重心越来越倾向于大学筹资。

再者，作为遗传和环境的产物，世界一流大学有各自的形成与发展史，其管理体制也是在历史的长河中形成的。没有任何一种大学管理体制的形成是一役之功，其背后都有着深刻的历史文化与社会心理对生活于其中的人们的思想和行为的影响。欧美国家一流大学的领导体制、教师管理体制和筹资体制，既有本国独特的历史文化积淀，又共同面临着当前全球化与“逆全球化”共存的不确定性世界。

第三章　世界一流大学的人才培养模式

人才培养模式指的是在一定的教育思想指导下，为实现培养目标而形成的由培养过程的诸要素构成的标准样式与运行方式。具体而言，人才培养模式主要包含四个方面的特征：第一，有一定的思想作为指导；第二，具有一定的稳定性和典范性；第三，具有可操作性，易于仿效；第四，包含教育教学的整个过程。根据这一界定，本章在进行世界一流大学人才培养模式的比较研究时，主要从世界一流大学的学科组织结构和专业设置、世界一流大学的培养目标与课程体系、世界一流大学的教学模式与方法变革、世界一流大学的教学管理制度等方面进行研究。

第一节　世界一流大学学科组织结构和专业设置

学科和专业是大学的一种基本构成要素，它们共同承载着大学的基本职能与使命。因此，对学科与专业的分析是研究大学人才培养模式的两个重要维度。鉴于此，本节主要就世界一流大学的学科组织结构与专业设置进行比较研究。

一、世界一流大学的学科组织结构

（一）大学学科组织结构的历史演进

英国当代著名高等教育专家埃里克·阿什比（Eric Ashby，1904—1992）

曾指出："任何类型的大学都是遗传与环境的产物。"① 作为大学重要组成部分的学科组织结构，自然也不例外，其发展经历了一个历史演进的过程。这种演进，既有历史传统的影响，同时也受到了时代等其他方面的影响。从国外大学学科组织的历史发展来看，其大体经历了三个时期。

近代大学产生于欧洲的中世纪，学科组织开始初创。在12世纪，在意大利的萨拉尔诺形成了以医学为中心的萨拉尔诺大学，在意大利的波隆那形成了以法学为中心的博洛尼亚大学；而在法国的巴黎则形成了以神学为中心的巴黎大学。它们的学科组织对后来的牛津大学、剑桥大学、如里斯本大学、维也纳大学、布拉格大学、科隆大学、乌普萨拉大学等都有着很大的影响。在当时的欧洲，一所学校要称为大学，必须有作为基础的文科以及一个以上高级学科。若单纯以高级学科来看，最初的大学都是单科的，巴黎大学以神科为主，波隆那大学以法科为主，萨拉尔诺大学以医科为主。后来，大学的学科趋于多样。一般设文、法、医、神四科。文科在最初为大学预备教育阶段，学生修完文科，方能分别进入其他三个高级学科学习。后来，随着中等教育的发展，中学与大学逐渐衔接起来，文科才取得了与其他学科同等的地位，并逐步走向分化。与大学的学科相适应，教师按学科专业组成教授会（facultas）。因此，中世纪的大学中"有的大学有文学、法律、医学和神学四个教授会。有的大学将法律细分为民法与教会法，因而便有五个教授会。"② 教授会（facultas）便是当时各个学科的组织形式，后来大学以facultas组织教学，facultas便有了学部（或译学院、学系）的含义。大学在很长时间内学科范围一直局限在文、法、医、神四科，学科组织形式也没有太大的变化。③

从近代到第二次世界大战为学科组织的成形期，在该时期大学的学科组织大体形成了三级结构，即大学—学院\学部—学系/讲座/研究所。在

① ［英］阿什比：《科技发达时代的大学教育》，滕大春、滕大生译，人民教育出版社1983年版，第7页。

② 滕大春主编：《外国教育通史》第2卷，山东教育出版社1989年版，第135页。

③ 刘宝存：《国外大学学科组织的历史演进》，《天津市教科院学报》2006年第1期。

经过科学革命之后，科学发展呈现出分化的趋势，物理、化学和生物从自然哲学中分化出来，到18世纪末自然科学分化成为各门独立的自然学科，现代诸学科正式诞生，社会科学稍后逐渐从道德哲学中分化出来，人文学科则成为那些被自然科学和社会科学排斥在外的各门学科的总称。随着科学的分化，大学的学科设置也越来越丰富，特别是原来的“文科”之下的学科范围迅速扩张，并开始分化出新的学科门类，出现了新的学科如理学、工程学等，在学科组织上也就出现了新的学部（学院）。1810年柏林大学成立后，科研成为大学的重要职能。德国大学在学部之下设立讲座（chair）和研究所（institute）作为基层的学科组织形成了“大学—学部—研究所或讲座”模式，整个结构的重心在研究所或讲座一级。19世纪初，在苏格兰中世纪大学分学科组织教学和德国大学在学部之下设立讲座和研究所制度的影响下，英国大学创设了学系（academic department），在英国大学中便形成了“大学—学部—学系”学科组织模式。1825年美国的哈佛大学开始设立学系，学系成为适应专业化需要、划分更大的结构的基本单位。美国独特的“大学—学院—学系”学科组织结构，随着美国大学的发展和美国国力的增强而产生了世界性的影响。进入20世纪后，随着科学的日益分化和各分支科学的发展，各国大学的学科设置已经远远超出传统的文、法、医、神学科，而且包括理学、工程学、农学、商学、管理学、新闻学、教育学、建筑学、药物学、公共卫生学、图书馆学、护理学、公共行政学等新的专业教育。在大学里，不同学科和专业的分野和疆界又往往通过学科组织体现出来。这样，大学便设置文理学院、神学院、法学院、医学院、商学院、工学院、农学院、新闻学院、公共卫生学院、护理学院、药学院、建筑学院、行政管理学院等学科组织，规范专业教育的发展。学院或者学部的名称、涵盖具体学科领域的多少及其之间的关系，又因各国传统与国情的不同而有所差异。①

第二次世界大战结束以来则为大学学科组织的改革与发展期。第二次世界大战以后特别是20世纪60年代之后，随着科学技术的迅速发展以及各

① 刘宝存：《国外大学学科组织的历史演进》，《天津市教科院学报》2006年第1期。

学科领域联系的加强，各国又根据自己的历史背景、政治、经济、文化、社会等各种因素的具体情况，不断调整大学的学科设置、学科组织形式与结构，形成了既有一定的共同特征又互有殊异的学科组织结构。例如，英国大学的学科组织结构形式主要包括三种模式，即传统的“大学—学部—学系”模式、20 世纪 60 年代建立的新大学的“大学—学院 / 学部—学系 / 学院”模式和“大学—学院 / 学群—学科”模式。美国大学虽然维系着“大学—学院—学系”的模式，学院和学系的数量却呈增加的趋势，一些学科比较齐全的大学在学院之下一般设立数十个甚至上百个学系，设立几百个课程计划或专业。①

大学学科组织结构的演进为大学发展打上了大学学科组织结构的底色。世界一流大学作为大学的一种重要形态，其学科组织结构自然也带有大学学科组织发展的基因。

（二）世界一流大学的学科组织结构模式

当前世界一流大学的学科组织结构既是历史发展的产物，同时也是时代发展的产物。综观其现状，可以发现其学科组织结构大体有三种典型的模式：一是大学—学院—学系模式；二是大学—学部—学系模式；三是大学—学部—讲座 / 研究所模式。除了上述三种模式外，当然还有一些其他的模式，但是它们大体都是这些模式的变体，所以我们在这里仅就这三种典型的学科组织模式进行分析。

1. 大学—学院—学系模式

大学—学院—学系的学科组织结构是一流大学的一种基本模式，尤以美国大学为代表，所以也可以称为“美国模式”。在这种模式中，最低的一级称为“学系”，通常也简称“系”，英文表达一般为“department”，系最早出现在美国大学中。按照美国高等教育家伯顿·克拉克（Burton R. Clark）的观点，系形成的主要原因也许是“自上而下的组织形式，类似于企业的结构和把权力委托给非个人化办公机构的官僚授权方式”。“1825 年系在哈佛

---

① 刘宝存：《国外大学学科组织的历史演进》，《天津市教科院学报》2006 年第 1 期。

学院出现，1900 年在全国的大学和学院里都已占有牢固地位，成为适应专业化需要、划分更大的结构的基本单位。”① 作为一种学科组织结构，系一般按照学科来划分，一般一个系包括一个学科（指一级学科），它既是一个社团组织，同时也是一个官僚单位。在美国，系的权力分配比较分散，“首先是在正教授中分配，其次在副教授和助理教授中分配。系主任是一个非个人化的职位，一般每 3 年由高级人员轮换一次”。② 因此，系的独立性相对比较弱一些，一般系主任既要向上级（如院长、校领导）负责，也要对处于或接近同等地位的同事等负责，同时既负责教学工作，也负责行政工作。

大学—学院—学系的学科组织结构中的第二级是学院。在英语中，学院一般有两种表达：“school”与“college”。在美国，学院一级，“既包括实施自由教育和文理教育的文理学院，也包括实施专门教育的专业学院”，“有的大学将承担本科生教育的学院与承担研究生教育的学院分设，有的大学则在同一个学院中实施本科生教育和研究生教育”。③ 在学院的具体设置上，各大学各不相同，但也有一些是普遍都设置的，特别是世界一流大学。例如，有学者通过对美国 7 所世界一流大学（哈佛大学、斯坦福大学、加州大学伯克利分校、哥伦比亚大学、麻省理工学院、耶鲁大学、芝加哥大学）的实证分析，发现“文理学院、工学院、商学院、法学院、医学院、建筑学院、公共卫生学院和教育学院等学院的设置频率超过了 50%”。在这里，文理学院和商学院的设置频率均为 100%；其次是法学院，设置频率为 86%；工学院、医学院和公共卫生学院的设置频率均为 71% 等。④ 这里需要强调的是，文理学院属于基础学院，而非专业学院，一般包括人文科学、社会科学和自然科学所有的系。专业学院通常是由一个具体的专业学科组成。无论是基础学院，

① ［加］约翰·范德格拉夫：《学术权力——七国高等教育管理体制比较》，王承绪等译，浙江教育出版社 2001 年版，第 114 页。

② ［加］约翰·范德格拉夫：《学术权力——七国高等教育管理体制比较》，王承绪等译，浙江教育出版社 2001 年版，第 114 页。

③ 刘宝存：《国外大学学科组织的历史演进》，《天津市教科院学报》2006 年第 1 期。

④ 翟亚军：《大学学科建设模式新解——基于世界一流大学的分析》，《学位与研究生教育》2009 年第 3 期。

还是专业学院，一般都设院长一人，由大学最高官员任命，而且院长具有独立于教授团体的权力。学院一级的结构比系一级的结构要复杂，通常会设有一个或几个教授会或其他团体机构，这些机构主要就学术方面的一些事情进行集体决策。而行政方面的一些事情，如教学人员的任命、雇佣、晋升、解雇等一般由学院之下的系一级结构来决定。当然，院的权力总体上还是高于系，可以对系的事务进行全面干涉以及推行一些共同的标准等。

大学—学院—学系的学科组织结构中的最高一级是“大学”，在英文中，一般表述为“university”。大学一级的机构相对比较复杂，其中最重要的就是董事会，其主要负责教学与科研之外的其他事务，如任命大学的校长，并把许多权力交给校长。董事会一般由各界人士组成，既有校内的，也有校外的。

总体来看，在以美国的世界一流大学为代表的“大学—学院—学系”学科组织结构中，学系主要负责教学与科研，大学主要负责教学与科研之外的其他事务，学院介于二者之间。当然，此模式的世界一流大学在具体的学科组织结构建设中，也有一些自己的特点，这里我们以美国斯坦福大学为例，来进一步分析这一学科组织结构。

斯坦福大学成立于1891年，是美国著名的私立大学，也是世界著名的一流大学。在2021年的“软科世界大学学术排名（Shanghai Ranking's Academic Ranking of World Universities，简称ARWU）”[①]、2022年的“《美国新闻与世界报道》世界最佳大学排名”（U.S. News & World Report's World's Best Universities Rankings）[②]和2021年的“英国泰晤士高等教育—QS世界大学排名”（THE-QS World Universities Rankings）[③]三大排行榜中分别居于第2

① 上海软科教育信息咨询有限公司：《2021世界大学学术排名》。2021年9月26日，见https：//www.shanghairanking.cn/rankings/arwu/2021。

② U.S. News & World Report。2022 Best Global Universities Rankings.2021-12-30. https：//www.usnews.com/education/best-global-universities/rankings.

③ QS Quacquarelli Symonds Ltd. QS World University Rankings.2021-09-26. https：//www.topuniversities.com/university-rankings/world-university-rankings/2021.

位、第 3 位和第 2 位。这充分证明了斯坦福大学在世界一流大学中的卓越地位。

就学科组织结构而言，斯坦福大学目前有 7 个学院，这 7 个学院及其学系等分别介绍如下：①

（1）商学研究生院（Graduate School of Business）——属于专业学院，不设学系。该研究生院设有全日制学位课程（Full-Time Degree Programs）和非学位和文凭课程（Non-Degree & Certificate Programs），前者包括两年制的 MBA 课程（MBA Program）、一年制硕士商务课程（MSx Program）、博士课程（PhD Program），后者包括高管教育课程（Executive Education Program）、在线课程（Online Programs）和斯坦福种子课程（Stanford Seed）②。

（2）地球、能源与环境科学学院（School of Earth，Energy & Environmental Sciences）——设有地球系统科学系（Earth System Science）、地质科学系（Geological Sciences）、地球物理学系（Geophysics）、能源资源工程系（Energy Resources Engineering）4 个系。

（3）教育学院（School of Education）——属于专业学院，不设学系，但开设有博士学位课程（Doctoral Programs）、硕士学位课程（Master's Programs）、本科课程（Undergraduate Programs）和专业学习课程（Professional programs）。

（4）工学院（School of Engineering）——设有航空航天系（Aeronautics & Astronautics）、生物工程学系（Bioengineering）、化学工程系（Chemical Engineering）、公民与环境工程系（Civil and Environmental Engineering）、计算机科学系（Computer Science）、电子工程系（Electrical Engineering）、管理科学与工程系（Management Science and Engineering）、材料科学与工程系（Materials Science and Engineering）、机械工程系（Mechanical Engineering）9 个系。

---

① 根据斯坦福大学网站（http：//www.stanford.edu/）整理。

② 斯坦福种子课程是一个由斯坦福商学研究生院领导的旨在结束全球贫困循环的计划。

（5）文理学院（School of Humanities and Sciences）——设有 23 个系和 25 个跨学科课程。前者包括人类学（Anthropology）、应用物理学（Applied Physics）、艺术与艺术史系（Art and Art History）、生物系（Biology）、化学系（Chemistry）、古典文学系（Classics）、传播系（Communication）、文学、文化与语言学部（Division of Literatures，Cultures and Languages）、东亚语言和文化系（East Asian Languages and Cultures）、经济学系（Economics）、英语系（English）、历史系（History）、语言学系（Linguistics）、数学系（Mathematics）、音乐系（Music）、哲学系（Philosophy）、物理系（Physics）、政治科学系（Political Science）、心理学系（Psychology）、宗教研究系（Religious Studies）、社会学系（Sociology）、统计学系（Statistics）、戏剧与表演研究系（Theater and Performance Studies）等。后者包括非洲与非裔美国人研究（African and African American Studies），非洲研究学（African Studies），美国研究（American Studies），考古学（Archaeology），生物物理学（Biophysics），种族和民族比较研究（Comparative Studies in Race and Ethnicity），东亚研究（East Asian Studies），社会道德（Ethics in Society），女权主义、性别和性研究（Feminist，Gender and Sexuality Studies），全球研究（Global Studies），艺术荣誉课程（Honors in the Arts），人体生物学（Human Biology），人权（Human Rights），人文学（Humanities），国际政策（International Policy），国际关系（International Relations），拉丁美洲研究（Latin American Studies），文科硕士课程（Master of Liberal Arts），数学与计算科学（Mathematical and Computational Sciences），现代思想与文学（Modern Thought and Literature），公共政策（Public Policy），俄罗斯、东欧和欧亚研究（Russian，East European and Eurasian Studies），科学技术与社会（Science，Technology and Society），符号系统（Symbolic Systems），城市研究（Urban Studies）等。

（6）法学院（School of Law）——属于专业学院，不设学系，但设有一些中心和课程项目，包括阿富汗法律教育项目（Afghanistan Legal Education Project），亚瑟和托尼伦贝洛克公司治理中心（Arthur and Toni Rembe Rock

Center for Corporate Governance），因特网与社会中心（Center for Internet and Society），法律与生物科学中心（Center for Law and the Biosciences），CodeX 法律信息中心（CodeX Center for Legal Informatics），环境和自然资源法律与政策课程（Environmental and Natural Resources Law & Policy Program），反海外腐败法清算所（Foreign Corrupt Practices Act Clearinghouse），古尔德谈判和调解课程（Gould Negotiation and Mediation Program），约翰和特里·莱文公共服务和公共利益法中心（John and Terry Levin Center for Public Service and Public Interest Law），约翰·M. 奥林法律和经济学课程（John M. Olin Program in Law and Economics），法律研究与写作课程（Legal Research and Writing Program），马丁·丹尼尔·古尔德冲突解决中心（Martin Daniel Gould Center for Conflict Resolution），法规、评估和治理实验室（Regulation, Evaluation and Governance Lab），法治课程（Rule of Law Program），证券集体诉讼清算所（Securities Class Action Clearinghouse），斯坦福法律和历史中心（Stanford Center for Law and History），斯坦福种族公正中心（Stanford Center for Racial Justice），斯坦福数字经济中心（Stanford Center for the Digital Economy），斯坦福国际冲突与谈判中心（Stanford Center on International Conflict and Negotiation），斯坦福法律专业中心（Stanford Center on the Legal Profession），斯坦福宪法法律中心（Stanford Constitutional Law Center），斯坦福刑事司法中心（Stanford Criminal Justice Center），斯坦福人权中心（Stanford Human Rights Center），斯坦福法律与社会项目（Stanford Program in Law and Society），斯坦福法律、科学与技术课程（Stanford Program in Law, Science & Technology）等。

（7）医学院（School of Medicine）——开设有生物化学系（Biochemistry），生物工程系（Bioengineering），生物医学数据科学（Biomedical Data Sciences），化学与系统生物学系（Chemical & Systems Biology），比较医学系（Comparative Medicine），发育生物学（Developmental Biology），流行病学与人口健康系（Epidemiology & Population Health），遗传学系（Genetics），微生物学与免疫学系（Microbiology & Immunology），分子与细胞生理学系

（Molecular & Cellular Physiology），神经生物学系（Neurobiology），结构生物学（Structural Biology），麻醉学、围手术和疼痛医学（Anesthesiology, Perioperative & Pain Medicine），癌症研究所（Cancer Institute），心胸外科系（Cardiothoracic Surgery），皮肤医学系（Dermatology），急诊医学系（Emergency Medicine），医学系（Medicine），神经病学系（Neurology），神经外科学系（Neurosurgery），妇产科系（Obstetrics & Gynecology），眼科学系（Ophthalmology），矫形外科系（Orthopaedic Surgery），耳鼻喉科系（Otolaryngology），病理学系（Pathology），儿科系（Pediatrics），精神病学与行为科学系（Psychiatry & Behavioral Sciences）等。

在学科组织结构的大学一级，斯坦福大学设有由不超过 38 人的社会各界组成的董事会（Board of Trustees），另外还设有校长办公室（Office of the President）、教务长办公室（Office of the Provost）、评议会（Faculty Senate）等。其中教务长主要负责学术事务（academic program），包括教学与研究（instruction and research），所以是学科组织的最高直接领导者。

2. 大学—学部—学系 / 学院模式

大学—学部—学系 / 学院模式也是世界一流大学学科组织结构的一种基本模式，该模式尤以英国的世界一流大学为代表，所以也可以称为“英国模式”。在这种模式中，最低一级称为学系（department），简称为“系”；有的称学院（school）、研究所（institute）或研究中心（center）。在“学系”里，一般设系主任一职，通常由教授担任，且拥有系里最高的权力。另外，大部分系都设有系务委员会，其成员一般为全体教学人员，有时也有学生代表。系的决策相对实行自治，也比较民主。

“大学—学部—学系 / 学院”学科组织结构的第二级为“学部”，英文表述各不相同，一般为“division”或“faculty”，也有使用“school”的，如剑桥大学。学部一般由一组具有相同性质的学科组成，类似一种学科群组织。这种模式通常设主任 1 人、副主任 2—3 名。除此之外，还设学部委员会。学部委员会通常由全体教授组成，有时也会包括一些其他人员。学部主任一般由学部委员会选举产生。与第一种模式“大学—学院—学系”中的

“学院”相比，学部的组织相对比较松散，主要负责一些教学与科研的重大宏观问题，所以这种模式中的学系相对拥有较大的自主性。

“大学—学部—学系 / 学院”学科组织结构的第三级是“大学”，英文一般表述为“university”。在这一级，一般设有校长 1 人、副校长 1 人、校务委员会、评议会等机构。一般而言，校长是一个荣誉职位，对学科组织的管理没有大的影响，副校长是大学的学术领导者，负责大学的发展方向以及任命各种学术委员会的主席等。评议会一般直接负责大学的学术政策，对学部与学系具有直接的管理职责。

“大学—学部—学系 / 学院”的学科组织机构虽然在英国等国家的世界一流大学中具有一定的普遍性质，但是各一流大学在实际的发展中也形成了一些自己的特色，所以并没有严格地遵循这样的组织结构，也即这种模式是英国等国家的世界一流大学的基本构架。下面我们就以牛津大学为例做进一步的说明。

牛津大学成立于 1167 年，是英国最古老的大学之一，在 2021 年的“软科世界大学学术排名”(Shanghai Ranking's Academic Ranking of World Universities，简称 ARWU)①、2022 年的“《美国新闻与世界报道》世界最佳大学排名”(U.S. News & World Report's World's Best Universities Rankings)②和 2021 年的“英国泰晤士高等教育—QS 世界大学排名”(THE-QS World Universities Rankings)③ 三大排行榜中分别居于第 7 位、第 5 位和第 5 位，是公认的世界一流大学。

就学科组织机构而言，牛津大学目前有 4 个学部（academic divisions），每个学部下设若干学系、学院或研究中心。这 4 个学部以及其包含的学系情

---

① 上海软科教育信息咨询有限公司：《2021 世界大学学术排名》，2021 年 9 月 26 日，见 https：//www.shanghairanking.cn/rankings/arwu/2021。

② U.S. News & World Report. 2022 Best Global Universities Rankings.2021-12-30. https：//www.usnews.com/education/best-global-universities/rankings.

③ QS World University Rankings. 2021-09-26. https：//www.topuniversities.com/university-rankings/world-university-rankings/2021.

况如下。①

（1）人文学部（Humanities Division）——包括古典学系（Faculty of Classics），英语语言文学系（Faculty of English Language and Literature），历史系（Faculty of History），语言学、语文学与语音学系（Faculty of Linguistics，Philology and Phonetics），中世纪与现代语言系（Faculty of Medieval and Modern Languages），音乐系（Faculty of Music），东方研究系（Faculty of Oriental Studies），哲学系（Faculty of Philosophy），牛津人文科学研究中心（The Oxford Research Centre in the Humanities），罗瑟米尔美国研究所（Rothermere American Institute），罗斯金艺术学院（Ruskin School of Art），神学与宗教学系（Faculty of Theology and Religion），伏尔泰基金会（Voltaire Foundation）等。

（2）数学、物理和生命科学学部（Mathematical，Physical and Life Sciences Division）——包括贝布罗克科技园（Begbroke Science Park）、化学系（Department of Chemistry）、计算机科学系（Department of Computer Science）、地球科学系（Department of Earth Sciences）、工程科学系（Department of Engineering Science）、数学研究所（Mathematical Institute）、材料系（Department of Materials）、物理系（Department of Physics）、植物科学系（Department of Plant Sciences）、统计学系（Department of Statistics）、动物学系（Department of Zoology）、博士生培养中心（Doctoral Training Centre）等。

（2）医学科学学部（Medical Sciences Division）——包括生物化学系（Department of Biochemistry），纳菲尔德临床医学系（Nuffield Department of Clinical Medicine），纳菲尔德临床神经科学系（Nuffield Department of Clinical Neurosciences），实验心理学系（Department of Experimental Psychology），拉德克利夫医学系（Radcliffe Department of Medicine），纳菲尔德妇产系（Nuffield Department of Obstetrics and Gynaecology），肿瘤系（Department of Oncology），纳菲尔德骨科、风湿病学和肌肉骨骼科学系（Nuffield De-

① 根据牛津大学网站 http：//www.ox.ac.uk/ 整理。

partment of Orthopaedics，Rheumatology and Musculoskeletal Sciences），儿科学系（Department of Paediatrics），威廉·邓恩爵士病理学院（Sir William Dunn School of Pathology），药理学系（Department of Pharmacology），生理解剖学与遗传学系（Department of Physiology，Anatomy and Genetics），纳菲尔德人口卫生系（Nuffield Department of Population Health），纳菲尔德初级保健卫生科学系（Nuffield Department of Population Health），精神病学系（Department of Psychiatry），纽菲尔德外科学系（Nuffield Department of Surgical Sciences）等。

（4）社会科学学部（Social Sciences Division）——包括人类学与博物馆民族志学院（School of Anthropology and Museum Ethnography）、考古学系（School of Archaeology）、布拉瓦尼克治理学院（Blavatnik School of Government）、经济系（Department of Economics）、教育系（Department of Education）、地理与环境学院（School of Geography and the Environment）、跨学科研究学院（School of Interdisciplinary Area Studies）、国际发展系（Department of International Development）、牛津互联网研究所（Oxford Internet Institute）、法律系（Faculty of Law）、牛津马丁学院（Oxford Martin School）、政治与国际关系系（Department of Politics and International Relations）、赛德商学院（Saïd Business School）、社会政策和干预系（Department of Social Policy and Intervention）、社会学系（Department of Sociology）等。

在第三级即大学一级，牛津大学设有教职员全体会议（Congregation）、校务委员会（Council）、副校长（Vice-Chancellor）、校长（Chancellor）等，其中教职员全体会议是最高权力机构。

3. 大学—学部—讲座 / 研究所模式

世界一流大学的学科组织结构的第三种典型模式是大学—学部—讲座 / 研究所。这种模式在德国、日本、法国等比较普遍。在这种模式中，最低一级为讲座或研究所，英文表示分别为 chair 和 institute。讲座 / 研究所最早产生于德国的柏林大学①，所以我们也可以称这种模式为“德国模式”。一般来说，讲座 / 研究所由本领域唯一的一名教授主持或负责，而且讲座通常只包含一门具体的学科，其活动同样包括教学和科研两个方面。与学系相比，讲座 / 研究所规模相对比较小，学科范围也比较单一，通常相当于学系中的一个分支学科。

大学—学部—讲座 / 研究所模式的第二级为“学部”，与“英国模式”一样，一般一个大学设有 4—6 个学部。在该模式中，学部的英文表述一般为“faculty”。学部一般属于一种咨询性质的学科结构组织，其最高决策机构是学部理事会或学部委员会，其构成人员一般包括教授、副教授，有时也会有讲师和助教参加。学部部长一般由一名教授担任，主要负责一些日常的行政事务。

大学—学部—讲座 / 研究所模式的第三级为“大学”，与其他模式一样，其英文表述一般也为“university”。在这一级结构中，大学的决策机构通常为大学评议会，负责一些主要的学术事务。另外，校长通常担任评议会的主席，是大学的学科带头人。

由于国情、历史、文化等的不同，大学—学部—讲座 / 研究所的学科组织结构模式在德国、法国和日本等国家的世界一流大学中也形成了一些各自的特点。但总体上，这些一流大学大部分都采纳了这样的一种三级结构模式，当然一些也超越这一结构，而设置了一些其他的机构。下面我们就以日本的东京大学为例来做进一步的说明。

东京大学创建于 1877 年，是日本第一所国立大学。东京大学也是世界著名的一流大学，在 2021 年的“软科世界大学学术排名”（Shanghai Ranking's Academic Ranking of World Universities，简称 ARWU）②、2022 年的“《美国新闻与世界报道》世界最佳大学排名”（U.S. News & World

① 贾莉莉：《基于学科的大学学术组织研究》，华东师范大学博士学位论文，2008 年，第 44 页。

② 上海软科教育信息咨询有限公司：《2021 世界大学学术排名》，2021 年 9 月 26 日，见 https：//www.shanghairanking.cn/rankings/arwu/2021。

Report's World's Best Universities Rankings)[①] 和2021年的"英国泰晤士高等教育—QS 世界大学排名"（THE-QS World Universities Rankings）[②] 三大排行榜中分别居于第 24 位、第 77 位和第 24 位。

就学科组织结构而言，2021 年，东京大学设有 10 个学部，15 个研究生院，11 个附属研究所，14 个大学研究中心和 3 个特别研究所。10 个学部为本科生教育，分别为农学部、教养学部、经济学部、教育学部、工学部、法学部、文学部、医学部、药学部、理学部。15 个研究生院实施研究生教育，一般称为研究科，分别为农学生命科学研究科、综合文化研究科、经济学研究科、教育学研究科、工学系研究科、新领域创成科学研究科、人文社会系研究科、情报理工学系研究科、情报学环·学际情报学府[③]、法学政治学研究科、数理科学研究科、医学系研究科、药学系研究科、公共政策大学院（公共政策联合研究部·教育部）、理学系研究科。11 个附属研究所分别为大气海洋研究所、地震研究所、史学研究所、亚洲文化研究所、宇宙射线研究所、物性研究所、生产技术研究所、医学科学研究所、定量生命科学研究所、社会科学研究所、先端科学技术研究中心。14 个大学研究中心分别为亚洲生物资源环境研究中心、生物生产工学研究中心、大学综合教育研究中心、空间信息科学研究中心、低温中心、环境安全研究中心、情报基础中心、素粒子物理国际研究中心、政策分析研究中心、放射性同位素综合中心、人工物工学研究中心、综合研究博物馆、大规模集积系统设计教育研究中心、高中大学衔接研究开发中心。

在大学一级的学科组织结构上，东京大学设有校长、董事会、行政委

---

① U.S. News & World Report. 2022 Best Global Universities Rankings. 2021-12-30. https：//www.usnews.com/education/best-global-universities/rankings.

② QS World University Rankings. 2021-09-26. https：//www.topuniversities.com/university-rankings/world-university-rankings/2021.

③ 日文原文为"情報学環·学際情報学府"，是东京大学 2000 年成立的跨学科信息学院，由"情報学環"和"学際情報学府"两个既相联系又相区别的部分构成，前者是研究单位，后者是教学单位，人才培养由后者实施。

员会、教育与研究委员会等。①

二、世界一流大学的专业设置

学科与专业是相互依存相互发展的关系。“学科是专业发展的基础，专业是学科承担人才培养的基地。专业的发展离不开学科水平的提高。”② 因此，在世界一流大学的比较研究中，专业是一个非常重要的方面。从专业设置的构成来看，一流大学的本科专业设置模式主要有两种：一种为综合型专业设置，另一种为特色型专业设置。

（一）综合型专业设置模式

综合型专业设置模式指的是，专业的设置比较齐全，从自然科学到社会科学、人文学科，基本每一个学科领域的专业都有，同时还设有一些跨学科的专业。这种类型的专业设置的一个典型特点就是学科种类比较齐全，而且比较灵活，往往会根据学术发展的需要或根据社会发展的需要，甚至个人发展的需要及时增减专业。这也是很多世界一流大学的共同特点。所以相对来说，这种类型的专业设置模式相对具有开放性。这种开放性，一方面可以很好地满足学术、社会与个人的需求，特别是学生的需求，另一方面对于学科的发展具有积极的作用。因为专业的建立与取消，相对而言没有一门学科的建立与取消困难，一般不会引起更大的混乱，如对教师的冲击不是很大。所以这种类型的专业设置模式受到了很多一流大学的推崇。下面我们就以剑桥大学与哈佛大学为例来做进一步的说明。

1. 剑桥大学的本科生教育专业设置

剑桥大学拥有悠久的历史，至今已有 800 年的历史，也是世界上最为著名的一流大学之一，在 2021 年的“软科世界大学学术排名”（Shanghai Ranking’s Academic Ranking of World Universities，简称 ARWU）③、2022年的

---

① 根据东京大学官网（https：//www.u-tokyo.ac.jp/zh/index.html）整理。

② 刘海燕、曾晓虹：《学科与专业、学科建设与专业建设关系辨析》，《高等教育研究学报》2007 年第 4 期。

③ 上海软科教育信息咨询有限公司：《2021 世界大学学术排名》，2021 年 9 月 26 日，见 https：//www.shanghairanking.cn/rankings/arwu/2021。

“《美国新闻与世界报道》世界最佳大学排名”（U.S. News & World Report's World's Best Universities Rankings）① 和 2021 年的“英国泰晤士高等教育—QS 世界大学排名”（THE-QS World Universities Rankings）② 三大排行榜中分别居于第 3 位、第 8 位和第 7 位。

剑桥大学本科生教育共设有 30 个专业，覆盖超过 65 个学科领域，具体为：盎格鲁－撒克逊与斯堪的纳维亚和凯尔特研究、考古学、建筑学、亚洲和中东研究、化学工程、古典学、计算机科学、经济学、教育学、工程学、英语、地理学、历史、历史与现代语言、历史与政治、艺术史、人文社会与政治科学、土地经济、法律、语言学、管理研究、管理工程、数学、医学、现代和中世纪语言、音乐、自然科学、哲学、心理与行为科学、神学与宗教和宗教哲学、兽医等。③

2. 哈佛大学的本科生教育专业设置

哈佛大学成立于 1636 年，是美国最古老的大学，在 2021 年的“软科世界大学学术排名”（ShanghaiRanking's Academic Ranking of World Universities，简称 ARWU）④、2022 年的“《美国新闻与世界报道》世界最佳大学排名”（U.S. News & World Report's World's Best Universities Rankings）⑤ 和 2021 年的“英国泰晤士高等教育—QS 世界大学排名”（THE-QS World Universities Rankings）⑥ 三大排行榜中均居于第 1 位，是举世公认的世界一流大学。

---

① U.S. News & World Report. 2022 Best Global Universities Rankings. 2021-12-30. https：//www.usnews.com/education/best-global-universities/rankings.

② QS World University Rankings. 2021-09-26. https：//www.topuniversities.com/university-rankings/world-university-rankings/2021.

③ University of Cambridge. Course Listing. 2021-09-28. https：//www.undergraduate.study.cam.ac.uk/courses.

④ 上海软科教育信息咨询有限公司：《2021 世界大学学术排名》，2021 年 9 月 26 日，见 https：//www.shanghairanking.cn/rankings/arwu/2021。

⑤ U.S. News & World Report. 2022 Best Global Universities Rankings. 2021-12-30. https：//www.usnews.com/education/best-global-universities/rankings.

⑥ QS World University Rankings. 2021-09-26. https：//www.topuniversities.com/university-rankings/world-university-rankings/2021.

哈佛大学的本科生教育专业包括：非洲与非裔美国人研究、人类学、应用数学、艺术与影视研究、天体物理学、生物医药工程、化学与物理生物学、化学、化学与物理学、古典学、比较文学、计算机科学、地球与行星科学、东亚研究、经济学、电子工程、工程科学、英语、环境科学与工程、环境科学与公共政策、民间传说与神话、日耳曼语言文学、治理、历史、历史与文学、历史与科学、艺术与建筑史、人类发展与再生生物学、人类进化生物学、综合生物学、语言学、数学、机械工程、分子与细胞生物学、音乐、近东语言与文明、神经科学、哲学、物理学、心理学、比较宗教研究、罗曼语言文学（Romance Languages and Literatures）、斯拉夫语言文学、社会研究、社会学、南亚研究、统计学、戏剧舞蹈与媒体、妇女及性别与性研究等。①

（二）特色型专业设置模式

特色型专业设置模式，指的是专业设置相对比较单一，或者说主要以一些重点专业为发展重点。一般而言，这种类型的世界一流大学都以理工科类的专业为主，如数学、物理、化学、生物、工程、政治学、经济学和法学等专业。因为“与人文社会科学相比，理工科与社会经济的发展的联系更直接，更容易给大学和社会带来经济利益和荣誉，诺贝尔奖以及国家科学奖、技术奖等理工科方面的奖项，使一些大学声名鹊起。与诺贝尔奖有关的经济学与政界密切相关的政治学和法学、与经济界密切相关的工商管理等学科，可以为政府部门培养后备人才，为产业界培养高级管理人才，也可以为大学带来荣誉，因此，这些学科成为世界一流大学的核心学科。一所大学如果不在这些核心学科上作出成就，即使在其他学科成就斐然，也难以被认可为世界一流大学。”② 正因为如此，一些世界一流大学在专业设置上往往集中在这些学科领域的范围内。当然，这类大学之所以集中在这类学科范围内的专业

① Harvard College. Fields of Concentration：Academic Year 20201-2022. 2021-09-30. https：//handbook.college.harvard.edu/files/collegehandbook/files/fields_of_concentration_2021_2022.pdf.

② 王英杰、刘宝存：《世界一流大学的形成与发展》，山西教育出版社 2008 年版，第 390 页。

上，也有其历史的原因，即这些大学在长期的发展过程中，大都以发展自己的特色专业为主，并努力去打造它，从而形成了不同于其他大学的专业设置模式。这种专业模式的世界一流大学与综合型的世界一流大学相比，相对比较“保守”，不轻易放弃自己的传统，最多只是根据学术、社会的发展在自身的特色专业或重点专业方面做一些适当的调整。下面我们以美国的加州理工学院和麻省理工学院为例来进一步了解这种专业设置模式。

1. 加州理工学院的本科生教育专业设置

加州理工学院成立于 1891 年，是著名的世界一流大学。在 2021 年的“软科世界大学学术排名”（Shanghai Ranking's Academic Ranking of World Universities，简称 ARWU）①、2022 年的“《美国新闻与世界报道》世界最佳大学排名”（U.S. News & World Report's World's Best Universities Rankings）②和 2021 年的“英国泰晤士高等教育—QS 世界大学排名”（THE-QS World Universities Rankings）③ 三大排行榜中分别排名第 9、第 9 和第 4。

加州理工学院的本科生教育专业包括：应用与计算数学、应用物理学、天体物理学、生物工程、生物、商业经济与管理、化学工程、化学、计算和神经系统、计算机科学、经济学、电气工程、工程与应用科学、英语、地球生物学、地球化学、地质学、地球物理学、历史、科学史与科学哲学、信息与数据科学、材料科学、数学、机械工程、哲学、物理、行星科学、政治学等。④

2. 麻省理工学院的本科生专业设置

麻省理工学院成立于 1865 年，是美国最著名的大学之一，也是著名的

① 上海软科教育信息咨询有限公司：《2021 世界大学学术排名》，2021 年 9 月 26 日，见 https：//www.shanghairanking.cn/rankings/arwu/2021。

② U.S. News & World Report. 2022 Best Global Universities Rankings. 2021-12-30. https：//www.usnews.com/education/best-global-universities/rankings.

③ QS World University Rankings. 2021-09-26. https：//www.topuniversities.com/university-rankings/world-university-rankings/2021.

④ California Institute of Technology. Majors & Minors. 2021-09-30. https：//www.admissions.caltech.edu/explore/academics/majors-minors.

世界一流大学，并且有世界理工大学之最的美名，在2021年的“软科世界大学学术排名”（Shanghai Ranking's Academic Ranking of World Universities，简称ARWU）①、2022年的“《美国新闻与世界报道》世界最佳大学排名”（U.S. News & World Report's World's Best Universities Rankings）②和2021年的“英国泰晤士高等教育—QS世界大学排名”（THE-QS World Universities Rankings）③三大排行榜中分别排名第4、第2和第1。

麻省理工学院本科生教育的专业包括：建筑学、艺术与设计、规划、航空航天工程、考古学与材料、生物工程、化学生物工程、化学工程、计算机科学与工程、电气工程与计算机科学、电气科学与工程、工程学、材料科学与工程、机械与海洋工程、机械工程、核科学与工程、人类学、比较媒体研究、经济学、全球研究与语言、历史、人文科学、人文与工程、人文与科学、语言学与哲学、文学、数理经济学、音乐、哲学、政治学、科学技术与社会、戏剧艺术、写作、商业分析、金融学、管理学、生物学、脑与认知科学、化学、地球大气和行星科学、数学、数学与计算机科学、物理、化学与生物、计算与认知、计算机科学与分子生物学、计算机科学、经济学和数据科学、城市科学与规划与计算机科学等。④

需要指出的是，以上对世界一流大学专业设置模式的分析仅是一种便于研究分析而做的区分。事实上，综合型专业设置模式的世界一流大学一般也有自己的特色专业，而且通常也会不断地强化这些专业建设。而特色型专业设置模式的世界一流大学也有追求综合化的趋势，虽然这种综合也许不是样样俱全式的综合。

① 上海软科教育信息咨询有限公司：《2021世界大学学术排名》，2021年9月26日，见https：//www.shanghairanking.cn/rankings/arwu/2021。

② U.S. News & World Report. 2022 Best Global Universities Rankings. 2021-12-30. https：//www.usnews.com/education/best-global-universities/rankings.

③ QS World University Rankings. 2021-09-26. https：//www.topuniversities.com/university-rankings/world-university-rankings/2021.

④ Massachusetts Institute of Technology. Degree Charts. 2021-09-30. http：//catalog.mit.edu/degree-charts/.

第二节　世界一流大学的培养目标与课程体系

培养目标是大学发展必不可少的一个组成部分，它规定了人才培养的方向与基本标准，因此是一所大学发展的重要指针。对于世界一流大学来说，其意义更是巨大，因为只有科学的培养目标才能引导大学走在时代发展的前列。培养目标的实现，除了一些基本的软硬件外，课程体系就是其中最为重要的一个方面，因为课程是培养目标的直接体现。因此，本节就世界一流大学的这两个方面进行一个比较研究。

一、世界一流大学的培养目标

通观世界各国大学的本科生教育，我们发现在培养目标上不外乎三种，一种是“通才”的培养目标；第二种是“专才”的培养目标；第三种是“通专结合”的培养目标。而就世界一流大学而言，目前的基本趋向都是第三种模式，这实际也反映了社会的一种共同的人才观。但就具体的每一所世界一流大学而言，由于各种因素，如历史、文化等影响而在培养目标上还是有所侧重，有的更强调“通才”的一面，而有的更强调“专才”的一面，完全将二者达到平衡的基本不存在。所以我们在这里仅就这两种不同侧重点的人才培养目标进行一个初步的分析。

（一）“通才”取向的培养目标

“通才”取向的培养目标是指在世界一流大学的本科生教育中，以培养知识面和职业应用面相对较为宽广的人才为基本目标。这可以从两个方面来理解，一是“通才”只具有相对的意义，因为任何人都不可能对人类的全部知识都有所了解，即不可能做到无所不知；二是“通才”更强调专业基础的厚实和专业面的宽广，所以是一种“厚基础，宽口径”的人才，这也就是说，“通才”培养目标并不与大学高级专门人才培养的基本目标相背离。

在“通才”取向的培养目标下，本科阶段的教育一般分为两个阶段，第一个阶段不进行任何特定的专业训练，因为这种取向的培养目标坚持学生只有在广泛了解的基础上，才能作出正确的专业选择，同时只有具有宽厚的基础知识，才能在以后的专业发展道路上具有广阔的视野；第二阶段才进行一定的专业教育，但是这种专业教育并不强调专业的深度，而更多地强调的是专业的广度，所以更为准确的是进行一种专业领域的教育，没有明确的专业实践训练。这种培养模式的大学本科毕业生出路一般有两个，一部分继续深造，进入研究生阶段，接受范围缩小的专业训练；另一部分则以“毛坯”或“半成品”的形态进入用人单位，接受进一步的职业培训，经过若干年的实际工作锻炼，成为能在比较广泛的领域从事专业工作的高级人才。这就是说，这种培养模式所培养的是“潜在专家”，或者说未最后定型的专业人才。① 在本科生教育阶段，这种“通才”取向的培养目标在综合性的世界一流大学中相对比较普遍，如哈佛大学、耶鲁大学等。

哈佛大学进行本科生教育的机构是哈佛学院。哈佛学院提出的办学使命是为社会培养公民和公民领袖，为此重视发挥人文和科学教育的变革力量。同时，哈佛学院特别指出，“我们致力于创造并维持这样的条件，使所有哈佛学院的学生都能经历一段在智力、社会和个人方面都具有变革意义的无与伦比的教育旅程。”②

耶鲁大学的本科生教育一直都秉承自由教育的理念，其实施本科生教育的为耶鲁学院。1996 年 11 月 4 日耶鲁大学校长理查德 · C. 列文（Richard C. Levin）在题为《为耶鲁的第四个世纪做准备》（*Preparing for Yale's Fourth Century*）的演讲中指出，耶鲁本科生教育经验的核心就是自由教育（liberal education），它可以发展学生批判与独立思考的能力，并为终身学习奠定基础。但是真正出色的本科生教育必须超越培养学生的智力，必须为学生提供发展品格的机会。③ 在耶鲁学院的官方介绍中，这种自由教育的理念再次

---

① 杨汉清、韩骅：《比较高等教育概论》，人民教育出版社 1997 年版，第 176 页。

② Harvard College. Mission，Vision，& History. 2021-09-30. https：//college.harvard.edu/about/mission-vision-history#mission.

③ Richard C. Levin. Preparing for Yale's Fourth Century. 2020-11-04. http：//archive.yalealumnimagazine.com/issues/96_12/levin.html.

得到强调。“耶鲁学院提供的自由教育旨在培养见多识广、纪律严明的知识分子，而无须事先说明这种知识分子将如何使用。这种学习方法将大学视为一个探索的阶段，一个锻炼好奇心的地方，一个发现新兴趣和能力的机会。”“学院的主要目的并不是在某一特定职业方面对学生进行培训，尽管有些学生可能选择比其他学生接受更多的培训。相反，它的主要目标是向学生传授知识和技能，使他们能够在最终选择的任何工作中发挥作用。”①

从哈佛大学和耶鲁大学有关本科生教育培养目标的表述中，我们可以清楚地看到它们的“通才”取向。这种“取向”代表了世界一流大学人才培养目标的一种重要模式。

（二）“专才”取向的培养目标

“专才”取向的培养目标是指在世界一流大学的本科生教育中，以培养专业知识和技能比较扎实、专业实践能力较强的人才为基本培养目标。这里有两点需要强调，一是强调世界一流大学的一个重要体现就是培养高级专门人才，而不是为培养高级专门人才做准备；二是这类世界一流大学也开设一些通识教育之类的课程，但从根本上是为高级专门人才的培养而服务。

在“专才”取向的培养目标下，本科生教育一般包括专业基础、专业知识、专业实践等一些内容的教育。但是与更高层次的研究生教育相比，这类教育的专业面相对较为宽广一些。这种培养模式培养的本科毕业生的出路，无论是继续深造，还是就业，相对都比较单一，也就是特别强调专业对口。但是这类人才无论是继续深造还是就业都比较容易一些，特别是在一个对口的工作单位里，很容易发挥自己的所学知识与能力。他们除了需要在工作中熟练技能外，往往不再需要更多的专业训练。在本科生教育阶段，这种“专才”取向的培养目标在多学科的世界一流大学中相对比较普遍，如加州理工学院等。

加州理工学院一直都坚持“小而精”的办学理念，生师比约为 3：1。2021 学年的数据显示，本科生有 901 人，研究生 1330 人，在世界一流大学

① Yale College. Academics. 2021-09-30. https：//yalecollege.yale.edu/academics.

中规模相对较小。在培养目标方面，加州理工学院特别强调“专才”的目标，即科学与技术方面的拔尖人才。例如，加州理工学院提出的使命是“通过与教育相结合的研究，扩大人类知识，造福社会。”“在一个独特的学院的、跨学科的氛围中研究科学和技术中最具挑战性、最基本的问题，同时教育优秀的学生成为具有创造性的社会成员。”①

二、世界一流大学的课程体系

“课程体系，又称‘课程结构’。它是课程设置及其进程的总和，是教学计划的核心。”② 从横向结构来看，世界一流大学的课程可以划分为公共课程和专业课程；从纵向结构来看，世界一流大学的课程一般可以划分为必修课程与选修课程。

所谓公共课程，就是指所有专业的学生共同所修的课程，在不同的世界一流大学中，公共课程的名称也略有差异，常见的就是核心课程、通识教育课程、博雅教育（自由教育）课程等；专业课程指的是某一学术领域的专门性课程，一般还可以进一步区分为专业基础课和专业方向课，前者是该专业的一些基础性质的课程，后者是较为深入的一些课程。必修课程指的是某种专业或某些专业的本科学生必须学习的课程，它既可能是全部或部分公共课程，也可能是全部或部分专业课程；选修课程指的是在一定范围内允许学生自主选择学习的课程，一般分为限定选修和自由选修两种，前者也叫有条件选修，指的是在一定的限定范围内可以有条件地进行选修，后者是指无条件的、由自己任意进行选修的课程，同样选修课程既可以是公共课程，也可以是专业课程。世界一流大学的课程体系基本就是在这样两个维度上的一种灵活的组合体系。下面以哈佛大学、剑桥大学和东京大学三所世界一流大学为例来做进一步的说明。

---

① California Institute of Technology. Caltech at a Glance. 2021-01-22. https：//www.caltech.edu/about/at-a-glance.

② 杨树勋：《现代高等教育学》，化学工业出版社 1999 年版，第 97 页。

（一）哈佛大学的本科生教育课程体系

哈佛大学承担本科生教育的学院是哈佛学院（Harvard College）。其课程体系相对比较复杂，但大体可以分为三部分：第一部分为学院课程（college curriculum），第二部分为专业课程（concentration），第三部分为选修课程（electives）。其中学院课程包括通识教育（General Education）课程、学系课程（Divisional Distribution）和数据定量推理（Quantitative Reasoning with Data）、写作（Expository Writing）、语言（Language）等其他课程。① 对于申请学士学位的学生来说，一般需完成 4 门通识教育课程、1 门学系课程和 1 门数据定量推理课程、1 门写作课程和 1 门非英语语言课程。专业课程包括 50 个本科专业共 3700 多门课程。②

通识教育课程共四类，每一类包括若干门课程，学生从每一类中选择 1 门。这四类分别为：美学与文化（Aesthetics & Culture）、伦理与公民（Ethics & Civics）、历史与社会和个人（Histories，Societies，Individuals）、社会中的科技（Science & Technology in Society）。其中美学与文化类包括“视频：视觉的实践”“文学和艺术中的精神健康与精神疾病”“文化空间的未来”“全球艺术和媒体中的城市想象”等 50 门课程；伦理与公民类包括“亚当与夏娃”“边界”“中国古典伦理与政治理论”“分裂世界中的冲突解决”“美国中小学的公平与卓越”等 39 门课程；历史与社会和个人类包括“非洲和非洲人：现代世界大陆的形成”“美国资本主义”“美国社会与公共政策”等 59 门课程；社会中的科技类包括“人工与自然智能”“气候十字路口”“能源与环境”“改变我们世界的实验”等 41 门课程。③

学系课程由哈佛大学文理学院（Faculty of Arts and Sciences）和保尔森

---

① Harvard College. Harvard College Curriculum.2021-10-13. https：//oue.fas.harvard.edu/college-curriculum.

② Harvard College. Liberal Arts & Sciences. 2021-10-13. https：//college.harvard.edu/academics/liberal-arts-sciences.

③ Harvard College. Courses. 2021-10-13. https：//gened.fas.harvard.edu/courses-listing.

工程与应用科学学院（Paulson School of Engineering and Applied Sciences）提供，分三类：艺术与人文、社会科学、科学与工程和应用科学。

数据定量推理课程共有近百门，包括“数据科学 1：数据科学导论”“数据科学 2：数据科学高级主题”“科学与工程计算”“应用线性代数和大数据”等。① 写作是大学一年级学生的一门一学期的课程，通过小型研讨会教授，重点是学术写作的熟练程度。学生们定期与指导者一对一会面以提高写作技巧。② 语言课程要求学位候选人需学习除英语之外的另外一种语言，认为这是文理教育的重要组成部分，这门课程要求严格学习，但不需要特定的学习形式和考试，如在大学入学考试委员会 SAT II 考试中，英语以外的语言成绩达到 700 分以上、在相关的大学预修课程考试中达到 5 分，或者在相关的国际学士学位考试中达到 7 分等就可以满足该课程要求。③

就哈佛学院的本科专业课程而言，每一专业的具体要求并不相同，但是内部结构相似，这里我们以哲学专业为例来说明。该专业的课程包括“技术哲学：从马克思和海德格尔到人工智能、基因组编辑和地球工程”“气候变化伦理”“法律哲学”等 200 余门。④ 该专业的基本要求为 12 门课程（48 个学分），其中必修课程包括三部分：第一部分为从“逻辑学”“当代形而上学、认识论、科学哲学、心灵哲学、语言哲学”“伦理学、政治哲学、美学”“哲学史古代、中世纪或 20 世纪前的现代哲学史”四个领域分别选一门，并且需在大四第一学期结束前修完，成绩需及格；第二部分为讨论课（tutorials），包括两门：一门为“哲学 97”，为入门级不同哲学主题小组讨论课，一般在大二春季学期进行；另一门为“哲学 98”，为进阶不同哲学主题

---

① Harvard College. Courses Approved for Quantitative Reasoning with Data. 2021-10-18. https：//oue.fas.harvard.edu/files/oue/files/courses_approved_for_qrd_2021-06-25.pdf.

② Harvard College. Expository Writing.2021-10-18. https：//oue.fas.harvard.edu/expository-writing.

③ Harvard College. Language Requirement. 2021-10-18. https：//oue.fas.harvard.edu/language-requirement.

④ Harvard College. Browse Courses.2021-10-20. https：//courses.my.harvard.edu/psp/courses/EMPLOYEE/EMPL/h/? tab=HU_CLASS_SEARCH.

小组讨论课，一般在大三秋季学期或春季学期进行。①

（二）剑桥大学的本科生教育课程体系

剑桥大学的本科生培养一般为 3 年。其课程一般按照学年依次划分为两个部分（Parts）：部分Ⅰ（Part Ⅰ）和部分Ⅱ（Part Ⅱ）。每一个部分的学习周期为 1—2 年，而不同专业两部分的时间分配又有所不同，通常有两种模式：第一种为 2 年部分Ⅰ和 1 年部分Ⅱ，第二种为 1 年部分Ⅰ和 2 年部分Ⅱ。对于工程学和一些自然科学专业来说，还需要有一个第 4 年的学习，才能获得工程学硕士或理学硕士学位。一般而言，部分Ⅰ的课程内容相对比较广泛，注重广度；部分Ⅱ的课程内容相对比较专业，注重深度。②

这里我们以历史专业来做进一步的说明。该专业课程中的部分Ⅰ为 2 年，部分Ⅱ为 1 年。部分Ⅰ包括 7 个专题（sections），分别为“A. 主题和起源”“B. 英国政治史”“C. 英国经济与社会史”“D. 欧洲史”“E. 政治思想”“F. 世界史”“G. 美国史”。“主题和起源”为部分Ⅰ中的必修论文课程，学生可从一系列主题中选择其中一个进行学习。例如，2021 年可选择的主题包括“从古代晚期到金融革命的金钱与社会”“宗教皈依与殖民主义”“古代和中世纪城市的表现和权力”“收藏史”等 14 个，完成后需提交一篇 3000—5000 字的论文。“B. 英国政治史”“C. 英国经济与社会史”“D. 欧洲史”“E. 政治思想”“F. 世界史”“G. 美国史”各自包括按年代划分的 2—6 门课程，如“英国政治史”包括“英国政治史 380—1100”“英国政治史 1050—1509”“英国政治史 1585—1714”“英国政治史 1688—1886”“英国政治史：1880 年以来”。③ 对于 B—G 专题的课程，学生需完成 5 篇论文，其中至少 1 篇来自于 B 专题，至少 1 篇来自于 C 专题，至少 1 篇来自于 D—G 专

① Harvard University Department of Philosophy. The Concentration. 2021-10-22. https：//philosophy.fas.harvard.edu/concentration.

② Cambridge Admissions Office. Undergraduate Study. 2021-10-14. https：//www.undergraduate.study.cam.ac.uk/courses/structure.

③ University of Cambridge Faculty of History. History BA（Tripos）. 2021-10-22. https：//www.hist.cam.ac.uk/course/history-ba-tripos.

题。[①] 部分Ⅱ包括4个专题，分别为“A. 历史论证与实践”“B. 专业科目”“C. 政治思想”和“D. 高级主题”。其中“A. 历史论证与实践”包括 1 门课程，与该节名称相同，学生修完需完成 1 篇论文；“B. 专业科目”包括“修昔底德”“现代早期英国的记忆”“印度民主：行动理念 1947—2007”等 13 门课程，学生需选择完成两篇论文；“C. 政治思想”和“D. 高级主题”分别包括 3 门课程和 20 门课程，学生需完成两篇论文，可以是来自这两个专题的两篇论文或来自这两个专题的 1 篇论文与 1 篇 10000—15000 字的学位论文。[②]

（三）东京大学的本科生教育课程体系

东京大学的本科生教育学制为 4 年（但医学部医学专业、农学部兽医学课程及药学部药学科是 6 年），前两年不分具体的学院和学科，统一在教养学院对学生进行通识教育，后两年（或后 4 年）在各专业学院对学生进行专业教育。与这种学制相对应，东京大学的本科生教育课程也分为两部分，第一部分是通识教育课程，称为“前期课程”；第二部分为专业教育课程，称为“后期课程”。下面我们就这两类课程分别作介绍。

1. 前期课程

前期课程按文科和理科分为六类：文科一类、文科二类、文科三类、理科一类、理科二类、理科三类，各类的课程内容都涉及人文、自然社会各个方面，但侧重点有所不同。

（1）前期各科类课程的特点

文科一类：学习社会科学基础，重点是法律与政治，理解人文和自然科学的相关学科，并培养对人文和社会的广阔视角。

文科二类：学习社会科学基础，重点是经济学，理解人文和自然科学相关学科，并培养对人文和组织的广阔视角。

文科三类：学习人文科学基础，重点是语言、思想和历史，理解社会和

① University of Cambridge Faculty of History. Tripos Requirements. 2021-10-22. https：//www.hist.cam.ac.uk/tripos-requirements.

② University of Cambridge Faculty of History. History BA（Tripos）. 2021-10-22. https：//www.hist.cam.ac.uk/course/history-ba-tripos.

自然科学相关学科，并培养对人文和社会文化活动的广阔视角。

理科一类：学习数学、材料和生物科学的基础，重点是数学、物理和化学，培养对自然基本规律的探究精神，加深对社会与科学技术交叉的理解。

理科二类：学习生物、材料和数学科学的基础知识，重点是生物、化学和物理，培养对自然基本规律的探究精神，并理解社会与科学和技术的交叉。

理科三类：学习生物、材料和数学科学的基础知识，重点是生物、化学和物理，培养对人性的探究精神，并理解社会与生命科学的交叉。①

（2）前期各科类课程的构成

前期各科类课程均由三部分构成：基础科目、综合科目、主题科目。其中基础科目为所有学生必修课目，主要是让学生获得可应用于各种专业领域的基本知识、技能和方法论工具。对于文科学生来说，六门必修基础课程是外语、信息、体育、入门研讨会、社会科学和人文科学，另外还有一门只针对文科三类学生的研究方法的第七门课程。对于理科学生来说，七门必修课是外语、信息、体育、入门实验、数学科学、材料科学和生物科学。

综合科目旨在为学生提供一个平台，从多角度、多视角获取当代所需的基本知识框架，培养学生的综合判断力和灵活的思维方式。所讨论的主题通常来自研究生院的前沿研究和教育，其目的不是急于进入专业教育，而是欣赏学术的广度和深度。

主题科目强调介绍各种专业领域和学术方法，通过开设高度话题和跨学科问题的课程，鼓励学生积极参与，目标是使学生具备对每个专业领域的批判性思维和动机。主题科目由专题讲座组成，由多位讲师以综合方式授课；“全校范围内的研究研讨会”由来自大学各系、研究生院和研究机构的工作人员以小组形式授课；“全校范围内的互动研讨会”主要通过互动和参与的方法进行教学，要求学生学会主动学习，例如在大学附属博物馆、美术

① The University of Tokyo. Junior Division：Features of Each Stream. 2021-10-25. https：//www.c.u-tokyo.ac.jp/eng_site/info/academics/zenki/intro2/.

馆或研究森林中探索自然和文化世界，参加课外志愿工作，或积极参与各系的研究和设备。①

2. 后期课程

学生在学习一年半的前期课程后，就可以申请第三年开始学习的专业教育课程即后期课程，前期各类课程对应可申请的学部见表 3–1。

表 3–1　东京大学后期课程的学部

前期课程类别	后期课程学部
文科一类	法学部 教养学部
文科二类	经济学部 教养学部
文科三类	文学部 教育学部 教养学部
理科一类	工学部 理学部 药学部 农学部 医学部 教养学部
理科二类	农学部 药学部 理学部 工学部 医学部 教养学部
理科三类	医学部

资料来源：The University of Tokyo. Education in the Junior Division and admission to the Senior Division. 2021-11-10. https：//www.c.u-tokyo.ac.jp/eng_site/info/academics/zenki/intro3/.

① The University of Tokyo. Education in the Junior Division and admission to the Senior Division. 2021-11-10. https：//www.c.u-tokyo.ac.jp/eng_site/info/academics/zenki/intro3/.

后期课程中的各专业所开设的专业课程数量各不相同，如教育心理学专业开设的课程涵盖发展、学习、认知、人格、临床实践、社会行为、评估、测量和障碍等领域，以讲座和研讨会的形式实施。另外还包括“教育心理学实验”，每个学生都需要学习该课程。①

第三节　世界一流大学的教学模式与教学方式变革

大学的一个重要功能就是“教学”，而在长期的发展中，每一所大学都会形成一些相对较为固定的教学模式，对这些模式的比较研究，可以加深对大学的了解，并且进一步可以寻求可资借鉴的地方。同时由于教学模式的有效性也离不开教学方式的不断革新，鉴于此本节就世界一流大学的教学模式以及教学方式的变革进行一个比较研究。

一、世界一流大学的教学模式

“所谓教学模式，可以解释为建立在实践基础上的，并以某种教学思想和教学目标为指导的，设计、组织和实施教学活动的教学策略体系。从一定意义上讲，教学模式是对教学方法和教学组织的概括，而某一具体教学模式的选择，还必须考虑教学内容和教学对象。高等学校……的教学组织形式与教学方法几乎是融为一体的。”② 关于教学模式的类型，最早进行该问题研究的美国学者乔伊斯（Bruce Joyce）等人在他们的经典著作《教学模式》一书中，从指向人类自身还是指向人类的学习角度将教学模式划分为“信息加工型”“社会型”“个人型”和“行为系统型”4 种。③ 每一种类型又包括若干

---

① Graduate School of Education/Faculty of Education，The University of Tokyo. Division of Educational Psychology.2021-11-18. http：//www.p.u-tokyo.ac.jp/english/graduate-programs/educational-psychology.

② 杨汉清、韩骅：《比较高等教育概论》，人民教育出版社 1997 年版，第 190 页。

③ ［美］乔伊斯等：《教学模式》（第七版），荆建华等译，中国轻工业出版社 2009 年版，第 16 页。

种具体的教学模式。由于当代教学模式呈现出多样化的发展方向①，因此目前有关教学模式的类型也早已突破了上述几种。我们基于国内较为普遍的教学模式划分方法，在全面考察世界一流大学的发展现状的基础上，发现这些大学本科阶段的教学模式主要有以下几种。

（一）传递—接受式教学模式

传递—接受式教学模式是最为普遍的一种教学模式，可以说是任何大学都坚持的一种教学模式。这种教学模式是建立在行为心理学理论基础上，以系统知识的传授及基本技能的培养为目标，其主要目的一方面是使学生在较短的时间内能够掌握人类文化的先进或有用知识，另一方面也强调锻炼学生的基本认知心理能力，如注意、记忆、想象、判断、推理等。

传递—接受式教学模式的基本程序是：复习旧课——导入新课——讲授新课——巩固练习——检查评价——强化复习。复习旧课的目的一方面是复习以前讲过的内容，另一方面是加强新旧课之间的联系，便于形成系统化的知识；导入新课可以采取多种方式，如故事导入法、问题引导法等，其目的是由旧课过渡到新课的讲授上；讲授新课是重点，一般以教师的讲解为主，间或也会对学生进行提问，但其目的主要是了解学生接受的情况，以便及时调整课堂节奏；巩固练习一般会要求学生进行一些有针对性的课堂练习，以强化学生课堂学习的内容；检查评价是指通过布置课后作业等方法来了解学生对新知识的掌握情况；最后是强化复习。

传递—接受式教学模式的主要优点是能够使学生在短时间内获得较大量的信息，所以在世界一流大学中，这种模式的应用也比较广泛，特别是在一些基础性的理论学科以及学科前沿内容等方面应用得非常广泛。但是各世界一流大学在具体实践方面也体现出了一些各自的特点，特别是它们并不完全按照固定的程式来进行。下面我们以剑桥大学为例来做进一步的说明。

在长期的历史发展中，剑桥大学一直在“传统”与“变革”的两种力量中不断前行。可以说，“剑桥大学演变为世界一流大学的历史就是一部守

① 张人杰：《大教育学》，广东高等教育出版社2003年版，第311页。

与变的二重奏的历史”①。因此，在本科生教学模式方面，虽然剑桥大学形成了多种类型的教学模式，但是传统的传递—接受式教学模式仍然占有一定的地位。其特点主要体现在以下几个方面：一是在剑桥大学讲座制的学科结构中比较广泛一些。按照剑桥大学网站的介绍，讲座主要是作为本科生研究的一个起点，正常每节课 50 分钟左右，参加讲座的学生根据学科不同可能多达数百人。另外，许多讲座老师都是该领域的顶尖学者，所以讲座为本科生了解最新研究提供了很好的机会。② 二是剑桥大学传递—接受式教学模式注重教师的质量。在剑桥大学，所有的教授都要给本科生上课，即使皇家教授与诺贝尔奖得主也不例外，而且一位教师同一门课程最多上两次，一般教师会在两三年内将所任教课程全部换掉。③ 通过这样的措施来保证传递—接受式教学模式发挥最佳的作用。

（二）自学—辅导式的教学模式

自学—辅导式教学模式是以人本主义理论为基础，以培养学生独立学习能力、独立思考能力为目标的一种教学模式。这种模式坚持学生学习的主动性，教师的作用主要是给予学生以必要指导。这种教学模式一般适用于学生已有一定的学科基础或研究基础。其一般的程序是自学——讨论——启发——总结——练习。在自学—辅导式教学模式中，有时是由教师提出学习的任务，有时是学生自己选择学习的任务，通过自学发现问题，并试图自己去解决，如未解决则留在讨论阶段解决。讨论的目的一方面是解决自学中发现的问题，另一方面是锻炼学生的主动思维能力，一般采取的是小组讨论的形式。启发则是教师通过对话、提问等方式对学生进行点拨，引导其自己思考问题。在问题得到解决后，教师会进行必要的总结，以便使学生形成相对系统的知识。最后，教师也会根据学生学习的实际情况，给学生布置一些作

---

① 王英杰、刘宝存：《世界一流大学的形成与发展》，山西教育出版社 2008 年版，第 107 页。

② Cambridge Admissions Office. Teaching and Learning. 2021-12-30. https：//www.undergraduate.study.cam.ac.uk/courses/how-will-i-be-taught.

③ 岳珠峰：《剑桥大学本科生教学的一些认识》，《西北工业大学学报》（社会科学版）2003 年第 4 期。

业来进一步巩固所学的内容。

自学—辅导式教学模式在学生分析问题、解决问题能力的培养方面具有较大的优势，因此很多世界一流大学都有效地采取这样的教学模式来进行本科生教育。具体在实施过程中，有多种表现形式，如导师制就是一种最为常见的形式。下面我们以导师制发源之地的牛津大学和剑桥大学两所世界一流大学为例来说明。

牛津大学的导师制牛津人自豪地称为“牛津皇冠上的宝石”①，是一种非常典型的自学—辅导式教学模式，其特别强调学生的自学研读过程。所以，“牛津大学各学院的导师并不看重教授学生多少知识或是给他多少信息，而在于培养学生成为能够进行独立思考、充满智慧和理性的人。”②导师一般由学术与人品俱佳的学者担任，一个导师一般指导6—12个学生。“牛津导师制教学的最基本要素是撰写周论文，可以是一篇研究性论文，也可以是读书体会。”教学计划由导师和学生共同来制定，导师根据学生的情况，开出书单，要求学生去自行阅读，并按要求完成一篇200字以上的小论文。导师一般每周上课一次，而且是一对一指导（但参与学生目前不限于一人），内容主要是讨论所写的论文，同时也会指导学习中的问题等。③

剑桥大学的导师制源于牛津大学，但是在发展过程中形成了自己的一些特色。一般而言，学生的导师由学院安排，每一位本科生进入学院后都会被指定一位导师。一名导师一般负责20—30名不同年级的学生。每周导师给这些学生辅导总计6—8小时，每次一般为1小时，参加的学生以1—3名为一组。④指导的内容包括帮助学生弄清楚讲座上的一些重点内容，或者是澄清其他的一些问题。另外，学生也被要求提前做一些准备，如论文、作

① 凡奇：《牛津大学的导师制对我国高校教学方式改革的启示》，《辽宁工业大学学报》（社会科学版）2008年第5期。

② 张河清：《国外本科生导师制经验探究——牛津大学的启示》，《现代商贸工业》2009年第24期。

③ 刘学政：《牛津大学本科生导师制探究》，《辽宁医学院学报》（社会科学版）2010年第1期。

④ 蔡文敏、刘军伟：《剑桥大学导师制及其对我国大学教育的启示》，《中国电力教育》2010年第9期。

业等，从而在与导师见面时讨论。① 剑桥大学的导师制具有如下几个特点：第一，师生广泛交流，密切彼此关系；第二，师生积极互动，促进教学相长；第三，实施个别教学，利于因材施教；第四，注重启发诱导、培养思维能力；第五，教学育人并重、协调德智发展。②

（三）探究—研讨式教学模式

探究—研讨式教学模式是一种以建构主义理论为基础的，以问题解决为中心、注重学生独立活动，以培养学生研究能力为目的的一种教学模式。这种教学模式在培养学生的创新思维能力与独立思考能力方面，具有积极的作用。在世界一流大学的本科生教育中，这种教学模式有较为广泛的应用。

一般来说，探究—研讨式教学模式的基本程序是：问题——报告——讨论——总结。首先，由学生从教师提供的一个问题域中选择一个自己感兴趣的问题，或者由学生自己选择一个问题，在教师指导下学生通过自己阅读资料或进行实验提出解决问题的观点。其次，在课堂上，学生汇报自己的研究成果，然后大家一起讨论其研究成果，采取的形式有辩论、小组交流等，最后进行总结。探究—研讨式教学模式中，教师和学生共同参与其中，如果说前两种一个是以教师为主体、一个是以学生为主体的话，那么这种教学模式就是一种双主体的模式。在整个过程中，学生和教师都是积极的参与者，但其目的在于学生研究能力的养成与提升。在世界一流大学的本科生教育中，探究—研讨式教学模式的主要表现形式有习明纳（seminar）、研讨课、基于问题的学习或基于课题的学习等。下面我们以哈佛大学为例来做进一步说明。

哈佛大学的本科一年级习明纳尔计划（Freshman Seminar Program）创始于 1959 年，1963 年通过教师投票表决正式建立。习明纳尔的主要目标是通过提供一系列课程的选择来促进新生和教师之间的亲近感和参与式互动，

① 国务院学位委员会办公室：《透视与借鉴——国外著名高等学校调研报告：2008 年版》（下册），高等教育出版社 2008 年版，第 80 页。

② 蔡文敏、刘军伟：《剑桥大学导师制及其对我国大学教育的启示》，《中国电力教育》2010 年第 9 期。

它被认为是哈佛最好的智力体验之一。另外，一年级习明纳尔不按字母等级评分，所以对于新生来说，可以自由地探索自己潜在的专业兴趣或发现新的兴趣领域。① 对于一年级新生来说，每学期可以注册两个习明纳尔，每个习明纳尔通常由 1 位教师和 12—15 名学生组成，主要活动包括阅读、讨论、论文和报告等，另外还包括特别的教学活动，如专家讲座、音乐会、展览、工作室或实验室工作，以及实地考察，以增强新生的学习经验。②

哈佛大学本科一年级习明纳尔课程覆盖许多领域。例如，2021 年秋季学期至 2022 年春季学期，涉及的领域包括外科史、人工智能、宇宙变化、世界经济、全球资本主义、宗教等等。③ 哈佛大学习明纳的组织形式通常有两种：一是小组讨论布置的阅读材料；二是 3—4 名学生参加的导师辅导课，主要阅读或评论学术论文。④

（四）本科生科研

根据美国本科生科研理事会（Council on Undergraduate Research，简称 CUR）的定义，"本科生科研是指由本科生进行的探究或调查活动，通过这种活动，可以对学科的发展作出原创性的、理智的或创造性的贡献。"⑤ 麻省理工学院是战后最早开展本科生科研的美国大学，该校从 1969 年开始实施"本科生研究机会计划"（Undergraduate Research Opportunity Program）。但是当时开展本科生科研的大学并不多。1977 年，本科生科研理事会成立，1987 年，全美本科生科研大会（The National Conference on Undergraduate Research，简称 NCUR）成立，这两个致力于推动本科生科研的全国性组

---

① Harvard College. About the Program. 2021-12-30. https：//freshmanseminars.college.harvard.edu/about-program.

② Harvard College. For Students. 2021-12-30. https：//freshmanseminars.college.harvard.edu/students.

③ Harvard College. Fall 2021-Spring 2022 Seminars. 2021-12-30. https：//freshmanseminars.college.harvard.edu/seminars.

④ 刘宝存：《美国研究型大学一年级习明纳尔课程》，《外国教育研究》2005 年第 3 期。

⑤ Judith A. Halstead. What Is Undergraduate Research? *Journal of Chemical Education*. 1997，(12)，pp.1390-1391.

织，通过出版物、会议和其他活动为本科生和教师提供交流的机会，此后，本科生教育科研逐渐成为世界一流大学的教学模式之一。

美国大学开展本科生科研之初，研究计划不多，一般都是成立具体项目办公室。随着科研计划的增加，越来越多的大学成立了专门负责本科生科研或创造性活动的办公室。一般来说，每所大学都有多种本科生科研项目，科研的形式多种多样，有探究性课程、顶点体验课程、实验室研究、独立学习、研讨、学期与学年论文、实习、社区服务、海外学习等。例如，加州大学伯克利分校设立的本科生科研计划主要有本科生科研学徒计划（The Undergraduate Research Apprentice Program）、赫斯学者计划（Hass Scholars Program）、校长本科生研究奖学金（President's undergraduate Fellowship）、本科生研究经验计划（Research Experiences for Undergraduates Program）。麻省理工学院的本科生科研项目包括"本科生研究机会计划"（Undergraduate Research Opportunity Program）、"独立活动期计划"（Independent Activities Period）、新生研究指导计划（Freshman Advisory Research）等。

本科生科研的模式是多种多样的。从本科生科研项目的资助来源看，既有院系或者学校提供资助的研究项目，也有校外各种组织提供资助的研究项目。从本科生在研究中的地位看，美国大学本科生科研项目类型也多种多样。有以教师为主，本科生参与教师、研究生的课题，在教师、研究生的指导下进行研究的情况；也有以学生为主的课题，既包括个体的独立研究，也包括集体的合作研究。为了确保本科生科研的顺利开展，美国大学一般都把本科生科研纳入课程计划，并鼓励学生参加研究项目。例如，麻省理工学院为了加强本科生科研，提出教学、科研与校园社区相结合的原则，重新评估和更新本科教学计划，删除和压缩不重要的材料。加州大学伯克利本科生科研是教学计划的一部分，学生可以通过"指导下的小组研究""指导下的独立研究""实地研究""四年级论文""荣誉毕业生四年级论文"等研究性课程，获得 20 个以上的学分，占总学分的 20%以上。①

① 刘宝存：《美国大学的创新人才培养与本科生科研》，《外国教育研究》2005 年第 12 期。

（五）服务性学习

服务性学习（service learning，service-learning，service-based learning）产生于20世纪60年代的美国，到了20世纪80年代中期逐渐发展成为一场声势浩大的教育改革运动，成为在高等学校中常用的一种教学模式。由于服务性学习多种多样，服务性学习的定义也差异很大，比较有代表性的是美国教育改革服务性学习联盟（Alliance for Service-Learning in Education Reform）在《以学校为基础的服务性学习质量标准》中给服务性学习下的定义："服务性学习是一种教学方法，通过这种教学方法，学生运用新学到的学术知识和技能解决自己社区中的实际问题。"①

为了保证服务性学习的有效性，一些学者、组织和大学提出了实施服务性学习的原则。例如，全国经验教育学会1989年提出了《服务与学习相结合中的好的实践原则》（*Principles of Good Practices in Combining Service and Learning*）。该组织认为，一个有效的和可持续发展的服务与学习相结合项目，包括以下10条原则：①服务性学习的活动应该是追求公共利益的负责任且具有挑战性的活动；②为学生提供批判性地反思服务经验的结构性的机会；③把每一个人的服务和学习目标有机结合起来；④允许那些有特殊需要者明确自己的需要；⑤明确每一个人和组织的职责；⑥根据不断变化的情况，灵活地将服务提供者和服务的需要结合起来；⑦真诚、积极、可持续、有组织地参与服务活动；⑧为了实行服务和学习的目标，必须做好培训、监督、指导、支持、认可和评价等方面的工作；⑨确保用于服务和学习的时间是有弹性的、专用的、对各方都方便的；⑩参加服务性学习项目的人员具有多样性。②

从服务性学习与课程关系的角度看，服务性学习主要有以下几种模式。（1）一次性和短期服务性学习（one-time and short-term service-learning

① David A. Payne. Evaluating Service Learning Activities and Programs. Lanham. MD：Scarecrow Press，2000，pp.1-2.

② Barbara Jacoby and Associates. Service-learning in Higher Education：Concepts and Practices. San Francisco，Calif.：Jossey-Bass Publishers，1996，p.30.

experiences）。该模式主要在专业定向阶段（orientation）和一年级用于引导学生参加服务性学习项目，通过组织学生参加一些活动使其初涉所在的社区，包括全校性的活动、与课程相关的服务性学习活动、专业定向活动、学生组织或小组的活动。（2）连续的课外服务性学习（ongoing cocurricular service-learning）。连续性课外服务性学习又有不同的具体类型，如培养领导能力的项目的服务性学习活动、宗教组织的服务性学习活动、以服务为导向的学生组织的服务性学习活动、宿舍楼的服务性学习活动、大学生联谊会的服务性学习活动、校级体育服务性学习活动等。（3）课程中的服务性学习（service-learning in the curriculum）。在实施上又有多种具体的形式，如第四个学分选修和独立服务性学习模块、作为课程组成部分的服务性学习、作为课程主要要求的服务性学习、课程簇中的服务性学习、高峰体验课程中的服务性学习、以研究为基础的服务性学习课程、服务性学习实习课程等模式。（4）集中的（intensive）或者浸入的（immersion）服务性学习。“集中的服务性学习是指学生相当一部分时间——每周 10 小时以上——都用于服务经验，而且要持续一段时间，比如说一个学期或一个暑假，但在其余时间里则生活在熟悉的环境中。而浸入的经验不仅要为学生提供在社区工作的机会，而且让其生活在社区之中。这种经验短则一周，长则一个暑假、一个学期甚至更长。在这种情况下，陌生的文化成为学生各方面生活的背景。”① 集中的服务性学习与深入的服务性学习，既可以采用课程的模式，也可以采用课外的模式。在具体的实施中又可以分为多种形式，如多种形式的假期、暑期经验、实习、独立学习、行动研究、全国性或者国际性的服务等。②

二、世界一流大学教学方式的变革

根据时代发展的要求不断创新与改革是世界一流大学发展的一个重要

① Barbara Jacoby and Associates. Service-learning in Higher Education：Concepts and Practices. San Francisco，Calif.：Jossey-Bass Publishers，1996，p. 183.

② 刘宝存、王维、马存根：《美国高等学校的服务性学习》，《比较教育研究》2005 年第 11 期。

特点。在教学方式方面，近年来世界一流大学主要表现出以下几方面的发展趋势。

（一）培养创新人才是教学方式变革的核心目标

在新世纪以来的高等教育改革运动中，世界一流大学都不约而同地把培养创新人才作为改革的主要目标之一。

21 世纪是一个知识经济的社会，因此各国之间的竞争开始由经济实力的竞争转移到了人力资源的竞争上来。而高等学校作为人才培养的重要机构，在人力资源的竞争中无疑具有重要的功能与价值，特别是那些在国家战略发展中起着领头作用的一流研究型大学。正如美国大学协会的白皮书所指出的："随着社会发展越来越依赖知识和信息技术，研究型大学的作用将增大，将日益在国家繁荣中发挥越来越大和越来越核心的作用。""大学科研以及与之交织在一起的教育和培训所创造的巨大动力，构成我国世界一流的经济的发动机。"① "英国《经济科学家》也曾经把大学称为知识工厂，认为大学不仅是知识的创新源和人才的培养库，而且也是经济的增长源、文化知识的传播源和技术的转移源。……用一句简短的话来说，那就是'大学是知识经济时代社会发展的动力站'。"② 正因为大学有如此重要的功能，世界许多一流大学都根据知识经济时代各方面发展要求，将创新人才培养作为改革的核心，围绕着这一核心，这些世界一流大学在各个方面都展开了积极的改革尝试，其中教学方式的改革就是其中重要的一个方面。

以哈佛大学为例，其在创新人才培养上除了根据经济社会发展调整专业教育内容外，另外还重视通识教育内容的调整。例如，哈佛大学自 1945 年全面制定通识教育计划以来，已经进行了四次大的改革。2016 年，哈佛大学文理学院审核批准《通识教育审查委员会最后报告》（*General Education Review Committee Final Report*），从结构性调整方面提出了一些改革举措，为最新的一次改革。这次改革距离上次改革仅 10 年时间，在通识教育内容

① 王英杰、刘宝存：《世界一流大学的形成与发展》，山西教育出版社 2008 年版，第 349 页。
② 王英杰、刘宝存：《世界一流大学的形成与发展》，山西教育出版社 2008 年版，第 349 页。

上提出了“4+3+1”的课程结构，其中“4”指的是4门通识教育课程，“3”指的是3门分布必修课程，“1”是指1门经验和数学推理课程。为确保新的通识教育的顺利实施，这次改革对教师、研究生助教、院系和行政部门都提出了相应的建议和要求。①

（二）多元与综合评价是教学方式变革的前提

教学方式的变革与教学评价的方式有较大的关系。因为教学评价是对教学过程与结果的一种检验，而教学过程和结果的质量高低与所使用的教学方式有密切的关系，一种科学合理的教学方式是教学过程与结果质量保障的必要条件。从世界一流大学的发展情况来看，多元与综合化的教学评价是目前普遍奉行的一种改革理念。传统的那种单一化、片面化的教学评价方式正在得到改变。

世界一流大学的多元与综合化的教学评价模式包括两个方面的含义。一是教学评价应根据不同学科、不同专业、不同目标等方面来进行；二是教学评价要从多个方面来进行，不能只考虑结果，而是要关注到教学各个过程。这就是说，教学评价既要注重统一性，也要注意灵活性；既要强调结果的高效性，也要强调过程的合理性。下面我们以美国麻省理工学院的教学评价为例来进一步说明。

麻省理工学院的教学评价与美国大多数的世界一流大学一样，主要以学生评价为主。在学生评价方面，麻省理工学院为教师提供了三个方面的建议。②

一是建议采用“逆向设计”（Backward Design）来评估学生。麻省理工学院认为，评价如果仅仅是用来给学生排名的话，那么就“错失了一个更有战略意义、更有效地支持和改善学生学习的大好机会。”教师精心设计学生评价，师生都可以获得促进学生学习的信息。为此，麻省理工学院建议可以使用“逆向设计”来制定评估方案，具体来说包括三个阶段：首先确定期望

① 刘正正：《2016版哈佛通识教育解析及其启示》，《高教发展与评估》2021年第5期。

② MIT Teaching+Learning Lab. Assess Student Learning. 2021-12-30. https：//tll.mit.edu/teaching-resources/assess-learning/how-to-assess-for-learning/.

的结果，其次确定可接受的证据，最后计划学习活动。也就是说，“逆向设计”的评价方法不是从内容、课本或考试开始，而是从目标开始。有效的目标即有效的期望结果应该是具体的、可测量的、切合实际的、以学生为中心的。①

二是建议给予学生有效“反馈”。麻省理工学院认为，“有效的反馈是一个引导学生的地图，让他们知道他们现在在哪里，为了达到他们的目标应该做些什么。如果没有良好的反馈，学生们可能会在学习材料时产生一些甚至没有意识到的错误观念，漫无目的地朝着一个目标前进，而不知道如何才能达到目标。”针对有效反馈，麻省理工学院提出了四个标准：目标明确、及时沟通进步，以及给学生练习和实施所收到反馈的机会。在课堂上实施，可以采取五个方面的策略：在班里寻找共同错误、对反馈问题合理规划、开展适时群组反馈、利用同伴反馈、给予学生反思反馈机会。②

三是建议使用“评价等级表”（Rubrics）。麻省理工学院认为，评价等级表是可以使评级更快更一致，而且也可以使学生在开始任务之前了解教师的期望。另外，评价等级表适用于需要进行多维评价的任务，而且一个全面的评价等级表，可以使学生得到更多的信息反馈，有助于学生进行反思和自主学习。对于如何用“评价等级表”来评价学生，麻省理工学院给教师提出了如下建议步骤：考虑期望的学习结果、定义标准、创建评分量表、填写描述符、测试评价等级表。可以采取的评价等级表包括“清单式评价等级表”（Checklist Rubric）、“定级量表式评分等级表”（Rating Scale Rubric）、“描述性评分等级表”（Descriptive Rubric）和“整体评分指南”（Holistic Scoring Guide）等。③

---

① MIT Teaching+Learning Lab. How to Design Assessments That Probe for Understanding. 2021-12-30. https：//tll.mit.edu/teaching-resources/assess-learning/how-to-assess-for-learning/.

② MIT Teaching+Learning Lab. How to Give Feedback. 2021-12-30. https：//tll.mit.edu/teaching-resources/assess-learning/how-to-give-feedback/.

③ MIT Teaching+Learning Lab. How to Use Rubrics. 2021-12-30，see：https：//tll.mit.edu/teaching-resources/assess-learning/how-to-use-rubrics/.

（三）教学与科研统一是教学方式变革的路径

世界一流大学在教学方式的变革方面一个重要路径就是注意教学与科研的统一。正如曾任哈佛大学校长的柯南特（James Bryant Conant）所言："我们的教师必须一如既往地在各个方向上扩张知识的疆界。我希望永远不要把我们的教师分为专门从事教学和专门从事创造性研究的两组人，不要把教学和科研割裂。"① 具体在培养模式方面，教学与科研相结合指的是在大学的发展过程中，教学和科研处于同等重要的地位，对于教师来说，既要教学，同时也要进行科研，要使教学科研化，科研教学化，也就是说通过科研来提高教学，通过教学来促进科研，二者相互依存相互发展；对于学生来说，同样除了学习一些基本知识与专业知识外，也要形成进行科学研究的基本能力，在教师的指导下，积极参与科研，来发展自己。

世界许多一流大学在进行教学与科研的结合方面进行了有益的尝试，如剑桥大学明确要求学生要对自己的学习负责，要围绕自己的学科进行广泛的阅读与研究，不能局限在所要求的讲座等课堂教学中。为此，剑桥大学提供有"习明纳课程"（Seminars）、"实习课"（Practicals，有时也称实验室课程）、"导师制课程"（Supervisions）、"实地考察、研究访问、语言课程、留学"（Field trips，study visits，language courses，study abroad）、"独立研究"（Independent research）、"工作经验课程"（Work experience）等机会来促进学生的发展，充分体现了教学与科研相结合的教学理念。② 还比如耶鲁大学工程科的本科学生常常在导师的指导下进行自己感兴趣的研究，同时还要求他们完成一个高级项目（Senior Projects）。此外，他们还可以通过各种各样的学生工程组织活动来参与研究等。③

总之，注重教学与科研的结合已经成为世界一流大学教学方式变革的

① 王英杰、刘宝存：《世界一流大学的形成与发展》，山西教育出版社 2008 年版，第 359 页。

② University of Cambridge. How You're Taught. 2021-12-30. https：//www.undergraduate.study.cam.ac.uk/courses/how-will-i-be-taught.

③ School of Engineering & Applied Science. Undergraduate Research. 2021-12-30. https：//seas.yale.edu/undergraduate-study/undergraduate-research.

基本路径之一，这对于它们办学质量的提高具有重要的价值与意义。

第四节　世界一流大学的教学管理制度

教学是一流大学的一项重要工作，而教学管理制度是保障教学顺利进行的必要组成部分。综观世界一流大学的教学管理制度，不外乎学分制、学年制、学年学分制三种方式。这三种方式的教学管理制度在具体的大学中，又表现出一些各自的特点。本节就世界一流大学的这三种教学管理制度进行一个基本的分析。

一、学分制

学分制是世界一流大学的一种基本教学管理制度，该制度最早起源于美国的哈佛大学。1869 年美国化学家艾略特（Charles W. Eliot）当选为哈佛大学校长。在他“崇尚自由，尊重学生个性”的教育思想指导下，哈佛开始实施了选修课制度。为了准确衡量不同系科学生毕业时所完成的学习量，于是，在“1871 年，哈佛大学列出了学校所有课程的目录，根据每门课程深浅难易程度和花费学习时间多少折算成‘学分’。1872 年，‘学分制’（Credit System）作为一项教学管理制度首次在哈佛大学诞生。”① 但是，“学分制正式成型于 19 世纪末的美国纽约州立大学。”② 此后，这种教学管理制度被许多国家的大学所采用。当前世界一流大学绝大多数都采取这种教学管理制度。

一般来说，“学分制（Credit System）以学习一定的时间分量为单位，计算某一教学活动量，以规定的学分的达到作为衡量学生完成学业的标志。”③ 也就是说，实施学分制的大学，一般对学习的时间没有明确的规定，但对总的学分有一定的要求。学生只要完成规定的学分就可以取得本科毕业

---

① 马赛、郝智秀：《学分制在哈佛大学创立和发展的历史轨迹——兼论美国学分制产生和发展的社会背景》，《高教探索》2009 年第 1 期。

② 杨汉清、韩骅：《比较高等教育概论》，人民教育出版社 1997 年版，第 197 页。

③ 杨汉清、韩骅：《比较高等教育概论》，人民教育出版社 1997 年版，第 196 页。

的资格。但在课程的安排上，一般也按学年、学期来计划，学生可以根据相关的要求以及自己的学习计划选择相应的课程来学习，从而取得相应的学分。

总体来说，学分制主要具有两个特点，一是学分制增加了学生学习的自由度，所以有利于调动学生的积极性，有利于满足学生个性的发展。二是学分制一般与选课制相结合，选课制是实施学分制教学管理的基础与前提。下面我们以美国的哈佛大学为例来说明。

哈佛大学作为学分制教学管理制度的发源地，一直以来都坚持这样的一种制度，尽管在历史发展中也有过一些微小的变化。根据最新的材料，哈佛大学目前实行的是完全学分制，即学生没有明确的修业年限，只需要达到最低的学分要求即可毕业。哈佛大学的学分制主要包括以下几方面的内容。①

第一，学分的基本要求。根据哈佛大学文理学院（Faculty of Arts and Sciences）2021—2022 学年的学生手册介绍，申请文学学士与理学学士的本科生需通过 128 个学分（至少 96 个学分有资格获得荣誉学位），其中至少 84 个学分达到 C 或以上，如果是非字母评级，则需要达到“合格”（Satisfactory，SAT）成绩。一门持续一个学期时间的课通常为 4 个学分。另外，哈佛大学还规定，对于字母等级的课程，跨校选修或在校外取得的学分不被计算在学分要求中，除非这些课程申请是专业要求（concentration requirements）或者本科教师教育计划（Undergraduate Teacher Education Program，UTEP）要求。

对于学分的年级和学期分布，哈佛大学也提出了一些要求。具体为，在要求的 84 个字母等级学分中，48 个必须在二年级结束前完成。而且一年级或二年级的学生在一个学期内修的课程不能少于 3 门（每门课程 4 学分）。对于一年级学生，如果每学期修满少于 16 学分的，须经住校院长（Resident

① Harvard College. Student Handbook Academic Year 2021–2022. 2021-12-30. https：//handbook.college.harvard.edu/files/collegehandbook/files/harvardcollege_studenthandbook_2021_2022.pdf.

Dean）批准。

对于部分特别学生，哈佛大学也提出了不同的学分要求。例如，在 6 个学期毕业的免修资格学生、在海外留学两个学期的学生、大二转学学生（已获 32 个学分）这三类学生，要求必须在哈佛大学修满 96 个学分（至少 84 个学分有资格获得荣誉学位），其中 60 个学分必须达到 C 或以上。大三转学学生（已获 64 个学分）必须在哈佛大学修满 64 个学分（至少 48 个学分有资格获得荣誉学位），其中至少有 40 个学分达到 C 或以上。转学学生已获得的 C 或 C 以上学分在转入哈佛大学学习时还需进行认定。

第二，平均绩点制度。哈佛文理学院目前的学业评级制度没有采取传统的学分计算制度，而是采取了字母等级制度和非字母等级双重制度。字母等级制度从高到低依次为 A、A－、B＋、B、B－、C＋、C、C－、D＋、D、D－、E；非字母等级分别为：ABS（Absent，表示缺席考试）、CR/NCR（用于跨校学习等级认定。CR，即 Credit，相当于字母等级的 A 至 D－；NCR 即 No Credit，相当于字母等级的 E）、EXLD（Excluded，表示学生不被允许继续学习该课程）、EXT（Extension，表示延期学习，是一个临时符号，最终需要给予等级认定）、PA/FL（PA 即 Pass，相当于字母等级的 A 至 D－；FL 即 Fail，相当于字母等级的 E）、SAT/UNS（SAT 即 Satisfactory，相当于字母等级的 A 至 C－；UNS 即 Unsatisfactory，相当于字母等级的 C－以下）。

在这些评分等级中，字母等级的 C－及以上和非字母等级的 CR、PA、SAT 为及格且合格等级；字母等级中的 D＋、D、D－为及格但不合格等级；字母等级中的 E 和非字母等级的 ABS、NCR、FL、UNS、EXLD 为不及格等级。平均绩点是为了综合衡量学生的学分成绩。平均绩点最高为 4 点，其中 A＝4.00，A－＝3.67，B＋＝3.33，B＝3.00，B－＝2.67，C＋＝2.33，C＝2.00，C－＝1.67，D＋＝1.33，D＝1.00，D－＝0.67，E、ABS、NCR、FL、UNS、EXLD＝0。平均绩点是指在哈佛文理学院获得的学位学分课程的字母评分总数的数字平均数。此外，平均绩点包括所有不及格课程的成绩，在哈佛大学暑期班修学分的课程成绩，以及适当的跨校课程成绩。

二、学年制

“学年制也称学年学时制，它要求学生在规定的年限内，按规定顺序学完各门课程，并通过相应课程考试和毕业考试，以此作为学完课业的标准。”① 这种模式是一种最古老的教学管理制度，也是世界一流大学的一种基本教学管理制度。

从目前世界一流大学的现状来看，实施学年制教学管理制度的学校大多规定本科学习年限为 4 年或 3 年。在课程安排上，以必修课为主，选修课数量相对比较少。整个教学进行统一化管理，包括教学的目标、教学的时数、教学方法、教学组织形式等有明确的规定。教师一般按照统一的教学大纲，根据大部分人的学习情况与学习能力，进行有序的教学。一般来说，实施学年制的大学按照学期或学年来进行课程的整体安排，整个课程一般按照循序渐进的规律以及学生的身心发展特点来进行全面安排，学生修完该学年或该学期的必修课程，经考试合格即可升入更高年级。

学年制的教学管理制度主要有两个特点：一是学年制有利于学生形成较为系统的知识结构，避免了由于自由选择可能带来的片面发展，所以教学的总体效率相对较高，总体质量也相对较高；二是学年制通常缺乏灵活性，不利于满足个体的需要，不利于个性的发展。学年制在具体的实施过程中，也有不同的形式特征。下面我们就以美国耶鲁大学来进行说明。

耶鲁大学成立于 1701 年，是美国著名的大学，也是世界著名的一流大学之一。在2021年的“软科世界大学学术排名”②、2022年的“《美国新闻与世界报道》世界最佳大学排名”③ 和2021年的“英国泰晤士高等教育—QS 世界大学排名”④ 三大排行榜中分别居于第 11 位、第 12 位和第 17 位。

---

① 杨汉清、韩骅：《比较高等教育概论》，人民教育出版社 1997 年版，第 199 页。

② 上海软科教育信息咨询有限公司：《2021 世界大学学术排名》，2021 年 9 月 26 日，见 https：//www.shanghairanking.cn/rankings/arwu/2021。

③ U.S. News & World Report. 2022 Best Global Universities Rankings.2021-12-30. https：//www.usnews.com/education/best-global-universities/rankings.

④ QS. QS World University Rankings. 2021-09-26. https：//www.topuniversities.com/university-rankings/world-university-rankings/2021.

耶鲁大学具有保守的文化特质[①]，在本科教学管理制度方面一直都实行的是学年制。学生通常需要修满 4 年的学业，才取得毕业的资格。耶鲁大学的本科教育主要在耶鲁学院进行，其教学管理制度的具体内容介绍如下。

在 4 年的大学本科学习中，耶鲁大学要求，学生取得学位资格的基本条件是，必须顺利完成 36 门学期课程（term courses）或与之相当的课程。为了方便衡量学生所学课程的量，耶鲁大学也使用“学分”的概念，但耶鲁大学的“学分”并不是按照学时（credit hours）来计算，而是在正常教学计划下，完成每一门规定的学期课程即获得 1 个学分，所以这里的学分相当于学期课程。而这 36 门学分课程，包括两类：一类是分配必修课（distributional requirements），一类是专业课程（requirements of a major program）。[②]

在分配必修课方面，耶鲁大学既有学科领域方面（disciplinary areas）的要求，也有技能（skills）方面的要求。学科领域方面的要求是：在人文与艺术、自然科学和社会科学 3 个学科领域里，均需选择至少 2 门的课程；技能方面的要求是，必须选择 2 门量化推理（quantitative reasoning）方面的课程、2 门写作（writing）方面的课程以及至少 1 门外语课程（学习 1—3 个学期，具体取决于对该语言的掌握情况）。[③] 这些课程在 4 年大学学习中的分配情况是：在大学一年级结束时，必须在两个技能类别中至少注册 1 个学分的课程；在大学二年级结束时，在每一个学科领域至少都注册 1 个学分课程和在每一个技能领域至少都需注册一门课程；在大学三年级结束时，所有的技能课程必须全部完成，并且必须在 3 个学科领域中每个学科获得至少 1 个课程学分。[④]

---

① 王英杰、刘宝存：《世界一流大学的形成与发展》，山西教育出版社 2008 年版，第 26—31 页。

② Yale University. Requirements for the B.A. or B.S. Degree. 2021-12-30. http：//catalog.yale.edu/ycps/academic-regulations/requirements-for-ba-bs-degree/.

③ Yale University. Distributional Requirements. 2021-12-30. http：//catalog.yale.edu/ycps/yale-college/distributional-requirements/.

④ Yale University. Requirements for the B.A. or B.S. Degree. 2021-12-30. http：//catalog.yale.edu/ycps/academic-regulations/requirements-for-ba-bs-degree/index.html#distributionalrequirements.

在专业课程方面，获得学士学位的标准是至少修满同一领域12门学期课程，从入门到高级课程，这些为学生大三和大四的主要课程，由院系、跨院系项目或跨学科项目提供。所有的专业都必须满足一个高级要求，通常是一篇高级论文、高级项目或高级系考试。对于密集型专业（intensive major），学生还须完成额外的要求，例如参加规定的研讨会、导师课或研究生课程，或在大四完成一些其他的项目。①

尽管在耶鲁大学，大部分的学生都需要按照学校的要求，修学4年（即8个学期）才能顺利毕业，对于具有特殊才能的学生，也允许他们跳级。但是对于跳级学生的要求也是非常严格的。总之，耶鲁大学的学年制教学管理制度以严谨、规范为主，但也有灵活性。

三、学年学分制

学年学分制是“一种既规定修业年限，又实行学分制的教学管理制度。”② 这种教学管理制度由于兼有学年制和学分制优点，所以是目前许多世界一流大学采取的一种教学管理制度。一方面，学年学分制继承了学年制的计划性，避免了因学生缺乏正确判断而可能造成的知识的松散性；另一方面，学年学分制也继承了学分制的灵活性，允许学生在一定的范围内自主选择学习的课程，所以便于学生个性与兴趣的发展。

一般来说，学年学分制有如下规定：一是学生毕业须取得的最低学分总数及其中的必修课学分数、限制性选修课学分数；二是一般规定学生每学期所修学分的上下限；三是一些课程属于必修但不计入学分；四是规定有一定的修业年限（目前采取学年学分制的世界一流大学一般规定修业年限是4年）。下面我们以美国的麻省理工学院为例来说明世界一流大学学年学分制的教学管理制度。

麻省理工学院的教学管理制度属于典型的学年学分制度，本科学位一

---

① Yale University. Major Programs. 2021-12-30. http：//catalog.yale.edu/ycps/yale-college/major-programs/.

② 张念红：《教育百科辞典》，中国农业科技出版社1988年版，第88页。

般需要修满 4 年才能毕业。学校也明确宣称："麻省理工学院本科教育的核心理念是，四年制住宿学院需要全日制的学术课程。麻省理工学院的学位不仅代表了特定的学分单位和学科集合，还代表了参与学术事业的强度和持续性，以及对麻省理工学院文化的沉浸感。一般来说，麻省理工学院并不是一个合适的地方来进行长期的、非全日制的本科教育。"①

具体来说，麻省理工学院规定，申请学士学位的基本条件是需完成全校公共课程要求（General Institute Requirements）和所学专业的系级课程要求（Departmental Program）。全校公共课程的要求为：6 门自然科学课程、8 门人文艺术和社科、2 门限定选修科技课程和实验室课程，另外还包括体育和健康课程。②

其中 6 门自然科学课程（每门 12 学分单位③）分别为：1 门生物课程（5 门可选），化学 1 门（3 门可选），2 门数学（从 2 门微积分 Ⅰ 中选择 1 门，从 3 门微积分 Ⅱ 中选择 1 门），2 门物理（从 4 门物理 Ⅰ 中选择 1 门，从 3 门物理 Ⅱ 中选择 1 门）。

8 门人文艺术和社科分别为：3 门需从指定类别（即人文、艺术和社会科学）中选择，这 3 门可以在本科任何阶段完成，但鼓励学生在大三结束前完成；另外还需要选择一个集中领域（field of concentration，即专业领域）的课程，每个集中领域包括 3—4 门课程，剩下的则可以自由选修。在 8 门人文艺术和社科课程中，至少 2 门必须是"人文社科强化沟通课程"（communication-intensive subjects in the humanities，arts，and social sciences，CI-H），这与前面的指定类别可交叉，而且在第二学期结束时必须通过 1 门，

① MIT. Academic Programs. 2021-12-30. http：//catalog.mit.edu/mit/undergraduate-education/academic-programs/.

② MIT. General Institute Requirements. 2021-12-30. http：//catalog.mit.edu/mit/undergraduate-education/general-institute-requirements/.

③ 在麻省理工学院，学分单位（Credit units）指在一个常规学期中，学生在课堂和实验上花费的总时间，加上学生在课外准备上平均花费的估计时间，每个学分单位表示每学期大约 14 小时的学习，或者相当于整个学期每周大约 1 个小时的学科学习。参见 MIT. *Registration*. 2021-12-30. http：//catalog.mit.edu/mit/procedures/registration/。

在第四学期结束时通过2门，而且每个学期只能完成1门人文社科沟通强化课程。

2门限定选修科技课程每门均为12学分单位（其中有4门为2个6学分单位科目组合课程），主要是某一领域的基础概念和原理，以及通过实例说明该领域的专业工作所涉的态度、关注点和方法等。在这些限定选修的课程中，每个人最多只能选择所在系中的1门。另外，这2门限定选修科技课程通常在第二年完成。

实验室课程需要修满12个学分单位，每门实验室课程从4学分单位到18学分单位不等，如果选修的1门实验室课程超过12学分单位，也只计12学分单位，实验室课程建议在前两年完成。

体育和健康课程的基本要求是完成游泳课程另加至少8学分的体育课程，每门体育课程为2学分，所以学生至少需要完成4门，课程包括健身、健康、个人和团队运动、武术、舞蹈、水上运动和户外探险活动等。每门课程学生必须参加满11节课，才能获得这门课程的2学分。一般要求在大学第二年结束前完成体育和健康课程要求，如果完不成需要提交延期申请。除了参加常规的体育和健康课程外，学生也可以通过参加大学体育比赛（每一年的比赛都会给运动员4分），预备军官训练队（最多4学分），以及经批准的个人训练、私人游泳课程和团体运动课程来获得。

系级课程的基本要求为：专业课程为114—186学分单位，非限定选修课程48—138学分，另外需要从系级课程中选择1—6门（12—72学分单位）来满足全校公共课程要求。除全校公共课程学分单位外，专业课程的总学分要求是180—198学分单位。在系级课程中，学生需至少选择2门专业沟通强化课程（communication-intensive subjects in major programs，CI-M），并且在大三结束时至少完成1门，在大四结束时至少完成2门。

具体到各个专业，各系还会有一些具体的规定。以数学系普通数学学士学位为例，全校公共课程提出其中的1门限定选修科技课程可以为系级必修课程“18.03 微分方程”。在系级课程中，“18.03 微分方程”为必修课程，共12学分单位；系级课程中还包括8门限定选修课程（每门12学分单位，共 96 学分），其中至少 6 门高级课程且分布在三个不同领域；另外这 8 门限定选修课程必须有 1 门为“18.06 线性代数”“18.061 数值线性代数与优化”“18.700 线性代数”和“18.701 代数 I”4 门课程中的 1 门。这样专业学分共 108 个学分单位。除此之外，非限定选修课程需要修满 84 个学分单位。除全校公共课程外，普通数学学士学位总学分要求为 180 个学分单位。另外，对于专业沟通强化课程，普通数学学士学位也提出了不同的要求，有两种选择，A 选择共包括 11 门课程，学生可任选两门，B 选择为从 A 选择的 11 门课程中选择 1 门，再从给定的其他 5 门课程中选择另一门。①

① MIT. *Mathematics*（*Course 18*）. 2021-12-30. http：//catalog.mit.edu/degree-charts/mathematics-course-18/.

第四章　世界一流大学的科学研究模式

大学不仅是重要的教学机构，也是重要的科研机构，如何更好地促进知识的生产、传播与应用，是当代大学的重要使命。科学研究不仅是大学核心竞争力的重要指标之一，也对大学的其他职能有着牵引和带动作用。世界一流大学普遍注重科学研究工作，几乎所有世界一流的高水平大学都有很强的科学研究实力与之相匹配。各个大学排行榜从很大程度上讲，也是围绕大学科研职能展开的大学排名。为了充分发挥世界一流大学在科学研究上的独特优势，保证世界一流大学在科学研究上的引领性作用，需要投入大量的物力和财力，更需要专业的组织机构对其进行统筹规划和管理。分析世界一流大学科研的组织与实施，有助于我们把握世界一流大学进行科学研究活动的基本模式。

第一节　世界一流大学科研的地位和作用

科学研究作为现代大学的重要职能之一，对于促进科技创新，推动经济与社会发展具有重要作用。随着知识经济的深入推进，世界一流大学逐渐走向了国家科技创新体系的中心。世界一流大学的科研实力往往决定着一个国家的原始创新能力，也是一个国家核心竞争力的重要体现。较之于普通大学以及其他科研机构，世界一流大学的科研职能也呈现出独特的属性。

一、大学科研职能的演变与世界一流大学的科研职能

大学职能关注的是大学应该做什么和能够做什么的问题。大学自其产生之日起，就被赋予了一定的职能。随着社会的发展和大学组织的演变，大学被给予的期待也不断拓展和深化。科学研究就是大学与外界环境互动发展的产物。它丰富了大学“人才培养”的职能，也孕育了大学“服务社会”的职能。世界一流大学的科研职能不仅具备大学科研职能的一般属性，也呈现出不同于其他大学科研活动的独有特征。

（一）大学科研职能的产生与发展

自 11 世纪欧洲中世纪大学产生以来，大学就是教学机构，通过设置讲座开展教学。伯顿·克拉克（Burton R. Clark）将中世纪大学的办学目的表述为，“主要是培养专业人才的职业学校，只是在有限的意义上可以说它是为学习本身的概念而存在的。大学在满足专业、教会和政府对各种人的需要的过程中不断发展。”① 这一时期大学中的教师最初主要是神职人员，后来逐渐成为世俗权威。这些教师中的杰出人士也会出版他们的讲义，内容通常是他们独立调查的结果，但是教学依然是他们收入的主要来源，传播知识依然是教师从业的主要职责，此时“对科学（不包括医学方面）的主要贡献是在大学之外作出的”②。此后，虽然大学的组织形式不断变化，教学内容也不断扩充，但是自然科学的发现和科学研究的成果长期未能进入大学的课堂。大学在国家和社会的知识创造中未能发挥应有的作用，因此对其诟病也越来越多。尤其是在 18 世纪工业革命后，日益复杂的工业生产对科学的理论指导价值提出了迫切需求，科学研究也开始受到社会重视。

进入 19 世纪，面对传统大学的保守和落后，德国大学开始要求它们的教师从事知识的生产和传播。1809 年，威廉·冯·洪堡（Wilhelm von

① ［美］伯顿·克拉克：《高等教育新论：多学科的研究》，王承绪等译，浙江教育出版社 2001 年版，第 29 页。

② ［以色列］约瑟夫·本 – 戴维：《科学家在社会中的角色》，赵佳苓译，四川人民出版社 1985 年版，第 104 页。

Humboldt）创建了柏林大学，首次将科学研究作为大学的重要使命，并提出了“教学与科研相统一”的思想。柏林大学的创立标志着教学作为大学唯一职能时代的结束，科学研究开始被接纳为大学的职能。大学也据此建立了讲座制和研究所相结合的基层学术组织，取代了中世纪大学学院制的组织模式。大学科研职能的确立，逐渐确立了德国科学研究中心的地位，随后世界科学中心也逐渐从法国转移到了德国。

德国大学改革的成功经验使其成为英、美、日、法等国大学争相效仿的对象。1876 年，受到德国大学思想的影响，约翰·霍普金斯大学在美国设立，开创了美国大学制度性地开展科学研究的先河。该校的首任校长吉尔曼（Daniel Coit Gilman）指出：“要把大学办成一流的学府，关键是拥有一批高水平的学者。学者的水平不是根据他们的道德特征和宗教品质来判断的，而是依据他们的学术水平来衡量的。因此，学术自由是大学教师的权利，科学研究是大学教师的职责。”① 此后，科学研究职能开始在美国大学中落地生根，得到快速发展，并进一步促成了美国研究型大学的产生。至今美国的研究型大学已有几百所，其中很多具有世界一流大学的地位。

但是在美国实用主义大学理念的影响下，美国的研究型大学反对柏林大学及其效仿者强调的“科学本身即目的”的价值观，认为大学应该走出象牙塔，关注社会实际需求，服务并引领社会的发展。1862 年，美国颁布了具有划时代意义的《莫雷尔法案》，引导美国大学走上与社会需求相结合，为经济与社会发展服务的道路，不仅延伸了大学科学研究的职能，将其从“知识生产”转向了“知识应用”，还在“人才培养”“科学研究”之后，创造了大学的“社会服务”职能。大学社会服务职能的出现，进一步促进了大学与社会各行各业的紧密联系，大学科研也由此承担起了促进科学技术进步和改善人民生活条件的历史重任。

20 世纪 50 年代以来，随着科学技术与人力资源在一国经济社会发展中扮演的角色越来越重要，英美等发达国家的一些研究型大学开始以各种形式

---

① 郭健：《哈佛大学发展史研究》，河北教育出版社 2000 年版，第 126—127 页。

参与到经济活动中，建立研究中心、孵化器、科技园区等，每年都有大量基于大学科研成果的新产品和新企业诞生。大学除了教学与科研职能以外，开始承担起促进经济和社会发展的使命，“创业”也逐渐成为新的大学职能。大学科学研究的内涵也开始从学术性科学（academic science）转向创业型科学（entrepreneurial science）。①

（二）世界一流大学科研职能的特点

世界一流大学以研究型大学居多，科学研究在这类大学中往往具有至高无上的地位。它们不仅研究经费充足，拥有世界一流的科研队伍，而且学科门类齐全，组织结构完善，能够创造出世界一流的科研成果，在世界范围内享有很高的学术声望。总的来看，世界一流大学的科研活动呈现出如下特征：

1. 致力于开展基础研究。基础研究的目的主要是探索新知识，探求客观真理，揭示事物发展规律，丰富人类的知识宝库。它们不仅为产业界生产技术知识体系，而且也是新的技术方法、技术工具以及技术技能的主要来源，能够从根本上确保经济和科学技术的发展后劲。世界一流大学往往将研究兴趣聚焦于解决未来经济社会发展中的基础理论与技术问题，通过创立新理论、新技术和方法，注重发展新兴学科、交叉学科和应用基础学科，支持自然学科和社会学科交叉的跨学科发展。

2. 一流科研支撑一流教学。世界一流大学作为一种教育组织，科研工作只是其整体工作的一部分，教学依然是其根本属性，否则就不能称其为学校。世界一流大学的科研活动不仅要产出科研成果，还是促进大学教学质量提升、培养创新人才的重要手段。这主要体现在，科研在高等教育领域中的应用和直接渗透成为提高大学师资水平的重要途径，与此同时，大学科研成果在其教学活动中的广泛应用，能够极大地拓展学生的视野，启发学生的创新意识，培养学生的专业能力、通用能力以及科研能力。

---

① 王雁：《创业型大学：美国研究型大学模式变革的研究》，同济大学出版社 2011 年版，第 29 页。

3. 注重为社会经济发展服务。世界一流大学服务社会的重要依托就是世界一流大学的科学研究。现代大学服务职能要求大学为社会提供的直接服务，必须是学术性的，要以研究为基础，要有教育内涵，是其他机构所不能提供或者提供的比较差的服务。至于其他机构完全可以提供，而且比大学做得更好的服务，则不应属于大学的职能范围。[①] 哈佛大学、斯坦福大学、麻省理工学院、剑桥大学等世界一流大学通过直接或间接与产业界开展科研合作的方式，促进了区域甚至全球经济社会的发展，堪称社会服务的典范。

二、世界一流大学科研在国家科研体系中的地位和作用

一个国家的科研水平往往与其是否拥有一整套结构完善、分工明确、协调一致的科研体系分不开。通常来讲，一个国家的科研体系主要包括政府科研机构、大学科研院所、企业科研机构和社会科研团体等四类机构。每一类科研组织都具有各自不同的角色和使命，会在不同时期根据社会发展需要规划各自的科研内容和形式。世界一流大学是国家科研体系的重要组成部分，具有不同于其他科研组织的独特优势，不仅承担了国家大部分的基础研究任务，还培养了大量国家所需的高级科研人才。

（一）世界一流大学是国家基础研究的主力军

尽管世界一流大学开展各种类型的研究活动，但它们长期以来一直是各国基础研究的主要承担者。基础研究的出发点是扩充认识，而不是创造或发明产品，主要由科学家对科学问题的好奇心或兴趣所驱动。基础研究成果的收益也很难在短期内获得，所以基础研究通常在公共部门资助的大学和政府实验室进行。以美国为例，美国没有独立而庞大的从事基础研究的科学院，所以基础研究有一半以上都在高等院校进行。在美国这样一个高度发达的市场经济国家，企业群体具有极强的实力自己承担应用技术研发职能，而不是把这样的任务交由高校完成。高校教师就不用花费大量的精力投入应用研究和科技成果转化，而可以踏实地在基础研究中做好“准主力”

---

① 刘宝存：《大学理念的传统与变革》，教育科学出版社2004年版，第240页。

的工作。[①] 据统计，美国的 3600 多所高等院校承担着全国 80% 的基础研究与 28% 的应用研究，而比较有分量的高端研究工作大部分集中在全美 120 多所研究型大学里，其中又以 21 所著名的研究型大学为首承担着全美大学 50% 以上的科研任务。[②] 可以说，高校是美国开展基础研究的主力军，而排名靠前的几十所研究型大学更是承担了大部分的基础研究工作。除美国以外，英国、德国等国家的研究型大学也是各国基础研究和前沿科学研究的主要基地。它们大多从事与应用研究有密切联系的基础研究，着眼于新动向和新学科的研究。

（二）世界一流大学是国家高级科研人才的培养和储备基地

培养高素质的科研人才是世界一流大学区别于其他大学的一个重要特征。大学科学研究的主要作用之一就是培养人才，特别是培养从事科学研究的人才。[③] 随着经济社会的发展，世界各国普遍需要大量可以从事基础理论与应用科学研究方面的人才来充实研究队伍，研究生教育承担了这一重任。例如，美国学术性的硕士和博士研究生的培养都将培养学生科学研究能力作为重要目标，注重研究生在创新能力的培养和科学研究上的突破。[④] 哈佛大学前任校长奈什 · M. 帕西（Nathan Marsh Pusey）曾经说过："美国高等教育之所以能取得伟大的新成就，主要不能归功于学院水平上的进步，而应归功于研究生教育（包括博士后更高深的研究工作）、研究工作和对于研究工作的训练。"[⑤] 与此同时，由于世界一流大学普遍重视在本科教育阶段开展基于科研的教育教学，尤其是将世界一流的研究成果直接应用于教学，让学生

① 都昌满：《从走近到走进：美国高等教育纵览》，上海交通大学出版社 2017 年版，第 169 页。

② 袁兆亿：《基础研究竞争力及产业影响：兼论人才创新力培养与发展路径选择》，吉林人民出版社 2014 年版，第 105 页。

③ 胡建华：《大学科学研究的性质、地位、作用之比较分析》，《高等教育研究》2006 年第 5 期。

④ 都昌满：《从走近到走进：美国高等教育纵览》，上海交通大学出版社 2017 年版，第 41 页。

⑤ 张宝泉：《美 · 苏 · 英 · 德 · 法高等学校管理比较》，东北师范大学出版社 1998 年版，第 146 页。

在本科阶段就开始进行科研锻炼，接触世界前沿的科研成果，以培养学生的创新思维与能力，这为整个科研队伍的培养奠定了基础。事实上，世界一流大学也确实培养出了众多科研精英，诺贝尔奖获得者大多都曾求学于世界一流大学。例如，在1901—2019年的674位拥有博士学位的诺贝尔奖得主中，就有56位是在哈佛大学获得的博士学位，占总数的8.3%。①

三、世界一流大学科研在社会经济发展中的地位和作用

“正如城堡是中世纪城镇的力量源泉，工厂是工业时代的繁荣源泉，大学则是21世纪知识经济的力量源泉。”随着知识经济时代和创新经济时代的来临，世界一流大学在各国经济和科技发展中的作用也日益重要。“人们对于大学作为研究机构的兴趣从来没有像今天这样强烈”，其中一个原因便是，在世界经济危机的影响下，人们正在寻求通过科学和技术发展恢复经济发展的方法。②也正是因为如此，美国公立和赠地大学协会（Association of Public and Land-grant Universities，APLU）与大学经济发展协会（University Economic Development Association）更是从三个方面界定了大学对经济发展的贡献，分别是人才和劳动力的培养、创新和创业生态系统、通过社区伙伴关系促进地方发展③，进一步阐明了大学教学、科研和社会服务三大职能的公共价值。

（一）世界一流大学的创新科研成果引领社会经济的发展

随着人类社会由资源密集型和劳动密集型向技术密集型和知识密集型时代转型，知识和技术成为经济社会发展的关键，科技进步在各国经济增

---

① 王战军、娄枝：《世界一流大学的社会贡献、经验与启示——以哈佛大学为例》，《清华大学教育研究》2020年第2期。

② V. I. Krutov，Y.P.Iakovlev. Research in Higher Education Institutions：Its Organization and Role in Upgrading Specialist Training. 2021-12-08，https：//unesdoc.unesco.org/ark：/48223/pf0000063048.

③ Shalin Jyotishi，Stephen M. Gavazzi. Universities Play a Vital Role in the U.S. Economy. 2021-01-15. https：//www.realcleareducation.com/articles/2021/01/15/the_role_of_public_universities_in_economic_development_must_be_strengthened_110530.html.

长贡献中所占的比例越来越大。1950 年美国经济增长中的投资因素为 80%，科技因素只占 20%；到 20 世纪 70 年代已是一半对一半。到 20 世纪 90 年代初，投资因素只占 30%，而科技因素占到了 70%。① 随着美国产业研究实验室（industrial research laboratories）的衰落，研究型大学被要求通过它们的发现、创新和发明的技术转让在知识经济中发挥核心作用②，以研究型大学为主体的世界一流大学成为知识创新和从事科学发现最好的地方。随着大学科研职能的转型，科研活动开始密切联系国民经济和社会发展的实际，为促进社会发展与进步服务，积极开展知识创新、科技创新和技术创新，围绕国家和区域发展建设的现实需要与目标开展相应的科学研究。美国无数的科技公司也是通过联邦政府资助的大学基础科学研究起步的。谷歌、美国基因工程技术公司（Genentech）、SAS、思科公司（Cisco Systems）、iRobot、A123 Systems、科锐公司（CREE）、SunPower 和 FluGen 都是成功的先例。从研究型大学分离出来的公司成功率很高，创造了良好的就业机会，进一步刺激了经济发展。③

（二）世界一流大学与企业的科研合作产生直接的经济效益

1980 年，美国国会通过了拜杜法案（Bayh-Dole Act），允许利用联邦政府的研发经费而产生新发现和发明的大学，以大学的名义申请专利，并同时可以获得知识产权；允许大学和科学研究人员通过技术转让把研究成果推向市场，同时允许专利发明者（个人和学校）保留这些成果转让所得收入。④ 该法案使非政府部门与个体获得了政府资助科研成果的专利权，从而激发了

---

① 刘芳：《思想者书系：美国简史》，新世界出版社 2017 年版，第 187 页。

② Paul R. Sanberga，Morteza Gharibc，Patrick T. Harker，et al. Changing the Academic Culture：Valuing Patents and Commercialization toward Tenure and Career Advancement. PNAS，2014，111 (18)，pp.6542-6547.

③ The Science Coalition. The Federal Government and U.S. Research Universities：Driving Innovation That Fuels the Economy. 2022-06-07，http：//www.sciencecoalition.org/downloads/1392650077basicresearchandtheinnovationprocess.pdf.

④ 马万华：《从伯克利到北大清华：中美公立研究型大学建设与运行》，教育科学出版社 2004 年版，第 62—63 页。

科研成果转化的强大动力，也加快了技术创新成果产业化的步伐。为了保障高校科研成果转化的有序进行，发达国家纷纷通过立法来界定技术的隶属、技术价值的评价原则、技术买卖应遵循的规范等，以加速高校科研成果转化。20 世纪 90 年代，几乎所有的 OECD 国家都发生了类似的变化。①

知识产权归属问题的解决，加速了研究型大学对科学研究商业化潜力的开发，大学和企业开展科研合作的积极性也进一步提升。大学通过技术发明、转让，不仅增加了学校收入，还为当地创造了大量的就业机会，输送了大批优秀人才，推动了区域社会与经济的发展。最具代表性的就是拥有 10 个校区的加州大学，加州大学有意识地让校园分在整个州，并与人口中心和区域经济需求相关联。2014 年，该大学系统产生了 1700 多项新发明。同年，加州大学的发明在加州催生了 70 多家初创公司，并产生了 1.18 亿美元的使用费（royalties）和手续费收入（fee income）。加州大学的发明在美国产生了超过 12500 项有效专利，比美国其他任何一所大学都多。加州大学的初创公司也是在加州大学技术商业化基础上独立运营的公司，其中绝大多数（超过 85%）的初创公司都是在加州成立的。截至 2014 年，加州大学有 430 家初创公司在加州运营。这些初创公司拥有 5178 名员工，年收入总计 6.54 亿美元。②

第二节　世界一流大学科研的组织运行

大学进行有组织的科研活动是从 20 世纪开始的。虽然个体研究活动可以追溯到 19 世纪甚至更早，但是直到第二次世界大战后期，科学研究（尤其是基础研究）才开始在大学内部制度化，并开始成为大学的核心活动之

① ［法］多米尼克·格莱克、［德］布鲁诺·范·波特斯伯格：《欧洲专利制度经济学：创新与竞争的知识产权政策》，张南译，知识产权出版社 2016 年版，第 9 页。

② ACUP. The Role of Universities in Economic Competitiveness in California. 2021-12-30. https：//cshe. berkeley.edu/sites/default/files/publications/roleuniversitieseconcompetitivenesscalifornia.report_informe_california.january_2018.pdf..

一。大学科研职能发挥所需要的组织机构、人员配置和运行机制开始逐步完善。

一、世界一流大学科研的组织机构与队伍

（一）世界一流大学的科研组织机构

大学的科研机构通常可以划分为三种基本类型①，按学科和专业建立的科研机构，按科研任务建立的科研机构，按学科和研究任务相结合而成立的科研机构，即“矩阵式”的科研机构。就世界一流大学而言，其科研组织机构囊括了这三种类型，主要表现为：教学与研究相结合的各院系；拥有众多专职研究人员的独立研究所；政府在大学设立的各种研究中心和实验室；产业界与大学合作的研究机构。

1. 以系（所）为单位的科研机构

学系（研究所）是世界一流大学进行学科教学与研究的基本单位。“大学在形成与发展过程中形成的系或讲座、学部或学院的组织层级……为大学吸纳融合新的知识系统奠定了制度基础，这种管理层次的划分有助于大学按照学科形态开展知识生产，促进知识创新。”② 这些学科结构不仅为研究成果的流动提供了渠道，也为自然科学、社会科学和人文科学的课程提供了框架。学科结构是大学教学与科研结合的重要制度。通过科学研究，专业知识的存量增加并改变着学科的内容，这也将改变大学的课程，改变大学教授的内容。研究还有助于学科结构的分化，并进一步引入越来越多的专业。但是传统的以系（所）为基本单位的科研组织结构往往会导致学科之间的界限分明，不同学科组织之间缺乏有效的交流与协作，不利于交叉学科属性的科研项目的组织与开展。

2. 大学内部设置的独立研究机构

独立科研机构（independent laboratory，center，institute）特指那些由来

① 匡兴华：《高等学校的科学研究》，国防科技大学出版社 1991 年版，第 116 页。

② ［加］约翰·范德格拉夫：《学术权力：七国高等教育管理体制比较》，王承绪等译，浙江教育出版社 2001 年版，第 4 页。

自多个学院的教师所组成的正式的研究和学术常规组织机构，它们直接向学校负责科研事务的副校长或者教务长汇报，通常开展的是多学科和跨学科的研究。这种科研机构一般同学校的重点学科、边缘学科相结合，主要承担重大项目的科学研究和研究生的培养任务，有些机构还需要承担少量的本科生教学任务。例如，斯坦福大学就设立了 18 个独立实验室、中心和研究所，这些跨学科的研究机构符合斯坦福大学跨越边界解决重大问题的传统。该校的空间与文本分析中心（Center for Spatial and Textual Analysis）就是这样一个机构，它建立于空间历史（spatial history）、计算文学批评（computational literary criticism）和数据可视化（data visualization）三个实验室的基础之上，最终形成了跨越人文学科和技术学科边界的科学研究模式。

3. 政府设置在大学的国家实验室

国家实验室是各国科学研究的骨干力量，尤以美国的国家实验室制度最为明显。国家实验室自其产生之日起，就与大学有着良好的合作历史。例如，成立于 1931 年的劳伦斯伯克利国家实验室，就是实验室与大学战略合作的早期范例之一。美国的此类研究机构主要分为两大类型①，第一类是政府拥有、政府管理的研究机构（Government-owned，Government-operated，GoGo），由联邦政府拥有、管理并提供经费，也由联邦政府雇用研究人员，例如国立卫生研究院的实验室。第二类是政府拥有、合同管理的研究机构（Government-owned，Contractor-operated，GoCo），即“政府拥有，大学代管，实验室相对独立”的实验室。这类实验室由联邦政府拥有和资助，但由大学或学院按合同进行管理和雇佣人员，能源部所属的国家实验室大多属此类，例如从事核武器研究的阿拉莫斯实验室。除此之外，法国的国家科研机构也在大学内设置国家实验室。例如成立于 1939 年的国家科学研究中心（CNRS），是法国规模最大、实力最雄厚的国家科学研究基地，覆盖科学、技术和社会多个学科领域的研究，其中四分之三的实验室设在大学和高校内

---

① 郝昌满：《从走近到走进：美国高等教育纵览》，上海交通大学出版社 2017 年版，第 170 页。

的科研机构。其研究人员和管理人员也在大学担任部分教学任务，并可以指导和培养研究生。CNRS 的一半人员在大学兼职。①

4. 产业界与大学合作的研究机构

随着国家发展对应用导向研究的关注，许多研究型大学也积极寻求与产业界的合作。与此同时，公司聚集在一起建立起了产业联盟（industry consortia），它们也希望通过支持研究型大学的科研来解决产业界面临的技术挑战，于是开始资助在大学设置大型实验室等研究机构，例如斯坦福大学集成系统中心（Stanford Center for Integrated Systems）。该中心最初得到数字装备公司（Digital Equipment Corporation）、惠普公司（Hewlett-Packard Company）、施乐公司（Xerox Corporation）、美国联合技术公司（United Technologies Corporation）、ITT 工业集团（ITT Corporation）和洛克威尔国际公司（Rockwell International）等 20 家企业的资助才得以设立。中心设立之初就提出，“集成系统中心的研究成果，特别是该中心实验工作的研究成果，预计将对研究的赞助者和与该中心有联系的产业界有重大的用处。”②

（二）世界一流大学的科研人员队伍

科研人员队伍是开展科研工作的主体，建立一支高水平、结构合理的高质量的科研人员队伍是发展科学事业最重要的保证。世界一流大学的科研人员队伍指的是世界一流大学从事科学和技术知识的生产、传播和应用等研究活动的人员，主要由教学科研人员、专职科研人员和学生群体组成。

1. 教学科研人员

大学科研人员与企业、研究机构科研人员的主要区别在于，其科研主体是教师，主要包括既从事教学也从事科研的教授、副教授（高级讲师）和助理教授（讲师）等组成的师资队伍。他们在承担科研任务的同时，还需要承担高级专门人才培养的教学任务。

① 李建强、黄海洋：《国家实验室的体制机制与技术扩散研究》，上海交通大学出版社 2009 年版，第 14 页。

② Stanford Engineering. The History of SystemX Alliance. 2022-09-06. https：//systemx.stanford.edu/about/history.

2. 专职科研人员

大学专职科研人员是指拥有博士学位，在大学中只承担科研任务而无教学任务的研究人员，这类人员专门从事项目研究。上海交通大学高等教育研究院“全球研究型大学信息数据库”（Global Research University Profiles，GRUP）的研究发现，总体上，在世界大学学术排名（ARWU）中排名越高的世界一流大学，其平均年度科研经费越高，专职科研人员的数量也越多。① 根据 GRUP 的分类，专职科研人员主要包括研究型教授（Research Professor），研究员（Research Staff）和博士后（Postdoctoral Fellow）三大系列。② 博士后群体属于临时性的专业研究人员，世界一流大学普遍设置了博士后科研岗位。

3. 学生群体

世界一流大学的本科生、硕士生和博士生也是科研队伍的重要组成部分。其中，攻读博士学位的博士研究生是科研工作的积极承担者。除此之外，由于世界一流大学拥有高质量的生源，优秀的本科生和研究生往往会花费很大一部分时间来协助和拓展教师的研究。导师会指导研究生以及优秀本科生做科研，形成研究团队和系列成果。鉴于科研对教学的促进作用，以及世界一流大学对本科生教育的重视，本科生参加教师的科研项目或者参加科研训练也极为普遍。学生参与科研的机会不只存在于实验室科学中，人文科学、社会科学和商务科学的本科生和研究生也都有机会与本领域领先的研究人员一起参与学科前沿的研究。

二、世界一流大学的科研课题与经费来源

现代绝大多数科技发明和创新需要相当数量的人力、物力和财力的投入，大学里的多数科研项目都需要大量的经费支持，大学自身的经费有限，

---

① 于水波：《英美研究型大学科研队伍建设机制的启示与借鉴》，载汪昕宇主编《人力资源管理理论创新与实践》，中央民族大学出版社 2018 年版，第 194 页。

② 喻恺、徐扬、查岚：《转危为机：世界一流大学在国际金融危机中的应对策略》，知识产权出版社 2015 年版，第 22 页。

仅靠政府的投入是远远不够的，这就需要借助更多的外部力量，尤其是企业对大学科研项目的投入。这种多元化的科研课题与资助来源，逐渐打破了传统科学研究活动主要依赖公共资助和私人捐赠的局面，进一步推动了大学依据产业界的实际需要开展科学研究。

（一）美国世界一流大学的科研课题与经费来源

联邦政府一直是美国大学科研项目最有力的支持者。据统计，来自联邦政府的科研经费投入占私立大学科研总经费的比例一般为 70%—80%，在公立大学一般占 60% 左右。① 美国强大的工商企业界在保持系统内科研优势的同时，当今愈加重视汲取大学基础科研成果，不断加大对大学科研的投入。与之相适应，大学也加强了前沿的、以任务为导向的科研工作，希冀在与企业界的合作中实现互惠共赢。非营利性组织也是美国大学科研经费的重要来源，且在一定程度上弥补了现代大学科研经费需求猛增而联邦政府投入不足的尴尬局面。

1. 联邦政府的科研资助

在美国，联邦政府是美国大学科学研究项目的主要资助来源，并且往往以合同或资助的方式进行项目委托，只提供经费，并不进行管理。由于美国没有全国性的科技主管部门，所以不存在一个向大学科研统一提供资助的部门，联邦政府对大学的科研资助往往分散在各个负有研究责任的政府部门，例如卫生和公共服务部（Department of Health and Human Services）、国家科学基金会（National Science Foundation，NSF）、能源部（Department of Energy）、国家航空航天局（National Aeronautics and Space Administration，NASA）、国防部（Department of Defense）和农业部（Department of Agriculture）等。在这些职能部门中，只有国家科学基金会明确以发展基础研究为职责，其他部门的研究计划基本上是"任务指向型"，各部门根据各自的任务或目的向大学提供科研资助，并获得自己所需要的科研成果。随着联邦科研资助对大学科研与教学的影响不断扩大，获得联邦科研资助的多寡也

① 秦竹、何立芳：《美国大学科研管理的模式及其启示》，《中国高等教育》2008 年第 Z1 期。

成为人们识别世界一流大学的重要指标之一。美国卡内基高等学校分类法在1974—2000年大学分类中对研究型I型大学的评判标准之一就是该大学每年获得联邦科研资金是否达到4000万美元。而专门研究美国一流研究型大学的美国佛罗里达州立大学下属的“大学成就测量中心”（The Center for Measuring University Performance）也将获得2000万美元联邦科研经费作为某大学是否进入其研究范围的标准。① 大学科研资助也是美国联邦政府高等教育投入的主渠道，科研资助在联邦高等教育投入中的份额不断扩大的趋势表明，它越来越成为联邦政府支持大学发展的重要手段，而联邦政府的慷慨资助也为美国一大批世界一流大学的科研发展提供了充裕的经费保障。

2. 基金会的科研资助

许多基金会也倾向于支持学术研究和公共服务项目。申请基金会资助的科研项目，需要根据基金会的指南和兴趣来撰写项目申报书，那些能够让基金会更好地从研究项目中获益和更加能够满足基金会利益的申报项目，获得资助的几率会更高。例如，美国的癌症协会（American Cancer Society）倾向于资助基础、转化、临床和癌症控制研究。至2022年，该协会资助的科研人员中已经有50位科学家荣获了诺贝尔奖；福特基金会（Ford Foundation）资助的研究项目聚焦于“挑战不公平问题”，例如政府与公民参与、言论自由与创造力、公平发展、包容性经济与性别、种族与民族正义、互联网自由和青年学习等；贝克曼基金会（Beckman Foundation）资助化学、生物化学、医学方面的基础研究；美国心理学基金会（American Psychological Foundation）资助的研究项目倾向于使用心理学解决社会问题，主要通过为针对性的研究提供青年基金和种子基金来实现；普卡德基金会（Packard Foundation）倾向于资助改善儿童、家庭和社区生活以及恢复和保护环境的项目；AccessLex研究所支持培养学生的财务知识，支持学生的行为改变，并最终促进其财务健康。还有一些区域性的基金会，例如旧金山基

① Elizabeth D. Capaldi，John V. Lombardi，Craig W. Abbey，Diane D. Craig. The Top American Research Universities：2008 Annual Report. 2008-12-23. http：//mup.asu.edu/research2008.pdf.

金会（San Francisco Foundation），通过在阿拉米达、康特拉科斯塔、马林、旧金山和圣马特奥县的科研资助来支持旧金山湾区地区，近期该基金会发起了一项旨在促进种族和经济平等的资助战略。①

3. 大学内部的科研资助

美国一流大学内部各部门通常也会根据各自的需要资助教职员工开展科学研究和公共服务活动。例如，威斯康星大学麦迪逊分校的“鲍尔温威斯康星理念基金”（Baldwin Wisconsin Idea Endowment）② 提供“项目”和“种子”两类资助，该资助属于竞争性资助，旨在促进公众推进威斯康星理念、开展基于社区的研究等。匹兹堡大学的皮特动力基金（Pitt Momentum Funds）③，资助范围包括艺术与人文学科小额资助（Arts & Humanities Microgranis），用于支持艺术与人文学科个别教师或团队的小规模项目，该资助每年颁发两次，每年资助的额度最高可达 3000 美元；启动资助（Priming Grants），用于支持个人或小组教员的创新性活动，资助金额为 1 年 25000 美元；团队资助（Teaming Grants），用于支持大型多学科项目的早期规划和能力建设，资助金额为 1 年 6 万美元；规模资助（Scaling Grants），用于支持详细的项目规划，收集概念验证结果，降低技术风险，以便团队能够竞争性地申报大型、复杂的校外资金，资助金额最高可达 40 万美元，为期两年。

4. 私营企业的科研资助

与政府和非营利性资助项目关注解决一个商业实体在结构上或财务上没有动力去解决的基础研究问题不同，企业的科研投资通常关注为盈利创造一个商业产品。公司支持高校科研项目的优势体现在，在能够提供充足资金

---

① San Francisco Foundation. Grantmaking to Advance Racial Equity. 2022-07-01. https：//sff.org/what-we-do/grantmaking-to-advance-racial-equity/.

② University of Wisconsin-Madison. Baldwin Wisconsin Idea Endowment. 2022-07-10. https：//provost.wisc.edu/baldwin-wisconsin-idea-endowment/.

③ University of Pittsburgh. Pitt Momentum Funds.2022-08.09. https：//www.osp.pitt.edu/find-funding/internal-funding/pitt-momentum-funds.

的同时，还可以避免政府和非营利性资助项目所需的冗繁的提案评估过程。企业在资助高校科研项目时往往会在企业和大学之间签订一个正式的研究资助协议。通常，企业资助的研究协议包括直接的企业资助（Direct Industry Funding）、企业全流程分包合同（Industry Flow-Through Subcontracts）和小型企业创新与技术转移研究分包合同（SBIR & STTR Program Subcontracts）三种。“直接的企业资助”指的是，当一个公司用它们自己的私人资金资助一个项目时，很多时候项目的想法会来自大学的研究人员和公司代表之间的初步讨论，他们试图确定一个双方都同意的工作范围和预期项目的预算。一旦项目设计和成本达成一致，大学技术与产业联盟办公室（TIA）可以与公司合作，为研究关系签署赞助研究协议。“企业全流程分包合同”是一个接受资助的研究协议，其中资金要么来自企业赞助商，要么是公司从另一个实体（如联邦机构）获得的主合同中分包资金。很多时候，企业全流程分包合同是大学研究人员与产业界的合作者合作向美国联邦政府机构或其他类型的基金申请资助的结果，其中公司牵头（主承包商），而大学则是公司的分包商。“小型企业创新与技术转移研究分包合同”，是由美国联邦政府机构资助的研究项目，其具体目的是增强创新型小企业在联邦政府资助的研发中的作用。在所有 SBIR（Small Business Innovation Research）或 STTR（Small Business Technology Transfer）资助的大学与小企业合作的研究中，公司是主承包商，而大学将是该公司的分包商。

（二）英国世界一流大学的科研课题与经费来源

英国世界一流大学科研经费的直接来源主要有政府、私人机构（包括慈善组织）以及来自国外的科研资助（例如欧盟）等。其中，英国政府是世界一流大学科研经费的主要来源。

1. 政府的双重资助体系

英国大学的政府科研资助主要通过“双重资助体系”（dual support system）来提供，资金是通过两种途径提供的，目的也截然不同。一个是开放性的、竞争性的资助项目，供个别学者和机构申请；另一个是根据大学研究活动的数量和质量向其提供整体性的资助。获得资助后，大学有权决定如何使用整体拨款。

竞争性资助主要由英国国家科研与创新署（UK Research and Innovation，UKRI）负责管理。UKRI 是由英国商业、能源和工业战略部（BEIS）赞助的一个非部门公共机构。整个资助主要通过 UKRI 的研究委员会进行资助。UKRI 目前由 7 个学科委员会、英格兰研究中心（England Research）以及创新英国（Innovate UK）组成。这 7 个学科委员会分别是人文学科研究委员会（Arts and Humanities Research Council，AHRC）、生物技术和生物科学研究委员会（Biotechnology and Biological Sciences Research Council，BBSRC）、经济和社会研究委员会（Economic and Social Research Council，ESRC）、工程和物理科学研究委员会（Engineering and Physical Sciences Research Council，EPSRC）、医学研究委员会（Medical Research Council，MRC）、自然环境研究委员会（Natural Environment Research Council，NERC）和科学与技术促进委员会（Science and Technology Facilities Council，STFC）。创新英国主要资助涉及工业合作伙伴的转化研究。英格兰研究中心主要为大学提供基础资助（underpinning funding）。UKRI 每年在医学和生物科学、天文学、物理学、化学、工程、社会科学、经济学、艺术和人文学科等方面的研究投入多达 28 亿英镑。①

整体性科研资助主要由英国研究所（Research England）负责管理，资助的多少与大学在卓越研究框架（REF）中的表现有关，因此，这类拨款也被称为基于质量的研究拨款（quality-related funding）。虽然整体性拨款不如竞争性拨款那么受关注，但它对英国一流大学的发展却至关重要，因为它能够为创新性想法的产生和孵化提供包容性的环境，因此，也被英国“罗素集团”认为是保持英国科研在国际上竞争性优势的法宝。②

① Imperial College London.UK Research and Innovation. 2022-06-19. https：//www.imperial.ac.uk/research-and-innovation/research-office/funder-information/types-of-research-funding/.

② Russell Group. Underpinning Our World Class Research Base：The Importance of ‘QR’ Funding. 2021-02-11. https：//www.russellgroup.ac.uk/media/5916/underpinning-our-world-class-research-base-the-importance-of-qr-feb-2021.pdf.

除了如上的双重资助体系以外，英国政府的其他部门也资助与其职能相关的研究活动。例如，环境、食品和农村事务部（DEFRA）资助关于环境、食品和农村事务的研究；隶属于国防部的国防科技实验室（DSTL）支持科学与技术方面的研究；卫生部（DH）通过国家卫生研究所资助国民保健服务方面的研究。

2. 慈善及信托机构的科研资助

慈善机构是除英国政府以外最重要的独立研究经费来源。慈善机构资助科研的根本目的是创造有益于公共利益的知识。目前英国有数百个资助科研的慈善机构，所有这些机构都需要遵照《慈善法》提供科研资助，例如要求传播研究成果、禁止为商业或私人目的进行资助。慈善机构只能资助在其慈善目标范围内的研究，资助方式有小额的启动资金也有大额的研究资金。例如，医学研究慈善协会（Association of Medical Research Charities）基于改善人类健康的目的资助了广泛的研究，包括基础研究、应用研究和具体疾病的研究。纳菲尔德基金会（Nuffield Foundation）设置的“研究、发展与分析基金”就是为纳菲尔德的教育、福利和公正三个核心领域的社会政策和实践的设计与运行项目提供资助，资助额度为 1 万英镑—50 万英镑不等。①

3. 国家学术院体系的科研资助

英国有 4 个代表英国最高学术水平的学术团体组成的英国国家学术院体系（National Academies），包括英国皇家学会（The Royal Society）、英国国家学术院（The British Academy）、英国皇家工程院（The Royal Academy of Engineering）、英国医学科学院（The Academy of Medical Sciences）。它们是由世界领先的学者和研究人员组成的独立协会，也是支持各自领域国内外创新研究的资助机构。例如英国国家学术院（British Academy），就专门为人文与社会科学的初步研究（primary research）提供 1 万英镑的小额

① The London School of Economics and Political Science. Browse External Upcoming and Open Research Funding Calls. 2022-07-09. https：//info.lse.ac.uk/staff/divisions/research-and-innovation/research/apply-for-funding/external-funding.

资助。①

4. 大学内部的科研资助

英国大学的校内科研资助主要面向的是校内青年教师。例如剑桥大学的早期职业资助项目（Early Career Support Scheme），就是面向本校物理科学与技术学院新进教师提供的科研资助。为了促进与产业界的合作，激发新的研究方向，提高大学科学研究的影响，一些研究型大学开始在校内资助一些产学合作的科研项目。例如帝国理工学院自然科学学院的 FoNS 战略研究基金（FoNS Strategy Research Fund）就致力于支持与外部中小企业合作的相关项目。

5. 欧盟委员会的科研资助

欧盟委员会一直是英国科研经费的重要来源之一。英国“脱欧”后与欧盟达成协议，将继续在“地平线欧洲”（Horizon Europe）框架下展开合作。然而，由于英国与欧盟在某些问题上存在分歧，双方仍将就英国如何参与“地平线欧洲”进行谈判。②

（三）德国世界一流大学的科研课题与经费来源

德国世界一流大学的科研课题与经费来源较为复杂，既有来自联邦的课题立项与经费支持，也有来自企业、政治组织或慈善机构提供资助的基金会，还有欧盟框架协议计划等提供的资助。与美国和英国不同的是，来自企业的科研资助占据了德国科研资助的大部分。

1. 企业的科研资助

企业是德国研发资助的最主要来源，德国每年三分之二的研发支出由私营企业提供。2018 年，德国企业在研发上的投资超过 720 亿欧元③，而该

---

① The London School of Economics and Political Science. Browse External Upcoming and Open Research Funding Calls. 2022-07-09. https：//info.lse.ac.uk/staff/divisions/research-and-innovation/research/apply-for-funding/external-funding.

② 王悠然、沙芳兵：《英国与欧盟科研合作面临严峻挑战》，《中国社会科学报》2022 年 6 月 27 日。

③ Research in Germany. Industry Funding. 2022-08-09. https：//www.research-in-germany.org/en/research-landscape/why-germany/research-funding-system.html.

年德国研发的总投入为1040亿欧元①。这些资金既用于公司的研发活动，也用于产业界和科学界的联合研发项目。与企业合作最多的是工业类大学（除了应用科学大学），合作形式包括项目合作、资助高校实验室或者合作建立研究中心等。② 特定领域的企业有自己的研究机构，通过各种形式与公共机构（大学）合作。私营部门的研发活动主要由大公司决定，但中小企业和初创企业也发挥着重要作用，因为它们经常产生开拓性的创新。

2. 政府的科研资助

由于德国的联邦属性，德国的大学通常由州政府进行资助，各个大学在文化和教育事务上也拥有较大的自主权。但是在科研资助领域，德国联邦政府和州政府往往展开合作，所以德国公共性的科研资助主要由联邦政府和州政府共同负责。2018 年，公共性科研资助占到德国研发总支出的 30%（约 310亿欧元）。③ 对大学的公共科研资助主要包括三类：机构资助（institutional funding）、项目资助（project funding）、部门研究（departmental research）。中长期的“机构资助”由联邦政府和州政府联合资助，涵盖了基础研究和应用研究、研究基础设施和德国研究领域的各个方面，最典型的机构资助便是德国的“卓越计划”和“卓越战略”两个旨在建设世界一流大学的战略规划的资助。“项目资助”主要支持中短期的科研、技术和创新项目，受益对象包括大学、研究机构和企业，其中，间接的项目资助主要针对中小型研究机构和企业展开资助。“部门研究”主要指的是联邦政府各部委开展的科研资助，它们通过具体的科研项目来界定各自的关键研究领域。目前德国有 40 个左右的联邦机构具有研发职责。德国的州和市政当局也扮演着科研活动的资助机构的角色，目前德国拥有超过 140 个州级层面的研究机构来资助州级

① Research in Germany. Research Funding System. 2022-08-09. https：//www.research-in-germany.org/en/research-landscape/why-germany/research-funding-system.html.

② 于雯杰：《德国财政——制度框架与改革方向》，中国财富出版社 2020 年版，第 107 页。

③ Federal Ministry of Education and Research. Government Funding. 2022-08-09. https：//www.research-in-germany.org/en/research-landscape/why-germany/research-funding-system/government-funding.html.

层面的科研活动。

3. 基金会的科研资助

一些来自非营利性的公益组织的科研资助，例如基金会、专业协会、非营利组织、非政府机构等，在德国科学研究资助中也占有一定的份额。例如，洪堡基金会（Alexander von Humboldt Foundation），主要资助高素质的国际研究人员在德国开展研究。而教育与科学基金会（Stiftung Bildung und Wissenschaft）主要资助青年研究人员。其他大型的基金会，例如罗伯特·博世基金会（Robert Bosch Stiftung）、大众企业基金会（Volkswagen Foundation）、德国联邦环境基金会（Deutsche Bundesstiftung Umwelt）、克劳斯·奇拉基金会（Klaus Tschira Stiftung）和德国和平研究基金会（Deutsche Stiftung Friedens-forschung）等，也会投入大量的资金支持研究人员、研究项目和机构。德国科学促进者协会（Stifterverband）是其中非常重要的机构之一，该协会仅在 2019 年就为教育、科学以及商业和科学之间的合作提供了 1720 万欧元的资金；除此之外，还投入 1500 万欧元专门用于资助讲座教授。①

4. 国际性的科研资助

德国研发支出的一小部分来自于国外。例如，欧盟始于 2021 年的“地平线欧洲”（Horizon Europe）是继“地平线 2020”（Horizon 2020）之后的一个 850 亿欧元的科研和创新项目，用来资助顶级研究和杰出的学者和科学家，它的“开放科学支柱”（Open Science Pillar）支持由欧洲研究理事会定义和推动的前沿科研项目。② 德国大学科研的其他国际资助来源还包括经济合作与发展组织（OECD）、联合国（UN）、联合国教科文组织（UNESCO）等国际组织和外国公司的科研资助。

---

① Federal Ministry of Education and Research. Funding by Foundations. 2022-08-09. https：//www.research-in-germany.org/en/research-landscape/why-germany/research-funding-system.html.

② Federal Ministry of Education and Research. EU Funding. 2022-08-12. https：//www.research-in-germany.org/en/research-landscape/why-germany/research-funding-system.html.

三、世界一流大学与企业的科研合作

世界一流大学与企业开展科研合作，已经成为世界一流大学科研活动的一大趋势。21 世纪以来，工业发达国家开始将企业与公共研究机构之间的合作确定为主要的政策优先事项①，大学和企业的科研合作被认为是国家知识创新和经济增长的重要贡献者之一。

（一）世界一流大学与企业进行科研合作的时代背景

大学与企业的科研合作可以追溯至 19 世纪。在 1862 年《莫雷尔法案》颁布以前，大学与企业之间的合作只是一种偶然、零星和非制度化的联系，主要表现为大学教师个体为企业公司提供科技咨询。直到 20 世纪 50 年代，大学与企业的科研合作依然呈现出松散和非制度化的特征。但是，新的时代背景对大学与企业之间的科研合作提出了更强烈的需求，并加深了二者合作的形式与强度。

第一，企业生产对科学的依赖性增强。经济全球化和高新技术的发展对科学的依赖性增强，增加了技术和产品开发的复杂性，而企业内部资源和能力往往不足以应对这些复杂性。过去，大型企业往往会组建自己的基础研究实验室，因为它们认为这是未来几十年企业可持续发展的必要条件。换句话说，大多数大公司依靠自己的基础研究成果来扩展业务。但是，经济和产业活动的全球化以及互联网的发展促使人们的价值观发生了转变，使人类社会进入了一个全球性的竞争时代，产品的生命周期进一步缩短。如果企业继续运营自己的基础研究实验室来应对这些变化，企业研发成本就会增加，它们最终不可避免地会以低效方式浪费大量资金。所以许多公司开始取消或减少内部基础研究，将这些功能委托给大学或公共研究机构，寻求大学科研力量的支持。此外，为了能在极具竞争性的环境中生存下来，企业需要摒弃以改进或升级为导向的传统商业模式，取而代之的是以创新为导向的商业模

① OECD. OECD Science，Technology and Industry Scoreboard 2007. 2017-11-20. https：//www.oecd-ilibrary.org/science-and-technology/oecd-science-technology-and-industry-scoreboard-2007_sti_scoreboard-2007-en.

式。在这一时代背景下，企业对大学和公共研究机构的期望也在慢慢增长。

第二，政府对大学科研经费投入减少。早期企业寻求与大学合作，是将其作为一种识别和培训未来员工的手段。随着全球经济的转变，企业希望获得能够创造尖端知识和技术的研究人员。知识创造和技术发展需要大量的资本投资，这些投资在历史上基本由政府提供。但是，联邦、州和地方政府研发资金的减少，迫使大学研究人员寻找新的赞助者。受到 20 世纪 70 年代石油危机的影响，美国联邦政府毫不留情地削减了教育的研究经费，其中综合大学经费的削减尤其显著。① 英国政府也采取了压缩教育经费的政策，使得大学的科研经费日益紧张，迫使大学重新审视对政府的依赖，转而寻求新的财政资源。企业依靠大学研究人员进行产品创新，而大学研究人员则通过获得外部研究资金而获得声誉。正如产业需要创新的想法来确保利润一样，大学研究人员需要额外的研究资金来维持自身的生产力。

（二）美国世界一流大学与企业开展科研合作的形式

美国大学与企业进行科研合作的情况非常普遍，且形式多样，主要有如下几种方式：对研究人员个人的资助、工业—大学合作研究中心、工程研究中心以及大型财团资助的大型实验室。

对研究人员的个人资助。即企业通过资金资助和咨询的方式支持个别研究人员，通常是非正式的科研合作。自 20 世纪 70 年代以来，美国政府通过具体的资助项目积极促进大学科研人员和工业研究人员之间的合作。美国国家科学基金会（NSF）资助了企业—大学合作研究项目计划（Industry-University Cooperative Research Projects Program，IUCRPP），该项目就是传统的科学咨询服务。

产业—大学合作研究中心。美国国家科学基金会（NSF）早在 20 世纪 70 年代就资助了产业—大学合作研究中心计划（Industry-University Cooperative Research Centers，IUCRC），目的是帮助产业合作伙伴和政府机构与大学研究人员之间建立直接有效的联系，加速基础研究的技术转化。该

① 孟明义主编：《高等教育发展战略简论》，社会科学文献出版社 1987 年版，第 245 页。

计划主要实现三个目标：(1) 开展高影响力的研究，以满足各种规模企业共同和关键的产业需求；(2) 提高美国在推动创新技术发展方面的全球领导力；(3) 识别、指导和培养一支多样化、高技能的科学和工程人才队伍。该项目为学术研究人员提供了一个能够与产业界和政府机构就共同感兴趣的基础性和竞争前研究（pre-competitive research）展开合作的框架结构。① 总体来看，该项目主要是围绕对美国产业界具有战略利益的研究领域展开的，科研带头人围绕具有明确的应用研究和商业开发路径的新兴研究主题形成一个中心。产业合作伙伴在中心成立之初就加入进来，政府机构以成员身份参与 IUCRC，或者在战略层面直接与 NSF 合作。

3. 工程研究中心。工程研究中心模式是依靠国家资助、依托高校或者研究机构的研究实力、倚重企业参与、共建研究机构的产学研合作模式。② 美国国家科学基金会于 1985 年开始资助在大学建立工程研究中心（Engineering Research Center，ERC），ERC 的主要任务是针对工业生产的需要开展跨学科研究，同时着力培养工业生产所需的工程技术人员。③ 由于 ERC 通过整合研究、教育和产业界之间的合作，在学术界发挥了关键性作用，美国国家科学基金会长期以来一直将其视为工程研究项目“颠覆性”变革的推动者。事实上，自其成立以来，ERC 确实改变了工程研究的基本模式，包括科学和工程的跨学科合作、关注创新和工程系统、与企业开展更紧密的互动等。

4. 大型财团资助的大型实验室。这是组织大规模跨学科研究的通常模式，尤其在生物医学领域使用比较频繁。美国大学的科研资金除了政府资助以外，一大部分来自微软、IBM、苹果等美国高科技大企业以及一些中小型高新技术企业，它们向美国高校提供了源源不断的研究资金，使美国大学拥有了世界上最先进的实验室和实验设备。

---

① NSF. Industry-University Cooperative Research Centers Program（IUCRC）. 2022-09-01. https：//beta.nsf.gov/funding/opportunities/industry-university-cooperative-research-centers-0.

② 林红：《创新驱动战略与广东新兴产业发展》，广东人民出版社 2019 年版，第 57 页。

③ 芦文慧：《高校公共关系理论与实践》，东北大学出版社 2008 年版，第 116 页。

（三）德国世界一流大学与企业开展科研合作的形式

在德国，自 2005 年左右开始出现企业与大学（和非大学科研机构）的临时或长期合作。它们的目的是从中长期的视角开展对公司具有战略性意义的科研合作活动。① 这些合作形式主要包括：

1. 校企合作研究中心。德国世界一流大学与企业的科研合作形式主要是校企合作研究中心。②2006 年成立的由亚琛工业大学和欧洲最大的电力和天然气公司之一——E.ON 公司联合组建的 E.ON 能源研究中心，就是德国最大的校企合作项目之一，由德国联邦政府和北威州政府共同出资建成。目前，该能源中心的四个研究机构分别隶属于亚琛工业大学的不同学院，在电气工程、信息与通信工程、计算机科学、商业与科学、机械工程、地球资源与材料科学领域通过跨学科的方式展开科研与教学。

2. “卓越集群”。德国 2005 年启动为期 12 年的“卓越计划”（2005—2017 年）和为期 7 年的“卓越战略”（2018—2025 年）的总体目标都是持续提升德国作为世界科学强国的地位、提升国际竞争力、提升大学顶尖科研的知名度。在“卓越计划”和“卓越战略”中，德国将“卓越集群”作为其建设维度之一。“卓越集群”的主要目的是在科学和企业之间建立战略合作伙伴关系，并在德国政府的高科技战略中描述的未来技术领域产生创新。组成集群的合作伙伴在空间上的邻近性是组成集群的起点标准，成功组成集群的主要标准则是它们为各自所属产业的未来市场提出的战略。

3. “科研校园”项目。发起于 2012 年的科研校园项目（Forschungscampus）支持大学 / 研究机构和企业开展长期的大规模科研合作。合作研究项目主要关注重大挑战（grand challenges）领域，例如能源、汽车和医药卫生领域等。一些研究校园还设立了专门的研究工厂，对新技术和新工艺进行

---

① Thomas Stahlecker，Knut Koschatzky. Cohesion Policy in the Light of Place-based Innovation Support：New Approaches in Multi-actors，Decentralised Regional Settings with Bottom-up Strategies? . 2020-01-30. https：//www.econstor.eu/bitstream/10419/45027/1/64518229X.pdf.

② 李勤国、马英、张守红：《高校产学研合作的理论与实践》，西安电子科技大学出版社 2019 年版，第 133 页。

即时性的测试。该项目的资助期限为 15 年。

（四）英国世界一流大学与企业开展科研合作的形式

大学和企业的科研合作是英国创新战略的重要组成部分。早在 1983 年，英国政府就组织专门调查小组发表了一份《增进高等教育与工业之间的科研联系》的报告，认识到了大学与企业开展科研合作的重要意义。1986 年，英国成立了旨在促进产学研合作的工业和高等教育委员会，并发表了《走向合作：高等教育—政府—工业》的报告，进一步强调了三者之间合作的必要性。2004 年《英国 2004—2014 年科学与创新投入框架》则提出要继续加强公共资助机构对经济需求和公共服务的反馈能力。在实践中，英国政府也推出一系列项目以推动大学与科研之间的科研合作。

1. 教学公司。教学公司（Teaching Company）是英国特有的校企科研合作模式。从 1975 年起，英国就组建了全国性的教学公司，主要任务是组织高校和企业共同参加科技协作项目，加强高等教育与产业界的联系，使高校和企业界之间建立稳固的合作渠道。①

2. 知识转移合作伙伴关系。知识转移合作伙伴关系（Knowledge Transfer Partnerships，KTPs）② 是由英国创新委员会资助的为期 12—36 个月的校企合作计划，该计划致力于将具有前瞻性思维的企业与英国顶尖知识库连接起来，提供以企业为主导的创新项目，以解决企业发展的战略性问题。至 2022 年，英国约有 800 个企业、100 个知识库和超过 800 名毕业生参与了这一合作伙伴关系，并创造了积极的影响，推动了产业创新。学术合作伙伴（知识库 / 大学）与企业合作的主要职责通常是开发项目、提供学术投入、招募合适的毕业生（称为助理）等。该助理受雇于大学，但部分项目工作在公司进行，其职责是促进技能和专业知识的转移。经典的知识转移合作伙伴关系关注开发新的或更好的产品和服务，而管理型知识转移伙伴关系则专注

---

① 芦文慧：《高校公共关系理论与实践》，东北大学出版社 2008 年版，第 116—117 页。

② UK Research and Innovation. Knowledge Transfer Partnership Guidance. 2022-09-18. https：//www.ukri.org/councils/innovate-uk/guidance-for-applicants/guidance-for-specific-funds/knowledge-transfer-partnership-guidance/.

于通过完善流程和提高管理能力来发展更好的业务。

3. 法拉第合作伙伴计划。法拉第合作伙伴计划（Faraday Partnership）是由民间组织推动但由英国政府给予支持的项目，致力于通过建立合作伙伴关系加强科学、工程和技术研究机构与产业界的互动，以合作研发项目和举办技术传播活动等形式帮助大学进行知识转移。其特殊性体现在必须由一家中介机构（intermediate organisation）参与，并负责协调各方合作。符合条件的中介机构必须能够证明它们与企业（特别是中小企业）和学术界存在紧密的联系。在这种合作关系中，任何参与知识转移交易的公司都必须保持各自的核心能力，即它们必须在特定的专业领域具有与全球知识来源进行连接的能力。如果不具备这种能力，它们就无法将基础研究转化为实际应用。法拉第合作伙伴计划为大学、有关的知识转移公司和参与合作的公司提供了巨大的潜在利益。它可以被认为是一种优于其他欧洲国家的校企科研合作模式，因为它嵌入了私营部门，运作方式足够灵活，能够应对市场变化。①

4. 联系合作研究计划。联系合作研究计划（The Link Collaborative Research Scheme）设立的目的是促进企业和科学研究基地进行前商业化研究阶段的合作，旨在支持大学、科研机构和企业界对具有潜在商业价值的前瞻性研究进行合作研发，使知识获取和新技术开发有机地结合在一起，最终形成具有市场竞争力的新产品、新工艺和新型服务。该计划由英国政府 12 个部门及研究理事会参与和支持，是一项鼓励小企业参与的产学研结合计划。该计划项目的资助周期一般为 2—3 年，每个项目要求由科研机构和企业结成伙伴共同申请。②

① Association of Independent Research & Technology Organisations. The Contribution of Faraday Partnerships to Growth in Innovation Intensity in the UK Economy. 2021-01-15. https：//www.airto.co.uk/wp-content/uploads/2015/08/2001_1policypaper.pdf.

② 孙福全、王伟光、陈宝明：《产学研合作创新理论、实践与政策》，科学技术文献出版社 2013 年版，第 123—124 页。

第三节 世界一流大学的科研成果转化

全球竞争格局和科学技术的快速变化迫使企业越来越多地寻求合作伙伴，以实现创意、创新并获取竞争优势。大学传统上通过教育和研究来服务于公众利益，而今天，它们也被期望通过建立知识转化的商业渠道和实现自给自足来开发其知识库（knowledge base）的价值。① 世界一流大学是一流科研成果的重要生产基地，是科研成果转化的源头活水，完善相关政策和组织机制，能够更好地推进科技成果转化的实现。

一、科研成果转化的内涵及流程

科研成果是指对某一科学技术研究课题，通过观察、实验、设计、试制和辩证思维活动所取得的具有一定学术意义或实用价值的创造性结果。② 一般来讲，科研成果主要分为基础研究成果、应用研究成果和技术开发成果三类。科研成果的表现形式通常包括承担的项目、公开发表的论文、科技论著、获奖成果和成果鉴定、所获专利以及创造的价值等。科研成果的转化是一个系统整体转化的过程，一般是指为提高生产力水平，对科学研究与技术开发所产生的具有实用价值和市场前景的科研成果进行后续试验、开发、应用、推广等活动。③ 当然，大学科研成果可以来自任何学科、任何院系以及任何形式的大学组织。

但是，“科研成果转化”是一个中国科技管理中的专用词汇。在美国等西方国家，与科研管理相关的词汇中，没有发现类似于我国所指

① T. Baaken. “Science Marketing”, in Applied Marketing：Anwendungsorientierte Marketingwissenschaft der deutschen Fachhochschulen. Kamenz U. (eds.), Berlin：Springer-Verlag，2003，pp.1051-1066.

② 匡兴华：《高等学校的科学研究》，国防科技大学出版社 1991 年版，第 127 页。

③ 陈倩倩：《美国研究型大学的科研成果转化研究》，广西师范大学硕士学位论文 2010 年，第 14 页。

的“科研成果转化”。“科研成果转化”在国际上一般称为“科技商品化”（commercialization of science and technology）、“技术转移”（technology transfer）和“技术创新”（technological innovation）。它被认为是制造产品、应用生产和服务的知识转移系统，但它不包括纯商品的销售或租赁。具体包括：（1）知识系统中的转化，即从产生知识到利用知识的系统转移；（2）技术转移的各个环节之间的转化，如基础研究、应用研究、开发、各个环节之间的转移的商业化；（3）现有技术的新应用。①

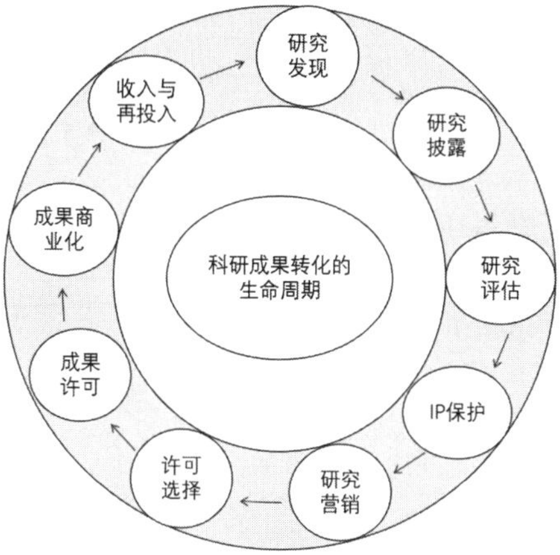

图 4–1　大学科研成果转化的一般过程

资料来源：University of Toronto. Inventor's Guide to Technology Transfer. 2021-09-30. https：//research.utoronto.ca/sites/default/files/2021-09/Inventors_Guide_2021.pdf.

一般来讲，大学科技成果转化可以简单化为一个线性的流程。它起始于大学研究人员的科研发现，之后科研人员需要向大学技术转移办公室（TTO）披露这一发现，TTO 再对该发现进行评估，决定是否寻求获得专利（patent）。TTO 必须考量该研究的商业潜力，以及公共或私营部门的潜在利益。如果 TTO 决定投资该项发明，那么就需要着手进行专利申请。如果专利被授予，TTO 需要向其它组织和企业推销（market）这项发明。推销过程

① Jihui Sun，Xiujuan Ren. Literature Review on the Transformation of Scientific and Technological Achievements. 2019-12-11. https：//www.atlantis-press.com/proceedings/mcei-16/25867558.

也是将研究发明与能够充分利用发明并为大学提供资金的组织或企业进行匹配的过程。当找到合适的合作伙伴之后，大学就会与该组织 / 企业合作，协商达成许可协议。许可协议（licensing agreement）通常包括大学的版权费 / 许可收入（royalty），初创公司（startup）的股权或者其他此类补偿。当协议达成后，该研究发现将获得正式许可（license）。在整个流程的最后，组织 / 企业会采用并使用该项研究发现，而研究发现的收入则会在发明人及其依托的研究机构之间进行分配，甚至继续投入新的研究发现。在整个科技成果转化的过程中有四个比较关键的环节①：可靠有用的发明披露、精准的价值评估、完善的科技成果培育与保护、主动的技术营销，这四个关键环节贯穿了科技成果产生价值、提升价值、实现价值的整个过程。

二、世界一流大学科研成果转化政策

世界一流大学需要相应的政策支持，从而为科研成果的转化提供技术、方法的保障。总的来看，世界一流大学的科研成果转化政策既包括国家、地方为了推进大学进行知识创新与转化而制定的各种法令、法规、实施条例等，也包括世界一流大学自身制定的有关科研成果转化的相关规定。大学作为科研成果的供给主体，是科研成果转化为现实生产力的源泉和基础。大学层面的科研成果转化政策对科研成果的转化至关重要。这些政策主要包括知识产权制度的完善与否、科技成果转化的利益分配、专门的技术转化机构设置等方面。

（一）知识产权保护政策

科研成果是一种知识产品，它不仅具有创新性，还具有经济性和法制性，想要将其转化为生产力，离不开知识产权（intellectual property）法律制度的激励与保障。大学需要在必要和适当的情况下，提供知识产权方面的法律支持，以捍卫学校和知识产权创造者的利益，使其免受第三方的索赔或

① 张栓兴：《高校科技成果转化问题研究——以陕西省为例》，经济管理出版社 2019 年版，第 41—42 页。

未经授权的使用，同时也为大学、赞助者和发明人之间关于知识产权的纠纷提供一个解决程序或步骤。大学所涉及的知识产权主要包括专利权、设计权、著作权、开展研究活动转化的技术和材料等等权利。由于这些知识产权的类型不同，无法使用单一的方法来解决，所以大学通常会分门别类地对不同的知识产权的管理和使用进行规定。

（二）科研成果转化利益分配政策

利益分配一直是大学科研成果转化过程中各利益相关方最关注的问题。其中，对知识产权发明人经济利益的维护，直接决定着大学科研成果转化的效率。为了合理合法地厘定各方权益，世界一流大学普遍在其知识产权政策中将“发明人分享大学知识产权的受益部分”作为重要内容，还在政策中规定了各主体之间的权益，详细划分了收入分配比例，为科技成果转化利益分配提供了参考依据，最大限度地维护发明人的经济利益。

日本的庆应义塾大学的做法是以一次性付款或版税的形式保障发明人的经济利益，要求技术转让所得金额的 15% 分配给行政管理费用，其余部分由发明者和大学平分（各 42.5%）。大学可以使用它的份额来支付与专利申请相关的费用。发明人则可以将自己的份额作为收入的一部分，也可以将其用于研究相关的开支。[①] 耶鲁大学的专利政策（patent policy）也明确规定了专利需要对发明人支付报酬。耶鲁大学在其专利政策中明确规定了发明人和共同发明人分配“净专利使用费”（net royalties）的规则，并规定共同发明人之间应签订书面协议，确定他们在任何净专利使用费中相互接受的份额，耶鲁将根据该书面协议中确定的份额，将净版税分配给发明人（们）。若无书面协议，则平分相应份额。净专利使用费采取分段分配的规则，分为“少于 10 万美元”“10—20 万美元”“大于 20 万美元”三个阶梯。以“少于 10 万美元”的分配为例，50% 分配给大学用于大学科研的一般支持费用，其中 15% 分配给发明人所在的实验室，15% 分配给发明人所在的学系，

① Kenichi Hatori. Technology Transfer by Public Research Organizations. 2020-10-05. https：//www.jpo.go.jp/e/news/kokusai/developing/training/textbook/document/index/Technology_Transfer_by_Public_Research_Organizations.pdf.

20% 分配给发明人所在的学院。随着净额递增，分配给大学用于一般科研支持费用的比例越高，分配给发明人的比例则越低。具体的收益分配规则见表 4–1。

表 4–1 耶鲁大学科技成果转化净收益分配规则

净收益额	分配比例		分配方式
<10 万美元	大学	50%	15%：发明人所在实验室 15%：发明人所在学系 20%：发明人所在学院
	发明人	50%	—
10—20 万美元	大学	60%	15%：发明人所在实验室 15%：发明人所在学系 30%：发明人所在学院
	发明人	40%	—
>20 万美元	大学	70%	15%：发明人所在实验室 15%：发明人所在学系 40%：发明人所在学院
	发明人	30%	—

资料来源：Yale University. Division of Royalties Pursuant to Patent Policy. 2022-10-01. https：//ventures.yale.edu/sites/default/files/2022-09/Yale%20Patent%20Policy%20Practice%20Update%20effective%2010.1.22.pdf.

（三）科研成果转化激励政策

大学的技术转让管理人员在要求或努力鼓励研究人员创造更具实际应用（商业化）潜力的发明方面所取得的成就是有限的。虽然研究人员有责任通过产业与社会分享他们的研究成果，但确保科研成果转化的最有效的方法是为研究人员建立一种机制，激励他们从事更具商业潜力的研究。与此同时，科研成果转化也并不会仅仅因为一项获得专利的发明而发生。要使科研成果转让取得成功，就必须激发科研人员（发明人）的主动性。

世界一流大学激励科研人员进行科技成果转化的具体形式多样，例如准许在科技成果转化过程中作出贡献的人员带薪休假；给予个人、团队以增添实验设备、改善实验条件，增加科研经费等奖励；根据专利技术的数量与质量以及转化后取得的经济社会效益给予提高奖金的奖励；同时，根据评估的结果给予科研人员创设衍生企业的资金扶持等。① 英国帝国理工学院就设置了“发明人奖励计划”(Reward to Inventors Scheme)② 来实现这一目的。庆应义塾大学每年还会对在技术转让领域作出杰出成就的人给予表彰。③ 除此之外，还有很多大学直接将科研成果转化作为职称晋升、绩效考核的重要指标。

（四）设置科研成果转化中介组织

中介服务组织在促进科技成果转化过程中发挥着关键性的基础作用。大学通过中介组织对科研成果工作进行统一筹划、制度化治理，既可以加快成果转化工作的进度，也可以促进成果转化工作更加专业和规范。目前，很多世界一流大学已经设立了专门进行科技成果转化的管理机构，例如美国的技术许可办公室（office of technology licensing，OTL）、英国的产业界联络办公室（office for industry liaison，OIL）和日本的技术许可机构（technology licensing organization，TLO）等。这些科研成果转化中介组织在世界一流大学的科研人员、企业、公司和风险投资人之间扮演着“桥梁”的作用。

斯坦福大学是最早设置技术许可办公室（OTL）的大学。OTL 的主要职责是对学校的专利技术进行评估，然后根据企业需求，将科技成果予以推介并转化，同时完成技术转移的洽谈与签约等一系列手续。OTL 还积极全面搜集企业的技术需求，将需求反馈给科研人员，并且积极为科研人员创设企业提供资金服务。斯坦福大学的 OTL 是专业化水平很高的运营管理团队，可以就专利技术的商业化价值作出判断，并决定是否申请专利并进行技术转移推广。在团队成员中，高级技术经理扮演着重要的角色。他们绝大多数都

① 沈航：《高校技术经纪研究》，上海交通大学出版社 2019 年版，第 56 页。

② David Silverman. Imperial Updates Reward Scheme for Entrepreneurial Staff. 2020-10-02. https：//www.imperial.ac.uk/news/205653/imperial-updates-reward-scheme-entrepreneurial-staff/.

③ Kenichi Hatori. Technology Transfer by Public Research Organizations. 2010-10-05. ttps：// www.jpo.go.jp/e/news/kokusai/developing/training/textbook/document/index/Technology_Transfer_by_Public_Research_Organizations.pdf.

拥有理学和工学学位，不仅具备良好的知识产权管理能力，也具备高科技企业创业的经验和敏锐的商业嗅觉，能够胜任一项技术从披露到转让全过程的工作，能与研究发明人、企业、法律顾问以及政府相关机构的官员等进行有效沟通。①

英国高校则直接将科研成果转化机构以企业化形式运作，例如牛津大学的 Isis Innnovation、帝国理工学院的创新中心、剑桥大学的剑桥企业有限公司（Cambridge Enterprise Limited）。剑桥企业有限公司是剑桥大学全资子公司，专门负责将剑桥大学的科研成果推向市场。日本设置了技术转移机构（Technology Licensing Organization，TLO）负责高校专利的转化，是政府认定的专业机构。虽然 TLO 通常设在大学校园内，但大多以独立法人的公司形式存在，其资本和财务都是独立的，因此也不隶属于某个特定的大学，可以为许多大学提供科研成果转化服务。

三、世界一流大学与大学科技园的发展

大学科技园是在国际技术竞争、各国相继出台大型高科技计划、创新计划及地区发展计划的背景下，加强大学与工业联系的一种空间形式②，也是大学参与科研成果转化的一种成功模式。大学科技园通过利用其所具有的研发人才、研发机构、研发场地、实验设备建立研发基地，吸引社会资金、企业及人才到园区创业，同时利用科技园把大学的科研成果与社会的优势资源紧密结合起来，最终实现科研成果的转化。

世界各国著名的科技园区大多与大学相关，很多直接依托研究型大学而建。依托斯坦福大学发展起来的“硅谷”科学工业园区，以麻省理工学院、哈佛大学为核心建立起来的波士顿科研中心，以及以英国剑桥大学为核心发展起来的剑桥科学园等，都是以著名大学为中心，以高新技术产业群为基础形成的产学研结合的科技发展基地，出人才、出成果和出产品并举，从

① 李铭霞、吕旭峰：《美国斯坦福大学技术许可办公室的使命与专业化管理》，《世界教育信息》2015 年第 21 期。

② 吴小玉：《大学科技园发展趋势》，《中国科技投资》2006 年第 10 期。

而缩短了高科技由创造加工到传播应用的周期，加速了新经济的发展步伐。由于科技创新是一个连续的不间断的过程，园区的科技企业需要不断地得到大学的技术支持与指导，大学的科技创新活动也需要在高科技企业里延续进行，由此也就形成了大学—大学科技园—高科技企业的相伴相生，共同发展。①

（一）斯坦福大学与“硅谷”

“硅谷”的崛起与斯坦福大学的作用密不可分。1951年，斯坦福大学工程学院院长弗雷德里克·特曼（Frederick Terman）决定在校园创办工业园区。一开始只是将校园的土地租给当时的高科技公司使用，但特曼认为，“大学不应局限于传授书本知识，不能在象牙塔中做科研，而应把实验室产生的科研成果及时而有效地运用于新工业新生产的实践，为社会创造财富”②。所以斯坦福大学逐渐将实验室的研究成果转移到工业园区的公司。由于高科技公司在斯坦福工业园区不仅可以获得低廉的土地，还可以获得高科技人才、先进的研发力量和最新的研发成果，所以吸引了一大批科技企业入驻。斯坦福大学和园区的密切联系，也刺激了斯坦福师生创立高科技公司的热情。以斯坦福、伯克利、加州理工等世界知名大学为依托，以中小型高技术企业群为基础，硅谷培育了思科、英特尔、惠普、雅虎、苹果等世界知名企业。

（二）MIT与“128公路”

“128公路”是沿美国马萨诸塞州波士顿以西约14英里的公路。二战前，128公路沿线就已经陆续成立了几家科技型企业。这些企业主要是从麻省理工学院（MIT）的一些研究实验室分化出来的，目的是促进科研成果的迅速产业化。但这些企业十分零散，在相当长的时间里发展缓慢。20世纪50年代128公路扩建后，众多的政府研究机构和民间工业技术公司纷纷落户，其中很多是军事战略部门，它们与好几个名校有着十分密切的联系，其中尤以

① 张晓华：《创新合作：大学科技园与跨国公司研发中心》，南开大学出版社2014年版，第13页。

② 姜绍华：《解码斯坦福大学与硅谷共生机理》，《中国教育报》2021年9月30日。

麻省理工学院最为突出。麻省理工学院为其带来了人才、技术和资金等要素，恰好为新兴的高科技公司提供了绝妙的发展空间。128 公路的三大高新技术产业——微波、计算机、导航技术都来自麻省理工学院的实验室。许多麻省理工学院的学生毕业后也进入 128 公路地区的工厂或实验室，128 公路带上的很多大公司如 DEC、Lotuo 等都是 MIT 的校友开办的。128 公路地区的产业对 MIT 技术和人才的高度依赖，使得 MIT 成为 128 公路地区发展的灵魂。①

（三）剑桥大学与“剑桥科技园”

剑桥大学在 20 世纪 70 年代建立了英国第一个科技园，此后周围集聚了大批高科技产业群，被称为“剑桥现象”。剑桥大学在剑桥现象中扮演了独一无二的角色，与其说是剑桥科技园发展的成功，不如说是剑桥大学利用剑桥科技园，推进科技成果走出实验室、走向商业化的成功。②

剑桥科技园位于英国东南部的剑桥郡，一度只是一块半荒废的农田。直到 60 年代后期，受到美国斯坦福大学的启发，剑桥大学毕业生蒂姆·诶利奥特（Tim Eiloart）和大卫·萨斯沃德（David Southward）创办了剑桥咨询有限公司（Cambridge Consultants Ltd，CCL），剑桥大学开始形成技术转移和商业化文化。③1970 年，剑桥大学圣三一学院在离市中心 3 英里的城市西北角规划出了 24 英亩土地，设立剑桥科技园，利用学院的科学创新优势，加速科研成果的转化。剑桥大学的人才优势和科技优势为科技园的发展提供了主要的动力支持，其良好的产学研模式不断创造新技术和新产业，是促进当地创新的最大助力。剑桥大学科技园扮演着连接产业与学术界的桥梁角色，将最新的科学成果高效地转化为具有特色的产品，以支撑起一个逐渐发展、庞大的科技体系。

---

① 上海科学技术情报研究所编著：《全球科技创新中心战略情报研究——从“园区时代”到“城市时代”》，上海科学技术文献出版社 2016 年版，第 228 页。

② 蒋洪新、孙雄辉：《大学科技园视阈下高校科技成果转化路径探索——来自英国剑桥科技园的经验》，《现代大学教育》2018 年第 6 期。

③ 罗涛：《剑桥大学技术转移和商业化经验》，《高科技与产业化》2013 年第 4 期。

第四节　世界一流大学的科研管理与评价

科研管理与评价工作是世界一流大学科研活动的重要组成部分，是提高世界一流大学科研水平和促进世界一流大学可持续发展的重要保证。完善科研管理组织架构，发挥大学科研评价的导向作用，营造有利于学术创新和成果转化的科研环境，是世界一流大学科研管理与评价的基本导向。

一、世界一流大学的科研管理

囿于科研活动的探索和创造的属性，科研管理已经成为世界一流大学内部的一个专门领域。所谓大学科研管理指的是“按照科学研究和高等教育发展规律以及管理学原理，为实现既定目标，通过科研过程的各个环节对学校科研活动中的人、财、物、时间、信息和效果等进行计划、组织、控制、总结，使科研目标达到最佳完成状况的一种组织活动。”① 科研管理通常包括科研管理体系的组织架构、科研管理机构和科研管理人员三部分。在服务导向的科研文化价值的驱动下，世界一流大学普遍在完善的科研管理组织架构的基础上，通过相应的制度安排将科研人员与实验室、大学与企业、大学与政府联结起来，促成大学完成生产知识、传播知识和应用知识的使命。

（一）美国一流大学的科研管理

美国大学内部的科研管理往往采取校—院两级管理的模式。在学校层面由主管科研的教务长或副校长主持工作，由类似“资助项目管理办公室”的机构负责项目管理，下设项目管理办公室、知识产权管理办公室、技术转移管理办公室、学科交叉项目办公室、信息服务办公室等。从事相关工作的人员一般分为两部分：一是科研项目管理人员，主要就项目申请书编写及申请立项、项目合同具体条款谈判与最后审查，科研进展情况以及项目验收等，依照不同项目类别的不同法律规定进行分类管理；二是财务管理人员，

① 薛天祥：《高等学校科研管理》，华东师范大学出版社 1988 年版，第 9 页。

依据各类项目经费管理的法律法规帮助教授们完成项目经费预算书的填报，立项后就收支情况的监督与审计以及对经费使用情况向上进行财务月报、年报和决算等。① 院系层面则设有专门的科研办公室，负责各院系承担的各个科研项目的具体事项。院级科研管理部门扮演着校级科研项目管理和科研项目小组间沟通的桥梁，起到一个承上启下的作用，并同时针对本院研究人员的项目申报及进展对其进行一系列的研究团队创建及流程培训指导。这样二级管理部门相结合的体制，能够最大程度上保证科研项目高效、合规，且具有研究项目本身的特色。② 总体来看，美国大学形成了相对完善的科研管理架构，围绕科研活动及其科研人员建立了完善的科研服务机制，突出了对大学—产业合作以及研究成果转化事务的保障。

案例 1：加州大学伯克利分校的科研管理

加州大学伯克利分校分管科研的副校长办公室负责全面管理该校科研工作。其下设一系列附属办公室帮助管理科研资金的流动；监督学校研究是否符合联邦、州和大学的规定；促进大学研究人员与私营企业的关系；帮助来自国内和国外的访问学者或博士后研究人员。具体的组织结构如图 4–2 所示。

资助项目办公室（Sponsored Projects Office，SPO）：负责准备、解释、协商和接受由联邦和州政府机构、基金会、公司以及其他公共和私人经费资助项目的协议。SPO 也负责合作研究中所有转包合同（subawards）的准备和协商工作。

人文学科保护委员会（Committee for Protection of Human Subjects，CPHS）：根据由联邦法律和大学政策授权设立，负责审查所有由大学教师和研究生提出的涉及人文学科的研究提案。该委员会的人员来自人文学科保护办公室（Office for the Protection of Human Subjects，OPHS）。

---

① 秦竹、何立芳：《美国大学科研管理的模式及其启示》，《中国高等教育》2008 年第 z1 期。

② 李鹏晓：《美国研究型大学科研项目管理研究》，华中科技大学硕士学位论文，2019 年，第 13—14 页。

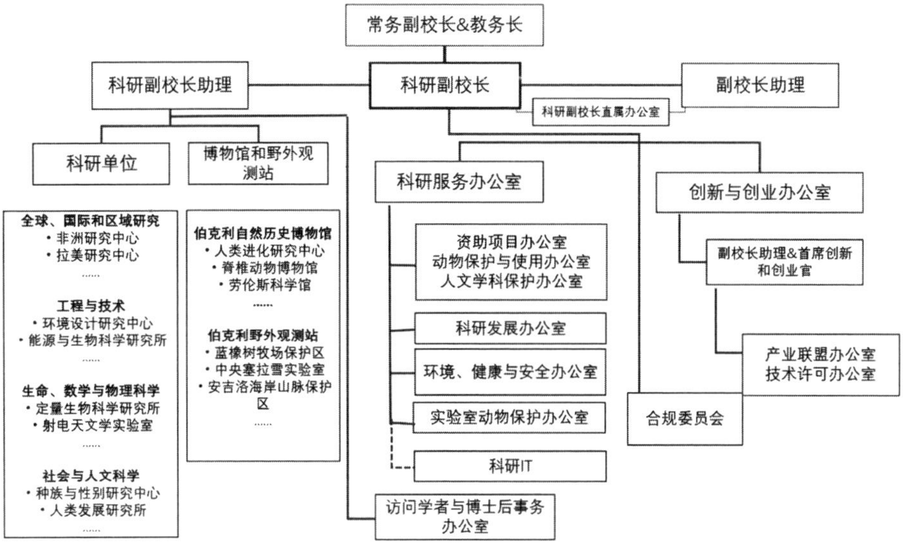

图 4–2　加州大学伯克利分校科研管理组织结构图

资料来源：UC Berkeley. Organizational Chart. 2022-08-10. https：//vcresearch.berkeley.edu/about-us/organizational-chart.

动物保护与使用委员会（Animal Care and Use Committee，ACUC）：根据美国动物福利法和公共卫生服务政策授权设立，负责审查与批准所有在教学及研究中使用活体脊椎动物骨头的提议。

实验室动物保护办公室（Office of Laboratory Animal Care，OLAC）：由一名获得美国实验动物医学委员会认证的资深兽医领导，与超过 45 名实验动物技术员一起工作，为学校的所有动物提供饲养护理。

访问学者和博士后事务项目（Visiting Scholar and Postdoc Affairs，VSPA）：支持访问学者和博士后研究人员在校园开展他们感兴趣的研究。

知识产权和产业联盟办公室（Office of Intellectual Property and Industry Research Alliances，IPIRA）：负责领导伯克利校园所有与产业有关的研究。IPIRA 的使命是：确认、建立、培养和维护与公司和基金会的多方面关系；通过知识产权（IP）管理提升伯克利校园的研究事业；促进和加强新型协议以反映与基金会和企业关系的变化；通过创业在内的技术和知识转让支持经济发展。IPIRA 由两个同级部门组成：产业联盟办公室（Industry Alliances Office）和技术许可办公室（Office of Technology Licensing）。IPIRA直接向首席创新和创业官（Chief Innovation and Entrepreneurship Officer）以及科研副校长汇报工作。

技术许可办公室（Office of Technology Licensing，OTL）：与校园的科研人员合作，促进学校创造的技术转移到商业部门，供公众使用并创造公共利益。OTL的活动范围包括：评估新技术的商业潜力，确定申请专利的可能性，起诉专利，注册版权，营销和许可专利、实体材料和软件，协商许可协议并向研发人员、加州大学及其各部门收取和分配版税和其他收入。

产业联盟办公室（Industry Alliances Office，IAO）：与本校的雇员和公司一起建立创新研究关系，并与学校的其他办公室一起为研究协议管理和研究谈判提供便利。IAO负责所有与私营企业研究合同的谈判，包括赞助研究协议、会员协议、材料转化协议、数据/软件转化协议、合作协议等。

（二）英国一流大学的科研管理

英国大学的科研管理主要实行课题制，项目负责人对课题所涉及的人、财、物实行全面管理，全权负责。因此，学校层面的科研领导和科研管理部门的主要职责就是服务（support），为科研人员服务，为科研工作服务。管理就是服务，作为一种宗旨贯穿在英国许多大学的科研管理工作中。① 英国大学通常在学校层面设置科研办公室（research office），为研究人员提供科研活动方面必要的技术支持与咨询服务，主要体现在研究资助、研究项目管理、研究成果转化方面的行政支持。院系作为自治机构，负责管理本学院的科研事务，但与整个大学的科研管理人员保持密切的联系。

---

① 赵晶、李玉彬、张璐璐：《国内外大学科研管理模式对比分析》，2016 3rd International Conference on Education Reform and Modern Management，2016年6月，第218页。

案例 2：英国帝国理工学院的科研管理

在帝国理工学院，教务长（provost）是学校的首席学术长官，负责维护学校的学术标准和核心学术使命。教务长一方面可以通过学院院长直接管理学校主要的学术单位，另一方面通过负责教育的副教务长（Vice-Provost，Education）和负责科研与创业的副教务长（Vice-Provost，Research and Enterprise），来实现学校的教学和科研使命。科研与创业副教务长下设科研办公室（Research Office），提供学校内外部科研资助来源的信息门户，主要目的确保整个学校科研管理的专业性和一致性。目前，研究办公室的功能领域包括：

运行服务：负责制定、实施和定期检查各项政策和程序，以确保科研经费的行政和管理的专业标准和一致性。其中包括评估学校在研究经费管理方面的整体表现，以确保它符合资助者的要求，并协调大学层面的资助者审计。

资助战略：负责管理与资助方的关系，为英国的资助方、校内科研投资等提供专业的竞标支持。这包括支持大学层面的资助和管理研究提案提交的限制；管理来自科研副教务长、教务长和校长的文书；管理大学内部及移交的研究委员会资助项目。

研究系统和信息：负责支持、管理和开发研究系统，并提供战略和运营管理信息。

欧洲事务：负责为欧盟研究和创新资助提供专家意见。这包括对欧盟研究项目进行的资助前咨询和援助，资助协议的签署，以及联盟协议的谈判和修改。

研究合同政策：负责全校的研究和相关合同的管理，建立政策框架，就复杂的合同事项提供专业意见等。

研究治理和诚信：负责帮助学校及其研究人员满足研究治理的要求，确保帝国理工学院履行医疗保健研究过程的法律、伦理和科学义务。

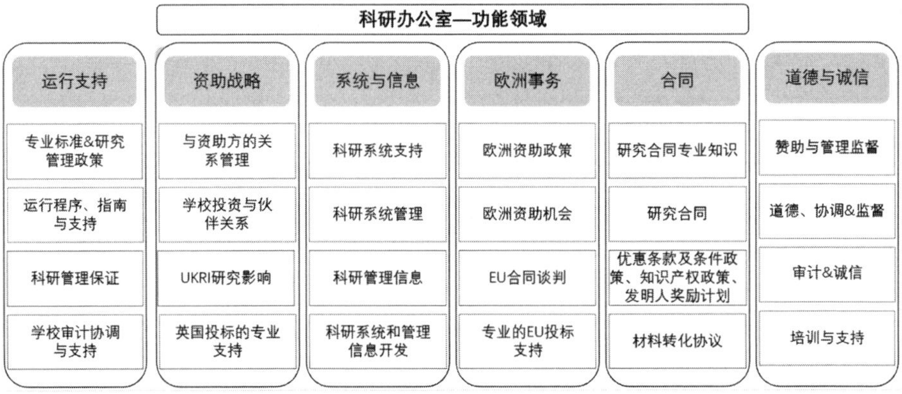

图 4–3 英国帝国理工学院科研办公室职责分布情况

资料来源：Imperial College London. RO Functional Areas. 2022-09-07. https：//www.imperial.ac.uk/research-and-innovation/research-office/research-office-role/.

二、世界一流大学的科研评价

科研评价作为大学科研管理系统的重要环节，具有诊断与导向等功能。从整个社会的角度来看，对研究产出的评价可能是增加产出的一种方式，因为无论是公立的还是私立的投资者，都需要通过评价结果来证明未来投资的合理性。但从大学的角度来看，一方面科研评价可以为内部受众建立研究工作的合法性，即确保科研工作的改进；另一方面科研评价可以为外部受众建立科研活动的合法性，即保证质量。这种对研究质量的公开对大学而言能够吸引高质量的员工和学生。① 与此同时，高校科研评价的结果往往成为衡量高校教师科研能力和水平的重要标准，也成为教师岗位评聘、福利津贴、职称评定等的重要依据。因此，构建合理的科研评价模式，有效地激励科研人员，充分调动科研人员工作的积极性，推动大学科研工作的顺利开展，已经成为世界一流大学的共识。对大学的科研评价活动起源于 20 世纪初的美国，之后其他国家争相效仿。在长期开展评价的过程中，各国大学的科研评价体

① Aled ab Iorwerth. Methods of Evaluating University Research Around the World. 2015-03-23. https：//carmamaths.org/resources/jon/Preprints/CEIC06-08/fc-report.PDF.

系不断顺应形势进行调整。近年来，世界一流大学的科研评价在国别差异的基础上，也呈现出一些相似的变革趋势。

（一）国家层面科研评价的主导作用

世界各国大学发展的历史背景不同，开展科研评价工作的组织机构设置也不相同。但是由于各国一流大学科研对公共资助的依赖，国家层面的科研评价在世界一流大学的科研评价中占据着主导地位，并且将国家层面的科研评价与公共资助相挂钩。英国是最早不仅将科研评价制度化，还将其与财务分配相挂钩的国家之一。英国大学的科研评价主体是政府，在政府的主导下，英国大学科研评价实现了从科研评价实践（RAE）到卓越科研框架（REF）的转变。澳大利亚的科研委员会（Australian Research Council，ARC）也有类似的研究评价系统来衡量研究的卓越程度，经历了从“综合指数”（Composite Index）到“科研质量框架”（REF）再到“澳大利亚科研卓越”（ERA）的转变。荷兰的大学科研评价主要是由社会组织承担，20 世纪 90 年代由荷兰大学协会（VSNU）承担，2003 年以后开始以荷兰皇家艺术和科学院（KNAW）、荷兰大学协会（VSNU）、荷兰科学研究组织（NOW）联合制定的标准评价协议框架（SEP）为评价标准。法国国家评价委员会、意大利国家大学评价委员会、德国科技政策咨询委员会、日本科学技术会议政策委员会下设技术评价分委员会都是这种形式。美国对研究型大学进行科研评价的主要机构是美国国家科研委员会（National Research Council，NRC），是国家科学院（National Academy of Sciences，NAS）的分支组织，主要负责对研究型大学内部各学院的质量和水平进行评价。NRC 大学每十年进行一项美国研究型大学的博士生教育项目的排名，该项排名不仅被大家广泛关注而且也是各大学自身提高科研水平，确定发展方向的重要依据。

（二）评价方法注重定性与定量的结合

世界一流大学的科研评价一般采用定量评价与质性评价相结合的方式。每一种科研评价方法都有其优缺点，“质”与“量”的结合在一定程度上可以弥补彼此的弊端。文献计量法属于定量评价的范畴，包括对出版物、论文引用情况及专利等的计数分析，出版物和专利被认为是衡量产出能力的尺度[①]，这种评价方法的最大优势在于能够定量，具有简单、可操作、准确、客观等特点，但其缺点在于过于注重表面信息。同行评议（peer review）属于定性评价范畴，指的是同一学科或研究领域或同一研究方向的专家群体依据其价值观与历史观对研究成果进行的概括性评价活动。[②] 它的优势在于能够照顾到科研活动的复杂性特征，但这种评价方式容易带有主观偏见，评价结果容易受到评价人的个人好恶、远近亲疏的影响，其公正性和客观性也备受质疑。

科研评价方式实现质与量结合最具代表性的国家是英国和美国。英美两国的大学科研评价改革历程呈现出利用引入文献计量评价来弥补同行评价弊端的趋势。英国高校科研评价从 RAE 到 REF 的变革过程中，“最大的变化就是采用了文献计量指标，并弱化同行评价对评价结果的影响”。REF 更多建立在计量指标（metrics）上，只采用轻度同行评审（light-touch peer review）。2008—2009 年的试评结果表明，计量指标不足以代替专家同行评价，但可在一定范围内为专家评价提供重要补充和参考依据。[③] 美国 NRC 在 1983 年和 1995 年进行的两次排名完全采用同行专家评价法来完成。这种完全依赖同行评价的方式受到了外界的质疑，于是在 2008 年的排名采用了定量评价的方式，设置了 48 个变量指标。

（三）分类评价成为科研评价的新共识

大学的科研活动具有多学科和多类型的特点，因此在进行科研评价活动时，应充分考虑自然科学与社会科学之间的差异，实行分类评价。基于学科进行评价已经成为世界各国科研评价的基本趋势，英国高校科研评价全部以学科领域为基础，按照学科进行评价，而不对学校的科研工作进行整体评

---

① 王雅芬、贾丽娜：《国内外高校科研评价方式的比较研究》，《评价与管理》2005 年第 1 期。

② 曾天山：《中国社会科学研究质量标准体系研究》，广东高等教育出版社 2014 年版，第 128 页。

③ 刘莉、朱军文：《欧洲高校科研评价制度的趋势及政策启示》，《中国高校科技》2014 年第 11 期。

价。例如，REF 采用以学科为基础的专家组，分 36 个评价单元，对高等教育机构开展分类评价。除此以外，虽然一些国家的大学科研评价没有明确按学科进行评价，但是会在评价标准和评价方法上根据学科差别给予区别对待。例如，法国高校科研评价中虽然也将学术产出作为主要标准，但不同学科的要求并不相同；在意大利高校科研评价中，自然科学和工科等“硬科学”普遍使用文献计量学的评价方法，社会和人文学科则更多采用同行评价的方法。

（四）影响力成为科研评价的新维度

基础研究的长期性和影响效果的滞后性决定了基于数量的科研评价范式无法激励真正好的科研成果的产生。欧美国家的大学科研评价曾经也过度关注论文、专著、专利等科研产出指标，但已逐渐将科研成果对学术界和经济社会产生的“影响”作为重要的评价维度。比如，英国在卓越科研框架（REF）中明确引入了“科研影响”的评价维度，并将其权重从 REF2014 中的“20%”提高到 REF2021 中的 25%。① 美国政府和研究资助机构基于科研产出的绩效评价，也开始从基于文献计量方法量化研究成果总体价值向更有意义的影响力评价转变。② 例如，美国在 2010 年左右发起了“STAR METRICS”（Science and Technology for America’s Reinvestment：Measuring the Effect of Research on Innovation，Competitiveness and Science）项目，致力于检测联邦科研投资对就业、知识生产和人体健康的影响，帮助联邦政府记录其在研发方面的投资价值。STAR METRICS 通过对科学投资表现进行严格、透明的审查，短期来看可以指导其对就业的影响，长远来看则能够衡量专利、出版物、引用率和初创企业（start-ups）的影响。③2018 年，澳

① 胡科、陈武元、段世飞：《英国高校科研评估改革的新动向——基于“科研卓越框架 2021”的分析》，《中国高教研究》2019 年第 8 期。

② 李春卉：《美国大学图书馆科研影响力评价服务实践研究》，《新世纪图书馆》2021 年第 8 期。

③ National Institute of Health. Star Metrics：New Way to Measure the Impact of Federally Funded Research. 2020-06-01. https：//www.nih.gov/news-events/news-releases/star-metrics-new-way-measure-impact-federally-funded-research.

大利亚研究委员会开发了“科研参与和影响”（Engagement and Impact，EI）评价体系，将“科研影响”界定为科学研究对经济、社会、环境与文化所做的在学术界之外的贡献。① 但是与英国 REF 不同，澳大利亚的 EI 评价并不直接作为科研经费分配的依据，而是主要用于展现澳大利亚高校科研的社会贡献，增进社会公众对科研的社会贡献的理解，满足社会公众对此类信息的要求。② 通过这些国家对科研影响力的评价可以看出，并没有将科研成果的“影响”仅仅使用“影响因子”“引用率”等单纯关注对知识界的影响，而是将影响的侧重点转向对我们所处的现实世界产生的影响与改变。

---

① Australian Research Council. EI 2018 Framework. 2017-10-20. https：//www.arc.gov.au/sites/default/files/2022-07/era_ei_2018_framework.pdf.

② 刘志民、李馨儿：《澳大利亚高校科研评价改革动向与启示》，《高校教育管理》2020 年第 5 期。

第五章　世界一流大学的质量监控与保障模式

质量保障是指大学作为学术机构为了能够达到大学自身所设定的标准从而保障教育过程的质量所遵循的所有程序。通过质量保障安排，大学要能够满足自身的要求，还要能满足学生和外部利益团体的关于以下各方面的要求：在课程上要达到相关的学术和职业标准；要有合适的课程目标；实现这些目标的方式选择是合适的，资源是充足的；大学要毫不间断地改进课程的质量。① 该定义包含高等教育质量保障的几个重要维度：第一，质量保障关注于过程，这一过程要说服所有内部和外部人士大学能够生产高质量的成果；第二，质量保障是对大学内部各方面质量的明确问责，大学所有成员都对质量负责；第三，质量保障是一种持续的、积极的、不断作出回应的过程，是一个评估和反馈不断循环往复的过程。质量保障包含以下组成部分：第一，质量控制。质量控制体系是为了核查大学的输入和输出是否达到了之前确定的质量门槛，通常由视导员开展质量控制工作。第二，质量审核。外部审核团体要确保质量保障和质量控制程序是合理的且能够有效实施。第三，认证。在美国和加拿大，认证程序是为了保障学术机构或者项目有清楚的教育目标，具备实现自身发展目标的条件，实现这些目标的可能性较大，

① Andrea Wilger. Quality Assurance in Higher Education：A Literature Review. 2021-09-20. https：//web.stanford.edu/group/ncpi/documents/pdfs/6-03b_qualityassurance.pdf.

并且这些目标的实现在未来也具有可持续性。第四，同行评议。同行评议是指外部专业人士对新的学习项目、继续保持或调整已经开展的学习项目、研究项目或学术机构的质量作出判断和 / 或决定。

在高等教育的精英时期，自治是大学的特征，质量保障问题基本上是大学内部的事务，学术保障程序往往是非正式的，“大学的学术标准在很大程度上取决于社会对学术人员的信任，信任他们的工作能力、保持工作质量及其成果的内在动力，以及多年形成的质量控制和保持的制度化安排和规则。”① 对于世界一流大学来说，有很多内部质量保障机制来保障学术人员和学生的高质量，包括学生入学、培养过程以及获得学位的质量保障和教师获得学术岗位或教授职称所需要的资格。然而，第二次世界大战以后，特别是 20 世纪六七十年代以来，随着高等教育的大众化、普及化，高等教育领域出现了一系列的变化，学生规模急速膨胀，社会需求日趋多样，教育成本持续上扬，办学经费出现短缺，质量问题成为任何一个迈向大众型高等教育的国家和地区所面临的问题。“高等教育发展阶段论”的创立人美国学者马丁 · 特罗（Martin Trow）认为，在高等教育规模的扩张过程中，学术标准——高等学校的教学与科研质量——受到严重的威胁。② 随着高等教育规模的不断扩张，高等教育的硬件资源（包括图书、科研设备、生均建筑面积、生均经费等）、软件资源（包括生师比、教师当面指导、教师进修机会等）相对减少，随着毛入学率的提高生源质量相对下降，以及学生需求的多样化均对高等教育的质量提出了挑战。因此，如何建立健全系统、科学高效的质量保障机制，对高等教育质量进行监督和评估，成为世界各国的高等教育利益相关者，包括政府、企业、雇主、投资者、教育者、学生、家长所关心的问题。

对于高等教育机构来说，自我问责、市场问责、政府问责这三种问责

---

① John Brennan. Managing Quality in Higher Education：An International Perspective on Institutional Assessment and Change. Buckingham；Philadelphia：OECD，Society for Research into Higher Education，Open University Press. 2000，p.71.

② 刘晖：《高等教育大众化进程中的教育质量评估问题——兼论英国高等教育质量监督与评估的经验和启示》，《外国教育研究》2001 年第 6 期。

方式各自都有一定危险，自我问责过于松散，政府问责在政治上易受影响，市场更不能决定知识的生产、评估和评价，因此，发达国家普遍建立了由政府、市场、高校三方主导的质量保障机制。① 世界一流大学的质量保障机制共分为两类：即外部的质量保障机制和内部质量保障机制。外部质量保障是由外部机构如政府、第三方评估机构以及新闻媒体进行的评估，外部机构对院校或专业的运行进行评估，以确定它们是否达到预定的标准。内部质量保障主要是一流大学自主建立和运行的质量保障组织、制度和程序，用来进行质量保证，以确保和提高本校的教育质量，并培育质量文化。②

第一节　世界一流大学的外部质量保障机制

随着政府参与的增加和市场力量的作用，外部质量保障越来越成为一流大学质量保障的重要机制。外部质量保障机制包括政府主导和市场主导两种，政府主导的评估以质量评估、质量认证为主要形式，市场主导的评估在当前以大学排行榜为主要形式。在实施过程中，外部质量保障机制根据评估对象的不同又分为院校评估（institutional assessment）和专业评估（program assessment）。

一、政府主导的质量保障：质量评估和质量认证

质量评估是通过适当的技术、机制和活动对高等教育的过程、做法、专业课程和服务的质量作出评价（或判断）。质量评估的过程应考虑背景因素（国际、国内、地区、院校层面）、评估方法（自我评估、外部同行评估、报告方式）、评估层次（系统层面、院校层面、专业课程层面）、评估领域（学术领域、管理领域、产出和结果）以及各利益相关者的目标和有限领域。质量认证是运用最为广泛的外部质量保障方法。它是指政府、准政府和私立

① UQA. Proceedings of AUQF 2009. 2018-02-25. http：//www.auqa.edu.au/files/publications/auqf%20proceedings%202009.pdf.

② 毕家驹：《高等教育质量保证小议》，《高教发展与评估》2007 年第 7 期。

（认证机构）对高等教育机构的总体质量或某一专业课程的质量进行评估，以便对它们满足特定的标准作出正式认可，并颁发质量标签的过程，其任务是根据院校的使命、专业课程的目标以及各利益相关者（包括学生和雇主）的期望，确保实现一定的质量水平。①

美国到20世纪60年代逐步建立起了六大地区性认证机构和一批专门认证机构，呈现出外部系统介入学校教育的雏形。20世纪80年代，面对社会对高等教育质量的质疑，许多国家的高校纷纷建立了“高等教育保障体系”，这种质量保障从高校内部管理着手，尚属于一种高校的自我质量保证。之后，人们发现，尽管学校的内部质量保障很必要，但还远远不够，如果内部质量保障和外部质量评估结合起来，会有更好的效果。于是，各国又纷纷加强了高等教育质量外部保障、评估机构的建设。② 英国于1992年成立了高等教育质量委员会（HEQC），对高等教育的质量进行统一的审核和认证；法国于1984年设立国家评估委员会（CNE），对法国高等教育机构进行综合性的整体评估；澳大利亚于1995年制订学术资格框架（Australian Qualifications Framework，AQF），并逐渐建成了全国的高等教育质量保障系统；日本于1991年正式成立学位授予机构，负责学位的授予以及学位的评估、认证工作；欧洲高等教育质量保障协会（ENQA）提出了《欧洲高等教育区质量保障标准和准则》（*Standards and Guidelines for Quality Assurance in the European Higher Education Area*）。与此同时，政府越来越强调通过将高校自治与问责相联系，拨款与质量评估结果相挂钩。由此，高等教育外部质量保障机制得以建立，政府开始对高等教育质量进行问责。

（一）美国的高等教育认证和问责制度

1. 美国高等教育认证制度

认证是对高校、大学和专业进行审查从而保障和提升教育质量的外部

① 全球大学创新联盟编：《2007年世界高等教育报告：高等教育的质量保证》，汪利兵、阚阅译，浙江大学出版社2009年版，第4页。

② 范文曜、马陆亭：《国际视角下的高等教育质量评估与财政拨款》，教育科学出版社2004年版，第2页。

质量保障过程。认证制度在美国的历史已经长达 100 多年，这一制度的根本目的是保护公共利益。由于美国高等教育分权体制的影响，美国的高校有较大的独立性和办学自主权，高等学校认证通常由私立的非营利性组织进行开展。联邦政府和州政府都将认证视为一种保障学术质量的可靠的具有权威性的制度。联邦政府将认证作为提供联邦经费和提供学生资助的依据；大多数州政府虽然在初期为高校或专业颁发许可证时不要求认证，但是后续也会将认证作为提供州教育经费的基础。

（1）认证机构

美国的高等教育认证机构分为四大类别：①区域性认证机构：主要对非营利性的学位授予型两年制或四年制公立和私立高校进行认证；②全国性职业相关认证机构：主要对营利性的、与职业相关的、单一目标的学位授予型和非学位授予型高校进行认证；③全国性宗教相关认证机构：主要对宗教相关的非营利性的、学位授予型高校进行认证；④专业认证机构：主要对特定的专业、职业或有独立管理体系的学院进行认证，例如法律、医学、工程和卫生专业。[①] 美国教育部（Department of Education，简称 ED）和高等教育认证委员会（The Council for Higher Education Accreditation，简称 CHEA）主要负责对这些认证机构进行审查，保障这些机构在高校质量保障方面的可靠性。ED 认可比 CHEA 认可更为重要，因为高校只有在得到 ED 认可的认证机构认证后才能够获得高等教育法第四款的学生经费资助和其他联邦项目资助。

区域性认证机构。目前，美国有七大区域性认证机构，分布在美国的六大地区。区域性认证机构的认证是授予给包括各个专业项目在内的整个高校的，目的是使高校获得第五款学生资助，但是获得这一资格并不代表能够保障专业项目的质量或者学生能够毕业。2015 年 10 月，区域性认证机构共认证了 3586 所高校，所有高校都是学位授予型高校。[②] 表 5–1 列出了受 ED、

① Judith S. Eaton. An Overview of U.S. Accreditation. Washington DC：Council for Higher Education Accreditation. p.2.

② Congressional Research Service. An Overview of Accreditation of Higher Education in the United States. 2021-12-30. https：//crsreports.congress.gov/product/pdf/R/R43826.

CHEA 或者二者都认可的区域性认证机构名称。

表 5–1 受认可的区域性认证机构

获得 ED、CHEA 或者以上两项认可的区域性认证机构
中部地区学校与学院联合会中部地区高等教育委员会（两项认可）
新英格兰地区学校与学院联合会高校委员会（两项认可）
中北部地区学校与学院联合会高等学校委员会（两项认可）
西北部地区学院与大学联合会（仅 ED 认可）
南部地区学校与学院联合会（两项认可）
西部地区学校与学院联合会学院和大学认证委员会（两项认可）
西部地区学校与学院联合会社区学院和初等学院认证委员会（两项认可）

资料来源：Congressional Research Service. An Overview of Accreditation of Higher Education in the United States. 2021-12-30. https：//crsreports.congress.gov/product/pdf/R/R43826.

全国性认证机构。全国性认证机构包括两种：全国性职业相关认证机构和全国性宗教相关认证机构。截至 2015 年 10 月，美国有 7 个职业相关认证机构对 3542 所职业相关高校进行了认证，有 4 个宗教相关认证机构对 308 所宗教相关高校进行了认证。[①] 表 5–2 列出了受 ED、CHEA 或者二者都认可的全国性认证机构的名称。

表 5–2 受认可的全国性认证机构

获得 ED、CHEA 或者以上两项认可的全国性职业相关认证机构
卫生教育学校认证署（仅 ED 认可）
职业学校和院校认证委员会（仅 ED 认可）
继续教育和培训认证委员会（仅 ED 认可）
独立学院和学校认证委员会（两项认可）
职业教育委员会（仅 ED 认可）
远程教育和培训委员会认证委员会（两项认可）
全国职业艺术和科学认证委员会（仅 ED 认可）

① Congressional Research Service. An Overview of Accreditation of Higher Education in the United States. 2021-12-30. https：//crsreports.congress.gov/product/pdf/R/R43826.

续表

获得 ED、CHEA 或者以上两项认可的全国性宗教相关认证机构
圣经高等教育联盟认证委员会（两项认可）
高级希伯来语和塔木德经学馆协会（两项认可）
神学院联合会认证委员会（两项认可）
基督教学院和学校跨国联合会认证委员会（两项认可）

资料来源：Congressional Research Service. An Overview of Accreditation of Higher Education in the United States. 2021-12-30. https：//crsreports.congress.gov/product/pdf/R/R43826.

高校专业认证机构。专业认证机构主要在全国范围内对专业项目或单一专业（如工程和技术）的学院进行认证。通常情况下，特定的专业由本专业的认证机构进行认证，而本专业所在高校则由区域性或全国性认证机构进行认证。专业认证能够展示特定的院系在某一专业领域内所达到的标准。例如，很多公司在招聘时要求学生所毕业的专业获得指定专业认证机构的认证。截至 2015 年 9 月，大约有 69 个专业认证机构获得了 CHEA，ED 或者二者的认可。①

（2）认证程序

认证程序包括以下几个步骤：第一步高校进行自评。自评是为了了解高校的运行是否达到认证机构的基本要求，通常高校会准备详细的书面自评报告展示本校在各项指标上是如何达到或超过认证机构要求的，并且说明未来的改进计划。第二步是同行评议或实地评估。同行评议由外部小组开展，通常由高校教师或行政官员组成。同行评议小组会对高校的自评报告进行审议，同时也会参加实地评估小组的工作，实地评估小组会加入特定领域的实践者或一些公共部门的成员，如对高等教育领域感兴趣的非学术人士。在完成自评报告分析后，实地评估小组会进行实地考察，期间会与高校的教师、学生、职工、行政管理者会谈，了解自评报告中体现出来的一些问题，还会

① Congressional Research Service. An Overview of Accreditation of Higher Education in the United States. 2021-12-30. https：//crsreports.congress.gov/product/pdf/R/R43826.

与学校的校长或教务长会谈。第三步是评估报告起草。实地评估小组起草综合性评估报告，对高校的优势、劣势和值得改进的地方进行判断，之后，认证机构的工作人员会与实地评估小组进行会谈，对报告初稿进行谈论，最后形成对高校提出改进意见和建议的最终报告，提交给认证机构。认证机构会根据自评报告、同行评议意见、实地评估报告来决定认证是否通过，所有认证机构也都开通申诉通道供高校提出申诉意见。认证机构还会在评估间隔期对高校和学习项目进行监督，有时可能还会要求高校提供年度报告，开展中期评估，或者要求高校提交改正报告。

对新参与院校的初始认证通常非常细致，要耗费 5—10 年的时间才能完成。完成初始认证之后，再次认证一般是 10 年进行一次，期间对高校的运行开展一次中期检查，通常高校会与第三方机构进行合作进行自我评估，同时对自身的教育目标进行更新。如果评估机构发现高校在经费稳定和学术要求上没有达到基本要求，那么高校就不再有资格参加联邦的经费资助项目，这使高校努力达到要求确保不落入这样的境地。正因为高校需要获得联邦的经费资助，联邦政府在高等教育管制体系中也开始扮演更加重要的角色，而州政府的角色则非常重要。每一所高校都必须获得所在地州政府的批准才能够运行和获得经费资助。很多州对于高校还在经费稳定和提供良好的课程方面有审批权。但是，很少有州政府会要求高校达到某种学术标准，对于低质量的高校州政府也很少采取措施进行处理。这因而也招致了很多批评，认为该评估体系缺少牙齿。高校只需要与第三方评估机构分享它们的规划，而不需要将规划提交给政府的管理者，针对高校没有硬性要求完成这些计划，如果 10 年前的计划没有完成也没有任何惩罚。此外，认证只有通过或者不通过两种结果，并且几乎所有的高校都能够获得再次认证，不论它们表现好还是不好，这样缺乏区分度使学生很难确定高校是否提供了有质量的教育。批评者还认为，由于达到最基本要求的高校和高质量的高校获得的经费一样，这使高校缺乏不断进步的动力。

2. 以绩效为基础的问责制度

进入新世纪以后，为了提高经费的使用效率，美国开始引入绩效为基础的质量保障，主要是依据可以测量的指标度对高校的教育产出进行评估。这些评估结果会向公众公布，并且促使消费者“用脚投票”，有的管理者还会依据评估结果来决定奖励和惩罚。

（1）基于绩效的经费拨款和问责

在奥巴马（Barack Hussein Obama）政府之前，有的高校自行创造了基于教育结果的问责和质量保障框架。例如，2007年，由于联邦管理者期望高校能够在联邦经费的投入和产出上更加透明，公立赠地学院联合会（Public Land Grant Universities）和美国州立学院和大学联合会（American Association of State Colleges and Universities）的一些成员高校，迫于压力开发了它们自身的“自愿问责体系”（Voluntary System Accountability），向社会公开信息，以使公众更好地了解这些高等学校。截至2017年，有400所高校加入了该体系，每所高校都要提交“本校画像”，内容包括：办学成本、学生资助收入、学生学习结果数据、校园生活和经历以及其他申请本校时需要考虑的相关信息。这些自愿问责是随着州政府加强经费问责引起的。此前，州政府只根据入学人数来分配高等教育经费，而在过去10年，很多州政府都开始采用“基于结果的经费拨款”或“基于绩效的经费拨款”（performance-based funding，简称PBF），主要是衡量高校是否达到了产出目标并且对那些达到目标的高校给予奖励。基于绩效的拨款模式能够激励大学达到特定的政策目标。到2017年，已经有26个州面向公共经费资助的高校实施了基于绩效的拨款政策，很多其他的州也正在考虑实施这一政策。①

基于绩效的拨款政策将毕业率或者留级率作为衡量产出的重要指标，但是有的州也引入了不同的指标。例如，在田纳西州，法律要求对那些毕业率低的高校在整体提升毕业率后给予奖励。在俄亥俄州，培养更多STEM

---

① Jessies Brown，Martin Kurzweil，Wendell Pritchett. Quality Assurance in U.S. Higher Education：The Current Landscape and Principles for Reform. 2021-12-30. https：//sr.ithaka.org/wp-content/uploads/2017/06/SR_Report_Quality_Assurance_US_Higher_Education_06082017.pdf.

学科毕业生的高校能获得激励性经费；而在宾夕法尼亚州，法律要求为那些在经费筹措和大学新生入学等多方面取得进步的高校提供奖励经费。

大多数全国性或专业认证机构都对毕业率、考试通过率以及就业率有门槛要求。地区性认证机构最近还宣布使用最低毕业率在未来指导表现低下高校的评议。还有的机构加入一些更加宽泛的要求来进行评估。例如，2013年，西部学校和大学联合会（Western Association of Schools and Colleges，简称 WASC）就将五大技能领域中的一系列核心能力加入到了它们的评估标准之中。要通过认证，高校必须描述本校的课程如何满足五大核心能力的培养，并且证明这些教育结果在多大程度上得以实现。

在联邦层面，奥巴马政府在高等教育领域采用了多项以绩效为基础的改革，其中一项于 2012 年实施，要求对所有营利性高校加强管制，要求这些高校证明它们能够为本校学生毕业后获得工作提供条件。2017 年，美国教育部发布的数据表明，有超过 800 个专业项目在学生就业上未能达到问责标准，其中 98% 的专业项目是由营利性高校提供的。① 奥巴马政府加大了对财务状况不佳高校的监管力度，这导致了一些小规模高校的关闭。2016 年，美国教育部终止了对独立学院和学校认证理事会（The Accrediting Council for Independent Colleges and Schools）的认可，该理事会原本负责认证 245 所高校，其中大多数都是营利性高校。②

（2）大学分数卡

奥巴马政府还试图增强高校为学生和家庭提供信息的透明性。2013 年 8 月，奥巴马宣布要创设一种“高校打分系统”来评估高校的学费、毕

① Jessies Brown，Martin Kurzweil，Wendell Pritchett. Quality Assurance in U.S. Higher Education：The Current Landscape and Principles for Reform. 2021-12-30. https：//sr.ithaka.org/wp-content/uploads/2017/06/SR_Report_Quality_Assurance_US_Higher_Education_06082017.pdf.

② Jessies Brown，Martin Kurzweil，Wendell Pritchett. Quality Assurance in U.S. Higher Education：The Current Landscape and Principles for Reform. 2021-12-30. https：//sr.ithaka.org/wp-content/uploads/2017/06/SR_Report_Quality_Assurance_US_Higher_Education_06082017.pdf.

业率、毕业生收入。这些打分将影响高校得到的联邦经费拨款的份额，那些收费低，能够提供高毕业率、帮助学生获得高收入工作、为低收入学生提供入学机会的高校将获得更多拨款。但是，该计划受到了高等教育领导者的批评，他们认为由于美国高等教育过于多样化，目标也过于宽泛，这样的打分系统是无法创立的，并且教育的价值也很难量化。还有批评者认为，这一计划会进一步加大美国精英大学和普通高校的分化。精英大学通常招收更多家庭背景好的学生，所以这些学生在毕业后通常能找到收入较高的工作；而很多实行开放入学的普通高校却有着较低的毕业率和较差的就业结果。还有批评者认为，如果不考虑学生群体而仅仅对高校的绩效进行打分，那么这个打分是不公平的。① 2015 年，在经过两年的讨论后，奥巴马政府放弃了创立打分体系的想法。但是，教育部发布了“大学分数卡”（College Scorecard），这是一个在线提供院校层面有关学生学术水平、就业情况、收入状况等数据的平台，试图激励高校与学生和社区的目标保持一致。

（二）加拿大的高等教育认证制度

在加拿大，有四个区域性的质量保障机构，分别是：中学后教育质量评估委员会（安大略省）、阿尔伯塔高校质量理事会（阿尔伯塔省）、学位质量评估委员会（英属哥伦比亚省）、大西洋省份高等教育委员会（新不伦瑞克省、新斯科舍省和爱德华王子岛省）。在评估方法上，以安大略省的中学后教育质量评估委员会（The Postsecondary Education Quality Assessment Board，简称 PEQAB）为例，该委员会要求所有私立院校申请者要通过组织评估；此外，所有的申请者（不论公立还是私立院校）都要通过它们的项目评估。PEQAB 评估程序包括以下几个步骤：①向大臣准备和提交应对 PEQAB 指南和标准的申报书；②向理事会提交回应评估建议的申报书；

① Jessies Brown，Martin Kurzweil，Wendell Pritchett. Quality Assurance in U.S. Higher Education：The Current Landscape and Principles for Reform. 2021-12-30. https：//sr.ithaka.org/wp-content/uploads/2017/06/SR_Report_Quality_Assurance_US_Higher_Education_06082017.pdf.

③在理事会的网站上张贴申请通告，允许其他教育机构或公众在网站上评论；评论内容将与申请者和评估团队进行分享；④向理事会提交申报书摘要，在这一步时，有的私立院校申请者申报书也许已经被理事会拒绝，但是理事会还是会将所有私立院校申请者申请书提交给组织评估委员会，并为所有公立院校申请者成立评估小组开展项目评估。

安大略省的 PEQAB 对私立院校的评估标准主要包括以下几个方面：①职能陈述和学术目标；②管理能力；③道德行为；④金融稳定；⑤争议解决；⑥内部组织评估程序；⑦学术自由和诚信；⑧学生保护。专业评估标准则主要包括：①专业水平；②入学、升学和毕业情况；③专业内容；④提供专业学习的能力；⑤资格认可；⑥规章制度和认证情况；⑦专业评估政策。这一系列标准既包括投入也包括产出标准。以“学术自由和诚信”为例，申请院校必须制订认可和保护个人在追求知识过程中不惧怕受到来自于申请者或第三方的报复并且保护个人自由交流所获得的知识和研究成果的学术自由政策。而关于“专业内容”的标准则包括分配给学士学位课程的最低时间比例；“提供专业学习的能力”则包括本科和研究生专业中高级学位的教师比例；而“专业水平”标准则是指对“学生个人的学习每学期末进行评估，反映出优异、平均和及格成绩，表现出该生达到了本专业所要求水平”。①

PEQAB 的评估程序对机构评估团队和学术项目评估团队的成员资质有明确的要求。对于机构评估团队 PEQAB 要求成员必须在金融分析、入学程序、学习资源、教育管理等方面具有专业能力。专业评估团队则需要具备：某个学科领域的高级学术资格；相关专业的职业资格和职业经历；在行政、教学、课程设计和质量评估方面的学术背景。PEQAB 还会邀请申请者提名评估者名单供理事会参考，理事会与超过 300 名专业评估者签署了合同，绝大多数评估者来自于安大略省，另有 10% 来自于加拿大其他各省，还有

---

① Donald N. Baker & Terry Miosi. The Quality Assurance of Degree Education in Canada. *Research in Comparative and International Education*. 2010，5（1）：32-57.

10% 来自于美国高校。所有评估者都要签署利益无涉承诺书，保障他们在评估过程中的公平公正。①

（三）欧洲高等教育区的质量认证系统

2005 年 5 月，在卑尔根欧洲高等教育部长会议上，欧洲高等教育质量保障协会（ENQA）提出了《欧洲高等教育区质量保障标准和准则》（*Standards and Guidelines for Quality Assurance in the European Higher Education Area*），这意味着欧洲所有的质量保障机构都将要遵循欧洲标准的要求。2012 年，为了促进透明性、应用性和实用性，欧盟各国教育部长们开始对《欧洲高等教育区质量保障标准和准则》进行修订，三年后形成了《欧洲高等教育区质量保障标准和准则》（2015）。

《欧洲高等教育区质量保障标准和准则》设置了高等教育外部和内部质量保障的一系列标准和准则，还规定了质量保障机构的标准和准则，表 5–3 为 2015 年欧洲高等教育区外部质量保障标准与指导意见。设置《欧洲高等教育区质量保障标准和准则》的目的为：为在欧洲各国以及院校层面建立起统一的教学质量保障体系框架；实现欧洲高等教育区的高等教育质量保障和改进；建立相互信任，促进各国之间的学历互认和学生流动；提供欧洲高等教育区内的质量保障信息。欧洲高等教育区质量保障的基本原则为：第一，高校对于质量提供和保障承担首要职责；第二，质量保障回应高等教育体系、高校、专业项目和学生的多样性；第三，质量保障支持质量文化的发展；第四，质量保障尊重学生、其他利益相关者以及社会的需求和期望。②

---

① Donald N. Baker & Terry Miosi. The Quality Assurance of Degree Education in Canada. *Research in Comparative and International Education*. 2010，5（1）：32-57.

② The European Quality Assurance Register for Higher Education. Standards and Guidelines for Quality Assurance in the European Higher Education Area. 2021-09-10. https：//www.eqar.eu/assets/uploads/2018/04/ESG_2015.pdf.

表 5–3 2015 年欧洲高等教育区外部质量保障标准与指导意见

内容	标准	指导意见
外部质量保障与内部质量保障的关系	外部质量保障应当促进高校内部质量保障的有效性	高等教育外部质量保障基于高校自身对于质量保障的职责，外部质量保障为这一职责提供认可和支持
质量保障设计要有助于目标的实现	外部质量保障的定义和方案应当明确，从而确保目标的实现，利益相关者应当参与质量保障方案的设计和改进	利益相关者要对外部质量保障的目标达成共识。外部质量保障过程的目标和实施要注意：认识到该工作为高校带来的工作负担和成本；了解为高校提升质量支持的必要性；允许高校证明自身的改进；在评估结果和后续跟进上提供清晰的信息
实施过程	外部质量保障过程必须可靠且有用，需要预先设计好，得到持续的实施并且对外公开	外部质量保障的实施过程要专业、持续、透明，从而保障接受度和影响力。主要包括以下几个环节：高校通过自评或证据资料收集为外部质量保障提供基础信息；评议专家进行实地评估，与利益相关者进行面谈，形成书面文件；外部专家组撰写评估报告。外部质量保障并不会在评估报告完成后结束，报告会为高校行为提供清晰的指导意见，评估机构也会对高校的改进开展后续跟踪
同行评议专家	外部质量保障需要通过包括学生成员在内的外部专家组开展	外部质量保障的核心是由同行专家组成的广泛的专家组，这些专家能够为质量保障机构提供来自于高校、学术界、学生和雇主 / 专业实践者的多样化视角。外部专家必须满足以下条件：经过认真筛选、具有合适的能力胜任评估工作、获得适当的培训支持。质量保障机构需要保证专家的利益无涉
评价结果标准	任何外部质量保障的评价结果都应当基于能够持续适用的清晰、公开的标准	外部质量保障的结果市场对于高校和专业项目具有重要的影响
报告	专家报告应当面向学术界、外部伙伴和其他感兴趣的个人公开。如果质量保障机构基于该报告作出任何正式决定，该决定也应当与报告一同公开	专家报告是高校外部评估的基础，能够为社会提供高校的相关信息，因此，专家报告需要简明扼要，内容上需要包含以下几个部分：高校背景描述，评议程序，相关证据、分析和发现，结论，良好的经验，后续建议

续表

内容	标准	指导意见
投诉和申诉	外部质量保障程序要清晰定义投诉和申诉的程序	为了维护高校的权益，促进公平决策，外部质量保障要在公开负责的原则下进行，但是评估结果也可能会引起不满。高校需要能够通过合法程序提出异议，质量评估机构也要对相关问题进行专业处理。投诉程序能允许高校提出质量评估过程提出不满意见，而申诉程序则能允许高校对正式的评估结果提出质疑，了解评估结果是否有足够的证据支撑，评估标准是否得到正确的使用，评估过程的实施是否一致

资料来源：The European Quality Assurance Register for Higher Education. Standards and Guidelines for Quality Assurance in the European Higher Education Area. 2021-09-10. https：//www.eqar.eu/assets/uploads/2018/04/ESG_2015.pdf.

（四）日本的高等教育认证评价制度

从战前的精英教育到战后的大众教育，再到20世纪末步入普及化阶段，日本的高等教育经历了三个重要的发展阶段，其高等教育质量保障体系也随之建立和完善。目前，日本建立了包括政府评价、高校自评和第三方评价在内的复杂而综合的质量保障体系。① 日本《学校教育法》修订案（2002）确立了大学认证评价制度，即所有国立、公立和私立大学都有义务定期接受由文部科学省认证的评价机构所实施的评价。日本政府从2004年开始对评价机构进行认证。截至目前，日本已经有包括大学改革支援和学位授予机构（National Institution for Academic Degrees and Quality Enhancement of Higher Education，NIAD-QE）、高等教育评价机构（Japan Institution for Higher Education Evaluation，简称JIHEE）、大学基准协会（Japan University Accreditation Association，简称JUAA）在内的15家获得政府认证的评价和认证机构。大学认证评价至少每7年开展一次，每所大学都要至少选择一个

① 秦琴：《日本高等教育质量评价与保障体系：历史演进与改革方向》，《高教探索》2018年第1期。

组织接受评价。

NIAD-QE 是负责对文部科学省所属的大学、科技学院和法学院进行评价的第三方机构。NIAD-QE 主要是对大学在教育、科研和其他活动的整体情况进行评价和认证，旨在保障大学的教育和科研质量，保障教育和教学质量与大学的职能保持一致并且促进大学不断改进和发挥优势，帮助大学在教育和科研活动上获得公众的理解和支持。在评价政策上，NIAD-QE 主要遵守以下 7 大原则：①建立大学评价和认证标准；②关注教育活动；③为提升个性化和特色作出贡献；④关注内部质量保障；⑤关注学习结果；⑥公正的同行评议；⑦符合质量保障的国际趋势。其大学评价和认证标准包括 6 个领域的 27 项标准（见表 5–4）。

表 5–4　NIAD-QE 的大学评价和认证标准

1. 教育和科研的基本组织标准 （1）具备有利于实现组织目标的、基本的教育和科研组织框架 （2）对教师在教育、科研和其他活动中进行完善的安排 （3）对教育、科研和其他活动的实施进行系统的组织
2. 内部质量保障标准 （1）有明确规定的内部质量保障组织框架 （2）有明确规定的内部质量保障程序性规则 （3）内部质量保障体系的职能可以得到有效发挥 （4）具备建立和调整教育和科研基本组织的合理的审批体系 （5）建立了保持和改进教学和教职工质量的体系
3. 财政管理、行政管理和信息公开标准 （1）能开展完善的且有助于实现教育和科研职能的财务管理工作 （2）具有明确的且管理完善的行政架构 （3）职能部门的规模适当且能发挥完善的管理功能 （4）具有能够保障学术和行政人员之间进行合作的体系，且有相关举措提升他们的能力 （5）大学内部的财务控制和审计体系以及行政管理系统能够行使适当的职能 （6）大学对其教育和研究活动的相关信息进行适当公开
4. 设施设备和学生支持标准 （1）能够提供符合大学教育和科研组织以及学术项目需要的设施和设备，并且有效使用 （2）能够为学生提供有关学生生活、生涯和就业、课外活动、学生贷款方面的咨询、建议和支持

续表

5. 学生入学标准 （1）有明确规定的入学政策 （2）学生入学程序得到完善的实施 （3）新入学人数符合学校的招生容量
6. 学术项目和学习成果标准 （1）有明确规定的学位政策 （2）课程政策与学位政策相匹配 （3）课程结构和课程内容具有完善的体系和符合学位和课程政策的、适当的难度水平 （4）有符合学位和课程政策的适当的教学方法 （5）有符合学位政策的适当的学习指导和支持 （6）对学术结果进行公平而严格的符合课程政策目标的客观评价 （7）对学生是否毕业和完成学业的决定是公平的，并且符合教育目标和学位政策 （8）学生的学习成果得到充分表现，并且符合教育目标和学位政策。

资料来源：National Institution for Academic Degrees and Quality Enhancement of Higher Education. Institutional Standards for Evaluation and Accreditation of Universities：2019-2026.2021-12-30. https：//www.niad.ac.jp/english/unive/cea/standards.html.

高等教育评价机构（JIHEE）则主要是对私立大学的教育和科研进行评价。JIHEE 的评价基于 9 大基本原则：①关注内部质量保障；②基于 JIHEE 提供的一般评估标准；③关注于高校教育活动的整体水平；④基于对每所高校自身特点和特色的考量；⑤为每所大学的进步和提升服务；⑥基于同行评议；⑦评估导向；⑧交流导向；⑨高度透明和可靠的评价体系。JIHEE 的评价标准主要包括三个部分，第一部分是一般评价。一般评价的标准包括 6 大方面：①职能和目标；②学生；③教育课程；④教职工；⑤管理、行政和财务；⑥内部质量保障。① 第二部分是特色评价。除了上述 6 大统一标准外，每所高校还要建立自身的个性化和特色标准，JIHEE 会根据基于高校展现出来的自身的独特性进行打分评估。第三部分是评语。除了特色评价外，高校还可以通过评语的方式描述本校特色的教育和科研活动及其他需要凸显的办学活动。可见，JIHEE 的评价基于同行评估和与每一所高校之间密切的沟

① Japan Institution for Higher Education Evaluation. Evaluation System.2021-12-30. http：//jihee.or.jp/en/evaluation/univ_guidelines2018.html#sec05.

通，较为重视私立大学的办学自主权和办学特色。

日本大学基准协会（JUAA）成立于1947年，在成立之初由46所国立、公立和私立大学资助，是效仿美国模式设立的社会高等教育认证评估团体。自1951年开始就对申请成为成员的大学开展认证，2004年成为文部科学省认证的第一家大学评价和认证机构。JUAA是一个成员组织，其成员包括两种类型，第一种类型是已经通过了JUAA认证的大学，第二种是支持JUAA的成立、目标和活动的大学，可以不通过认证而成为JUAA的成员。JUAA对大学的认证主要包括大学的职能和目标、内部质量保障、教育和科研架构、课程和学习结果、招生入学、教师、学生支持、教育和研究环境、社会合作和社会贡献、行政和财务这10个方面。①

日本的高等教育认证评价制度表现出以下特点：第一，具有多样化的第三方评估机构，不同的机构评估对象和侧重点有所差异。第二，重视内部质量保障。大学质量保障的责任应当是大学本身，因此在开展质量评价的时候强调大学建立自身的内部质量保障体系。第三，在统一评估标准的同时也关注高校自身特色，避免用整齐划一的标准去丈量不同的学校。第四，强化制度建设，要求高校建设透明合理的制度环境来保障教育和科研活动的质量。第五，重视教育教学活动和学业成就，关注学生利益。

二、市场主导的评估：大学排行榜

20世纪80年代，新自由主义思想影响到高等教育领域。新自由主义所强调的顾客、市场和竞争等因素在经济和社会发展中的作用，导致了高等教育的私有化和商业化改革。学生、家庭、雇主和政府是高等教育的消费者，大学所提供的服务必须满足消费者的需求，高等教育质量要根据消费者的满意度以及是否能够满足劳动力市场的需求来作出判断。一流大学为争夺经费和优质生源展开了激烈的竞争。因而，市场竞争成为高等教育外部质量保障

① Japan University Accreditation Association. 2018. University Accreditation Handbook. 2021-12-30. https：//juaa.or.jp/en/common/docs/accreditation/handbook_university.pdf.

的又一重要机制，市场参与到了高等教育问责三角的一角之中。

大学排行榜作为市场（社会力量）对大学的教学科研业绩的评估，无法对大学的教学与管理直接施加影响，但在高等教育竞争激烈的今天，大学都不可能忽视自己在大学排行榜中的排名，因为排行榜提供了清晰的学校间的可比数据，日益成为学生选择和报考学校的重要依据，排行榜还影响着学校获得的资助数量，影响学校的社会声誉，对大学吸引优秀生源、杰出师资也发挥着重要影响。

（一）美国《美国新闻与世界报道》大学排名

1983 年，《美国新闻与世界报道》首次推出两年一次的全美排名，主要面向本科教育的院校。1987 年后至今又改为每年一次，并开始面向研究生教育。该杂志从美国相关机构收集资料并加以分析，面向家长和学生提供可比数据，供选择学校时参考。该排名属于民间行为，美国官方教育管理机构不介入，但这项活动越来越受到社会各界的关心和重视。值得关注的是，从美国大学排名指标来看，除了通过毕业率、班级规模、师资、学生成绩等指标对教学质量进行关注外，还重视社会弱势群体接受高等教育的权利（见表 5–5）。例如，社会流动指标主要是关注获得联邦佩尔奖学金资助的学生毕业的情况，通常获得这一奖学金的学生来自于年收入低于 5 万美金的家庭；而每一年新增的毕业生负债情况关注的是学费的可负担性。

表 5–5 US. News 全美大学排名指标

一级指标及权重	二级指标及权重
教学成果（40%）	毕业率和保持率（22%）
	毕业率的表现（8%）
	社会流动性（5%）
	每一年新增的毕业生负债情况（5%）
师资（20%）	课堂规模（8%）
	教师工资（7%）
	全日制教师的比例（3%）

续表

一级指标及权重	二级指标及权重
	学生和教师比例（1%）
	全职教师比例（1%）
专家意见 / 学术声誉 20%	专家意见 / 学术声誉 20%
财政来源（10%）	财政来源（10%）
学生成绩（7%）	学生成绩（7%）
校友评价或捐助（3%）	校友评价或捐助（3%）

资料来源：US News and World Report. Methodology. How U.S. News Calculated the 2022 Best Colleges Rankings. 2021-12-30. https：//www.usnews.com/education/best-colleges/articles/how-us-news-calculated-the-rankings.

除了学校进行排名，《美国新闻与世界报道》也对大学和研究生院的学科进行排名。以工程学科研究生院排名为例，评估指标分为四个一级指标：质量评估、学生录取、师资力量、研究活动（见表 5–6）。

表 5–6 《美国新闻与世界报道》美国工程学科研究生院排名指标体系

一级指标及权重	二级指标及权重
质量评估（40%）	同行评分（25%）
	企业雇主评分（15%）
学生录取（10%）	GRE 平均分数（6.75%）
	录取率（3.25%）
师资力量（25%）	全日制博士生比全职终身教职教师的比率（7.5%）
	全日制硕士生比全职终身教职教师的比率（3.75%）
	教师担任国家工程院院士的比例（7.5%）
	上一年的博士学位授予数量（6.25%）
研究活动（25%）	上两财年的研究总支出经费（15%）
	上两财年平均每名教师的研究支出经费（10%）

资料来源：US News and World Report. Methodology：2022 Best Engineering Schools Rankings.2021-03-29. https：//www.usnews.com/education/best-graduate-schools/articles/engineering-schools-methodology.html.

《美国新闻与世界报道》的世界大学排行榜将大学的科研水平评估作为一项重要内容，在一共13项评价指标中，大学在全球和区域的科研声誉，论文发表的情况、论文的影响力都作为主要指标，同时也考虑高校的国际合作和国际影响力，但没有将教学相关指标纳入到该评估指标体系之中（见表5–7）。

表5–7　US. News世界大学排名指标

排名指标	权重
全球科研声誉	12.5%
区域科研声誉	12.5%
论文发表	10%
专著	2.5%
学术会议	2.5%
标准化论文引用影响指数	10%
论文被引用总次数	7.5%
前10%高被引论文数	12.5%
前10%高被引论文占比	1.%
本校国际合作论文占全国国际合作论文的比例	5%
国际合作论文占本校所有发表论文的比例	5%
前1%高被引论文数	5%
前1%高被引论文占比	5%

资料来源：How U.S. News Calculated the Best Global Universities.2021-10-25. https：//www.usnews.com/education/best-global-universities/articles/methodology.

（二）英国《泰晤士报高等教育副刊》世界大学排名

《泰晤士报高等教育副刊》于1986年公布了英国高等学校按学科排名的排行榜，以后又陆续推出了英国大学排行榜。这个一年一度的大学评估活动投入了大量资金，由组织者聘请权威专家对各大学作出比较全面的评估，然后将结果公布于众，是英国高校接受社会监督和民间评估的最主要的形式。这种冠名为“优秀大学指南”（Good University Guide）的民间评估，其宗旨在于保障公众择校，但实际上发挥了对高校实施社会监督的功能。

2004 年开始，《泰晤士报高等教育副刊》开始提供世界大学排名，帮助公众了解不同高等教育机构的不同职能和成就。2022 年，《泰晤士报高等教育副刊》世界大学选取世界 99 个国家 1600 多所最优异的大学进行排名，在各项评估指标中非常重视大学的科研职能。该排名包含 13 项指标，其中主要指标包括：教学（学习环境）、科研（产出、收入和声誉）、论文引用（科研影响力情况）、产业收入（知识转化）和国际视野（教职工、学生和科研）（见表 5–8）。《泰晤士报高等教育副刊》还按世界不同地区和主题对大学进行排名，包括阿拉伯地区大学排名、亚洲大学排名、新兴经济体大学排名、拉丁美洲大学排名、世界大学声誉排名和年轻大学排名。

表 5–8　2022 年英国《泰晤士报高等教育副刊》世界大学排名指标体系

一级指标及权重	二级指标及权重
教学（学习环境）（30%）	声誉调查 15%
	师生比 4.5%
	博士生比本科生的比率 2.25%
	博士学位授予数比教职工的比率 6%
	大学收入 2.25%
科研（产出、收入和声誉）（30%）	声誉调查（18%）
	科研收入（6%）
	研究产出（6%）
论文引用（科研影响力情况）（30%）	论文引用（科研影响力情况）（30%）
国际视野（教职工、学生和科研）（7.5%）	国际学生占比（20%）
	外籍教师占比（2.5%）
	国际合作情况（2.5%）
产业收入（知识转化）（2.5%）	产业收入（知识转化）（2.5%）

资料来源：Times Higher Education. World University Rankings 2022：Methodology. 2021-08-26. https：//www.timeshighereducation.com/world-university-rankings/world-university-rankings-2022-methodology.

（三）软科世界大学学术排名

软科世界大学学术排名（Shanghai Ranking's Academic Ranking of World Universities，简称 ARWU）于 2003 年由上海交通大学世界一流大学研究中心首次发布，是世界范围内首个综合性的全球大学排名。软科世界大学学术排名采用国际可比的客观指标和第三方数据，包括获诺贝尔奖和菲尔兹奖的校友和教师数、高被引科学家数、在 *Nature* 和 *Science* 上发表的论文数、被 SCIE 和 SSCI 收录的论文数、师均学术表现等（见表 5–9），每年排名的全球大学超过 2000 所，发布最为领先的前 1000 所大学。

表 5–9　2021 世界大学学术排名（ARWU）指标体系

一级指标	二级指标	简称	权重
教育质量	获诺贝尔奖和菲尔兹奖的校友折合数	校友获奖	10%
教师质量	获诺贝尔科学奖和菲尔兹奖的教师折合数	教师获奖	20%
	各学科领域被引用次数最高的学者数量	高被引科学家	20%
科研成果	在《自然》（*Nature*）和《科学》（*Science*）上发表论文的折合数 *	N&S 论文	20%
	被科学引文索引（SCIE）和社会科学引文索引（SSCI）收录的论文数量	国际论文	20%
师均表现	上述五项指标得分的师均值	师均表现	10%

* 对纯文科大学，不考虑 N&S 论文指标，其权重按比例分解到其它指标中。
资料来源：上海软科：《排名方法——2021 世界大学学术排名》，2021-12-30. https：//www.shanghairanking.cn/methodology/arwu/2021#title1。

随着大学排行榜对于大学的影响日益加剧，大学排行榜的弊端也日益显著，包括：不同的排名由于排名方法不同导致同一所学校在各大排名中的结果不一致甚至存在很大矛盾，大学排名导致了大学的标准化、商业化和同质化，大学排名的指标体系无法对大学的教学质量本身和多重的教育目标进行充分的测量等。因此，人们也充分认识到，应当通过大学排行榜评估大学的学术声望和社会地位，达到提升大学的学术水平、提高人才培养质量的目标，而不是仅仅关注高校和专业在某些测量指标上达到世界前列。

三、专业组织的评估

除政府、市场以外，独立于政府的专业组织制定标准、开展评估，在质量监控和保障方面起着非常重要的作用，成为大学和政府之间的减压阀、润滑剂，保障了大学的学术自由和自治地位，最典型的如美国大学联合会（Association of American Universities，简称 AAU）、加拿大大学和学院联合会（Association of Universities and Colleges of Canada，简称 AUCC）等。

（一）美国大学联合会（AAU）

美国大学联合会成立于 1900 年，由 66 所顶尖的研究型大学组成，尽管这些大学只占到美国四年制大学的 3%，但是却在 2019 年授予了美国 42% 的博士学位，获得了 5033 项专利，创建了 4632 个衍生企业，对美国的人才培养、科学研究和国家创新作出了突出的贡献。① 能够拥有 AAU 的成员资格象征着威望和质量，所以很多高校都希望加入这个精英大学俱乐部。

AAU 也通过认证程序致力于保障联邦政府对高校进行适当的问责。AAU 成立了会员委员会，会定期对非会员和会员大学进行评估以确认是否邀请对方加入联合会或保持当前的会员资格。当非会员大学的研究和教育能力超过会员大学时，非会员大学可能就会收到联合会的邀请，而当会员的研究能力低于其他会员或者下降到新会员入会标准以下时，其会员资格可能会被重新审议甚至中止。②

1. AAU 的会员原则

第一，AAU 的目标是为学校和国家层面的政策制定和实施提供平台，以促进学术研究、本科生和研究生教育以及专业教育；第二，AAU 的会员

---

① Association of American Universities. About AAU.2021-12-30. https：//www.aau.edu/sites/default/files/AAU-Files/Who-We-Are/BTN-2021-Vertical.pdf.

② Association of American Universities. Membership Policy. 2021-12-30. https：//www.aau.edu/who-we-are/membership-policy#：~：text=Membership%20Policy%20The%20Association%20of%20American%20Universities%20is，education.%20Membership%20in%20the%20association%20is%20by%20invitation.

应当是在学科范围、研究生教育和科学研究质量都保持领先的综合性大学；第三，AAU 的会员应当认可 AAU 对教育项目的广度和质量制定的适当标准，并且运用这些标准来对新会员和已有会员进行评估；第四，所有会员都要接受会员委员会的定期评估。

2. AAU 的评估标准

AAU 运用了一系列指标对当前会员和潜在新会员进行评估。这些指标可以分为阶段 I 指标和阶段 II 指标。阶段 I 指标用于评估高校研究和教育的广度和质量，而阶段 II 指标用于对高校的科研和教育项目进行附加评估。阶段 I 和阶段 II 指标组成会员资格的第一轮评估，第二轮评估则包含对高校及其未来发展的质性评估。

表 5–10　AAU 第一轮评估指标情况①

	指标名称	指标说明
阶段 I 指标	1. 竞争性联邦科研经费水平	该指标主要利用美国国家科学基金会研究经费数据进行评估
	2. 美国国家科研机构院士数（国家科学院、国家工程院和国家医学院）	该指标主要利用美国国家科学机构院士数据库进行评估
	3. 教师获奖、荣誉资格和会员身份	该指标主要利用教师获奖、荣誉资格和会员身份方面的数据以判断教师优异程度
	4. 论文引用情况	该指标主要利用汤森路透（Thomson Reuters InCitesTM）的论文引用数据库来了解大学每年科研成果的数量和质量
阶段 II 指标	1. 美国农业部、州和产业界的研究经费水平	虽然这类经费来源对于学术研究也非常重要，但是由于它们不属于竞争性经费，因而被列入阶段 II 指标
	2. 博士生教育	会员委员会主要利用美国教育部中学后教育数据系统（IPEDS）来评估大学每年授予博士学位数量，为防止对博士生教育进行简单量化以及防止误导大学增加博士学位授予数，该指标用于阶段 II 的评估。

① Association of American Universities. Membership Policy. 2021-12-30. https：//www.aau.edu/who-we-are/membership-policy#：~：text=Membership%20Policy%20The%20Association%20of%20American%20Universities%20is，education.%20Membership%20in%20the%20association%20is%20by%20invitation.

续表

	指标名称	指标说明
	3. 博士后数量	会员委员会主要利用美国国家科学院关于博士后的数据库，大多数来自于医学、物理和工程领域。由于博士后情况与大学科研高度相关，且该数据由大学自主报告而缺乏统一性，因而被列入阶段 II 指标。
	4. 本科生教育	会员委员会对大学本科生项目进行评估来确定大学是否实现了其关于本科生教育的责任。由于研究型大学在本科生教育职能方面具有多样性，委员会保持在评估中的灵活性。

（二）加拿大大学和学院联合会（AUCC）

加拿大大学和学院联合会成立于 1911 年，有 94 所大学是它的会员，绝大多数都是公立大学。AUCC 的职责是促进高等教育的公共政策发展，鼓励大学和政府、产业界、社区以及世界其他地区大学之间的合作。为了保障新的学位项目和学位授予机构的合法性，大学需要达到 AUCC 的会员认证标准。这些标准包括：机构具有治理能力；坚持教授治校的原则；提供本科生或研究生专业学习项目；有博士学位和教学资格的教职工；能提供奖学金；能开展学术研究；能参与外部同行评议的研究和出版；明文规定学术自由、学术诚信和知识产权政策等等。

AUCC 为会员院校提供了一系列质量保障的基本原则，不仅在 AUCC 进行定期评议时要依照其执行，而且高校在制订内部质量保障政策和程序时也要依照其执行：①基于自我评估和同行评议；②包含有外部学科专家的参与；③有学生、教师和行政官员的参与；④评估结果要公开；⑤有指定机构专门负责实施 AUCC 所规定的质量保障政策，并采纳 AUCC 提出的改进建议和付诸行动。①

根据 AUCC 的要求，高校内部的质量保障政策主要包括以下几个方面的内容：① 学术服务；② 管理架构；③ 教学和研究关系评估；④ 入学要求；

---

① Donald N. Baker & Terry Miosi. The Quality Assurance of Degree Education in Canada. *Research in Comparative and International Education*. 2010，5（1）：32-57.

⑤ 新生体验 / 学生参与；⑥ 博士生项目的科学研究；⑦ 硕士生项目的科学研究；⑧ 人力资源；⑨ 机构关系；⑩ 机构间的关系；⑪ 图书馆和相关支持；⑬ 硬件设施；⑭ 研究生体验 / 就业；⑮ 在加拿大、北美以及世界的排名；⑯ 社会服务；⑰ 每项评估的具体条款；⑱ 专业学习项目框架实现目标的程度；⑲ 教学评估战略实现目标的程度。①

尽管各国开展外部质量保障的具体程序和方法存在差异，但其核心部分是相同的：通常按照“被评院校的自我评估——外部同行评价和专家现场访问——研究评估信息、作出评估结论——发表评估报告”的一般程序进行。总的来看，政府主导的外部质量保障机制呈现出以下特点：

第一，质量保障机制以大学自治为前提。大学必须保持其作为自治机构的特点，必须保持永久而明确的政治、道德和科学上的独立，必须在自身的预算和资源、学术自由、规划和完成使命方面拥有完全的决定权，才能以批判性和创造性的方式，通过教学、研究和文化传播保障知识的生产和转移，才能确保自己成为重大的高层次学问的平台。但是，作为独立的机构，大学也有责任向社会递交绩效报告，对学校已达到目标和绩效表现作出说明，使大学受到国家、社会和公民的评估和鉴定。

第二，很多外部质量保障机构是独立于政府的第三方评估机构。一些国家通过立法、拨款资助建立或扶持一个独立、自治的高等教育质量评估机构。在不同的国家，质量评估机构的法律地位和经费来源不一样，但是它们都通过要求资深的学术工作者进入它们的管理理事会或委员会，以及让整个学术领域加入到它们的评估活动之中，来使其合法化。质量评估机构时常由高等教育和政府的联盟组成，但政府只是在背后限制和控制机构的运行范围，而不参加到评估活动之中。独立的质量评估机构发挥着以下职能：①以促进学校建立质量保证机制和自评为主要目的，制定标准、要求，计划、组织和培训同行专家对学校和专业、课程进行外部评估，利用评估报告和结

---

① Donald N. Baker & Terry Miosi. The Quality Assurance of Degree Education in Canada. *Research in Comparative and International Education*. 2010，5（1）：32-57.

果，保证和推动高等教育质量，为政府决策提供较为准确和科学的依据，帮助调节政府控制；②提供一种机制将更多的权力转移给学校，政府不是直接干预高校事务，而是通过立法、拨款、批准和任命评估机构部分成员等方式保留自己的主导、监督和奖惩作用，获知相关信息和对高校进行问责。因此，质量评估机构在高等教育质量保证体系中发挥重要作用，在政府和高校之间起“缓冲器”的作用；它一方面避免了政府直接干预高校事务，保障大学的自治权；另一方面它帮助调整政府控制，提供一种机制使权力转移给学校，虽然政府不再对高等教育进行直接控制，但是可以获知相关的信息，并且高校还要为所获得的权力接受问责。

第三，质量评估以高校自评为基础。外部质量保障机制督促大学通过持续的自我评估和规划，促进高校和学科专业的改进。在各国高等教育质量保证模式中，各国的高等教育质量保障都非常重视学校的自评，院校内部质量保证是外部质量保证的前置条件。一般地，各国的各种正式评估都要求学校提出自评报告、自评依据。总结性的自评，是对学校一定时期内教育教学工作及成效的全面反映，有利于外部评估专家熟悉情况，有针对性地开展工作，节省时间。高校积极主动地建立自我保证机制，是保护学术自由、院校自治，同时向外界证明其质量与效率的一种有效手段。

第二节　世界一流大学的内部质量保障机制

大学是研究高深学问的场所，是学者的社团，世界一流大学的质量保障通常是以内部质量保障为主的，内部质量保障机制包括建立科学的教学质量标准、质量管理程序、制度和规章，进行自我评估等，目的是确保人才培养质量能够符合社会、个人和学校的需要，同时“形成一个完整的培育组织系统，构成一个在质量上能够自我约束、自我激励、自我改进、自我发展的有效运行机制。”①

① 高耀明、张光辉：《大学内部教学质量保障体系——以上海师范大学为例》，《大学（研究与评价）》2007 年第 10 期。

一、学生入学质量保障

生源质量是本科教育质量的基础，世界一流大学通过严格的招生机制只招收最优秀的学生，保障大学新生质量，优秀的学生能够在一流的大学中得到最大限度的发展，为自己和同伴在大学中获得丰富的教育经历作出贡献。

（一）“高选择性”的招生标准

世界一流大学的招生普遍采取了严格的入学标准，实行“高选择性”（highly selective）的竞争性录取方式，前来报考的考生必须面临激烈的竞争。达特茅斯学院率先在 1921 年建立了“选择性招生录取过程”（selective process of admission）。2018—2019 年度达特茅斯学院的新生录取率仅 7.9%，95% 的入学新生在高中班级中成绩排名前 10%。从 SAT 标准化成绩来看和 ACT 的成绩来看，该学院录取的新生 SAT 成绩在 1560 分或以上，大多数新生的 ACT 成绩都处于全美 ACT 成绩排名 3% 以内。①

“高选择性”不代表仅仅通过应试来筛选学生。除了标准化成绩，一流大学还要考察入学申请者的个人陈述、推荐信、课外活动和高中学习课程的难度情况，非常重视学生学习兴趣、道德品质和为社区服务的精神。例如，斯坦福大学的本科招生标准主要有以下四点：第一，学生的学习成绩要非常优秀，能够在广泛的学习领域中一贯地选择那些具有挑战性的课程，同时还能够表现出很高的智力水平和创造精神；第二，注重学生对学校和所生活的社区所作出的贡献；第三，要求学生在入学申请表以及个人简历表中填写自己的能力、兴趣和所参加的活动，并且重视顾问和老师的推荐意见，重视学生的品质；第四，不歧视残疾人、智障者和身体有缺陷的人。② 同样，东京大学也不鼓励招收那些只注重招生考试成绩、并把所有努力都投入到狭隘的

---

① Thought Co. Dartmouth College：Acceptance Rate and Admissions Statistics. 2020-03-27. https：//www.thoughtco.com/dartmouth-college-gpa-sat-act-data-786448.

② 国务院学位委员会办公室：《透视与借鉴——国外著名高等学校调研报告》（下），高等教育出版社 2008 年版，第 1540 页。

备考中去的学生。相反，东京大学非常重视通过将学过的知识联系起来以解决问题的能力，欢迎那些出自他们自己的兴趣在课堂内外学习各个领域各种知识的学生，这些学生能够将学习中出现的各种问题和深入见解联系起来，能探究和追求自己对这些问题的认知。①

（二）注重生源的多样性，营造多样化校园氛围

为了营造多样化校园氛围，许多世界一流大学在进行招生时注重招收各种文化背景、在各方面具有特长、富有创造力的优秀学生，注重新生在民族、社会地位、经济、地理和种族背景方面的多样化。大学招生录取不仅仅是把高分的考生挑选出来，而且鼓励走不同生活道路的人在校园里汇集，拓展每个人的人生视野，增强社会理解力。

美国 200 所高选择性大学中的大多数院校都特别关注少数族裔学生比例与申请人数，对少数族裔考生实行倾斜政策。2021 年，加州大学的九大校区共招收了 13 万多名新生，在加州本地的 84223 名新生中，37% 的学生为拉丁裔的学生，34% 为亚裔，白人学生和黑人学生占 20% 和 5%。45% 的新生来自于低收入家庭，同时，有 45% 的学生是家庭中第一个进入四年制大学就读的学生。在加州大学洛杉矶分校的新生中，34% 的新生为少数族裔，其中黑人学生占到了新生的 7%。②

随着高等教育全球化的发展，一流大学成为世界各地人才的聚集地，而国际学生的占比已经成为大学办学质量的一项衡量指标。世界一流大学普遍要求学生拥有国际视野和外语沟通能力以具备全球领导力。从 2021 年美国常青藤大学的国际新生比例来看，国际学生占比达到了 10% 左右或以上，其中哈佛大学最高，达到了 16.2%（见图 5–1）。

---

① The University of Tokyo. Admissions Policy of the University of Tokyo. 2021-12-30. https：//www.u-tokyo.ac.jp/en/prospective-students/policy.html.

② Los Angeles Times. UC admits Largest，Most Diverse Class Ever，But It Was Harder to Get Accepted. 2021-07-19. https：//www.latimes.com/california/story/2021-07-19/uc-admissions-new-diversity-record-but-harder-to-get-in.

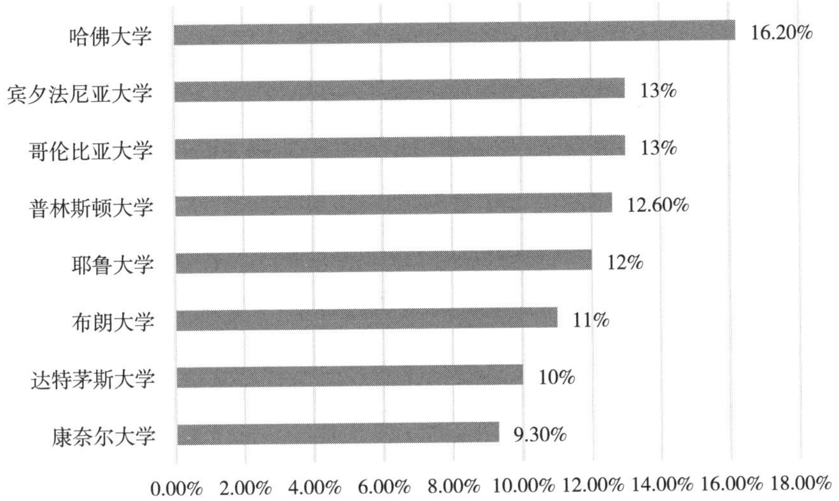

图 5–1　2021 年美国常青藤大学国际新生的比例

资料来源：Statista. Share of International Students in the Ivy League Class of 2025.2021-10-25. https：//www.statista.com/statistics/941523/ivy-league-international-students-class/.

（三）各院系和专业项目自行制定招生标准

很多一流大学在招生标准上通常给予院系和学习项目以高度的自主权，学校或研究生院只规定最低录取要求（如入学要求、毕业学分、平均成绩等），由各院系和研究生项目自行制定相对较高的要求，这样可以照顾到各学科之间的差异，避免一刀切。例如，康奈尔大学对于申请入学的本科生只做基本要求：GPA 最低分数达到 3.80，具有良好的学术素养和能力，具有良好的学科素养和能力，能够到国外学习，能够按期毕业，能够达到专业项目的入学要求等，而入学申请的具体要求主要是让学院或专业项目自己规定。①

二、教学质量保障机制

世界一流大学普遍对教学质量十分重视，教学是每位教师必须承担的

① Cornell University. Experience Cornell. 2021-11-10. https：//experience.cornell.edu/opportunities/university-cambridge/requirements.

职责。在剑桥大学，所有教授、高级讲师、讲师和助理讲师对大学的基础教育都有着法定的责任，即使最著名的皇家教授和诺贝尔奖获得者也要给本科生上课。剑桥大学的教师同一门课最多上两次，一般教师在两三年内会将所教专业的课程全部轮换一遍，这对教师的知识储备与教学能力是一种严格的要求，从而保证了教学质量的优秀水平。高水平的教师从事基础教学，为学生以后的学习打下了坚实的学术基础，这是培养高质量产品——成绩优异、能力卓越学生的有效措施。① 除此之外，世界一流大学还有一系列的内部质量保障机制来确保教学质量。

1. 本科生导师制

很多世界一流大学实行本科生导师制，导师是学生在学校期间的领路人，学生在校期间定期与本专业的导师会面，导师就课程安排、学位要求、学术咨询和战略等方面的问题对学生予以帮助。

剑桥大学实行的本科生导师制使教师和学生之间形成良性的互动。每个本科生都有一名导师，导师负责指导学生选课，为学生提供学习参考书目，每周组织几次小班辅导。一般情况下，一名老师辅导 3—5 名学生。导师制以其特有的培养模式、教学方式和师生关系，体现着剑桥大学的办学理念，激发了学生的主动性，从而提高教育效果。学生可以在与导师的交流中解决他们在学习中遇到的困难，而导师可以得到及时的质量控制反馈。这种近距离个别接触和交流的教学方式，为教学质量提供了有效保障。②

法国巴黎高师的每一名学生都有一个单独的导师进行指导。学校非常注重学生进行多学科以及跨学科的学习和研究，学生和导师之间都会签订一个学习协议，在主要专业的基础上，选择一个或多个第二专业学习，甚至鼓励学生从事一些新的交叉学科的研究。因而，巴黎高师为学生提供了个性化的学习空间，一个追求多方面兴趣的条件，使每一个学生都能够获得追求知

① 时庆洁、马娜：《剑桥大学教学质量保证机制及启示》，《江苏大学学报》（高教研究版）2006 年第 1 期。

② 朱继光：《大众化背景下英国高校教育质量保障机制的特点及启示——以剑桥大学为例》，《世界教育信息》2009 年第 4 期。

识和真理的充分自由。①

2. 注重跨学科学习

由于知识的快速发展，学科分化越来越严重，学科组织也越来越被分割。而当代知识发展往往又要求学科更加综合，学科之间更加协同。克服被高度分割的学科组织的障碍，建立起学科之间的联系，形成交叉、融合、协同的渠道，是知识创新的必要条件。对于学生来说，学习跨学科课程意味着在课程选择上具有更大的灵活性，更能满足多样化的学习需求。

卡内基梅隆大学具有跨学科合作的文化，学校为本科生开设的跨学科专业有：BXA 跨学院学位项目，计算机科学和艺术，计算生物学，计算金融学，人文和艺术，一体化设计、艺术和技术网络，音乐和技术、科学和艺术等；为硕士生开设的跨学科专业有：增材制造技术，能源科学、技术和政策，工程和技术创新管理，信息网络，信息安全，产品和服务一体化创新，软件管理，技术风险投资，艺术管理、娱乐技术等专业；为博士生开设的跨学科专业有：机器学习，创业、创新和技术，跨学科教育研究等。② 这些跨学科项目能够增进不同学院之间教师和学生的合作，促进跨学科知识生产和创新。

美国麻省理工学院开设的本科跨学科专业包括：化学和生物，算法和认知，计算机科学和分值生物，计算机科学、经济学和数据科学，人文学科，人文学科和工程，人文学科和科学；为研究生开设的跨学科专业有：高等都市学，算法与认知，计算和系统生物学，计算科学和工程，计算机科学和分子生物学，设计和管理，哈佛——麻省卫生科学和技术项目，历史、人类学和科学、技术和社会学，全球领导力，技术和政策等。③ 这些跨学科专业的

---

① 国务院学位委员会办公室：《透视与借鉴——国外著名高等学校调研报告》（上），高等教育出版社 2008 年版，第 1250 页。

② Carnegie Mellon University. Interdisciplinary Programs.2021-12-30. https：//www.cmu.edu/academics/interdisciplinary-programs.html.

③ MIT. Bulletin 2021-2022：Interdisciplinary Programs. 2021-12-30. http：//catalog.mit.edu/interdisciplinary.

开设充分贴合了新科技革命背景下的计算机科学、人工智能等创新技术与社会科学的融合趋势，具有鲜明的前沿性和综合性。麻省理工学院每年开设数千门灵活多样的课程，除必修课外，选修课有数百门，占开课比例的三分之一；既有基础课程、跨学科课程、独立研究课程；又有讨论课程、实践项目等课程类型。通过这些课程的学习，学生可以拓宽知识面、开阔研究视野、增强横向思维能力以及探索知识的能力。①

日本名古屋大学建立了广泛的学科交叉体系，形成了跨系、跨学科的复合专业群，将工学学科领域的领域专业群（纵向）和复合专业群（横向）有机结合起来。这种学科交叉体系既可以为学生打下深厚的专业基础，又可以培养学生的综合研究能力。严密而灵活的流动型运作机制是跨学科研究和教育得以顺利进行的有效保障。通过流动研究组、相关研究中心群和弹性的、综合的研究生教育体系一并构成了流动型教育和研究系统，将跨学科研究与教育融为一体，在跨学科研究中实现了综合教育和创造教育。②

2. 重视学生研究能力的培养

一流大学普遍重视培养学生的研究能力，帮助学生较早地培养独立研究的习惯，从而在未来走上高层次的研究道路。

美国约翰·霍普金斯大学作为一所一流的研究型大学，非常重视通过科学研究培养学生的分析和理解能力。约翰·霍普金斯大学在本科三年级阶段，就要求学生选择课题，从事研究工作。无论是文科生还是工科生，无论是商科生还是理科生，都要参加科研项目。为此，约翰·霍普金斯大学采取了两项有力的措施。一项是把各学科的班级控制在不超过 50 名学生的范围之内，为师生的交流提供足够的便利。在师生比 1∶8 的情况下，约翰·霍普金斯大学有足够的一流教授在课堂上和实验室里与学生一起探讨问题，寻求真理。另一项是充分利用约翰·霍普金斯大学的学术威望和校友关系，为

① 靳贵珍：《美国工科研究生教育的旗舰——麻省理工学院的经验与启示》，《学位与研究生教育》2007 年增刊。

② 国务院学位委员会办公室：《透视与借鉴——国外著名高等学校调研报告》（上），高等教育出版社 2008 年版，第 865 页。

学生争取各种各样的科研实践机会，如在著名实验室、医院、公司和政府机构取得实习的机会，从而为学生发挥潜能创造理想的条件。①

本科生广泛地参加科研是莱斯大学的特色之一，也是莱斯大学本科生学习的必要经历和基本组成部分。首先，科研选题非常广泛，包括了自然科学和人文社会科学的各种问题。形式也非常多样，有作为研究助理，即教师的研究助手共同参与科研项目，同时获得报酬和学分；有基于课程的研究，即关于课程中理论前沿问题的研究；有基于社区的研究以及学生独立开展的研究等。每个学生都可以根据自己的兴趣爱好选择参加科研，没有任何专业限制。其次，对于参加科研的学生，实行教师与学生的一对一合作，并纳入一定的科研支持计划，比较有代表性的有：莱斯大学的本科生学者计划（Rice Undergraduate Scholars Program RUSP）、世纪学者计划（Century Scholars Program）、莱斯建筑学专题工作坊（Rice Building Workshop）等。②

（二）对课程和教师教学的评估

为保障教师的教学质量，世界一流大学均实行教学评估。通过评估，教师可以获得学生对其教学的反馈，从而促进师生之间的沟通，提高教学质量。

美国宾夕法尼亚大学强调学术自由，给予教师的教学工作很大自由度，但每学期都坚持对所开设的所有课程进行教学评估。该校对课程教学进行的评估内容涉及授课教师、课程和学生的评议意见。反映教师和课程情况的评估指标共有 14 项，采用的是等级选择题（评估表中有 14 题），要求学生对课程的整体质量、教师的教学水平、该课程对自己的影响和提升、课程的难度和花费时间等等进行事实判断。学生对教师、课程和教学工作的评议意见与改进的建议，则采用开放提问的方式，让学生在线回答（见表 5–11）。

---

① 国务院学位委员会办公室：《透视与借鉴——国外著名高等学校调研报告》（上），高等教育出版社 2008 年版，第 13 页。

② 国务院学位委员会办公室：《透视与借鉴——国外著名高等学校调研报告》（上），高等教育出版社 2008 年版，第 176—177 页。

表 5-11 宾夕法尼亚大学劳动经济学授课教师和课程评估打分表

评估内容	评分等级
1. 教学的整体质量	0—4 分：差，一般，良好，很好，优秀
2. 课程的整体质量	0—4 分：差，一般，良好，很好，优秀
3. 教学助教的整体质量	0—4 分：差，一般，良好，很好，优秀
4. 授课教师清楚地教授了本学科的内容	0—4 分：非常不同意，不同意，不同意也不反对，非常同意
5. 授课教师有效地激发了我的兴趣	0—4 分：非常不同意，不同意，不同意也不反对，非常同意
6. 授课教师在课后也提供适当帮助	0—4 分：非常不同意，不同意，不同意也不反对，非常同意
7. 学习完该课程后，我加深了对本领域的知识、原理和 / 或理论的理解	0—4 分：非常不同意，不同意，不同意也不反对，非常同意
8. 该课程帮助我提升了分析问题、解决问题和批判性思维能力	0—4 分：非常不同意，不同意，不同意也不反对，非常同意
9. 该课程帮助我理解了本领域应当提出和回答的相关问题	0—4 分：非常不同意，不同意，不同意也不反对，非常同意
10. 该课程挑战我思考新问题、概念和思维方式	0—4 分：非常不同意，不同意，不同意也不反对，非常同意
11. 学习完该课程后，我对本领域的学习热情度更高	0—4 分：非常不同意，不同意，不同意也不反对，非常同意
12. 为课程的难度打分	0—4 分：容易为 0 分，1，2，3，难为 4 分
13. 为完成课程所需要的学习时间打分	0—4 分：非常少为 0 分，1，2，3，非常多为 4 分
14. 据你了解，本课程开设期间是否存在作弊行为	0—1 分：是或否
评议意见：	

资料来源：University of Pennsylvania. Instructor and Course Evaluation Report.2021-10-10. https：//www.sas.upenn.edu/~asheph/files/teaching/evaluations.pdf.

加拿大多伦多大学自 2012 年开始，就开始实行以证据为基础的中心化梯级课程评估框架（Evidence-based Centralized Cascaded Course Evaluation Framework，简称 CCEF）来获得学生关于课程的反馈数据。CCEF 能够让学生对于制度层面、学院层面、学系层面、教师层面的教学优先权进行反馈。制度层面是指教学优先权不分学科在所有课程得到实施；学院层面指教学优先权不分学系在所有学院层面都得到实施；学系层面是指教学优先权不分课程类型在本系所有课程中得到实施；教师层面是指教学优先权在教师那里得到实施。教学优先权的主要内容包括五大方面：①学生参与课堂的情况："我感到这门课程激发了我"；②学生获得知识的情况："这门课增进了我对这一学科的更深理解"；③学习氛围建设情况："教师创设了良好的氛围来帮助我学习"；④课程增进对知识的理解情况："课程、作业、测验和考试增进了我对教学内容的理解"；⑤学生有机会展示自身理解的情况："课程、作业、测验和考试为我提供了展示对教学内容理解的机会"。①

（三）教师对学生的考核和评估

世界一流大学都有着对学生进行评估的严格标准。教师对学生学习情况的考核和评估的目的是检查和监控学生的学习效果，督促教师和学生发现教学中的问题从而不断改进教学，以及保证学生在最短期间内完成学业。

哈佛大学的"人工智能"本科生课程主要对学生在以下几个方面的表现进行评估：①作业（50%）：6 次作业，每次都包括算法部分和写作部分，作业如果晚提交一天就会扣除 25% 的分数；②课堂测试（25%）：两次，对教学内容分为上、下两部分进行测验；③论文阅读和讨论（5%）：该课程要求每名学生在课前至少花费 2 小时进行阅读和预习；期末项目（20%）：两人小组共同完成，从课程下半部分开始对期末项目进行设计和实施，教师会提供项目选题并在项目开展前征求学生对选题的反馈意见。对期末项目的打分包括项目理念和结果、报告展示的质量、期末论文完成质量这三部分。②

---

① University of Toronto. University of Toronto's Cascaded Course Evaluation Framework：Validation Study of the Institutional Composite Mean（ICM）. 2021-09-10. https：//courseevaluations.utoronto.ca/wp-content/uploads/2018/09/Validation-Study_CTSI-September-2018.pdf.

② Harvard University. Syllabus for CS 182 Artificial Intelligence.2021-12-10. https：//people.seas.harvard.edu/~srush/syllabus.pdf.

多伦多大学“用于生活、能源和环境的软材料”这门本科生课程对学生的要求包括以下五个方面的评估：①作业（40%）：5 次作业，作业必须在截止日期后两天之内提交，否则会被扣分；②课堂测验（10%）：45 分钟的当面测试；③ Python 项目（10%）：学生不需要深入了解 Python，但需要按照操作说明使用 Python 进行项目计算；④文献讨论（Journal Club）（20%）：在科研项目的背景下对过去所学习的内容进行讨论，两人小组共同完成；⑤创业项目演讲（Start-up Pitch）（20%）：两人小组准备 2 页纸的书面总结并上台面向班级和特邀专家做报告。①

可见，世界一流大学在对学生课程学习的评估上比较严格，在学期中运用多项任务相互结合对学生进行密集的过程性评估。在评估目标上，重视考查学生动手操作能力、应用知识的能力、公共演讲能力和团队合作能力，根据不同学科的特色培养学生的科研兴趣和创业能力。

三、教师质量保障：严格的教师聘任制度和教授终身制

很多世界一流大学仍然保持很多终身教职制度，美国常春藤大学 80%—90% 的教授具有终身教职身份。在最好的公立研究型大学，这一比例甚至更高。② 终身教职制度对于学问的客观性、学术自由和学术共同体的利益都具有关键作用，这种长期职务不仅排斥了外来压力——政治上的或学术上的——而且鼓励成员具有长远眼光和负责任的思想。③

终身教职的评审过程十分苛刻，竞争也十分激烈。想要获得终身教职轨的助理教授工作岗位，必须取得终极专业学位或博士学位，每一个职位可能会有 50—200 名申请者。成功获聘助理教授者一般需要 6—7 年，才能获

---

① University of Toronto. CHM 458H1/1307 Syllabus（Winter 2022）. 2021-12-30. https：//www.chemistry.utoronto.ca/sites/www.chemistry.utoronto.ca/files/CHM%201307%20Syllabus%20Winter%202022.pdf.

② ［美］弗兰克・H.T. 罗德斯：《创造未来：美国大学的作用》，王晓阳、蓝劲松译，清华大学出版社 2007 年版，第 185 页。

③ ［美］弗兰克・H.T. 罗德斯：《创造未来：美国大学的作用》，王晓阳、蓝劲松译，清华大学出版社 2007 年版，第 183—184 页。

聘副教授，并获得终身教职身份。在这期间，教师要经受一个对于其教学、研究和服务的严格、全面的审核。学生的标准、教授的评价、外部专家的观点、教学中的表现、出版物以及对校园的贡献——所有的方面都要被审核和评判，而成功率仅为20%—60%。① 例如，东京大学终身教职轨助理教授合同期为5年，其中前3年为终身教职预聘期（tenure track period），在此期间，候选人的工作进度、学术成就、研究态度等方面都会得到严格考察，只有通过了考察，教学岗位才能得到永久保障。②

为了保证教师队伍的高质量，美国等国大学实行"非升即走"制度。"非升即走"制度始于科南特治下的哈佛大学。时任哈佛大学校长的科南特认为只有让教师流动起来，才能充分发挥教师的才能。1938年，在科南特的要求下，八人委员会研究制定了"非升即走"的政策。1940年，美国大学教授联合会也制定了类似的政策，如果新教师在最长不超过7年内无法获得终身教职，就会遭到解聘。这样，"非升即走"便成为一项美国高水平大学普遍实施的制度。以哈佛大学为例，"非升即走"制度是指"在确认终身轨教师资格的前提下，对不同职称的教师给出相应聘任期限，在聘期内如果达到考核要求，可以得到晋升，否则予以解聘。通常情况下，讲师初始聘任期为一年，最长不得超过三年；助理教授和副教授的聘任期限为三到五年，最长不超过八年。"③ 教师的晋升要全面考核教学、科研、服务等各方面表现，一般需要申请人提供个人简历，所有出版物或者其他学术型材料的复印件，关于教学方法、教学成就以及未来教学目标的教学工作报告，关于科研业绩以及未来科研目标的研究工作报告，关于担任本科生论文指导教师、研究生指导教师以及参与研究生考试和论文委员会工作的社会服务报告。考

① ［美］弗兰克·H.T.罗德斯：《创造未来：美国大学的作用》，王晓阳、蓝劲松译，清华大学出版社2007年版，第187页。

② The University of Tokyo. Tenure Track Assistant Professor Position at International Center for Elementary Particle Physics（ICEPP），The University of Tokyo（UTokyo）.2021-11-05. https：//www.s.u-tokyo.ac.jp/en/recruit/? id=1312.

③ 朱欢欢：《美国哈佛大学"非升即走"制度研究》，山东师范大学硕士学位论文，2017年，第9页。

核的程序非常严格，一般包括以下步骤：系主任初步筛选申请人，系主任向院长申请成立专门的审查委员会，院行政部门整理申请人的核心信息，审查委员会根据信息决定是否继续审查申请人，系委员会根据审查委员会的审查结果给出审查报告，由资深教授组成的系委员会根据审查报告投票表决，投票通过后将有关材料提交院长，院长和校聘用与晋升委员会审查申请人材料，院长决定是否晋升并将结果反馈给申请人。再以加州理工学院为例，该校的教师晋升程序要经过一系列严格和客观的审查，新进教师先签订三年的合同，在两年半的时候有一个评估。教授委员会中来自不同系的委员评估其是否可以晋升，主要评估其论文情况，分析其带博士生情况。还有来自外部的审查信起着非常重要的作用，平均每个助理教授要有 10—15 封来自外部的审查信，来评价其是否符合晋升条件。如果他们不能够取得一定进步，通常学校会要求他们三年后离校。第二个合同也是三年，在第二年时又会有一个评估，这次是对是否获得终身任职资格的评估。审查时不能找本校、本专业的教授来评，而要请全球该领域的有名专家，教授委员会再根据外部推荐信对其评价的意见作出决定。学术成果、学术贡献以及对本领域的影响是最重要的决定因素。如果第五年时不能评为终身教授的话，则在第二个合同期满时也要离开学校。①

在终身教职制度实施之初，从助理教授晋升为副教授就可以获得终身教职资格，但是近几十年来大学越来越不愿意较早地给予终身教职资格，有一些在晋升副教授后再考查一段时间才给予终身教职资格。同时，终身教职资格也不再像原来那样一劳永逸。20 世纪 70 年代中期开始，诸多美国高校开始实施终身教职后评估（post-tenure review）政策。也就是说在晋升副教授并获得终身教职身份以后，教授还要定期（如每五年进行一次）的终身教职后评估，包括要求教授提供一份正式的个人鉴定以及对于未来五年的计划。美国高校终身教职后评估政策最早可追溯至加州大学系统、俄勒冈大学

① 国务院学位委员会办公室：《透视与借鉴——国外著名高等学校调研报告》（上），高等教育出版社 2008 年版，第 333 页。

系统的尝试，后来逐渐推广成为美国各州政府与大学管理层的共识。截至1998年，在美国的50个州中，已有30个州的公立高校在其所属州政府的敦促下规划或实施了终身教职后评估政策，1999年进一步攀升至37个州。① 虽然有观点认为“终身教职后评估是对终身教职制度的破坏”②，但却是对于个体未来的专业发展有益的一种责任监督。从副教授到教授的提升、工资的增长和教师的任务安排都以该评估为基础。评估的参与者包括内部同行、其他相关人员，也许还有外部专业人士组成的专业审核委员会。对于所有教师进行这种定期终身教职后评估是相当耗时的，因而，另一种替代方案则是：对那些工资没有提升、没有在一定时间内发表文章，或不断地在教学方面得到负面评论的人进行评估。③

四、严格的学位标准和学位授予制度

世界一流大学均设有严格学位标准和学位授予制度。毕业论文既是对研究生科研训练的途径，也是研究生教育质量的最终体现。通过毕业论文的指导过程，监控研究生的科研水平及其教育质量，是世界一流大学教育成功的一条重要经验。

美国的博士生教育分为两个阶段，其中前两年进行大量课程学习，后两年主要是进行博士论文写作。在第一个阶段结束后，博士生要通过“博士候选人资格考试”，目的在于淘汰不合格者。以麻省理工学院化学专业博士生教育为例，该专业要求博士生在研究生学习的第四学期结束之前通过一般性考试（General Examination），包括口试和笔试两部分。口试通常为90分钟，学生进行15分钟陈述，然后教师委员会进行针对性提问和讨论。笔试

---

① Chrristine M. Licata，Joseph C. Morreale. Post-Tenure Faculty Review and Renewal：Experienced Voices. Washington，DC：American Association for Higher Education，2002，p.31.

② Michael F. Middaugh. Measuring Faculty Productivity：Let's Get It Right. 2021-04-06. https：//www.chronicle.com/article/measuring-faculty-productivity-lets-get-it-right/.

③ ［美］弗兰克·H.T. 罗德斯：《创造未来：美国大学的作用》，王晓阳、蓝劲松译，清华大学出版社2007年版，第187页。

通常在口试之前提交，长度通常为 10 页纸。这些考试主要是为了让教师能够评估博士生是否取得了足够的进步从而进入到获得化学博士学位的进程之中，同时也能够为学生获得建设性反馈从而在学习期间充分发掘自身潜力，因此这些考试需要评估学生以下几方面的表现：证明该生有希望获得化学博士学位的课程学习和科研表现；该生对该领域和细分领域的基本知识和理解；批判性思维，包括运用核心原理思考不熟悉问题的能力；运用口头和写作清楚进行沟通和表达，具有逻辑性和独立性，并且捍卫自己观点的能力；形成研究计划和按照可行性进度完成研究目标的能力；整体学术能力。在博士论文提交和获得评议后，还要开展一次博士研究口头答辩。博士论文委员会通常由三位成员组成：学生的研究导师、一名博士论文委员会主席和一名委员会成员。该委员会在第二学年开学时进行指定，博士论文委员会要负责监督学生攻读博士学位的进度。①

不同学位层次对于学分标准也有不同的要求。以斯坦福大学的材料科学与工程专业为例，要获得本科学位，最少需要完成 180 个学分的课程，要完成不同课程（数学、科学社会中的技术，工程学基础，材料科学与工程，专业高级程度课程、专选课）的不同的学分要求。② 想要获得材料科学与工程的硕士学位需要完成最少45个学分的课程③，而想要获得该学科的博士学位需要完成 135 个学分的课程，如果是在斯坦福获得硕士学位可以抵 45 个学分，从其他高校获得硕士学位也可以申请抵扣 45 个学分。④

---

① MIT. PhD Program Requirements. 2021-12-30. https：//chemistry.mit.edu/academic-programs/graduate-programs/phd-program-requirements/#：~：text=MIT%20requires%20that%20all%20Ph.D.%20candidates%20pass%20general，occur%20in%20the%20spring%20of%20the%20second%20year.

② Stanford University. Bachelor of Science in Materials Science and Engineering. 2021-12-30. https：//mse.stanford.edu/academics-admissions/undergraduate-program/major.

③ Stanford University. Master of Science in Materials Science and Engineering. 2021-12-30. https：//mse.stanford.edu/academics-admissions/masters-program.

④ Stanford University. Program Requirements. 2021-12-30. https：//mse.stanford.edu/academics-admissions/doctoral-program/program-requirements.

五、推行质量改进政策和质量文化建设

质量文化是追求卓越的精神和价值观，它既是一所大学在长期发展过程中形成的具有本校特色的精神理念和管理思想，又是全体师生为实现学校的质量发展目标而自觉遵循的共同价值观和信念。① 世界一流大学通过推行质量改进政策和质量文化建设，设定清晰的质量改进目标，同时对达成目标的方法和途径进行规划。

2001—2002 学年，哈佛大学教务长开始推行年度学术计划的汇报程序，该程序要求院长和高级行政管理者要与教务长每年进行两次会议，大学的副校长和其他行政管理者也需要参加。会议的基本内容包括：申请者的基本情况和质量；学院的财务状况；研究中心、学术质量和从财务管理的评审方式；教师面试程序；博士生项目以及该项目与其他学历项目的关系情况；各学院在竞争中的角色等。哈佛大学 1642 年就成立了监事会（Board of Overseers），其最终职责就是保障大学遵守《哈佛大学特许状》的规定成为学习的场所。监事会由 30 名校友成员组成，他们的职责就是向监事会汇报大学的情况，并且为校长提供建议。为了对教育质量进行监督，哈佛大学还建立了巡视委员会（visiting committee），由 60 人组成，另有 1000 名校外人士参与其中。巡视委员会对学校的考察是完全独立的，考察结果面向监事会进行汇报。巡视委员会每年都与院长、教师、高级管理者以及学生面谈，并向监事会提交评估报告。巡视委员会的考察内容通常包括：对大学的长期目标进行讨论和审议；专业项目、教师、学生和支持资源的现状；面向焦点小组对当前的问题开展访谈、与学生论坛成员进行会谈、与校长和院长进行总结面谈等。②

得州农工大学是美国南部院校协会中率先制定并实施质量提升计划（Quality Enhancement Plan，QEP）的高校之一。得州农工大学侧重于“如

---

① 毕家驹：《高等教育质量保证小议》，《高教发展与评估》2007 年第 7 期。

② Graduate School of Design，Harvard University. Interim Progress Report. 2021-12-30. https：//www.gsd.harvard.edu/wp-content/uploads/2017/09/2014-Interim-Report.pdf.

何提升本科生的质量”，侧重于思考能力和科研能力的培养，提出了研究、多元化、国际化和科学技术这四大主题：①研究。作为得州两所全面授予博士学位的示范性公立学校之一，得州农工大学认识到作为研究型大学所肩负的任务。②多元化。要成为全美前十的院校，得州农工大学必须吸引来自各地的学生和教职员。③国际化。得州农工大学意识到其研究生必须能够在急剧变化的环境中开展工作，具备与全球化程度日益提高的社会相适应的技能。④科学技术。各学科门类的学生都必须培养合身合用的技能，以便在学校及未来科技的工作环境中获得成功。

得州农工大学设有质量提升计划理事会，为校级委员会，向执行副校长兼教务长负责，理事会的职责包括：①明确各领域质量提升计划的主题；②把质量提升计划的主题具体化为主要绩效指标；③向各单位提供目标、战略、评估及反馈信息；④提供目标进度的常规报告。质量提升计划实施的基本要素为：①学校层面制定战略规划文件，其中应包括有关主题；②在进行广泛征求意见和建议之后，质量提升计划理事会将把这些主题转变为含有主要指标的相关文件；③每个学术单位将依据绩效目标拟定一项或多项具体指标及学生学习成果；④绩效目标和计划评估由质量提升计划委员会进行监督；⑤采集评估结果并反馈给各有关单位，在此基础上实施学校进一步的规划。[①]

六、大学内部的自我评估

一流大学内部的自我评估是内部质量保障机制的主要组成部分，高校内部的自我评估是外部质量保障的基础，在高等教育评估中有着重要的地位，对于保障一流大学质量起到重要意义。

对于学科专业的评估是柏林洪堡大学自我评估的一项重要内容，评估包括教育的目标、课程设置、教学的组织情况以及学习的基础设施等。柏林洪堡大学从 1999 年开始进行学科专业评估实验，到 2004 年底已经分批

① 国务院学位委员会办公室：《透视与借鉴——国外著名高等学校调研报告》（上），高等教育出版社 2008 年版，第 1302—1303 页。

对 141 个学科专业进行了评估，基本涵盖了 90%的学科专业和 95%的学生。学科专业评估工作由参与评估的学院和系指定专人或委员会负责，教学评估协调办公室从评估的组织和内容上提供支持。评估的内容和程序基本上按照大学校长会议和科学评议会的建议，分为三个阶段：①第一阶段：对学生和教师进行广泛的问卷调查。问卷的内容基本一致，并且在征求具体专业意见的基础上部分兼顾了专业的特点。教师和学生的问卷中含有相互关联的问题。②第二阶段：在问卷调查的基础上，各专业提交自我评估报告。报告中也要包括一些学校提供的基本数据如学生人数的变化、学习名额的紧张程度、学生家庭社会背景分析、毕业生情况等。③第三阶段：由主管教学的副校长在征求受评估院系的基础上任命 5 人规模的评估小组（分别由两名教授、一名学术后备人员、一名学生和一名校外人士组成），评估小组在收到自我评估报告和相关材料后进行实地访谈，并以报告形式提出改进意见。参加评估的院系必须针对评估组的意见拿出具体的革新措施，最后，院系和学校领导协议达成未来的工作目标。①

哈佛大学的各学院需要提交本学院的自评报告。哈佛大学公共卫生学院自评报告的内容包括四大部分：对学院职能、目标、学院文化的介绍；教学专业的情况；学校科研、社会服务和劳动力专业发展的情况；教师、教职工和学生的情况。表 5–12 为哈佛大学公共卫生学院在以上四个方面的自评要求。

表 5–12　哈佛大学公共卫生学院自评要求

1. 学院职能、目标、学院文化	（1）职能。学院应当具有正式的、明确的、公开的职能、目标和价值观
	（2）评估。学院应当具有清晰的程序来对实现其职能和目标所进行的努力开展监督和评估
	（3）制度环境。学院是高校的有机组成部分，但也具有与专业学院相同水平的独立性和地位

① 国务院学位委员会办公室：《透视与借鉴——国外著名高等学校调研报告》（上），高等教育出版社 2008 年版，第 1099 页。

续表

	(4) 组织与行政。学院应当为公共卫生学习、科研和服务提供有益的组织环境。组织环境应当能够促进跨学科交流、合作继而实现学院的办学目标。组织结构应当为学院里的各部门提供有效支持
	(5) 治理。学校行政官员和教师应当在学校治理和学术政策方面具有清晰的权利，学生在适当的时候能够参与到学校和专业评估程序、政策制定和进行决策的过程之中
	(6) 财政资源。学院应当具有充足的财政资源用于完成自身职能和目标，以实现进行教学、科研和社会服务的目的
	(7) 教师和其他资源。学院应当提供充足的教师和其他资源用于完成自身职能和目标，以实现进行教学、科研和社会服务的目的
	(8) 多样性。学院应当展现出多样性原则，并且提供在学习、科研和社会服务的实践中遵守文化包容性的相关证据
2. 学位	(1) 学位授予。学院应当提供体现其职能和目标的教学专业，并在学生修读完成公共卫生的至少五大基本知识领域的相关知识后授予公共卫生硕士学位或者同等的专业硕士学位。学院可能同时提供其他专业或学术学位，并在与学院目标和资源一致的前提下提供其他专业的学位
	(2) 专业学制。公共卫生硕士学位或同等的公共卫生硕士专业学位应当修满 42 个学分
	(3) 公共卫生专业核心知识。所有公共卫生硕士专业学位毕业生应当完成足够的课程，从而获得公共卫生五大基本知识领域的知识深度和广度
	(4) 实践技能。所有公共卫生硕士专业学位学生应当获得对公共卫生理论的技能，并对相关理论进行实践应用
	(5) 极点体验（culminating experience）。所有公共卫生硕士专业学位都应当保障每一名学生通过极点体验展示技能和知识
	(6) 能力要求。学院应当明确公共卫生专业学位、其他专业学位和学术学位以及不同学历水平（本科、硕士和博士）专业所需要达到的能力
	(7) 考核程序。学院应当对专业和学术学位学生达到的能力作出考核程序上的规定
	(8) 其他研究生专业学位。如果学院提供公共卫生以外的其他专业学位，也应当教授学生公共卫生领域的基础知识
	(9) 公共卫生本科学位。提供公共卫生本科学位的学院应当提供公共卫生核心知识的相关课程、公共卫生选修课程和极点体验
	(10) 其他本科学位。如果学院提供公共卫生领域以外的本科学位，攻读该学位的学生也应当学习公共卫生领域的基础知识

续表

	（11）学术学位。如果学院提供学术硕士学位，学生应当获得有关公共卫生的广泛知识，并且了解他们以学科为基础的专业学习如何为实现公共卫生目标作出贡献
	（12）博士学位。学院应当提供至少三个与公共卫生五大基本知识领域相关的博士学位项目
	（13）联合学位。如果学院提供联合学位，职业公共卫生学位的课程要求应当与其他公共卫生学位的课程要求一致
	（14）远程教育学位或管理学位。如果学院提供的学位项目不要求学生实地参加课程，那么这些学位项目应当达到这些要求：与学院的职能相一致；学生的学习结果能够得到严格的评估；与学院或大学的其他学位项目在质量控制程序上一致；在进行学习规划和评估时考虑和回应成人学生的特点和需求
3. 科研、社会服务和劳动力专业发展	（1）科研。学院应当积极开展与其职能相一致的研究项目，通过这些项目教师和学生能够为公共卫生学科的知识和公共卫生实践作出贡献
	（2）服务。学院积极参与与其职能相一致的社会服务活动，通过这些活动教师和学生为推动公共卫生实践作出贡献
	（3）劳动力发展。学院应当参与到支持公共卫生领域劳动力专业发展的活动之中
4. 教师资格	（1）教师资格。学院应当对教师在以下方面作出明确要求，教师的分布、跨学科背景、教育程度、实践经历、科研和教学能力应当充分支持学院的职能和目标
	（2）教师政策和程序。学院应当制定清晰的教师招聘、遴选和晋升、教师能力和绩效评估政策以促进教师的专业发展和进步
	（3）招生和入学。学院应当制定招生入学政策和程序以选拔最具有资格的学生获得学习的机会，并且为他们的公共卫生生涯提供能力上的准备
	（4）就业和生涯咨询。应当为学生提供可及的咨询系统，随时为学生提供生涯和就业方面的建议

资料来源：Harvard T.H. Chan，School of Public Health. Final Self-Study Report. 2021-09-30. https：//cdn1.sph.harvard.edu/wp-content/uploads/sites/2096/2017/02/Harvard-Final-Self-Study-April-2017.pdf.

西方高等教育在经历了 20 世纪 60、70 年代的“黄金时期”后，于 80 年代纷纷开始了高等教育改革。在高等教育管理体制改革方面，中央集权型管理体制与地方分权型管理体制、市场主导型管理体制与政府控制型管理体制在相互吸取对方的优点，不断走向融合，寻求在一个新的起点上达成新的平衡。反映在高等教育质量保障模式上，其发展的趋势之一就是高等教育质量保证中的三种力量，即国家权力、市场和院校自治的相互制约与平衡。① 20 世纪 90 年代以后，世界一流大学质量保障呈现出以下特点：

第一，多元化的质量保障主体。在质量评估方面，政府、社会和高校都是一流大学质量保障的主体。高校各个部门和教职员工也都参与到质量保障活动中来，充分发挥管理者、教师和学生的积极性、主动性和创造性。

第二，各国都普遍重视将内部质量保障机制与外部质量保障机制相结合，院校内部质量保障更多关注的是输入和过程的运作，外部质量保障更多的则是关注学校输出的结果。在具体的质量保障实施程序上以高校自我评估为基础，有助于高校的可持续发展。

第三，院校评估与学科专业评估相结合，专业性的评估机构对高等学校的评估一般都建立在对学校分类的基础上，并注重按照学校的层次和类型确定具体的评估指标和权重；学科一级的评估更专门化和易于纵向比较。②

第四，各国越来越强调通过将高校自治与问责相联系，拨款与质量评估结果相挂钩。政府不直接参加评估活动，而是与第三方评估组织密切合作，维护高校办学的自主性，不直接干预学校内部的管理，保障大学自治的权利。各国中介机构名称虽然不同，但其代理机制的性质却是一致的。并且其发展变化的趋同现象亦非常明显。以集权为主的国家开始减少政府对高等教育的直接干预，比较注意引入市场竞争机制。以分权为主的国家则试图加大政府对高等教育的影响，比较注意减少高等教育机构的随意行为。而且，欧洲正全面启动高等教育质量评估试点计划，跨国的“欧洲高等教育评估”将会对欧洲高等教育一体化产生积极的影响。

第五，将拨款与评估相联系，一方面能够有针对性地督导学校提高教

---

① 田恩舜：《高等教育质量保证模式研究》，华中科技大学博士学位论文，2005 年，第 115 页。

② 范文曜、马陆亭：《国际视角下的高等教育质量评估与财政拨款》，教育科学出版社 2004 年版，第 4 页。

育质量，促进高等教育与经济社会发展相适应，加强监督检查，避免高校滥用得到的经费；另一方面有利于提高高等教育拨款的透明度、公正性和合理性，调动大学的积极性。

第六，教育质量保障越来越强调有效性、正式性和规范化。世界各国都在加强质量保障与评估的立法建设，质量评估与保障的性质、职能、地位甚至方法技术等，首先通过立法或行政手段予以确定，评估与保障活动也按照有关政策法律规定进行。不仅外部质量评估要遵循严格的制度和标准，大学内部的质量保障机制也越来越规范化和正式化。

综上所述，随着高等教育进入大众化和普及化，为确保高等教育质量，世界一流大学的质量保障主体经历了从一元到多元的转变，质量保障机制从内部质量保障到内部、外部质量保障相结合的转变，内部质量保障机制能够增强一流大学自我质量控制意识，外部质量保障机制能够对大学的质量进行监督，二者的结合有利于一流大学的可持续发展。

第六章　我国世界一流大学建设的政策路径与发展模式选择

当今世界，科学技术迅猛发展，知识经济初露端倪。随着经济全球化的日益深入和以创新为社会主要驱动力的知识经济社会的到来，以优秀人才和高新技术的竞争为核心的时代特点逐渐表现出来，世界各国综合国力的竞争也日趋激烈。全球治理视域的不断拓展以及2020年全球爆发的新型冠状病毒危机进一步凸显了培养高水平人才和科技创新的重要性和紧迫性。为顺应时代潮流，适应社会发展需要，大学特别是高水平研究型大学，作为培养高级专门人才、发展科学技术文化的主战场，逐渐从社会经济发展舞台的边缘走向中心。在整个高等教育系统中，高水平研究型大学不仅成为社会经济发展的“轴心机构”、社会经济发展的动力源、发动机，更是国家创新体系和创新型国家建设中的核心因素。创建世界一流大学不仅能够提高高等教育的教学和科研质量，更为重要的是，高等学校通过获取、加工、创造高深知识能够增强自身在全球化高等教育市场上的竞争力，进而抢占高等教育国际竞争的制高点。因此，对于许多国家（地区）的政府来说，确保本国的一流大学在人才培养和科学研究方面能雄踞世界前列是目前的当务之急。于是，许多国家（地区）纷纷把“赶超一流”“争取卓越”作为21世纪高等教育改革的着力点，创建世界一流大学成为各国高等教育政策中呈现出来的强势话语。我国的世界一流大学建设先后经过重点大学建设、“211工程”“985工程”和“双一流计划”等阶段的发展，已经取得了显著的成效，但仍然面临着一些新的挑战和问题。如何在借鉴国际经验的基础上探索我国世界一流大学建设的发展模式与政策路径，是一个亟待研究的课题。

第一节　我国世界一流大学建设的历史进程与当下成就

世界上任何一所一流大学，都是在动态的、变化的历史过程中发展形成的。新中国成立 70 多年来，创建世界一流大学始终是我国高等教育发展的一项要务。我国在发展高等教育的过程中，始终坚持贯彻实施重点大学建设政策。所谓重点大学建设政策是指某些国家在一定的战略思想指导下，为赶超国际一流，提高大学办学水平而选择某些大学或某些学科进行重点投资和专项资助的政策。我国的重点大学制度是在教育资源稀缺的历史条件下，由政府主导的，以提高重点大学教育质量和办学效益为政策目标，通过重点资助重点投入的形式，以点带面，调整高等教育资源与利益分配格局，最终实现预定的国家与政府需要的制度。① 纵观我国重点大学建设的发展历程，以不同时期出台的重点大学政策或措施的政策内容与内容为据，并结合我国高等教育体制改革状况，可以大致勾勒出新中国成立 70 多年来我国重点大学建设沿革的基本脉络。我国的重点大学建设政策产生于 20 世纪 50 年代，距今已有 60 余年的历史。"重点大学" 区别于 "一流大学" 和 "高水平大学"。前者是 "中国经国家教育主管部门确定给予保证优先、重点发展，并要求其起骨干作用的高等学校" ②，是在特定的历史和社会背景下，处于由政府主导的精英化高等教育阶段高端层次的大学。后者则是大学评价制度下的产物，是对大学整体办学水平的评价，主要集中于民间评价。

一、我国世界一流大学建设的历史进程

从时间纬度上，可以把我国建设世界一流大学的历史进程大致分为四

---

① 胡炳仙：《中国重点大学政策的逻辑起点》，《现代大学教育》2008 年第 2 期。

② 顾明远主编：《教育大辞典》，上海教育出版社 1991 年版，第 90 页。

个阶段：20 世纪五六十年代的重点大学建设、1993 年开始的以重点大学和重点学科建设为核心的“211 工程”建设、1998 年启动的以世界一流大学为目标的“985 工程”建设，以及 2015 年启动的旨在加快推进世界一流大学与一流学科建设的“双一流”计划。

（一）新中国成立至改革开放初期我国的重点大学建设

新中国成立初期，以苏联为榜样建设社会主义新中国是我国政府的基本方针。我国高等教育全面学习苏联模式，建立了国家办学、条块分割、部门办学的高等教育管理体制。毛泽东同志倡导的没有重点就没有政策，重点大学建议成为新中国高等教育政策的重要取向。

1. 20 世纪 50 年代我国重点大学的建设

在经过 1951—1953 年的院校调整之后，为了适应恢复和发展国民经济特别是实现社会主义工业化的需要，高等教育部决定在全国高等学校中确定一批重点高校。1954 年 10 月，经政务院文化教育委员会批准，高等教育部发布了《关于重点高等学校和专家工作范围的决议》。根据当时高等学校的师资设备、苏联专家配备、行政领导和教学改革等方面的情况，文件确定中国人民大学、北京大学、清华大学、哈尔滨工业大学、北京农业大学、北京医学院等 6 所院校为全国性重点学校。这些“重点学校的主要任务有以下三方面：第一，必须培养质量较高的各种高级建设人才及科学研究人才；第二，为高等学校培养师资，包括培养研究生及进修师资，举办必要的培训班，并争取多留一些本科毕业生做高等学校师资；第三，在培养师资和教学工作、教学资料等方面经常予以其他学校以帮助。此外，还应帮助高等教育部进行必要的重点实验的工作，解决有关的重大问题，接受外国留学生及创设函授班等。”① 这是新中国成立后我国第一次确立重点大学，国家通过师资调配、聘请外国专家、高校基础设施建设和专业设置等方式对重点大学予以支持，标志着我国重点大学制度的正式形成。重点大学制度的确立，加快了我国高

---

① 中央教育科学研究所：《中华人民共和国教育大事记（1949—1982）》，教育科学出版社 1984 年版，第 114 页。

等学校学习苏联经验的进程，不但提升了重点大学的办学实力，而且也有力地支援了其他学校的建设。这6所大学均是中央直属院校，其中中国人民大学、北京大学为综合性大学；清华大学、哈尔滨工业大学为工业单科大学；北京农业大学、北京医学院为单科大学。

2. 20世纪60年代我国重点大学的建设

从1958年到1960年，伴随着经济建设上的“大跃进”，我国高等教育也深受“左”的思想影响，出现了盲目发展的现象。由于高等学校数量激增，很多学校缺乏必要的物质条件和师资设备，不仅无法保障教学质量，而且还使国家经济不堪重负。为了保证一部分学校能够培养较高质量的科学技术干部和理论工作干部，更有力地提高我国高等学校的教育质量和科学水平，1959年3月中共中央下发了《关于在高等学校中指定一批重点学校的决定》，将全国重点大学数由原来的6所扩大为16所。这次被指定为全国重点学校的16所高等学校包括北京大学、清华大学、北京工业学院、中国人民大学、天津大学、北京航空学院、复旦大学、上海交通大学、北京农业大学、中国科学技术大学、西安交通大学、北京医学院、上海第一医学院、华东师范大学、北京师范大学、哈尔滨工业大学。为了办好这16所学校，文件要求上列重点高等学校应着重提高质量，招收和认真培养研究生，适当地担负高等学校教师进修的任务，同其他学校交换教材、交流教学经验等等，为提高全国高等教育质量服务。① 1959年8月，中共中央又决定增加中国医科大学、哈尔滨军事工程学院、第四军医大学和军事通讯工程学院等4所学校为全国重点高等学校。1960年10月，中共中央又发出《关于增加全国重点高等学校的决定》，决定在原有17所重点普通高校和3所军委所属重点高校之外，增加吉林大学、南开大学、南京大学、武汉大学、中山大学、四川大学、山东大学等44所高校为全国重点高校。1963年，又增加浙江大学、厦门大学、上海外国语学院、南京农学院等4所学校为重点高校。至此，全国重点高校增至68所，其中综合大学14所、工科院校33所、医药院校5所、

---

① 罗云：《中国重点大学与学科建设》，中国社会科学出版社2005年版，第66页。

农林院校 4 所、政法财经院校 3 所、师范院校 2 所、外国语院校 2 所、艺术院校 1 所、体育院校 1 所、军事院校 3 所。在重点高校数量持续增多的情况下，为了办好这些重点大学，教育部在 1960—1961 年先后召开了三次全国重点高等学校工作会议，并颁布了《对全国重点高等学校专业设置及发展规模的意见（草稿）》《关于全国重点高校暂行管理办法》《教育部直属高等学校暂行工作条例（草案）》（简称“高校六十条”）等文件，规范和指导我国重点大学的建设工作。为了进一步提高教育质量，中央政府开始鼓励一些重点大学开展科研工作，并对这些科研活动进行管理。此后，在一系列条例的规范和指导下，我国重点大学建设工作的迫切问题得到解决，逐步走上了稳步的发展轨道。

3. 20 世纪 70 年代到改革开放初期我国重点大学的建设

1966—1976 年，我国发生了“文化大革命”，受到极左路线的影响，一些重点大学被撤销、合并、停办，或者迁往农村、内地，许多校舍被占用，仪器、图书设备被大量破坏，党政领导干部和教师受到严重冲击，许多教师不得不中断了教学和科研工作，不少人离开了高等教育战线，导致我国高等教育事业陷入了停滞状态，重点大学建设也被迫中断，造成一定时期内我国各种专门人才的缺乏，严重影响了我国经济社会的发展。

“文革”结束后，在党中央的领导下，尤其是在邓小平同志的亲自主持和大力推动下，高等教育领域率先进入了拨乱反正、恢复重建的新阶段。1977 年 7 月，邓小平在听取教育部工作汇报时指示：“要抓一批重点大学。重点大学既是办教育的中心，又是办科研的中心。”①1977 年 8 月，他在科学和教育工作座谈会上作了《关于科学和教育工作的几点意见》的讲话。他指出：“高等学校，特别是重点高等院校，应当是科研的一个重要方面军，这点应该定下来。它们有这个能力，有这方面的人才。”②

1978 年 1 月，教育部党组向党中央、国务院提交了《关于恢复和办好

① 《邓小平文选》第 1 卷，人民出版社 1994 年版，第 423 页。

② 《邓小平文选》第 1 卷，人民出版社 1994 年版，第 53 页。

全国重点高等学校的报告》，2月即得到了国务院的同意和转发。在该报告中所附的《关于恢复和办好全国重点高等学校的意见》中，教育部提出确定全国重点高等学校的原则：现有师资、设备、校舍等办学条件较好，能够较快地扩大培养能力，提高教育质量，开展科学研究工作，为实现四个现代化作出较大贡献；有利于加强薄弱环节和薄弱地区，加强边疆少数民族地区高等教育事业的建设等等。

在第一批确定的88所全国重点高等学校中，恢复原有的60所院校（当时未复校的中国人民大学、北京政法学院、国际关系学院、南京农学院、中国医科大学5所学校除外），新增28所：云南大学、西北大学、湘潭大学、新疆大学、内蒙古大学、广东化工学院、长沙工学院、南京航空学院、西北电讯工程学院、河北电力学院、大庆石油学院、阜新煤矿学院、东北重型机械学院、湖南大学、镇江农业机械学院、西北轻工学院、湖北建筑工程学院、长春地质学院、南京气象学院、武汉测绘学院、江西共产主义劳动大学、大寨农学院、四川医学院、西南政法学院、中央民族学院。这样全国的重点高校共有88所，约占当时全国高校总数405所的22%。① 后来，"文革"中停办的5所院校相继复校，仍然列为全国重点高校。此后，国务院又批准将西北农学院、西南农学院、华中农学院、华南农学院、沈阳农学院、山西农业大学列为全国重点高校。经过重点学校的恢复、合并和调整，至1979年底，全国共有重点高校97所。②

（二）以重点大学和重点学科建设为核心的"211工程"建设

进入80年代以后，为了贯彻邓小平同志把重点大学办成既是办教育的中心，又是办科研的中心的思想，我国先后多次调整政策，实施重点大学建设工程。1984年4月2日，国务院通过教育部、国家计委《关于将10所高等学校列入国家重点建设项目的请示报告》，决定"七五"期间国家安排专

① 何东昌主编：《中华人民共和国重要教育文献（1976—1990）》，海南出版社1998年版，第1597页。

② 中央教育科学研究所：《中华人民共和国教育大事记（1949—1982）》，教育科学出版社1984年版，第510页。

项补助投资 5 亿元，用于北京大学、清华大学、复旦大学、西安交通大学、上海交通大学、中国科技大学、北京医科大学等 7 所高校加速建设。1984 年 9 月和 1985 年 1 月，国家计委、教育部和国防科工委联合发文，经国务院批准将哈尔滨工业大学、中国国防科技大学、北京航空航天大学、北京理工大学和西北工业大学列为国家重点建设项目，纳入“七五”计划。国家教委又先后于 1987 年和 1988 年，在全国评选出 416 个高等学校重点学科点，涉及 107 所高等学校，利用 1 亿美元的世界银行贷款和其他渠道的经费，进行了重点建设投资和补助。①1990 年又在上述高校之外增加中国人民大学、北京师范大学、南京大学、浙江大学、南开大学、天津大学等 6 所高校，列入“八五”国家重点建设项目。

进入 90 年代以后，科学技术发展突飞猛进，以发展高新技术为主的综合国力的国际竞争日趋激烈。为了提高我国的综合国力和国际竞争力，努力办好一批重点大学，使一批重点学科达到国际先进水平，成为我国高等教育改革与发展的目标。1991 年 4 月，在第七届全国人民代表大会第四次会议上通过的《国民经济和社会发展十年规划和第八个五年计划》中正式提出“211 工程”，并在其后印发的《国务院批转国家教委关于加快改革和积极发展普通高等教育意见》（1993 年 1 月）与《中国教育改革和发展纲要》（1993 年 2 月）两个文件中将“211 工程”提升到党和国家决策的高度。《中国教育改革和发展纲要》指出：“为了迎接世界新技术革命的挑战，要集中中央和地方等各方面的力量办好 100 所左右重点大学和一批重点学科、专业，力争在下世纪初，有一批高等学校和学科、专业，在教育质量、科学研究和管理方面，达到世界较高水平。”② 根据《纲要》精神，1993年7月，国家教委制定并印发了《国家教委关于重点建设一批高等学校和重点学科点的若干意见》，决定设置“211 工程”重点建设项目，即“中国政府面向 21 世纪，重点建设 100 所左右的高等学校和一批重点学科的建设工程”。1995 年 11 月，

① 康宏：《建设世界一流大学：政策回顾与矛盾分析》，《黑龙江高教研究》2006 年第 5 期。

② 何东昌主编：《中华人民共和国重要教育文献（1991—1997）》，海南出版社 1998 年版，第 3469 页。

经国务院批准，国家计委、国家教委、财政部联合发布《关于印发〈“211工程”总体建设规划〉的通知》，明确规定了“211工程”总体建设目标：面向21世纪，重点建设一批高等学校和重点学科。经过若干年的努力，使100所左右的高等学校以及一批重点学科在教育质量、科学研究、管理水平和办学效益等方面有较大提高，在高等教育改革特别是管理体制改革方面有明显进展，成为立足国内培养高层次人才、解决经济建设和社会发展重大问题的基地。其中，一部分重点高等学校和一部分重点学科，接近或达到国际同类学校和学科的先进水平，大部分学校的办学条件得到明显改善，在人才培养、科学研究上取得较大成绩，适应地区和行业发展需要，总体处于国内先进水平，起到骨干和示范作用。“211工程”是中国在20世纪90年代初为推进高等教育发展所采取的重要举措，是促进高等教育与经济社会发展相适应的一项跨世纪的工程，是为实施21世纪经济和社会发展战略准备高层次人才的重要决策。

根据《“211工程”总体建设规划》，“211工程”建设的主要任务包括：（1）重点建设若干所高等学校，使其在教学、科研和人才培养的整体水平上，接近和达到世界先进水平，并在国际上确立较高的声誉和地位。（2）着重提高和改善一批与我国社会主义建设密切相关、重点学科比较集中、承担较多公共服务体系建设任务的高等学校的教学和科研基础设施条件，使其在人才培养质量上有显著提高，一些重点学科接近或达到国际水平，并在高等学校中起到骨干和示范作用。（3）加强一批与经济社会发展、科技进步和国防建设密切相关的重点学科点，增强持续培养适应社会主义市场经济需要的相关领域高水平人才的能力。（4）完成高等教育公共服务体系的基本框架建设，主要包括中国教育和科研计算机网、高等教育文献保障体系等建设内容，为高等教育的可持续发展、重点学科的建设提供有效的条件支撑。

“211工程”是新中国成立以来直接投资最大的高等教育项目。“211工程”一期建设在99所高校中实施，主要安排了602个重点学科和两个全国高等教育公共服务体系建设项目。一期建设投入资金总额达186.3亿元，并取得了很好的成效。在总结“211工程”一期建设经验的基础上，国家发展和改革委员会、教育部和财政部三部委于2002年9月联合下发了《关于“十五”期间加强“211工程”项目建设的若干意见》，实施“211工程”二期建设项目，继续重点建设“211工程”学校。“211工程”二期建设在107所大学中实施，二期建设资金为187.5亿元。2008年1月，国务院总理温家宝主持召开国务院常务会议，决定进行“211工程”三期建设（2007—2011年）。根据教育部、国家发展和改革委员会和财政部根据国务院常务会议审议通过的“211工程”三期建设的总体方案，“211工程”三期建设统筹规划、重点建设1000个左右与经济建设、科技进步、社会发展和国家安全紧密相关的重点学科，创新人才培养和队伍建设，加强高等教育公共服务体系建设，从而使更多的学科接近或达到国际先进水平，构建具有国际先进水平的高等教育公共服务平台，进一步缩小与世界一流大学的差距，全面提升“211工程”学校培养创新人才和解决经济、科技和社会发展重大问题的能力。

（三）以世界一流大学为目标的“985工程”建设

随着知识经济的兴起，知识、信息、技术在社会经济发展中的作用越来越大，大学特别是高水平大学成为社会经济发展的动力站和发动机。在这种形势下，党和政府高瞻远瞩，站在民族伟大复兴的高度，作出了我国要建设若干所世界一流大学的英明决策。1998年5月，江泽民同志在北大百年校庆讲话中明确指出：“为了实现现代化，我国要有若干所具有世界先进水平的一流大学。这样的大学应该是培养和造就高素质的创新人才的摇篮，应该是认识未知世界、探求客观真理、为人类解决面临的重大课题提供科学依据的前沿，应该是知识创新、推动科学技术成果向现实生产力转化的重要力量，应该是民族优秀文化与世界先进文明成果交流借鉴的桥梁。”① 为了落实江泽民同志讲话精神，1998年12月教育部制定了《面向21世纪教育振兴行动计划》，决定相对集中国家有限财力，调动多方面积极性，从重点学科建设入手，加大投入力度，对若干所高等学校和已经接近并有条件达到国

① 江泽民：《在庆祝北京大学建校一百周年大会上的讲话》，《人民日报》1998年5月5日。

际先进水平的学科进行重点建设。集中国家有限财力具体体现在从1998年起的中央本级财政教育经费占本级财政支出比例年增长的1%中，设置专项资金重点支持若干所大学，争取在今后10—20年，若干所大学和一批重点学科能够进入国际先进行列，达到世界一流水平。这项建设计划简称“985工程”。其后，在国务院正式批转教育部《面向21世纪教育振兴行动计划》（1999年1月）和《中共中央国务院关于〈深化教育改革全面推进素质教育〉的决定》（1999年6月）中均再次重申“创建若干所具有世界先进水平的一流大学和一批一流学科”。

“985工程”建设项目正式启动后，1999年，北京大学、清华大学首批入围，分别获得国家18亿元资金支持。随后，教育部先后决定与江苏省、上海市、陕西省、浙江省、天津市、湖北省、福建省、山东省、湖南省、辽宁省、重庆市、四川省、广东省、北京市、安徽省、黑龙江省等省直辖市及国防科学技术委员会、中国科学院等部、委、科研单位重点共建复旦大学、上海交通大学、南京大学、浙江大学、西安交通大学、北京师范大学、中国人民大学、中国科技大学、哈尔滨工业大学等学校。“985工程”一期建设学校共计34所，分别是：清华大学、北京大学、中国科技大学、南京大学、复旦大学、上海交通大学、西安交通大学、浙江大学、哈尔滨工业大学、南开大学、天津大学、东南大学、华中科技大学、武汉大学、厦门大学、山东大学、湖南大学、中国海洋大学、中南大学、吉林大学、北京理工大学、大连理工大学、北京航空航天大学、重庆大学、电子科技大学、四川大学、华南理工大学、中山大学、兰州大学、东北大学、西北工业大学、同济大学、北京师范大学、中国人民大学。“985工程”一期建设成效显著。为了巩固一期建设成果，为创建世界一流大学和一批国际知名的高水平研究型大学进一步奠定坚实基础，使一批学科达到或接近国际一流学科水平，经过更长时间的努力，建成若干所世界一流大学，2004年6月，教育部、财政部联合发布了《关于继续实施“985工程”建设项目的意见》，要求实施“985工程”二期（2004—2007）建设，通过管理体制创新和运行机制创新，建立以竞争、流动为核心的人事管理机制、人才评价机制和科学合理的分配激励机制，形成有利于优秀人才脱颖而出，吸引和稳定拔尖人才，充分发挥其聪明才智的氛围；面向国内外招聘具有国际先进水平的学术带头人、优秀学术骨干和大学高级管理人才，重视有潜力的中青年骨干的培养和深造，加快建设一支具有世界一流大学水平的教师队伍、管理队伍和技术支撑队伍；结合国家创新体系建设，重点建设一批“985 工程”科技创新平台和“985 工程”哲学社会科学创新基地；加快建设公共资源与仪器设备共享平台，加强教学科研信息化、数字化环境建设，改善高校的教学科研基础设施，加强高等学校的国际学术交流与合作研究，推动我国高等教育国际化进程。“985 工程”二期建设新增 5 所高等学校，分别是中国农业大学、国防科技大学、中央民族大学、西北农林科技大学、华东师范大学。截至 2009 年，“985 工程”建设学校共计 39 所。

“211 工程”与“985 工程”是我国重点大学制度的延续，前者的目标定位是“使大多数学校达到国内领先水平”；后者的定位是“创建世界一流大学”。两者具有的共同特征体现在都是以创建一流大学为政策目标，都经历了最初由国家力量推动制定与实施，而后各大学为了自身发展主动提出各项发展规划的过程，最终形成国家政策与大学发展内在需要相结合的模式。“211 工程”对大学作了一个基本的层次划分，构建了一个以精英大学为顶层的金字塔构架；“985 工程”则进一步将这个精英阶层细化为世界一流大学、国内一流国际知名高水平大学和国内外知名的高水平大学等三个层次。从这一点也可以看出，两者是循序渐进、前后一贯的。

2010 年 5 月，国务院常务会议审议并通过《国家中长期教育改革和发展规划纲要（2010—2020 年）》。在《发展纲要》中，明确提出要加快我国一流大学和一流学科建设，以重点学科建设为基础，继续实施“985 工程”和优势学科创新平台建设，继续实施“211 工程”和启动特色重点学科项目；改进管理模式，引入竞争机制，实行绩效评估，进行动态管理；鼓励学校优势学科面向世界，支持参与和设立国际学术合作组织、国际科学计划，支持与海内外高水平教育、科研机构建立联合研发基地；加快创建世界一流大学和高水平大学的步伐，培养一批拔尖创新人才，形成一批世界一流学科，产生一批国际领先的原创性成果，为提升我国综合国力贡献力量。

（四）加快推进世界一流大学与一流学科的“双一流”战略

自改革开放以来，我国高等教育历经 40 年的发展，很好地解决了高等教育需求数量增长的问题，在质量上也在日渐缩小与发达国家之间的差距，取得了明显的进步与发展成就。随着全球化与信息化发展的深入，以计算机为主的智能化工具所代表的新生产力在社会生产和生活中得到广泛的应用，智能化和互联网技术产品在诸多产业和社会领域得到深度应用。我国信息产业保持了与先进国家同步发展的态势，技术创新能力大幅提升，对经济社会发展的影响日益增强。但从现实和未来发展趋势看，我国信息技术产业生态系统不完善，自主创新能力不强，核心技术受制于人成为最大软肋和隐患，距离智能化发展要求还有较大差距。面向 2035 和 21 世纪中叶，我国经济社会发展质量和水平必将上升到一个新高度，经济技术创新和产业转型升级发展、智能化发展趋势和全球化进程，都需要我国大学提供更先进的思想、技术和人才，发挥更大的支撑作用。① 以往的世界一流大学建设方案存在身份固化、竞争缺失、重复交叉等问题，难以支持我国如今高水平人才培养与科技创新的社会发展需要，迫切需要加强资源整合，创新高等教育的发展模式与实施方式。② 在此背景下，我国推出“双一流”计划，旨在通过建设强大的高等教育体系为国家发展提供重要支撑和动力，服务我国国家战略需求。

2015 年 10 月，中共中央、国务院印发《统筹推进世界一流大学和一流学科建设总体方案》，对新时期高等教育重点建设作出新部署，将“211 工程”“985 工程”及“优势学科创新平台”等重点建设项目，统一纳入世界一流大学和一流学科建设计划。该计划的目标在于推动一批高水平大学和学科进入世界一流行列或前列，加快高等教育治理体系和治理能力现代化，提高高等学校人才培养、科学研究、社会服务和文化传承创新水平，使之成为

① 别敦荣：《论“双一流”建设》，《中国高教研究》2017 年第 11 期。

② 国务院：《国务院关于印发统筹推进世界一流大学和一流学科建设总体方案的通知》，2021 年 12 月 30 日，见 http：//www.moe.gov.cn/jyb_xxgk/moe_1777/moe_1778/201511/t20151105_217823.html。

知识发现和科技创新的重要力量、先进思想和优秀文化的重要源泉、培养各类高素质优秀人才的重要基地，在支撑国家创新驱动发展战略、服务经济社会发展、弘扬中华优秀传统文化、培育和践行社会主义核心价值观、促进高等教育内涵发展等方面发挥重大作用。在世界一流大学与一流学科的具体规划上，该战略预期到2020年，有若干所大学和一批学科进入世界一流行列，若干学科进入世界一流学科前列；到2030年，更多的大学和学科进入世界一流行列，若干所大学进入世界一流大学前列，一批学科进入世界一流学科前列，高等教育整体实力显著提升；到本世纪中叶，一流大学和一流学科的数量和实力进入世界前列，基本建成高等教育强国。①

任何时代的教育政策与制度都有其孕育及发展、演进的土壤环境。“985工程”产生于高等教育资源配置制度转型条件不成熟、一流大学建设的学术生态尚未健全、实现一流大学目标与路径不确定的背景下，其发展至今已蕴含诸多结构性、制度性矛盾并面临着竞争化、创新化、章程化趋势带来的挑战。②“双一流”战略基于此前世界一流大学建设工程取得的经验与制度困境，强调世界一流大学的新内涵与建设新路径，即以一流的人才汇聚为核心，以一流的科学研究为基础，以一流的教育治理为支撑，以一流的社会服务为导向，以一流的经费投入为保障，并且要求高校发展蕴含国际化维度。③在政府的评价与支持方面，“双一流”建设不同于以往的固化名单和主要依靠中央政府支持建设的做法，强调绩效导向、动态支持、多元投入、合力支持，采取激励约束机制激发高校创新动力与活力，采用第三方评价提高科学性与公信力度，整合各级政府、社会、学校多主体资源，构建多元化投入、合理支持的格局。

① 国务院：《国务院关于印发统筹推进世界一流大学和一流学科建设总体方案的通知》，2021年12月30日，见http：//www.moe.gov.cn/jyb_xxgk/moe_1777/moe_1778/201511/t20151105_217823.html。

② 康宁、张其龙、苏慧斌：《“985工程”转型与“双一流方案”诞生的历史逻辑》，《清华大学教育研究》2016年第5期。

③ 杨岭、毕宪顺：《“双一流”建设的内涵与基本特征》，《大学教育科学》2017年第4期。

2017 年 9 月，教育部、财政部、国家发展改革委联合发布《关于公布世界一流大学和一流学科建设高校及建设学科名单的通知》，世界一流大学和一流学科建设高校及建设学科名单正式确认公布；同年 12 月底，各高校“双一流”方案陆续公布，方案是各高校围绕“双一流”建设总体目标，为进一步打破身份壁垒，鼓励各级高校公平竞争、积极创新。2022 年 2 月 8 日，教育部在官网发布 2022 年工作要点明确提出“逐步淡化一流大学建设高校和一流学科建设高校的身份色彩”，将一流大学建设高校和一流学科建设高校统称为“双一流”建设高校。① 经过“双一流”建设的第一期发展与评估，教育部、财政部、国家发展改革委于 2022 年 2 月公布《第二轮“双一流”建设高校及建设学科名单》，并公布第二轮“双一流”建设高校及建设学科名单和给予公开警示（含撤销）的首轮建设学科名单。② 上述举措表明，“双一流”计划不仅强调动态评价、公平竞争，还在其推进过程中不断克服现有矛盾，扫清制度与文化障碍，为更好地建设世界一流大学与一流学科提供坚实基础。

二、我国世界一流大学建设取得的成就

新中国成立以来，特别是改革开放以来，我国通过重点大学建设尤其是“211 工程”“985 工程”“双一流”建设，逐渐走出一条基于中国国情的高水平大学建设之路，有力地促进了一批重点高等学校的跨越式发展，显著提高了这些学校的整体实力，缩小了它们与世界一流大学的差距。通过几十年的建设，我国重点大学在学科建设、科学研究、人才培养、师资队伍建设等方面都取得了骄人的成绩，整体实力和学术声誉日益提高。

---

① 中华人民共和国教育部：《教育部 2022 年工作要点》，2022 年 2 月 8 日，见 http：//www.moe.gov.cn/jyb_xwfb/gzdt_gzdt/202202/t20220208_597666.html。

② 中华人民共和国教育部：《教育部 财政部 国家发展改革委关于公布第二轮“双一流”建设高校及建设学科名单的通知》，2022 年 2 月 11 日，见 http：//www.moe.gov.cn/srcsite/A22/s7065/202202/t20220211_598710.html。

（一）重点建设学校的整体实力显著提高，缩小了与世界一流大学的差距

通过多年建设，我国重点学校整体实力显著提高，缩小了与世界一流大学的差距。从我国高等教育整体质量来看，进入 ARWU、THES、QS 和 UNWR 四大世界大学排行榜的中国大学数量日渐增多且名次整体升高，与美国、英国、德国、日本等高等教育质量较强的发达国家相比，我国在上述四大排行榜中的大学数量也居于前列①；清华大学、北京大学等国内顶尖大学已步入世界一流大学行列，这些大学在人才培养、科学研究、社会服务等多模块的部分指标甚至远超世界一流大学水准。② 科学指标数据库（Essential Science Indicators，ESI）作为衡量大学科学研究能力的观测指标之一，也呈现出我国世界一流大学建设的显著成效。整体来看，中国大陆高校进入 ESI 的高校数和学科数都有突出表现：2015 年 11 月至 2019 年 11 月，高校数和学科数分别增加 109 所、531 个，增幅分别为 64.50%、82.20%；137 所“双一流”建设高校 5 年来学科增量 274 个，截至 2019 年 11 月，已有 114 所“双一流”院校进入 ESI 前 1%；代表进入世界一流学科水平的进入 ESI 前 1‰的学科数量，我国从 2015 年的 50 个增加至 2019 年的 130 个。③ 可以说，经过“985 工程”“211 工程”“双一流”建设，我国重点大学与世界一流大学的差距正在缩小，其中不乏相当数量的大学已经步入世界一流大学之列，这其中，世界一流大学建设政策的实施对重点大学综合实力、学科建设、师资队伍建设、社会服务能力方面的发展与步入世界一流大学之列产生了积极影响。④

---

① 张淑林、崔育宝、李金龙、裴旭：《大学排名视角下的我国“世界一流大学”建设现状、差距与路径》，《清华大学教育研究》2018 年第 1 期。

② 赵江涛、胡华：《世界大学排名视域下我国“双一流”高校的建设成效与差距》，《高教探索》2021 年第 7 期。

③ 赵乃瑄、金洁琴、周沫：《中国“双一流”大学建设的成效分析——基于 ESI 观测视角》，《高教发展与评估》2021 年第 2 期。

④ 马浚锋、罗志敏：《我国世界一流大学建设政策的成效研究——基于双重差分模型的经验证据》，《高校教育管理》2022 年第 2 期。

（二）构筑了一批高水平的学科基地，学科建设取得重大成效

学科是大学教学、科研、服务活动的依托，因此，学科建设是我国“211 工程”“985 工程”的核心内容，也是“双一流”建设的基础和抓手。“211 工程”在重点学科建设的宏观布局上，按照统筹兼顾的原则，“九五”期间安排了 602 个建设项目，“十五”期间安排了 777 个建设项目。这些重点学科建设项目适应我国社会主义建设各领域的需要，既有瞄准国际同学科前沿和先进水平、争取重大突破的原始创新性基础学科项目，又有更多的服务于国家和区域建设、经济建设、社会发展的应用学科项目，还有一些着眼于未来、对学科布局结构具有补充和调整作用、需要培育和扶持的薄弱学科项目。[①]“985 工程”实施过程中，学科建设被置于突出地位。“985 工程”建设学校通过共建、调整、合作、合并的途径，促进学科优势互补，增强学科的综合性。而随着“双一流”计划的提出，我国学科建设制度从“重点”转向“一流”，这也标志着由政府选择性重点学科向高校竞争性一流学科建设的范式转变。在“双一流”整体规划设计下，学科建设制度呈现出主管部门组织同行专家遴选、推行开放竞争和动态调整的遴选机制、采取认定和自定相结合的方式确定一流建设学科的特点。[②]

在重点学科与一流学科的建设过程中，各重点建设大学瞄准学科发展的趋势和国家建设的重大需求，加强学科平台建设，凝练学科方向，优化学科结构，巩固基础学科，大力发展新兴学科和交叉学科，不仅初步形成了适应现代化建设需要的重点学科体系，而且使一批重点学科的实力明显增强，其中部分学科已经接近或达到国际先进水平。根据世界公认的 ESI、QS 和 US News 学科评价体系结果，以清华大学、北京大学为代表的中国高水平大学（C9）在世界一流学科建设方面存在部分“高原”优势领域，如材料

---

① “211 工程”部际协调小组办公室：《“211 工程”发展报告（1995—2005）》，高等教育出版社 2007 年版，第 20—21 页。

② 马廷奇、郑政捷：《从“重点”到“一流”：历史制度主义视角下我国学科建设制度的变迁逻辑》，《高校教育管理》2022 年第 2 期。

科学、化学和工程学；① “双一流”建设以来，中国大陆高校进入 ESI 高水平学科的数量增幅较大，位列世界一流学科的学科数量及相应的高校数量明显增加。②

（三）吸引和汇聚了一大批优秀人才，培养了一大批创新人才

自实施“211 工程”以来，我国高等学校产生了一批具有国际先进水平的学科，凝聚着一大批高水平的科学家、学科带头人，成为高层次人才集聚的战略高地。2019 年，斯坦福大学约翰教授（John P.A. Ioannidis）带领的团队发布的全球 10 万名科学家排行榜中，中国有 1646 位科学家上榜，位列全球第 12 名；其中，有 10 名中国科学家位列全球科学家排行榜的前 1000 名。③2020 年 12 月，教育部科学技术司司长雷朝滋在教育部新闻发布会上介绍，我国高校建有 60% 以上的国家重点实验室，承担了 80% 以上的国家自然科学基金项目，聚集 60% 以上的全国高层次人才，高校两院院士在全国院士总数中占比超过 40%。雷朝滋还提到，“十三五”以来，高校获得 70% 以上的国家自然科学奖和国家技术发明奖，获得 60% 以上的国家科学技术进步奖，牵头完成 50% 的“中国科学十大进展”，高水平研究成果集中涌现。④ 可以说，这些人才特别是高层次人才储备大部分在“双一流”院校工作，他们是国家创新人才的基本力量，是国家科技创新的一支生力军。

在积极引进大师级人物的同时，“211 工程”和“985 工程”学校高度重视引进和培养具有良好潜质的优秀青年学者，并积极为拔尖人才的成长创造条件，扶持和激励这些优秀人才尽快成长，一大批优秀青年学者已经迅速成

---

① 郭丛斌：《中国高水平大学学科发展现状与建设路径分析——从 ESI、QS 和 US News 排名的视角》，《教育研究》2016 年第 12 期。

② 赵乃瑄、金洁琴、周沫：《中国“双一流”大学建设的成效分析——基于 ESI 观测视角》，《高教发展与评估》2021 年第 2 期。

③ 搜狐网：《全球十万名科学家排行榜 22 年综合榜：TOP 1000 中国学者共 10 人》，2019 年 9 月 23 日，见 https：//www.sohu.com/a/342768690_473283。

④ 中华人民共和国教育部：《教育部：高校两院院士在全国院士总数中占比超过 40%》，2020 年 12 月 3 日，见 http：//www.moe.gov.cn/fbh/live/2020/52717/mtbd/202012/t20201204_503450.html。

长为学术带头人。作为两院院士的后备梯队，国家杰青入选者是国内非常杰出的科学家群体，他们基本都是各大高校和科研院所的学科带头人，对各自高校和科研机构未来发展起着至关重要的作用。根据国家自然科学基金委员会公布的数据，2016—2018 年共有 106 所高校获批 442 项国家杰出青年基金项目，其中 2016 年到 2018 年分别有 150 项、148 项和 144 项国家杰青项目获批。各大高校中，一流大学建设高校获国家杰青批数占有绝对优势。① 历经数十年的一流大学与学科建设，我国吸引、培养了众多资质优秀、能力出众的青年学者，他们是推动科学研究、学科发展与人才培养的中坚力量。此外，随着我国高等教育规模的扩大，我国高层次创新人才的规模与质量都有所提升。《2019 高校创新能力监测报告》数据显示，在普通高校中，有 53.9% 的本科生参与过教师科研课题，12.8% 的本科生参加过省部级及以上科技学术大赛；65.0% 的研究生参与过企业委托科研项目，20.9% 的研究生独立在全国或国际学术会议上作报告。“十三五”期间，高校科研支撑了 280 万名硕士和 30 万名博士研究生的培养。② 研究生教育规模与质量也在不断提高，2020 年在学研究生总规模达到 290 万人，“十三五”期间授予博士学位 33 万人，硕士学位 339 万人。③ 高层次学历人才为我国社会经济发展提供了强有力的创新人才支撑。

（四）科学研究能力显著提升，产生了一大批标志性成果

经过数十年的重点建设，我国一流大学承担国家重大科研任务的能力以及科研综合实力明显增强，科研经费总量大幅增加。从科研成果的发表数量来看，我国重点建设高校的论文总规模和高水平期刊论文数量，已经与

---

① 搜狐网：《第五轮学科评估前瞻数据：近三年高校获国家杰青数量统计》，2019 年 4 月 24 日，见 https：//www.sohu.com/a/310183910_232611。

② 中华人民共和国教育部：《教育部：高校两院院士在全国院士总数中占比超过 40%》，2020 年 12 月 3 日，见 http：//www.moe.gov.cn/fbh/live/2020/52717/mtbd/202012/t20201204_503450.html。

③ 中华人民共和国教育部：《在学研究生规模将达 300 万人，将印发〈“双一流”建设成效评价办法〉》，2020 年 12 月 3 日，见 http：//www.moe.gov.cn/fbh/live/2020/52717/mtbd/202012/t20201203_503293.html。

世界一流大学相当，在建设周期内，重点建设高校发文整体规模、增量和增幅都表现出显著的优势。① 此外，我国高校在基础研究和高技术前沿领域取得了许多创新性成果，“十五”期间全国高校累计获得国家自然科学奖 75 项，占全国授奖总数的 55.07%；国家技术发明奖 64 项，占全国授奖总数的 64.40%；国家科技进步奖 433 项，占全国授奖总数的 53.57%，其中，国家自然科学一等奖 1 项，国家技术发明一等奖 2 项，后者打破我国连续 6 年无国家技术发明一等奖的局面。②“十三五”期间，全社会研发经费支出从 2015 年 1.42 万亿元增长到 2019 年 2.21 万亿元，2019 年研发投入强度达到 2.23%。基础研究经费增长近一倍，2019 年达到 1336 亿元。技术市场合同成交额翻一番，2019 年超过 2.2 万亿元。世界知识产权组织发布的全球创新指数显示，我国排名从 2015 年第 29 位跃升至第 14 位。“十三五”时期，我国基础研究和应用基础研究显著加强，在量子信息、铁基超导、干细胞、合成生物学等方面取得一批重大原创成果。关键核心技术加快突破，“天问一号”开启火星探测，“嫦娥五号”实现地外天体采样，“奋斗者”号完成万米载人深潜，磁约束核聚变大科学装置多项实验取得突破，散裂中子源、500 米口径球面射电望远镜等建成使用。③

在人文社会科学领域，我国重点建设院校通过承担和完成哲学社会科学领域重大项目，为认识世界、传承文明、创新理论、咨政育人、服务社会作出了重要贡献，产生了一批高水平研究成果，在推动社会主义政治建设、先进文化建设、继承和传播优秀民族文化等方面作出了重要贡献。自 2009 年教育部首次颁发高等学校科学研究优秀成果奖（人文社会科学）以来，我国高等学校在人文社会科学领域涌现了一大批卓越成果，对于促进学科体

① 程哲、卢兴富、李福林：《世界一流大学建设成效评价分析——基于科研论文的视角》，《中国高教研究》2020 年第 10 期。

② 周济：《创新与高水平大学建设：在第三届中外大学校长论坛上的演讲》，《国家教育行政学院学报》2006 年第 9 期。

③ 《中国青年报》：《“十三五”基础研究经费增长近一倍》，2021 年 1 月 6 日，见 https：//baijiahao.baidu.com/s? id=1688106916103242957&wfr=spider&for=pc。

系、学术观点、科研方法创新，振兴具有重要文化价值和传承意义的“绝学”、冷门学科、新兴和交叉学科研究，推动高校人文社会科学事业繁荣发展贡献突出。2020 年，共有 1539 项成果获奖；该届评奖还首次设立了青年成果奖，全部获奖成果中作者在 45 岁以下的占到近 30%。①

（五）社会服务功能明显强化，为社会经济发展作出重大贡献

高水平学校学科建设及其实力的提高，进一步增强了学校服务社会的能力。随着高校科技创新能力的增强，通过科技创新有力支撑民生改善，尤其是扶贫工作的效果显著，实现了科技特派员对贫困村科技服务和创业带动的全覆盖，建成 50 家国家临床医学研究中心牵头、9700 家医疗机构参与的新型协同创新网络。区域创新水平快速提升，21 家国家自创区、169 家国家高新区成为地方创新发展“领头雁”，2019 年营业收入达 38.6 万亿元，比 2015 年增长 52%。科技创新创业形成新生态，科技型中小企业、高新技术企业数量均突破 20 万家。② 此外，重点建设高校充分发挥科研优势、主动对接重大需求，在部分领域打破了国外技术垄断，实现了关键领域的技术突破。上海交通大学创建了海上大型绞吸疏浚装备的完整技术体系，技术水平跃居世界前列，实现从“被封锁”到“出口管制”的突破。华南理工大学实现高性能芳纶纸基复合材料的产业化，已成功应用于国产大型运输机首飞，打破国外对高等级绝缘件的垄断和控制。北京航空航天大学牵头组建国家航空发动机及燃气轮机基础科学中心，协同创新加速航空发动机研制和关键技术突破。中南大学完成我国第一列高速列车气动外形设计、第一列耐冲击列车吸能设计等，多项技术填补国际空白。华中科技大学测得迄今最高精度的引力常数 G 值，测量精度达国际最好水平。在 2018 年度国家科技奖励三大奖中，以第一单位统计，“双一流”建设高校在国家自然科学奖中共获 24

① 中华人民共和国教育部：《第八届高校科学研究优秀成果奖（人文社会科学）评选结果揭晓》，2020 年 12 月 18 日，http：//www.moe.gov.cn/jyb_xwfb/s5147/202012/t20201218_506368.html。

② 《中国青年报》：《“十三五”基础研究经费增长近一倍》，2021 年 1 月 6 日，见 https：//baijiahao.baidu.com/s？id=1688106916103242957&wfr=spider&for=pc。

项奖励，占奖励总数的63%；在国家技术发明奖通用项目中共获34项奖励，占通用项目总数的69%；在国家科技进步奖通用项目中共获58项奖励，占通用项目总数的43%。① 重点建设的大学学科力量的加强和在关键技术上取得的突破，为相关产业的发展提供了有利的技术支持，有力地推动了国家经济社会发展。

随着社会服务能力的增强，重点建设的大学越来越成为区域社会经济发展的骨干力量，通过科学研究、人才培养、技术转让、融资消费、社区服务等活动，引领区域的经济与社会发展。21世纪以来，我国高等教育管理体制的一个重要措施就是大力推进部属高校的省部共建工作，使这些高水平大学更加紧密地融入区域经济社会发展中去。经过多年的努力，省部共建已经取得了很大的成绩。浙江大学、复旦大学、华中科技大学、山东大学等研究型大学已经走入了区域经济社会发展的中心，成为区域创新体系中的一支不可缺少的重要力量。此外，“双一流”建设高校积极打造新型高端智库，着力提供解决实际问题的对策方案，全面提升服务能力。例如，同济大学与地方联合推动建设“环同济知识经济圈”，产值到2018年已达415亿元，开创了“三区融合、联动发展”的校地合作模式；兰州大学建立干旱气候和环境演变机理的科学理论与自然灾害预警系统，围绕生物多样性保育、退化生态系统修复等开展研究，积极参与三江源和祁连山生态环境保护；云南大学以成功治理阳宗海砷污染为基础，对滇池、洱海等高原湖泊进行治理，为世界高原湖泊保护治理贡献方案；海南大学与海南省有关部门共建“南海海洋资源利用国家重点实验室”，建设海洋科研示范基地，服务现代海洋产业。② 高校各层次人才组成的研发创业团队奔走、活跃在各具特色的区域经济舞台

① 中华人民共和国教育部：《聚焦学术前沿　对接战略急需　在服务国家发展中推进“双一流”建设——一流大学和一流学科建设成效系列之三》，2019年7月24日，见 http://www.moe.gov.cn/jyb_sjzl/s3165/201907/t20190724_392083.html。

② 中华人民共和国教育部：《聚焦学术前沿　对接战略急需　在服务国家发展中推进“双一流”建设——一流大学和一流学科建设成效系列之三》，2019年7月24日，见 http://www.moe.gov.cn/jyb_sjzl/s3165/201907/t20190724_392083.html。

上，成为当地经济的“人才泵”“思想库”“创新源”。

第二节　我国世界一流大学建设存在的问题与面临的挑战

在知识经济时代，大学逐渐从社会发展舞台的边缘走向舞台的中心，成为社会的轴心机构，在促进国家和地区的经济发展和社会进步方面发挥着动力站的作用。特别是在国际竞争日趋激烈的形势下，高水平大学正在成为一个国家核心竞争力的重要组成部分。历经数十年的发展，我国世界一流大学的建设取得了显著成效。然而，我国高水平大学群与世界一流大学仍存在一定差距，这反映了我国高水平大学建设存在的诸多问题。同时，在国内历史发展新阶段与国际形势风云变化的双重背景下，我国世界一流大学的建设面临诸多挑战。直面这些问题与挑战，是我国推进世界一流大学发展、建设高等教育强国的基础与新起点。

一、我国世界一流大学建设存在的问题

世界一流大学是一个历史的比较的概念，因此，对于我国的世界一流大学建设必须放在国际比较的大视野下，放在我国社会经济发展需求的大背景下予以审视。近年来，在多方面的共同努力下，我国世界一流大学建设策略的确起到了推动我国高等教育实现历史性的跨越式发展的重要作用。但是，受高等教育系统自身特殊性和社会系统大环境的双重影响，我国在创建世界一流大学的过程中也存在着诸多问题与不足。与世界一流大学相比，我国重点大学仍然存在一定差距，我国世界一流大学建设依然任重道远。

（一）“世界一流大学”概念模糊导致目标异化

在教育界，对于“什么是世界一流大学”“世界一流大学的内涵具体是什么”“世界一流大学的评价标准是什么”等问题，至今仍然众说纷纭，没有统一的看法。根据“一流”具有“第一等级”的内涵，评定“一流大学”一定有一个相对完整且稳定的标准，但是这一标准并非完全由可以量化的指标来衡量。一些学者根据世界范围内不同国家一流大学的建设经验，总结出

一流大学具有一流的经费来源、一流的学术声誉、一流的学科建设、一流的行政管理等特征；[①] 还有学者指出，世界一流大学必须首先是研究型大学，以研究作为自己突出特点，这在某种程度上也限定了大学的教师、学生、课程、研究经费等多维度特征与取向。[②] 可以说，"世界一流大学"具有相对统一的维度标准与层次要求，但对不同学校来说也具有其独特内涵。自发布"双一流"战略以来，我国高水平大学，尤其是"双一流"建设高校在其发展战略规划中明确提出建设"世界一流大学"的目标以及在学科建设、人才培养、社会服务等多维度的发展路径。然而，由于缺乏统一且全面的"世界一流大学"标准作为引领，我国"双一流"建设呈现出重教书、轻育人，重科研、轻教学，重行政权力、轻学术权力，重管理制度建设、轻大学文化建设的整体趋势[③]，并且存在将各种排名结果作为高校建设追求的"目标异化"现象。目前我国高水平大学已在诸多量化指标方面接近甚至超越世界一流大学，但在一些关键性指标与大学文化建设方面，仍与世界一流大学存在差距，由于目标转移导致的急于求成、好大喜功、迎合舆论或者争取政府支持等心态或举措，不利于我国高校缩小这最后一步的差距。

（二）政府过多介入大学内部事务，市场与大学活力缺乏

回顾我国高等教育近几十年的发展与改革，成就显著，但存在的问题同样不容乐观。客观而言，我国高等教育发展成就的取得，主要得益于中央政府和地方政府的持续加大投入以及重点建设，高等教育体制本身的优越性尚不明显。高等教育体制核心的机制并没有真正改变，在许多方面依然执行的是中央政府计划经济体制的功能。近年来，为实现建设世界一流大学和建成高等教育强国的目标，参照经济改革中建立现代企业制度的经验，政府将"完善中国特色现代大学制度"作为国家中长期教育改革与发展的战略任务。

---

① 常娜、曹辉、符永宏：《世界一流大学的基本特征与评价体系》，《改革与开放》2017 年第 1 期。

② 丁学良：《什么是世界一流大学》，《高等教育研究》2001 年第 3 期。

③ 刘宇雷：《"双一流"背景下高校内部治理面临的挑战及其应对》，《江苏高教》2019 年第 11 期。

然而，我国经济改革中现代企业制度的成功得益于市场经济体制的不断完善，而当前我国高等教育领域依旧是指令性的计划管理，在计划体制的框架下，大学改革的制度空间逼仄。①

具体来说，在我国现有高等教育体制下，政府支持高校发展的财政压力巨大。我国重点建设大学的经费虽然持续增长，但办学经费的紧张局面一直没有得到有效缓解。与此模式不同的是，以美国为代表的世界一流大学经费来源结构多元且均衡，政府的资助角色逐渐淡化，取而代之的是学费和竞争性研究经费等市场来源渠道。反观我国，32 所教育部直属世界一流建设大学 2013—2019 年的部门预算显示，其经费来源呈现以政府拨款和事业收入为主的二元化格局，两项收入占总收入 60% 左右，这非常不利于扩大经费收入规模，也难以有效提升科研产出。② 在政府主导且主要作为的高等教育体制下，与政府财政压力相伴而生的是市场、高校参与高等教育建设的活力与内生动力不足。一方面，政府过度干预高校发展问题，教育经费全部由政府拨付，从而使政府对高校的内部事务也有绝对控制权，大学缺乏足够的办学自主权与教育创新的动力；另一方面，政府在高等教育的经费投入、公平保障、有效监管、法律规制等方面的职能与机制建设尚不健全，未能给大学自主发展、市场合法合规介入提供健全与可持续发展的制度空间。③ 可以说，我国现有高等教育体制尚且难以保障大学在政府—市场—大学三者处于健康的动态均衡中健康发展。

（三）一流大学建设片面强调量化指标，问责制度大于支持手段

建设世界一流大学在很大程度上参照各大排名体系结果。不同的世界大学排名体系尽管侧重不同，但其共同点都在于强调量化指标。以此结果作为一流大学建设目标，也在某种程度上导致了我国大学建设与评价的诸多问

① 王建华：《重申高等教育体制改革》，《教育发展研究》2018 年第 1 期。

② 毛建青、陈文博：《世界一流大学经费规模、收支结构与科研产出的关系研究——基于 36 所美国大学 16 年间的数据分析》，《教育发展研究》2019 年第 19 期。

③ 朱宇华、王友云：《从干预走向规制：面向高等教育治理现代化的政府与市场关系建构》，《黑龙江高教研究》2021 年第 2 期。

题。根据众多世界大学或学科排行榜，我国顶尖高校研究成果丰富，在研究总量上接近甚至超越诸多世界一流大学。但在以总引用量、篇均被引次数、人均被引次数、论文影响力、国际学术声誉等指标为表征的科研创新性、影响力与竞争力方面，我国与常春藤盟校、英国罗素大学集团、澳洲八校联盟等世界一流大学群体相比，仍有不小差距；其中在侧重科研的评价体系中，中国高校的人文社科领域影响力与世界一流大学的差距尤其明显。① 全国政协委员、中国社会科学院文学研究所研究员刘宁指出，我国现行的学术评价机制过度强调学术成果的量化和指标化，这种评价模式未能关注到以创造力、质量为核心的尖端学术研究的特殊需要，也束缚了学校和科研人员的积极性。② 我国高校科研成果的质量、影响力与竞争力与世界一流大学的差距，是我国当前世界一流大学建设中科研活动的主要差距，或许也是最为核心的差距。

清华大学谢维和教授曾指出，我国高水平大学的科研与学术发展已经步入一个新阶段，即体现中国学术独立性，能够在国际上形成中国声音，与其他国家的学者共同构建国际学术规范、学术秩序和科学共同体，即使没有步入该阶段，也到了朝向这一阶段努力的时候了。而在这样一种新的发展阶段中，大学切不可表现得“太急”和“太忙”，相反，应鼓励学者开展真正有水平、创新性、高端的科研工作，支持学者安心、从容、专注和淡定地从事基础性、公益性和创新性的科学研究。③ 这些畅想和建议虽然是对清华大学提出的，但同样适用于我国其他高水平大学，它们或早或晚终将步入追求学术质量与影响力的阶段。然而，我国现有的高校管理与科研体制强调绩效与问责，在学术人员职级评定与招聘环节关注其量化成果，这给了学术人

---

① 郭丛斌：《中国高水平大学学科发展现状与建设路径分析——从 ESI、QS 和 US News 排名的视角》，《教育研究》2016 年第 12 期。

② 光谱网：《刘宁委员：为一流高校的量化指标“松绑”》，2019 年 3 月 15 日，见 http：//www.sinospectroscopy.org.cn/readnews.php？ nid=91136。

③ 谢维和：《国内高水平大学科研的新阶段与新常态——关于高校科研工作的几点思考》，《中国高校科技》2016 年第 5 期。

员极大的绩效压力。在追求发表数量与续聘的重压下，学者自然难以静下心来做研究，产出高质量、高影响力的创新性成果。此外，在学术人员的管理方面，现有的管理制度强调问责而非支持，政府基于科研人员被治理地位和不信任假设，要求科研人员申报项目时提供大量不必要的材料、限制科研人员经费预算调剂权和仪器设备采购权、项目实施周期内多头重复检查让科研人员应接不暇，不信任冲突频繁出现；科研管理大多采取一元主体、权力集中、资源依赖及制度嵌套下单向性行政命令式，存在非制度性安排不足、柔性服务不够的问题，容易与科研人员造成治理理念、制度及治理方式对立或对峙状态。① 简言之，以科研成果质量不足为表征的一流大学师资队伍问题，根本原因在于我国一流大学建设中尚且缺乏一流师资队伍成长的制度环境与组织生态。②

（四）大学与市场关系疏离，对社会发展贡献不足

我国高水平大学在世界大学排名体系中的社会声誉水平较高，该项指标接近甚至超越世界一流大学水平。但社会声誉好并不代表高水平大学与社会、市场的互动佳。尽管中国的科技成果在近几十年来取得了长足进展，实现了“量质齐升”，重大科技成果不断涌现，但一个无法忽视的重要事实是，绝大部分由高校与科研院所创造的科研产出和发明专利实际上都“锁在抽屉里”，科技成果转化率不高的特征非常显著。③ 经过与全球 138 所世界一流大学的比较，国内建设高校除了清华大学与之相比具有一定竞争力外，其他院校的科研效益与科研转化力均偏低；④ 还有研究表明，我国顶尖大学与世界一流大学相比，对创新型经济贡献的总体差距不大，差距主要体现为我国

① 方成、方同庆：《大学科研治理：冲突与变革——基于大学科研人员治理主体》，《科技进步与对策》2020 年第 7 期。

② 孙刚成、贺列列：《基于世界大学排名面板数据的中外一流大学师资比较》，《黑龙江高教研究》2018 年第 2 期。

③ 习近平：《在中国科学院第十九次院士大会、中国工程院第十四次院士大会上的讲话》，《人民日报》2018 年 5 月 29 日。

④ 程哲、卢兴富、李福林：《世界一流大学建设成效评价分析——基于科研论文的视角》，《中国高教研究》2020 年第 10 期。

顶尖大学技术转化效率偏低。① 换言之，我国目前的科技创新成果已基本达到世界一流水平，对创新经济的贡献也与世界一流大学相当，但就我国目前的科技发展水平而言，科学研究与技术创新成果仍有相当大的社会效益空间没有得到充分转化与释放，阻碍了我国在科技促经济、民生发展道路上更快地实现弯道超车。

在科技转化方面，大学与市场关系疏离导致技术转化率较低的现象反映了以下几方面问题。其一，我国大学很多科学研究仍存在“脱离实际”的问题，没有面向社会重大需求、行业产业等关键问题，所创造出来的研究成果产业化路径不清晰，导致科研成果沉睡在实验室里而出现“无人问津”的现象。由于我国学术型组织与产业部门在利益上没有交集，所以它们缺乏参与产学研协同创新的内在动力。其二，我国产业界很多企业技术创新能力普遍较为薄弱，尚未成为技术创新主体，它们没有足够强大的科研创新能力对大学所创造的基础研究成果进行吸收和利用，而这一现状在未来很长一段时间里也难以改变。在上述两方面现状的背景下，由于政府“拉郎配”政策的强行牵动，“双一流”大学和科研机构等学术型组织不得不“勉为其难”地与产业界开展互动与合作，有时不得不迎合产业界的现实需求，在知识链下游从事本应由企业承担的低水平技术开发和试验发展工作，不仅对技术转化与产能释放的作用有限，同时还对学术型组织的本职基础研究工作上起到“挤出效应”，折损了高校从事高水平科学研究和学科建设的成效。② 其三，从科技成果转化涉及的主体而言，我国科技成果转化存在供给侧产权模糊、激励机制扭曲，转化中介发育不全、定价机制扭曲，需求侧导向不强，市场机制不彰的问题。③ 其四，高校科技成果转化面临的最大障碍是市场信息不

① 杨希、王倩、李欢：《中外一流大学对创新型经济贡献的比较：基于指标与案例分析》，《上海交通大学学报》（哲学社会科学版）2019 年第 3 期。

② 张艺、龙明莲、杜军：《“双一流”大学与产业部门、科研机构的三螺旋互动成效》，《中国高校科技》2020 年第 10 期。

③ 刘瑞明、金田林、葛晶、刘辰星：《唤醒“沉睡”的科技成果：中国科技成果转化的困境与出路》，《西北大学学报》（哲学社会科学版）2021 年第 4 期。

对称导致的技术供给与需求不匹配。在我国，作为平衡技术转移供求矛盾最有效方式的高校科技转化平台，存在机构和人员设置缺乏专业性的问题，且平台建设仍处于起步阶段。①

（五）存在重科研轻教学倾向，一流本科教育建设不足

人才培养是大学的根本任务。当前我国进行的“双一流”建设最终应落实到人才培养尤其是一流本科人才培养上来，为新时代培养中国特色社会主义的合格建设者和可靠接班人。然而在实践中，很多高水平大学沿用传统高水平大学的建设思路，学科建设多侧重科学研究，往往缺乏甚至忽视对人才培养的高度关切。在各高校发布的“双一流”建设方案中，有的大学将一流学科建设主要看成一流科研平台建设，仍然偏重于论文或获奖，以集中资源取得短期效应为主；拔尖创新人才培养的对象主要是研究生；在本科生培养模式改革方面，涉及的内容很少，往往只是提出一些原则要求。② 即便一流大学重科研、重研究生教育，轻本科生教育已是世界性问题，但在“双一流”建设过程中，仍应明确一流本科教育对一流大学建设的重要意义，一流本科教育是一流大学与一流学科建设的关键。③

有学者指出，我国与美国高等教育最大的差距体现在本科教育上。目前我国高水平大学本科教育理念陈旧、教育体系落后、教育过程僵化、教学质量偏低等问题表现得尤为明显，本科教育问题已经成为制约我国高校成为世界一流大学的主要问题。④ 我国一流本科教育的问题体现在：缺乏对育人使命的守持理性，我国本科教育在坚持“以生为本”的育人使命方面还存在必须加以重视和改进的问题；对人才培养目标的重视不足，培养目标缺乏高标准及可操作性；培养模式单一落后，长期停留在“课堂教学”“教材教学”“教师教学”“群体教学”的阶段，也较为缺失科学研究、社会实践等培

---

① 胡丽：《我国高校科技成果转化平台的建设探索》，《社会科学家》2018 年第 6 期。

② 刘仁山：《“双一流”建设与新时代人才培养》，《国家教育行政学院学报》2018 年第 6 期。

③ 邱勇：《一流本科教育是一流大学的底色》，《光明日报》2016 年 6 月 21 日。

④ 别敦荣：《论“双一流”建设》，《中国高教研究》2017 年第 11 期。

养模式的积极参与；创新文化氛围淡薄。[①]不仅本科生教育，整个人才培养活动在如今一流大学建设的过程中也存在职能边缘化、目标趋同化、过程市场化的问题。在强调绩效与排名的大学评价模式下，需要长期酝酿与沉淀才能看到成效的人才培养活动自然而然地被边缘化，让位给科学研究、学科建设等短期内就可以看到明显效果的工作。此外，由于追求统一的评价标准，高校人才培养定位具有很强的雷同性，同一个专业在不同层次学校间，其培养目标和定位没有太大的差别与差异，同一个专业的学生，其课程安排和专业学习上也没有太大的差异，学校间、学科间培养目标雷同现象严重。[②]整体来看，目前我国一流大学的教育存在"学术殿堂"之环境的缺失，以及创新性人才培养模式的缺乏。[③]

二、我国世界一流大学建设面临的挑战

为适应建设创新型国家的需要，我国大学应该坚持以育人为根本，以改革创新为动力，推进人力资源综合开发为经济社会发展提供有力支撑。同时，大学还应该围绕国家发展需要攻克科技难关，推广科学研究成果满足蓬勃发展的经济社会需求。但是，受众多客观因素的影响与制约，我国在世界一流大学建设过程中存在多重理想与现实的矛盾关系，面临诸多挑战。

（一）信息技术飞速发展带来的时代性挑战

信息技术的发展与互联网的广泛应用，正在深刻地改变着人们的生活习惯与观念意识，也在重塑高等教育的方方面面。信息技术的进步带来新技术、新设备、新模式的探索和涌现，从而推动了传统教育理念、模式与方法的变革，推动了学习方式和形态的转变，也推动了高校科研方式的改变。在互联网的屏幕化和碎片化特征下，人们的学习模式也呈现屏幕化和碎片化发

---

① 眭依凡：《一流本科教育改革的重点与方向选择——基于人才培养的视角》，《现代教育管理》2019 年第 6 期。

② 付海南、毛丽娅：《"双一流"建设下高校人才培养的定位、缺位和进位》，《黑龙江高教研究》2018 年第 10 期。

③ 谢和平：《对大学教育的几点思考》，《大学教育科学》2021 年第 4 期。

展，学习者通过互联网随时随地获取名校、名师的教学课程，学习突破了时间和空间的限制，选择性和自主性更强。教学方式从传统的单向知识的传授向“影响式”和“互动式”教育转变。大规模开放在线课程（MOOC）快速发展、小型私人定制课程、混合式教学、大一分类课程、学位系列课程、翻转课堂等各种各样的课堂教学模式不断进入学生的视野，促使现有的师生关系、管理模式、教学方式的改变，进而重构学校的存在方式。① 新型的教育形态和教学模式的发展已是大势所趋，因循守旧的高等教育机构不仅难以发展为世界一流大学，还有极大可能被顺应信息时代潮流的创新型高校超越。信息时代与智能社会的来临，在某种程度上又将全球的高等教育机构置于同一起跑线上。信息时代教育环境及教育需求的变化导致大学难以直接沿用历史发展经验来满足崭新的教育对象、互动模式与知识需求，同时，网络时代信息的互通有无也降低了高校经验与信息的独特性。这一环境特征对所有高等教育机构而言，尤其是已经具有某些优势的一流大学来说，是一个不小的挑战。

当然，这一挑战在某种程度上也为大学的快速崛起提供了契机。信息技术的快速发展加快了资源共享时代的来临，有形的物质资源共享正在起步，教育资源的开放共享是教育和信息技术融合发展的必然趋势。随着高等教育全球化的深入发展，基于资源流动的跨境教育成为一种常见现象，聘用外籍教师、招收国际学生、开展合作办学、创办海外分校、开展合作研究等方式，正在逐渐缩小不同地域、不同国家、不同机构之间的资源差距。新冠肺炎疫情的全球传播加剧了资源的跨境开发与使用，跨境线上课程与管理的广泛应用为进一步缩小机构间的资源差距提供了可能。能否抓住机遇，利用信息化时代各高校间资源结构更加扁平和趋同的特点，实现世界一流大学建设的“弯道超车”，取决于高校对不可替代性资源（教师、管理者、课程结构、校园文化等）核心竞争力的打造，以及充分挖掘资源潜力的制度性支持。

① 李志民：《推进“双一流”建设　提升高等教育水平》，《中国高等教育》2021 年第 19 期。

（二）平衡政治、市场、学术逻辑的体制建设挑战

政治、市场和学术逻辑是影响我国世界一流大学建设的最重要的三种制度逻辑。由于政治体制、经济水平、文化传统及大学现行制度差异，三种制度逻辑对各国大学的作用机制各不相同，力量强弱存在差异。在我国，政治逻辑是我国世界一流大学建设的原始驱动力，长期以来，我国高校办学与改革深受政府意志主导或控制；市场逻辑是影响我国世界一流大学建设的新兴力量，市场资金在高校的注入以及具有市场特点活动在高校的融合，极大地推动了大学知识生产模式变革；学术自由与大学自治是西方大学的传统，也是大学的生命力所在。① 我国当前高等教育体制在平衡上述三种逻辑及其相应主体活动时，存在诸多矛盾与问题。

首先，行政主导的高等教育治理模式挤压了高校内部学术自由与学者自治的空间，在一定程度上有损高校的办学自主权和学术自由。学术研究是对未知世界的探索，科学探索的魅力在于它研究选题、研究过程和研究结果的多样性和不可预测性，这一特性决定了必须给予学术研究更多的自主性和宽容失败的精神。哈佛大学前校长博克（Derek Bok）要求大学“努力使学者们免受大学自己造成的人为限制的约束，努力做到不处罚持不同观点的教授，努力保护教授言论自由的权利，使其不受大学外部敌对压力的侵扰。”② 只有具有安全和自由保证的学者才能探索科学真理，也只有在学术自由的条件下，才可能产生创造性的成果，培养出创新人才。从这个意义上来说，学术自由既是现代大学制度的根基，也是一流大学制度的根基。然而，自由宽松的学术氛围的营造，在当前大学机关化、衙门化的背景下，实现起来无疑颇多掣肘。我国建设世界一流大学的政策是一种理想导向型的政策，具有鲜明的“行政主导、自上而下”的色彩。其具体的运作方式是中央政府先决定政策的方向及原则，政策出台后下转执行部门要求贯彻推动与实施，政府在

① 胡德鑫：《我国世界一流大学建设的困境与治理挑战——基于多重制度逻辑分析范式》，《高等工程教育研究》2019 年第 2 期。

② ［美］德理克・博克：《走出象牙塔：现代大学的社会责任》，徐小洲、陈军译，浙江教育出版社 2001 年版，第 27 页。

很大程度上发挥着掌控的关键作用。[①] 行政主导带来的直接后果是大学的办学自主权和学术自由不可避免地受到政府干扰，特别是行政管理对学术研究的越位，使得大学的学术研究方向过多地受政府需求和国家战略的左右或影响。世界范围内高等教育发展的事实一再表明，在21世纪这个快速前进的时代，完全由国家来主导复杂的大学变革之路是不恰当的。[②] 对此，政府管什么、如何管，关系到中国大学办学自主权的实现程度，并最终影响中国特色现代大学制度建设的基本走向。

其次，市场参与高等教育治理过程中，既存在参与不足，也存在参与过度的问题。20世纪90年代以来，市场化成为中国高等教育改革的基本价值取向之一。在政府看来，要使高校及其学术人员的行为更有效率和成效，就要为其创设一个竞争环境，并且把奖励与绩效联系起来，因而采用能够提供奖励与惩罚的外部系统来取代那些被认为是不求上进和自私自利的内在动机。[③] 在市场化改革的过程中，中国高校的活力被激发出来，在整个高等教育系统内部逐渐形成了一种绩效合法性，以至于金子元久不无感慨地指出，从高校积极创收并将其收入与学术人员个人的物质与学术利益紧密关联在一起的角度来看，"中国高等教育的市场化走在了世界的前列"，中国的高校称得上是"人类历史上从未有过的最像企业的大学"。[④] 但颇为矛盾的是，在中国重点高校建设过程中，长期以来是政府而非市场力量在起主导作用，在这种条件下引入的"绩效机制"，使得中国高校内部同时存在"市场化不足"和"市场化过度"的现象。一方面，我国一流大学的经费来源渠道单一，绝大部分经费靠政府支持，市场力量缺乏参与的动机与动力；另一方面，一流

① 胡炳仙：《中国重点大学政策：历史演变与未来走向——基于新制度主义的政策分析》，华中科技大学博士学位论文，2006年。第85页。

② Burton R. Clark. Sustaining Change in Universities Continuities in Case Studies and Concepts. Maidenhead：Society for Research into Higher Education & Open University Press，2004，p.82.

③ Martin Trow. Managerialism and the Academic Profession：The Case of England. *Higher Education Policy*，1994，7（2）：11-18.

④ ［日］金子元久：《高等教育发展的中国模式：来自日本的观察》，《教育发展研究》2006年第5A期。

大学建设通过引入市场竞争机制迫使高校关注自身绩效，运用评估、比较、对目标达成之评价等手段，阶段性地考察具体的建设工作[①]，大学普遍盛行基于表现的绩效评价体系，陷入“追逐排名”的迷思，其本质是学术资本主义逻辑在大学大行其道，即实行基于外部物质主义激励的量化评价体系[②]，导致一流大学建设存在重量轻质、重科研轻教学、“五唯”现象严重等问题，威胁大学办学自主权、学术自由和学术责任等现代大学制度的基本要素。对此，高校与社会的关系构建，包括市场力量如何引入大学治理过程中、其引入的边界何在、需要哪些配套制度与措施，关系到大学学术组织这一根本特性的维持与延续。

最后，基层学术组织在大学治理过程中整体缺位。高校是一个“底部沉重”的组织，基层学术组织既是高校内部治理体系的基础层级，也是当前高校内部治理体系的薄弱环节[③]，尽管“双一流”建设方案提出“建立健全高校章程落实机制，加快形成以章程为统领的完善、规范、统一的制度体系”的核心要求，试图在学校层面强化学术权力对于行政权力的制约和监督，但研究发现，很多高校的章程聚焦的也是学校层级权力分配问题，而缺少对基层学术组织在高校治理中的明确定位和权力划分。[④]在政治、市场与学术逻辑的互动过程中，过度以政治逻辑和市场逻辑的需要为目标，忽视大学自治、学术自由在构建现代大学制度中的核心地位与作用，是中国缺乏世界一流大学的重要根源。[⑤]学术自由和大学自治精神缺失使得中国难以建立具有共同规范、共同价值、共同信念的学术共同体。大学教师群体逐渐丧失了对科学研究的敬畏之心，为学术 GDP、泛学术化乃至学术腐败现象的滋生提供了土壤，依附性学术文化蔓延滋生。在这种环境下，难以产出具有原

---

① 王丽佳、黎万红、卢乃桂：《教育质量保障视域中的问责网络建构：理据、实践与优化进路》，《复旦教育论坛》2014 年第 5 期。

② 陈斌：《论一流大学建设的内在逻辑与现实境遇》，《大学教育科学》2020 年第 2 期。

③ 张继龙：《基于协商民主的学院学术治理改革》，《教育发展研究》2017 年第 5 期。

④ 周光礼：《实现三大转变，推进中国大学治理现代化》，《教育研究》2015 年第 11 期。

⑤ 刘赞英、李亚琳：《现代大学制度构建的逻辑：内生与外延相平衡》，《大学教育科学》2015 年第 5 期。

创意义的重大基础研究成果，难以培养具有独立批判性思维的创新型人才。

（三）兼顾高校各项职能活动的路径挑战

尽管世界一流大学并没有统一的标准，但世界大学排名位居前列的大学具有一流的科学研究、一流的人才培养、一流的社会服务的共性，换言之，世界一流大学要在各项职能活动上都处于高水平。然而，我国世界一流大学的建设面临着重教学、轻育人，重科研、轻教学的问题①，这不仅是受到“世界一流大学首先应该是研究型大学”思维惯性的影响，同样受到资源有限的现实羁绊。

我国高等教育在改善教学质量、提高科研产量、促进社会服务方面的成就有目共睹，但高校在教学及育人、研究、社会服务方面依旧存在诸多有待改进的问题。在人才培养方面，近年来虽然对教学环节愈加强化，但仍有相当一部分高校在教师评价标准指标的设计上呈现出“重科研轻教学”的倾向，且在本质上并未摆脱教学与科研相对立的定势思维，甚至某些学校走向了“重科研轻教学”这一完全相反的对立面，上述做法均未能透视教学与研究相辅相成、相互支持的和谐统一关系，更勿言采取使教学与科研相互促进的具体措施。② 在科研领域，具有较高影响力与创造性的学术成果不及世界一流大学，是我国高水平大学建设过程中最为紧迫的问题。在社会服务方面，当前我国一流大学的科研成果转化率较低；社会参与的主体不够多元，参与程度相对较浅；在不同参与领域上，仍然以科研成果转化、校企合作和促进毕业生就业为社会服务的重心，在提供公共服务设施、促进可持续发展等方面则少有作为。③ 上述问题的解决都需要高校给予相应的资源与制度支持，但现实情况却是教师、资金、管理人员等关键资源都是有限的，有时支

① 刘宇雷：《“双一流”背景下高校内部治理面临的挑战及其应对》，《江苏高教》2019 年第 11 期。

② 张智光：《提升一流大学人才培养质量的根本出路——教学—科研—社会服务的超循环共生系统》，《国家教育行政学院学报》2019 年第 3 期。

③ 李瑞琳、［澳］Hamish Coates：《我国大学社会服务职能发展：国际经验、现实问题与政策建议》，《高校教育管理》2020 年第 4 期。

持某一项职能活动的发展意味着其他职能活动的发展空间受限。大学的管理者如何抉择，是影响大学发展成效乃至决定高校能否进军世界一流大学之列的核心问题。倘若高校管理者能够认识到大学的教学、研究、社会服务活动并非彼此对立或排斥的关系，而是可以通过集成化管理实现良性互动，均衡发展，那么这些管理者至少不用面临三大职能活动排序与抉择的问题。但是，如何使人才培养、科学研究活动符合社会发展需要，如何在制度设计层面融合三者各自发展逻辑并服务于系统的良性运作，更需要管理者的创造力与魄力，这仍是一个不小的难题。

（四）提升高校核心竞争力的创新性挑战

根据世界一流大学的排名结果，我国顶尖大学在多个量化指标上已达到世界一流大学的水平，但在反映高校创造力与核心竞争力的指标上与公认的世界一流大学仍有较大差距。如今，我国一流大学与世界一流大学的差距不再体现在量化指标上，而是以创造力、吸引力为核心的竞争力上，此前通过资金、人力资源的加大投入与累积效应实现快速增长的发展模式无法适应现阶段的内涵式发展需求。事实上，资源堆砌的结果只能使少数大学具备了世界一流大学的某些外形，却并未形成世界一流大学特有的制度、品格和气质。世界一流大学与其说是一个以资源堆砌为表征的、显性的数量型建设，倒不如说是一个以体制转换与制度创新为表征的、隐性的质量型建设。我国世界一流大学的建设已经到了亟须注入中国独有的气质、品格与创造力的时候。

无论是我国政府还是高校，都过于盲目追逐“世界一流大学”的外在符号，表现出重外在形式模仿而轻内在精神养成的倾向。20 世纪 90 年代末期院校合并中的“强强联合”，在产生了一批学科综合、规模巨大、实力较强的“综合性大学”的同时，大学办学中的趋同现象也进一步强化。在政府“强强合并”政策的牵引下，许多大学致力于为建成综合性大学和扩大学校规模而疲于奔命，却对国外一流大学之所以声名远扬的深刻内因认识不足，如稳定的学术传统与学术环境，有所为有所不为的战略眼光等。其结果是仅仅具备了世界一流大学的某些外形，并未形成世界一流大学特有的精神气质。①

我国一流大学竞争力的缺乏主要体现在以下几方面：其一，少有中国大学特有的气质与文化内涵。各国的世界一流大学群体往往具有独特的气质类型与其“代名词”，例如英国一流大学的精英教育与贵族气质，美国一流大学的“多元巨型”以及培养社会领袖的气魄，德国一流大学古典、沉稳的学者气质，等等。我国拥有悠久的文化传统与教育传统，但高等教育体制往往直接移植发达国家的现代大学制度，并未与本土文化进行创新性融合，导致我国高等教育体制的“嫁接”问题频发，且高等教育体系缺乏使人印象深刻的独特气质与文化积淀。对国家而言，只有建立一流的高等教育体系，形成独特的高等教育模式，才有可能诞生更多的一流大学；如果只追求个别大学的一流，结果可能带来一个糟糕的、分散的高等教育体系和结构。② 其二，国际化水平有限，国际资源的竞争力不足。与世界一流大学相比，我国高校的国际教师和留学生比例都偏低，且留学生生源国较为集中，这受制于我国高校的国际化水平，包括教师学术发展支持制度、学生国际化培养与管理制度尚不完善，学校国际化氛围缺乏，等等。③ 简言之，全球高水平的学者与学生在中国高校难以真正体验到世界一流大学的氛围、文化、教育与活动，是中国一流大学的国际生源与国际师资有限的根本原因。其三，在教学、科研、社会服务互相支持的理想结构下，我国一流大学学术研究的创造力与影响力不及世界一流大学，限制了我国高校竞争力的整体性呈现。解决上述竞争力缺乏的问题，不仅需要一流大学重塑教育理念，扭转急功近利的发展观念，还需要在制度设计与政策支持上给予学者充分的研究与职业发展空间，才能真正挖掘内涵于人的学术生命力与学校的精神文化。若想提升一流大学的核心竞争力，走好我国一流大学迈向世界一流大学的“最后一公里”，在上述各方面实践创新性发展是关键。

① 康宏：《建设世界一流大学：政策回顾与矛盾分析》，《黑龙江高教研究》2006 年第 5 期。

② 李鹏虎：《世界一流大学建设：排名、学科及挑战》，《现代教育管理》2017 年第 3 期。

③ 张曦琳、田贤鹏：《“双一流”建设中的教师流动治理：挑战、困境与举措》，《高教探索》2020 年第 3 期。

（五）全面布局战略下均衡发展的资源性挑战

据现有的国际经验表明，从政府层面来看，创建世界一流大学大体有三种基本策略可供遵循：择优建设少数现有的具有实现一流潜力的大学；鼓励现有的一些大学合并，通过协同合作发展成为世界一流大学；从头创建新的世界一流大学。① 其中，采取集中有限公共资源、重点投资扶持科研力量雄厚的高校及优势科研项目的“择优式”政策手段最为普遍。世界各国政府有意识地通过战略导向及财政激励等措施宏观引导高等教育的发展，将优质的教育资源集中于少数最具潜力的大学上，以期实现大学的跨越式发展。我国从 20 世纪 80 年代开始就采取这种方式，并先后实施了一系列有针对性的改革和投资发展计划。如 1984 年实施的旨在支持我国基础研究、应用基础研究和培养高层次人才的“国家重点实验室计划”、1993 年开始的以重点大学和重点学科建设为核心的“211 工程”和 1998 年启动的以创建世界一流大学为目标的“985 工程”等。尽管当前的“双一流”建设引入了动态评价机制，但本质上仍然是“择优式”扶持。在“办大教育”的特殊国情下，我国政府关注的焦点始终是如何保证有限的资源投入能够有最大的产出。在一流大学建设政策的实际执行过程中，大学“择优式”重点发展策略也是始终优先于均衡发展的。然而，这种“择优式”发展也严重阻碍了高等教育民主化和教育机会均等的实现；同时，如果一流大学建设不能形成“一流带动、共同发展”的良好、有序的高等教育格局，反而却以破坏公平为代价，可能导致高校发展深陷“马太效应”误区，使高等教育体系强国的建设过程陷入僵局。

从当前“双一流”建设的总体情况分析，非常清晰地看到西部高校处于非常不利的境地，这种严峻挑战更进一步体现在高校的师资队伍和资源、人才培养、科学研究、办学经费、国际大学排行榜等差距上，一级学科博士点、重点实验室、教育部重点研究基地等标志性的学科平台也呈现出显

---

① ［摩洛哥］萨米（Jamil Salmi）：《世界一流大学：挑战与途径》，孙薇、王琪译，上海交通大学出版社 2009 年版，第 7 页。

著东西部差异。[①] 这一差距在师资队伍方面尤为明显。由于经济发展不平衡，各地高等教育投入差异巨大，中西部等地教师主要流向东部经济发达地区，北、上、广、深等特大城市成为人才净流入的顺差地区，而东北、西北等地的人才流失问题则非常严重。高层次人才的地理空间分布存在明显的不均衡，层次越高的科研人员越倾向于流向北上广深等经济发达地区。尽管政府部门已经关注到这种流动的不均衡所造成的消极影响，并提出“不鼓励东部高校从中西部、东北地区高校引进人才”等治理举措，但从市场自由选择的角度看，短期内这种区域流动不平衡可能仍然无法快速逆转，且有继续拉大的危险。经济发展会吸引人才聚集，而人才聚集又发过来会促进经济发展，从而形成教师不断向发达地区流动的循环往复机制，最终可能会导致高等教育发展出现愈来愈重的两极分化，继而影响到地区间的教育资源公平配置。[②] 此外，“双一流”高校与非“双一流”高校间的差距也将越来越大：那些因投入充分而在硬件和软件占绝对优势的强势高校的综合实力进一步得到提升；而那些因实力不足未能入选“双一流”名单的弱势高校由于不能获得足够的资源投入，其竞争力进一步弱化。这种“损不足，补有余”机制的运行势必会导致高等教育领域的垄断现象的产生。“双一流”建设的战略目标不仅在于发展一批世界一流大学和一流学科，更在于建设世界一流的高等教育体系和高等教育强国，这要求高等教育体系内大学的质量整体较强。如何兼顾我国高等教育发展的重点建设与全面提升，关系到我国一流大学建设成效，更关乎我国高等教育整体质量问题，对政府投放高等教育资源、设定资源的分配标准、提高资源分配的公平性与合理性均提出挑战。

---

① 陈鹏、李威：《“双一流”建设背景下西部高等教育的挑战与政策供给》，《教育研究》2018 年第 11 期。

② 张曦琳、田贤鹏：《“双一流”建设中的教师流动治理：挑战、困境与举措》，《高教探索》2020 年第 3 期。

第三节　我国世界一流大学建设的政策路径选择

作为一个发展中国家，在大力推进高等教育快速发展的基础上，发挥我国集中力量办大事的优势，支持若干所重点大学的建设与发展，使其跻身于世界一流大学行列，这是我国新世纪的一项具有战略意义的重大决策，也是建设人力资源强国的一项伟大工程。从当前我国的实际情况出发，跨越式发展应是我国建设世界一流大学的战略选择。在不少国外一流大学发展的历程中，都经历过一段快速发展的时期。它们的经历说明，通过跨越式发展建设世界一流大学是可能的。当前，我国大学正面临着难得的发展机遇，拥有着国内外的环境优势、制度优势和后发优势。我国经济长期健康持续快速发展，综合国力不断攀升，国际地位迅速提高，为高等教育发展提供了良好环境优势；国家实施科教兴国战略，实施“双一流”战略，拥有集中力量办大事的社会主义制度优越性。加之，通过认真学习与借鉴国外一流大学成功的办学经验，正确制定适合我国国情的战略规划，注意发挥后发优势，在我国通过跨越发展实现建设世界一流大学的目标是完全可能的。针对我国世界一流大学建设存在的问题与面临的挑战，政府可选择下列政策路径，提升我国高等教育治理体系与治理能力的现代化水平，实现我国世界一流大学建设的跨越式发展。

一、进一步简政放权，赋予“双一流”建设高校更多办学自主权

如何扩大与落实高等学校办学自主权，破除我国高等学校办学自主权“放乱收死”的难题，是我国高等教育治理体系与治理能力走向现代化必须回应的关键问题。20 世纪 80 年代以来，我国政府综合运用法律、政策、规划、公共财政、标准、信息服务和必要的行政措施，不断推进高校办学自主权的扩大与落实，并已取得长足的进步和成效。然而，正如全国人大常务委员会于 2019 年 10 月发布的关于《高等教育法》实施情况的检查报告所指出的那样，我国高等教育领域的“放管服”改革尚未完全落地，仍需要进一步

落实简政放权，赋予“双一流”建设高校更多办学自主权，包括明确政府的法定责任，提升政府的服务能力，同时通过行政法律机制方案的科学设计，增强对高等学校办学自主权监管体系的合法性控制，真正做到政府“放得下”与高校“接得住”。一方面，要重塑高等教育管理领域的政府监管模式；另一方面，要健全高校办学自主权独立行使的内控体系。①

首先，简政放权的关键在“放”，要解决“放”哪些、怎么“放”和“放”给谁等主要问题。简政放权需要有大局观，要上下联动、左右衔接、协调放权；不仅想到“放”“管”“服”，还要想到“接”。“取消”“下放”要广泛征求意见，听取各方呼声，精准对接师生所盼、高校所需。比如，对于学位授予，支持达到自主审核单位申请基本条件的高校申报自主审核单位资质。探索差异性放权，综合考虑各地和各高校的承接能力，对条件成熟的地方和高校优先放权。比如，出台倾斜政策，由各省市根据实际需要进行学位点的布局，对经济欠发达、高等教育薄弱地区的学位授权予以扶持，以促进高等教育的均衡发展。探索协同性放权，有效推动教育相关相近审批事项最大限度整合，做到全链条同时“取消”或“下放”，增强改革的整体效应，扩大改革受益面，等等。其次，在“放”的同时，要进行有效管理，探索放管有效结合的方式与路径。放管结合、放管同步，需要在放权的同时对取消和下放的审批事项，制定针对性、实效性和操作性强的监管办法和措施，从而避免出现权力真空现象。更有效的“管”，主要前提在于明规矩于前、施重惩于后，攻破难关、“管”出制度，切实构建权力下放后与运行相配套的事中事后监管体系；主要目的在于明确相关主体的权责边界，确保事有人管、责有人负，防止推诿掣肘和懒政行为；主要途径与方法在于推进管办评彻底分离，转变管理方式，通过信用机制、督查、巡视等强化监管，避免监管缺位和监管过度。第三，在简政放权的同时，政府要解决好高等教育建设的服务问题，完善高等教育服务供给机制，更好地履行政府职能。具体

① 姚荣：《高等教育领域“放管服”改革的意图、效应及其深化——基于〈高等教育法〉首次执法检查报告的分析》，《湖南师范大学教育科学学报》2020 年第 2 期。

包括搭建审批事项少、行政效率高、运行行政成本低、办事行政过程公正透明的政务服务平台；精简审批环节、压缩办理时限，实现同标准审核、无差别审批，推行容缺预审、并联审批，做到“网上办理是常态、网下办理是例外”“马上办、网上办、一次办”，确保下放地方和高校的权力能落地、高校及师生有获得感。① 此外，省市级政府是落实高校办学自主权的重点和难点所在，也是为大学提供服务的重要主体，省市政府部门解决好归口管理问题，避免对高校直接行政、发号施令，提升管理层次和水平，在省市高等教育事业层面进行政策调控、资源调配、评估督导，提供高质量的服务②，是简政放权、落实高校办学自主权的重要保障。

在落实高校办学自主权方面，除了进一步健全教育行政监督的合法性监控以外，更加需要关注的是高等学校办学自主权行使的内控体系建设，保障高校扩权后能够“接得住”。其一，应明确高校的法人地位与权益。行政权力与学术权力的二元对立统一是高校内部治理结构有别于其他组织的典型特征，而高校通过落实法人治理则有望达到二元权力结构平衡，满足不同群体的利益诉求。在我国，高校在法律实施层面具有多重身份，属于行政权力和民事权利的复合型权力综合体。这决定了高校在处理内外部事务时，拥有更为复杂的法律身份，其组织运行和社会职能显然有别于文化、科技、卫生等其他事业部门，不仅具有社会服务性、组织活动公益性和职能公共性等特征，而且具有更强的阶级性和文化教化功能。基于此，结合我国实际和国外经验，建议在立法中明确高校作为“高校法人”的独立法人身份，对“高校法人”的概念、定位、治理结构等问题进行规范解释，为高校建立完整的治理结构提供法律保障和制度基础。这将有助于进一步厘清高校作为独立的公共部门的法律地位，从而避免其受到政府过多的行政权力对其办学自主权的侵蚀。其二，应建设高校内部治理法律体系。需进一步修订《高等教育法》，

---

① 刘永林、周海涛：《深化高等教育“放管服”改革的思考》，《复旦教育论坛》2017 年第 5 期。

② 别敦荣：《必须进一步扩大高校办学自主权——我国高等教育发展 70 年的经验》，《教育发展研究》2019 年第 Z1 期。

清晰界定中国共产党高等学校基层委员会领导下的校长负责制，明确高校党委和校长在高校内部组织机构的设置与负责人任免，事关院校改革、发展及重大制度等事务方面的权限；结合《中华人民共和国民办教育促进法》，明确社会力量办学组织的内部设置与运行办法，进一步健全董事会领导下的校长负责制，完善董事会组织形式及议事规则。① 其三，应当引入风险预防与管理体系。随着高等学校作为独立法人的法律地位的确立，高等学校与政府、企业，以及教师、学生等利益相关者之间的法律纠纷将持续增多，高等学校面临着复杂的法律风险、合规风险与治理风险，乃至财政风险等等。目前，我国高等学校法治建设的实践仍缺乏成熟的经验支持。对此问题，我国应汲取英美等法治发达国家和地区的成熟经验，引入高等学校自主办学的风险预防与管理体系，有效识别、控制、规避、降低与转移各类办学风险。②

二、进一步推进管办评分离，完善“双一流”建设第三方评估

当前我国高等教育系统存在体制性约束：政府管得多，既限制了高校的自主发展权与其内生动力的激发，也承担了高等教育发展决策的过大压力；市场参与少，不利于高等教育成果的社会转化效果与效益；高校发展空间受限，且发展动力不足，难以实现突破性创新式、跨越式发展。针对这些问题，我国政府自党的十八大以来积极推进高等教育的“管办评”分离，意旨给政府解压、给市场渠道、给高校空间，打造适合一流大学发展的中国特色高等教育体制。结合“双一流”建设，这一改革也取得了一定成效。针对我国当前一流大学的建设问题域困境，政府应持续积极推进“管办评”分离改革，进一步明确各主体参与高等教育治理的权责。政府、高校和社会对国家教育的发展振兴、民族素质的全面提高都负有不可懈怠的权责，我国高等教育体系建设与一流大学发展是一项既需明确分工又需高度协作的共同事业，

---

① 王立兵：《高等教育“放管服”改革中法律保障的缺位与应对》，《国家教育行政学院学报》2021 年第 4 期。

② 姚荣：《高等教育领域“放管服”改革的意图、效应及其深化——基于〈高等教育法〉首次执法检查报告的分析》，《湖南师范大学教育科学学报》2020 年第 2 期。

实施“管办评”分离的教育综合改革，就是要使这三者形成各安其位、各司其职、各负其责、各建其功的新的教育发展格局，激发出各方的积极性、主动性和创造性，真正形成更加符合教育发展规律的治教办学体系。对此，政府应明确界定各主体的权责内容，切实理顺各主体的权责关系，科学构建各主体的履责机制，让政府、高校、社会在各自的权责空间内最大限度地激发潜能，合力促进发展。

首先，应加快高等教育体系的法治化建设，使“管办评”改革有法可依，各方权责与职能边界明确。独立性是高等教育第三方评估的根本所在，也是其专业性、权威性等功能优势得以发挥的基础。“于法无据”“师出无门”是我国教育第三方评估发展的重要羁绊。实际上，独立第三方评估机构的发展是管办评分离背景下高等教育第三方评估机制构建的关键。从发达国家的成功经验来看，完善的立法是高等教育第三方评估发展的根基和依据。就我国而言，统一的教育评估制度立法设计和整体安排尚且缺乏。为此，我国一是需要加快相关法律制度的构建，形成一套完整的政府和社会共同参与、共同治理的教育评估法律制度体系，对包括第三方评估机构在内的高等教育治理主体的权利、义务、行为和责任进行法律制度明示。二是要厘清第三方评估机构的法律身份，明确其独立法人地位。机构独立、行为独立、避免利益冲突和不受外界影响，被世界银行认为是评估独立性的基本要素，这就要求第三方评估机构具有法人资格，能够对评估结果承担法律责任。三是应建立规范的法律体系，支持高等教育第三方评估机构以独立的实体来参与教育评估行业的市场竞争，并保障评估结果的法律效力。①

其次，应加快政府职能转型，规范各方参与“管办评”改革的路径。在“管办评”分离改革中，政府发挥主导作用，对健全社会评估制度、释放高校发展力量、划分各级政府权责等方面都起到规范引领作用。对此，政府应加强对教育第三方评估机构的支持和培育，针对第三方评估机构的特定发

---

① 肖国芳、杨银付：《管办评分离背景下高等教育第三方评估的价值意蕴、实践困境及突破路径》，《高校教育管理》2020 年第 5 期。

展阶段开发特定的组织能力，打造和扶持一批优质第三方评估机构，同时健全高等教育第三方评估的规范机制。我国要大力发展支持型社会组织主导的培育模式，以专业性的培育主体准确识别其发展瓶颈，并提供针对性的能力培育方案和形成有效的培育反馈机制，根据第三方评估机构的发展阶段特征提供更具针对性的培育方案，提供及时、真实和准确的信息反馈。当然，第三方教育评估并不会直接带来评估的公正、公平，相反可能带来评估的无序竞争和公平问题。为了保障评估的公正性，国家和社会必须对评估机构本身进行有效监督。在大力发展教育第三方评估的同时，我国要积极探索建立并完善与之相适应的第三方评估机构及其从业人员的规范机制。一是要优化教育第三方评估机构的法人治理结构并加强对其资质的管理：建立健全规范运作、诚信执业、公平竞争的机制，加快建立教育评估行业协会组织和工作体系，加强对教育第三方评估机构的资质认定，制定评估机构资质标准和行为规范，及时清理整顿违规和不符合资质的评估机构。二是要营造第三方评估机构公平竞争环境，强化对教育第三方评估机构发展的过程性支撑，完善事中、事后监管机制，发挥社会信用体系在培育和发展教育第三方评估机构中的激励作用，通过推动竞争、评估、审计和监督、退出等方式，将教育第三方评估机构的公信力和专业能力予以显化。三是要优化教育社会组织的协同机制，注重培育诸如教育学会等枢纽型教育社会组织，发挥其在教育治理信息、资源、项目、管理等方面的指导优势和整合优势。四是要完善教育第三方评估的救济和纠错机制，鼓励社会公众、新闻媒体参与到第三方教育评估之中，建立科学有效的教育评估监督体系。①

再次，应推进高校治理变革，引入第三方评估机制。管办评分离为高校充分行使办学自主权、独立自主办学提供了前所未有的空间，这既是高校在新形势下的发展机遇，同时更是全新的办学考验：自主办学能力强的高校顺势而上，越办越强，而那些因循守旧、自主办学能力弱的高校则会每况愈

---

① 肖国芳、杨银付：《管办评分离背景下高等教育第三方评估的价值意蕴、实践困境及突破路径》，《高校教育管理》2020 年第 5 期。

下，直至淘汰出局。自党的十八届三中全会以来，政府围绕《高等教育法》提出了高校七个方面的办学自主权，不断加大简政放权力度，探索建立“权力清单”，在“放下去”“管得住”上迈出了较快的步伐。相对而言，高校在如何确保“接得住”，进一步健全内部治理结构体系方面所做的努力还远远不够。① 高校不仅要提升自主办学意识与自主办学能力，完善学校内部治理结构与学校章程建设②，还应积极引入第三方评估，并将这一环节融入高校自主发展的制度设计中。一方面，高校要积极更新评估理念，积极修正以往重政府评估、轻社会评估的观念，重塑教育第三方评估的价值立场，以平等、积极、主动的姿态配合第三方评估机构对学校办学进行独立评估；另一方面，高校应结合校本实际，将第三方评估作为提高办学质量的必要手段，及时主动邀请教育评估第三方机构对学校办学进行评估，帮助自身找到差距和短板。此外，教育第三方评估结果的可靠性与公正性直接取决于学校提供信息的全面性与客观性，高校应加强信息公开，为第三方评估提供客观信息供给，全面、准确、依法、及时地推进办学信息公开，加强信息公开的规范化、标准化、制度化，增强信息公开互动性，以便有效回应社会关切，从而赢得社会公众的信任。③

最后，应强化第三方评估机构能力建设，提升评估效能。目前，在教育“管办评”分离的实践中社会参与的数量和质量都还比较不足，这一方面是由于专业的社会第三方机构力量不足，数量不充分，与政府及教育行政部门还没有形成充分沟通的机制；另一方面也是由于社会参与的渠道还不够顺畅，由教育督导机构统筹组织，委托社会第三方机构具体开展评价的机制还有待进一步完善。因此，促进社会广泛参与，首先要着力培育和扶持一批专业的第三方机构，在政策和经费上都给予必要的支持，同时加强对第三方机

① 龚成：《管办评分离与高校办学自主权的落实》，《江苏高教》2018 年第 10 期。

② 蒲蕊、柳燕：《教育管办评分离中政府、学校和社会的角色》，《教育科学研究》2016 年第 12 期。

③ 肖国芳、杨银付：《管办评分离背景下高等教育第三方评估的价值意蕴、实践困境及突破路径》，《高校教育管理》2020 年第 5 期。

构的监督和管理，督促第三方机构提升专业性并保持独立性和客观性。① 对教育第三方评估机构而言，需要不断提高教育评估的能力、水平和质量，增强评估的针对性和有效性，注重反馈、持续改进，确保教育评估的透明、及时、有效。具体方式包括：加强与政策制定者、潜在使用者的有效互动和信任；加强评估人员的专业技能培训；不断优化评估方法；提高评估透明度；保持自身独立性，等等。②

三、进一步完善政策，全面提升“双一流”建设全面服务社会经济发展和高等教育整体质量提升的能力

当前我国一流大学建设以一流学科为抓手，在科研方面取得重大突破，在诸多领域能够比肩世界高水平大学的科研水平。然而在人才培养与社会服务方面，我国一流大学存在一定程度的忽视。对此，政府应完善相应政策，推动“双一流”高校各项职能活动的均衡发展。通常来说，大学职能和高等教育的发展需要相应政策的推动。为了更好地发挥相关教育政策对大学社会服务实践的指导作用，首先是要有大局意识，在充分了解大学社会服务职能的发展历程和重要作用的基础上进行通盘考虑，做好长远规划，制定符合未来发展趋势的教育政策。同时，政策制定者还要尽量确保已经实施的政策的延续性和有效性，减少政策变迁和更替给开展大学社会服务活动带来的不利影响，使大学的社会服务职能真正发挥促进高等教育发展和社会进步的巨大作用。但需要指出的是，政策制定者不能矫枉过正、追求一成不变，而应使政策价值取向始终符合大学社会服务职能的发展方向；那些落后于时代潮流的政策要及时废止。③

当前我国社会发展面临着社会经济快速发展的需求与高等教育体系社

---

① 何秀超：《教育督导推进教育“管办评”分离的思考》，《教育研究》2019 年第 2 期。

② 肖国芳、杨银付：《管办评分离背景下高等教育第三方评估的价值意蕴、实践困境及突破路径》，《高校教育管理》2020 年第 5 期。

③ 李瑞琳、［澳］Hamish Coates：《我国大学社会服务职能发展：国际经验、现实问题与政策建议》，《高校教育管理》2020 年第 4 期。

会服务能力不足的困境，一流大学应首当其冲解决这一难题，发挥好全面服务社会经济发展的职能与作用。为提升“双一流”高校服务社会经济发展水平，需顺应经济业态完善社会服务反馈与管理机制，增强“双一流”高校主动参与社会经济发展的动力。第一，应构建“双一流”建设大学社会责任实现的第三方评价机制。“双一流”建设大学的社会责任必须坚持经济社会发展服务导向，为经济发展的创新驱动提供坚实的支持。“双一流”建设大学在地区经济社会转型中尤其是新旧动能转换中承担相应的职责，需要从自身体制、机制着手，培养一流人才，通过第三方评价机制实现客观、公正的评估，进一步调整学科和专业发展。第二，应健全“双一流”建设大学社会服务的信息机制，深化机制创新，促进政产学研多主体的协同。通过信息资源库的建立，增强不同创新主体的联系，同时逐步健全“双一流”大学和行业企业的信息资源库，一方面帮助“双一流”大学更好地以需求为导向，实现大学社会责任，另一方面提高企业行业及时获取最新科技前沿的效率，密切双方的联系。第三，应完善“双一流”建设大学社会服务过程调节机制。大学社会责任的实现是一个漫长的、渗透式的过程。其中尤其重要的是大学社会责任的落实要渗透于人才培养过程。结合自身“双一流”建设的基本情况，发挥特色和优势，积极同社会各界建立连接，实现大学和社会关联互动，基于新旧动能转换对人才的需求，积极调整人才培养模式，注重社会急需的复合型一流人才，通过同行业企业的联系、学科与专业结构的调整逐步提高人才培养质量，丰富大学社会责任实现的过程。构建学科建设及时调整机制，激发新旧动能转换急需的一流人才和一流科研的出现。①

此外，“双一流”大学可以发挥集群效应，促进区域社会经济的整体发展。一流大学可以与所在区域社会共建优势学科、培养运用高端人才，发挥人才智库对区域社会经济发展的正向作用；此外，校地双方也可以定期举办产业专题论坛，征集企业技术需求，推介重大科技成果，开展关键核心技

---

① 杨岭、毕宪顺、赵光锋：《新旧动能转换背景下地方“双一流”建设大学社会责任实现的机制研究》，《江苏高教》2020 年第 7 期。

术攻关研究，促进技术成果转化和产业化，促进传统产业技术改造和转型升级，打造经济新增长点；还可以通过校地合作，开展地方经营管理、创新创业等各类人才培训，提高人才素质，助力区域社会发展。① 当然，不仅一流大学建设对区域社会经济发展具有辐射带动作用，区域城市对一流人才、一流技术、一流文化的追求，同样也推动着世界一流大学高地建设的步伐。世界一流大学与城市融合发展、协同创新，要求城市将大学发展纳入城市发展战略规划，实现大学办学定位和城市发展定位的有效衔接，汇聚优质资源和力量在关键领域实现重点突破，探索构建世界一流大学与城市的协同发展模式和互利共生机制。② 在“双一流”大学积极探索服务地方社会经济发展的有效路径的同时，区域城市也应完善、创新支持世界一流大学建设的方式、制度与路径，形成区域城市与一流大学的融合发展与协同创新。当然，促进经济发展并非社会发展的唯一追求，也并非大学应履行社会服务职能的单一维度。对此，政府要鼓励大学打破边界壁垒，拓展社会服务领域，使大学成为社会进步的重要推动力。具体来说，政府要引导大学在经济领域之外更广阔的社会中有所作为，在促进科研成果转化和毕业生就业的同时加强在培养公民意识、促进可持续发展等方面的探索，进而推动社会服务由单一维度走向多元维度、由“一枝独秀”走向“百花齐放”。③

“双一流”政策虽在延续重点大学政策的同时也作出了强调竞争、动态身份的调整，但本质上仍存在“重点”与“非重点”之分，这导致“双一流”建设过程需要关注“重点发展”与“系统共生”的平衡问题。重点发展与系统共生都不能偏废，在发展重点大学的同时，要关注到高校系统中不同层次大学的建设，研究型大学处于一国多样化的院校系统顶端，而这一系统

① 王战军、蓝文婷：《世界一流大学与社会发展“双螺旋”模式》，《中国高教研究》2020 年第 8 期。

② 王战军、蔺跟荣：《世界一流大学高地形成的时空逻辑与经验启示》，《大学教育科学》2022 年第 1 期。

③ 李瑞琳、［澳］Hamish Coates：《我国大学社会服务职能发展：国际经验、现实问题与政策建议》，《高校教育管理》2020 年第 4 期。

中的其余部分与该顶端同等重要。① 对此，在向“双一流”高校提供支持性政策与资源的同时，也应关注到其他类型与层次的大学，并通过对口支援政策和定点帮扶项目，鼓励与引导“双一流”高校带动高等教育系统质量的提升，引导教育资源在全国范围内合理流动。

四、进一步拓宽投入渠道，为“双一流”建设提供物质保障

从国外许多世界一流大学的形成过程来看，国家的宏观政策尤其是资源配置政策为具有世界顶尖水平的大学的形成汇聚了必要的资源和条件。充足的办学经费是世界一流大学的一个重要特征，也是世界一流大学形成与发展的最基本的物质条件。由于我国大学历史较短，学术积累薄弱，要赶上或者超过欧美的世界一流大学，进入世界一流大学的行列，更需要长期的高投入。从目前我国高等教育资金投入的现状来看，财政性教育投入严重不足、高校教育经费的投入速度远远落后于高校发展的速度、教育投资资金来源单一、教育经费分配不均衡等问题始终是制约我国高等教育进一步发展的瓶颈。要实现高等教育的新跨越，担负着建设世界一流和高水平研究型大学重任的高等学校需要克服“钱”的困难，即经费投入与使用的均衡与可持续发展问题。

在经费的投入方面，应适当提高高等教育财政性教育经费的总量及其在 GDP 中占比。2011 年后，我国财政性教育经费占 GDP 的比例有所上升，高等教育财政性教育经费占 GDP 的比例基本维持在 0.8%，从总体上来说，我国高等教育财政性教育经费的投入总量有所增加。但是，在财政性教育经费占 GDP 比例增加、个人承担的比例基本不变（维持在 25% 左右）的情况下，我国高等教育经费投入的总量并不是太多。同时，在我国 GDP 用于教育的总投入量中，高等教育在各层次教育投入中所占的比例呈下降的趋势，由 2005 年的 27.27% 下降到 2013 年的 19.51%。从高等教育财政性教育经费

① 尚胜男、杨颖秀：《“双一流”建设政策分析及展望——基于邓恩政策集成分析的视角》，《现代教育管理》2022 年第 5 期。

在各级教育分配中可以看出，加拿大、美国、加拿大、日本、韩国的比例为35%—40%，而我国高等教育的这一比例不足20%。这一数值与财政性教育经费占GDP比例的多少无关，而与财政性经费在各级教育分配的比例有关，简言之，我国当前的财政性教育经费在各级教育的分配方式降低了对高等教育经费的投入。因此，在高等教育财政性教育经费投入方面，我国的高等教育远远低于OECD成员国。为推动高等教育发展方式变革，国家财政性教育经费在高等教育投入中需有所增加，在各层次教育投入中，分配比例最起码应保持在30%左右，即高等教育财政性教育经费占GDP的比例应保持在1.3%左右。① 面向教育现代化，我国迫切需要将国家战略、产业发展与教育资源配置紧密联系在一起，为高等教育提供稳定的经费支持。政府可以通过与财政部协调、经费投资等有效方式持续加大教育经费投入总量，改善教育经费配置结构，使高校有稳定而持久的教育经费预算，保障其科研与教学。政府也可以通过金融手段增加教育经费，将教育经费进行投资实现经济创收，也可以通过发行教育基金、教育债券等方式吸纳社会资金，缓解教育财政的压力。②

除了保障高等教育财政性经费投入总量的提升外，针对我国高等教育经费来源渠道相对单一的问题，我国应拓宽教育经费投入渠道，创新高校协同筹资模式。为了解决高校经费不足和发展动力不足的问题，高校必须主动探索政府、企业、高校、个人、社会等多方协同筹资的新模式，寻找筹资渠道的多元化路径。我国高校可以从以下几个方面进行经费渠道探索。第一，从社会各界汲取多元化的教育经费捐赠。通过校企合作、国际合作等方式，挖掘潜在的教育经费，建立长期的联系与合作，保证教育经费的持续循环。同时，利用捐赠经费设置终身学习基金、技能学习补贴、技能提升奖学金等，以鼓励更多公民参与到高等教育中，以不断提高人力资源素质，实现教

① 柴江：《我国高等教育经费投入的趋势与展望：基于OECD成员国的比较》，《黑龙江高教研究》2018年第1期。

② 魏丽娜、周翔宇：《我国高等教育经费配置的现实困境与改进策略——基于新加坡的经验启示》，《云南师范大学学报》（哲学社会科学版）2020年第5期。

育强国新愿景。第二，科技成果创收。高校可以充分利用自身的发展优势，大力推进基础科学创新和技术创新，推进产学研的融合，在提高自身科技创新能力的同时推动科技成果的转移转化，进一步将获取的经济效益投入到教育经费中。我国政府应采取优惠措施，鼓励大学以高科技研究成果为基础建立高科技企业，鼓励大学高科技公司上市融资。同时，政府可以通过设立专门扶持基金、税收减免等措施，鼓励加强与企业界的联系，大学通过委托研究、技术转让、专家咨询、人才培训等途径帮助企业解决发展中的难题，企业则为大学提供经费支持，并且可以为大学的技术开发提供中试基地，为人才培养提供实践基地。第三，政府可以鼓励社会力量积极参与一流大学的创建与发展。例如，政府可以鼓励基金组织、社会团体和个人捐赠大学，并对相应捐赠实行税收减免措施。社会蕴藏着参与各级各类教育和向教育投入的巨大积极性和潜力，开辟社会参与和支持办学的渠道，不仅可以极大地促进我国教育事业的发展，而且可以大大增强教育自身发展的能力。同时，我国政府也可以借鉴国外大学的筹资经验，允许大学发行债券、彩票，依靠其在社会上的良好信誉筹资融资，并对其收入给予税收减免优惠。

经费短缺是所有世界一流大学建设共同面临的困难。在政府对大学资助力度不高的情况下，如何管好用好规划经费，提高资金使用效益成为各高校迫切需要解决的课题。如前所述，几十年来特别是“211 工程”和“985 工程”实施以来，我国在世界一流大学建设方面投入很大。对于这些投入的使用效益，我国多以报表和检查验收的形式加以评价，但缺乏相应的教育、经济、文化等视角的分析，更没有投入使用效益和效率的评价，以及相关的整改措施。可以说，这种做法不仅可能造成投入的浪费，而且难以判断我国世界一流大学建设的进程和发展方向。因此，为了保障世界一流大学建设的顺利进行，我们必须加强建设世界一流大学规划经费的管理，建立和完善世界一流大学建设评价机制，创新管理运行机制，使有限的经费发挥最大的作用。高等教育经费管理的国际经验表明，我国政府可以从以下几个方面完善高等教育经费的分配与评价制度。第一，设立专业的经费预算组织，增强决策的科学性和透明度。探索设立专业的管理机构对教育经费预算、分配与使用进行严格管理，并采用内外部评审的方式对经费使用进行监督。第二，规范经费执行的问责机制，加大对财政资金的监督力度。一方面，政府应当设置专门的职能部门，负责教育经费的内部审计工作，从内部防止贪污腐败的发生；另一方面，各级政府机构应当尽量及时公开教育经费预算，让人民来督促。第三，政府需要联合各高校和研究机构，研究评价教育经费预算落实的体系与标准。对于高校教育经费的使用要制订奖惩分明的制度，充分激发高校的自主性和能动性，不断提升其经费的使用效率。①

在健全高等教育经费分配与评价制度的同时，还需关注到我国高等教育经费存在地区分配不均衡的问题。随着“双一流”建设目标的出炉，各地高校引进人才计划层出不穷，按“头衔”引进人才成为东部师资雄厚高校的惯常做法。中西部地区面临着高端人才匮乏和流失的双重窘境，由区域发展不平衡带来的高校发展不平衡越来越严重，威胁着经济的持续稳定发展与和谐社会的建设。对此，政府应加大对落后地区的财政支持力度，平衡地区发展。由于人均地区 GDP 增长率、人均教育经费增长率变化及人均高校教师数量变化率三者是相互促进的作用机制，所以中央政府应该提高对西部地区和东北地区的财政倾斜力度，将教育经费向贫困地区、薄弱环节和关键领域倾斜，促进高等教育的均衡、公平和协调。具体包括：逐步规范财政投资结构，财政资金重点转向中西部及东北地区的落后省份，促进高校区域间的均衡发展以及可持续发展；加大对不发达地区学术科研的支持，增加经费支持，培养高校的学术力量，增强不发达地区的“造血能力”；通过提升地区之间的高等教育水平，拉动落后地区 GDP 的增长，吸引更多的高校教师，弥补高校人才的流失。②

---

① 魏丽娜、周翔宇：《我国高等教育经费配置的现实困境与改进策略——基于新加坡的经验启示》，《云南师范大学学报》（哲学社会科学版）2020 年第 5 期。

② 白彦锋、陈珊珊、冯阔：《我国高等教育发展不均衡的财政原因与对策分析》，《中央财经大学学报》2018 年第 2 期。

五、进一步完善动态调整机制，激发“双一流”的主动性和积极性

“双一流”建设强调动态调整，坚持滚动竞争、优胜劣汰、注重持续改进的价值取向，明确将建设成效评价结果作为下一轮建设范围动态调整的主要依据。对实施有力、进展良好、成效明显的建设高校及建设学科，加大支持力度；对实施不力、进展缓慢、缺乏实效的建设高校及建设学科，减少支持力度。这有利于避免以往建设项目实施过程中产生的身份固化和“贴标签”现象。① 然而，当前我国“双一流”建设的动态调整机制仍存在有待加强的环节，包括“双一流”高校的评价体系不够完善、评价程序不够科学、评价周期过长等，这对充分激发“双一流”高校的主动性与积极性有一定程度的折损。对此，在国家政策层面应整体完善“双一流”建设的动态调整机制，切实发挥评价的引导、监督、管理与激励作用。

《统筹推进世界一流大学和一流学科建设总体方案》《统筹推进世界一流大学和一流学科建设实施办法（暂行）》《关于高等学校加快“双一流”建设的指导意见》等文件，已对“双一流”建设绩效评估作出了相应设想与规定，比如第三方评价的引入、根据评价绩效结果进行动态调整等。但具体如何评估、评估什么、谁来评估等并没有很清晰的规定和谋划，由此导致首轮“双一流”高校期末评估发生自请专家自评自审自封为“世界一流”的现象出现，引起民众对“双一流”绩效评估和动态调整的质疑。对此，政府可从以下方面探索完善“双一流”绩效评估办法：一是在评价导向上，要突出满意度，不能局限于建设高校和主管部门“自我满意”，而要突出办人民满意教育的目标导向和价值追求，更好更快促进高等教育的内涵式发展。二是在评价原则上，要坚持科学性、创新性和公正性的评估原则，在实践中不断创新评估方式，并对“双一流”大学建设的评估指标体系及评估方法进行探索，逐渐形成制度化机制与安排，推动“双一流”大学建设评估标准的不断

① 陶凤、王晨婷：《加快“双一流”建设　动态调整建设范围》，《中国改革报》2021 年 3 月 31 日。

成熟以及监测机制的不断完善。① 三是评价内容上，要突出贡献度，特别是突出建设高校在“四个服务”中客观的贡献度，突出在培养核心人才、服务国家急需、解决“卡脖子”问题上实实在在为社会公认的创新与贡献。四是在评价方式上，要突出多维度，积极探索中国特色现代高等教育评估制度，健全分类多维的质量评价体系，试行多元利益主体评价和海外评价，把“人民满意”的测度具体化、可操作化。五是在评价结论上，要突出严格度。破除高校身份等级固化和“铁帽子王”现象必须强化评价结果的严格度，按照一定比例，把优秀、合格和不合格真正区分出来，让淘汰成为“双一流”建设的新常态，为动态调整和开放竞争提供空间和依据，激发中国高等教育内涵式发展的持久动力。②

公共政策的议程设置必须体现公共性，通过决策过程中的程序正义来保证多元主体的民主参与，从而实现善治。习近平总书记多次要求领导干部要运用法治思维提高风险防范和化解能力。法治思维和法治方式核心是立规则、讲规则、用规则，其实质就是确保公共决策程序的正义。在处理“双一流”动态调整这样的复杂社会利益矛盾时，法治思维和法治方式尤为重要。在新一轮的调整决策中，要避免质疑和不满情绪，应坚持“规则先行，尊重程序”的原则。应当要事先制定并公布入选或淘汰学校 / 学科的条件标准和规则程序。即使需要平衡利益和倾斜照顾的，也必须事先公布明确的尺度规则。在具体的实施过程中，无论是竞争优选、专家评选还是政府比选，都应当按照这些规则标准和程序进行，这样就能最大限度地减少各种人为因素干扰，减少不确定性和随意性，避免质疑和矛盾。③ 此外，高利害的事情做增量容易，做减量困难。一定要有部分高校和学科被调整出列，但对于这些学

---

① 鲁世林、冯用军：《“双一流”大学建设的监测机制与评估标准探究》，《黑龙江高教研究》2018 年第 10 期。

② 汪永成、胡胜全：《“双一流”范围调整的社会风险：生成机理、特征表现与防控策略》，《深圳大学学报》（人文社会科学版）2020 年第 6 期。

③ 汪永成、胡胜全：《“双一流”范围调整的社会风险：生成机理、特征表现与防控策略》，《深圳大学学报》（人文社会科学版）2020 年第 6 期。

校，如何体面地“退出”成为一大难题。根据“双一流”高校的建设标准，在一个评价周期内无法达到相应评价标准的就要降级或退出“双一流”高校之列，但部分学校刚进入“双一流”之列，还有些学校长期以来都是国家建设的重点高校，突然被调出“双一流”建设高校之列将会在该校师生与社会中引起很大震动。为了避免大起大落造成过度的震荡，最好对此类学校设立过渡期，即类似于黄牌处理，如果再经过一个建设周期还是没有产出高水平成果或作出重大贡献，再亮出“红牌”调整出去，大家就会有思想准备，也比较容易接受。①

此外，为更好地服务于“双一流”建设及国家地区经济社会发展的目标，对“双一流”建设高校进行动态管理，激发“双一流”高校发展的积极性与主动性，我国应建立“双一流”建设的常态化监测机制，形成制度化和规范化的监测机制，保障“双一流”建设取得良好成效和持续进行。一方面，要注意监测机制结构中的关键部分，要使专家委员会避免利益的干扰和权力的滥用，切实严格按照学科和大学发展的规律来对高校“双一流”建设进行评估，由政府和社会公众按照相关规定对建设成效进行监督。②另一方面，在“大数据”时代背景下，我国“双一流”建设应充分利用先进的云计算技术和互联网技术，加快建立独立的信息化动态监测平台。通过动态监测、常态评价，政府能够全程掌握“双一流”建设进展，及时进行宏观调控；高校实时了解“双一流”建设情况，加快推进自身建设；社会及时获悉“双一流”建设动态，加强社会质量监管。监测平台的数据需要持续更新，更新数据主要来源于相关司局数据、公开数据和建设院校的填报数据。通过监测平台的建设，促进“双一流”建设，提升建设成效，推进高等教育内涵式发展。③

---

① 刘海峰：《“双一流”建设的继承、创新与推进》，《高等教育研究》2021 年第 1 期。

② 鲁世林、冯用军：《“双一流”大学建设的监测机制与评估标准探究》，《黑龙江高教研究》2018 年第 10 期。

③ 王战军、雷琨、于妍：《韩国大学评估特征探析及对我国“双一流”建设评价的启示》，《教育发展研究》2020 年第 3 期。

第四节　我国“双一流”大学建设的发展模式选择

历经数十年的发展，我国一流高校众多指标的表现已接近甚至超越世界一流大学，我国一流大学的建设取得了卓越成效。面向高等教育宏观环境形势更具不确定性、消极面与积极面同时存在的“十四五”时期，我国一流大学应认清发展形势，把握发展机遇，注重内涵式发展，增强大学的综合实力与国际竞争力。一般来讲，大学办学和发展有两种基本模式：一种是常规办学、常规发展，即大学根据通常的办学要求和节奏办学，学校发展主要依靠年复一年所取得的成就，日积月累逐渐发展；另一种是战略办学、战略发展，即在常规办学进程中，大学通过实施若干战略行动，集中学科和其他必要资源，解决制约发展的突出问题，培育有发展前景的学科专业方向，为形成未来发展优势奠定牢固基础，从而使学校经过一段时期的办学，提升发展品质，创新发展格局，实现跨越发展。战略办学、战略发展追求的主要不是当下的成败，它的意义主要在于前瞻性地擘画未来，致力于开创新的发展局面。这种发展模式又称为跨越式发展。对于追求高质量快速发展的大学来讲，累积式发展和跨越式发展都不可缺少，制定战略规划必须重视对这两类办学和发展的规划，协调好二者之间的关系。① 重要的是，大学明确发展目标与发展道路，在稳步提升教育质量和效率的同时，重视培植优势和潜力，谋求改革创新与跨越式发展。对此，我国一流大学在下一阶段发展过程中应侧重以下几方面的发展与建设。

一、以治理能力为保障，健全高校内部治理体系与治理机制

仅靠资源的堆砌打造不出世界一流大学，大学的治理结构之于一流大学的建设发展至关重要，在我国政府简政放权、高等教育“管办评”分离改革的背景下，大学内部治理体系与治理能力建设的重要性更加凸显。一流大

① 别敦荣：《“十四五”时期大学发展规划的战略意义》，《大学教育科学》2021 年第 6 期。

学的内部治理体系建设与治理能力提升应按照有利于大学按照自身规律办学治校育人的方向改革与发展，遵循效率优先、整体设计、民主决策、依法治校的创新性原则。正如前文所述，不同国家一流大学内部领导体制各具民族特色，又相互借鉴。但不同国家一流大学的管理体制又都体现了“分权制衡”、多主体共同治理、以学术为本位的特征，这不仅为大学的民主管理奠定了基础，还为各国大学发挥办学自主权、争创世界一流水平提供了制度性保障。结合世界一流大学管理模式经验与我国一流大学建设存在的问题与挑战，我国一流大学的管理制度建设重点应聚焦以下问题。其一，构建科学高效的咨询、决策及其执行的组织与权力框架。一个组织的治理绩效是由组织内部的结构及其权力配置预先决定的。大学亦然，内部治理体系的现代化及治理体系创新都必须率先解决对其治理绩效具有决定作用的组织内部结构及其权力配置问题。创新大学内部治理体系的根本目的在于提升大学内部治理效率。由于大学的组织构架及其权力配置是大学内部治理模式的决定性因素，是决定大学内部治理效率的第一要素，因此，构建科学高效的咨询、决策及其执行的组织与权力框架是大学内部治理体系创新的重点所在。从提升绩效的目的出发，大学有必要在这一治理原则的整体框架下，通过顶层设计构建一个权责边界清晰、运行机制通畅、组织职能无重叠、富有活力和效率、更具操作性的大学内部治理体系。

其二，确保学术权力与行政权力有效分离。大学可以视为一个由聚焦事务管理的行政子系统和聚焦人才培养与知识创新的学术子系统组合而成。其中，行政子系统对学术事物的正常运作起到支持、服务作用，并通过一套管理规则保障学术秩序与学校秩序的正常运行。在这一层面上，学术子系统受制于行政子系统的规定与要求。就大学权力及其行使而言，一流大学内部治理体系建设与治理能力的提升必须以“行政系统不再是对学术系统的简单管控而是通过共同治理方式让两个系统形成的能量场高度耦合，行政系统的价值所在是让学术系统的能量得以充分的释放而不是相反”① 为基础。为此，

---

① 眭依凡：《关于一流大学建设与大学治理现代化的理性思考》，《中国高教研究》2019 年第 5 期。

大学需厘清学术权力与行政权力的关系。行政权力的行使是为了维持学术秩序与学校秩序，但这与学术权力的合理行使并不矛盾；同时，作为以知识创新和人才培养为主要职能的特殊社会组织，学术权力塑造的学术特色是一流大学之一流所在，行政权力不是约束、领导学术权力的特权体现，相反，行政权力需要为学术权力的正常行使克服制度性障碍并提供相应的政策、制度与服务支持。

这就涉及一流大学提升内部治理能力的第三个重点建设领域，即赋予学院提高办学积极性和运行效率的自主权。基层学术组织是行使学术权力的首要主体，它们最了解学术知识生产的规律、周期与困境，了解基层学术人员从事学术研究与人才培养过程中遇到的难题与需要的相应支持，然而，我国高校的基层学术组织在大学治理体系中整体缺位，以学院为代表的基层学术组织治理效率不高。究其原因，基层学术组织参与大学治理存在缺乏相应的人权、事权与财权，院校权责划分不明晰，基层学术组织管理自主权不足且办学活力不足是导致这一现象的重要原因。① 国际经验表明，世界一流大学都较为注重向承担学术使命与社会职能的学院分权、赋权，这一方面有助于基层学术组织发挥学术权力，按照学术规律、学科规律制定人才培养方案、规划学科发展，另一方面给予基层学术组织创新发展模式的空间与资源，有助于激发基层学术组织的创造力与活力，符合我国一流大学现阶段向内涵式发展与创新性发展转型的建设需求。

最后，高校应健全完善大学章程以规范大学决策程序及运行机制。治理属于法规制度的范畴，治理是具有合法性及权威性的结构性规范，即治理的组织需要法规制度提供的制度环境和机制保障。② 尽管大学是一个高度自治的组织形式，但仅仅依靠理念自觉仍然难以保障大学治理的秩序与效率。正如前文所述，为提升大学治理体系与治理能力的现代化水平，大学需设计一定的组织与权力框架，保障行政权力与学术权力的分离以及基层学术组织

① 眭依凡：《转向大学内部治理体系创新：高等教育治理体系现代化的紧要议程》，《教育研究》2020 年第 12 期。

② 眭依凡：《论大学的善治》，《江苏高教》2014 年第 6 期。

的充分自治，这些活动涉及不同组织与个体，要将他们高效地组织起来，共同朝向同一个发展目标是一件很难的事。大学章程作为大学依据国家有关法律法规及大学组织属性及规律、使命及责任而制定的以指导和规范大学办学治校育人活动的具有顶层设计意义的法规制度，是规范大学组织及其成员必须严格执行和遵守的并保证大学组织依法决策、其成员依法行动的法律依据和组织程序，其价值是不可替代的。目前我国大学章程存在千篇一律、难以落实、可操作性不强、体系设计不完善等弊病①，这严重阻碍了其发挥规范主体角色、提高治理效率的作用。对此，高校应重视大学章程的制定及其实施工作，保障章程制定的民主性、公开性、自律性，加强政府与学校师生等利益相关者对学校章程的监督问题，使得高质量的大学章程真正落实，为大学内部治理的依法治校创造良好的制度环境。

二、以学科建设为抓手，打造特色学科平台与学科群

建设世界一流和高水平大学的关键是学科建设。学科建设不仅是高水平科学研究的基础，也是培养高质量人才的平台。西方世界一流大学建设的经验证明，每个学校都应该立足自身实际，整合学科资源，形成各自办学特色。为了创建世界一流大学，我国大学应该充分了解世界科技发展的趋势、我国科学技术发展的水平和基础，根据我国经济建设和社会发展的需要，确立一批具有战略性的、对国民经济和社会发展产生重大影响的、符合我国大学发展基础的学科领域和研究主题。

学科很重要，但高校领导的工作重点是抓学科群建设而非学科点建设。学科是知识分类的产物，但科学技术创新与社会需求并不一定恪守学科边界，随着知识生产模式由追求学术卓越到注重问题解决，再到突出协同创新的变迁，学科发展中愈发强调以复杂实际问题为支点构建学科知识。② 世

① 眭依凡：《转向大学内部治理体系创新：高等教育治理体系现代化的紧要议程》，《教育研究》2020 年第 12 期。

② 黄瑶、马永红、王铭：《知识生产模式Ⅲ 促进超学科快速发展的特征研究》，《清华大学教育研究》2016 年第 6 期。

界一流大学科研模式的经验表明，以问题为导向的学科建设往往能够获得充分的资源支持与全面的发展机会，而当今社会发展面临的问题结构愈加复杂，解决这样的问题需要依赖多学科的协同，其通常围绕研究问题将隶属于多学科组织的成员组合在一起，从而实现不同学科间的知识交流与合作，为学科知识整合和创新提供土壤。因此，打造学科群、开展跨学科或交叉学科研究，才是学校建设特色学科以及一流大学建设的核心抓手。当前世界一流大学不论在学术研究还是人才培养方面，都注重交叉学科的发展。交叉学科的发展水平已成为高校学科发展的重要趋势与核心竞争力的重要标志之一。我国交叉学科建设面临学科壁垒、组织障碍、资源冲突、人员困境等诸多挑战①，对此，高校应逐个方面破除交叉学科的发展障碍。

首先，高校应破除交叉研究的组织障碍。当前大学的系科仍保持强大影响力，学科之间的界限依然稳固，受到这些组织形式、管理体制和运行机制的约束，开展学科交叉研究举步维艰。高校应对传统院系结构进行重组，根据学科特点与问题领域对不同院系加以综合，创建学科交叉的学术机构或中心。学科交叉研究虽然并不追求专业化，但其发展需要建制化的组织形式加以支撑。②在交叉学科组织内部，高校同时需建立制度化的规则，包括资助、薪酬、职称、发表、管理、评价等学术制度。尤其是对于学科范式发展较低的软科学领域的交叉学科，强化制度建设是保障其学科合法性的重要手段。③

其次，高校应在资源配置、绩效考核与评价、职称评聘等方面制定切实措施，消除阻碍学科交叉研究的学术管理制度，打破压抑和阻碍学科交叉研究者自由意志的限制性戒条，激发和释放学科交叉研究的活力和创造

① 陈伟斌：《“双一流”建设背景下新兴交叉学科建设路径思考》，《中国大学教学》2021年第9期。

② 袁广林：《学科交叉、研究领域与原始创新——世界一流学科生成机理与建设路径分析》，《学位与研究生教育》2022年第1期。

③ 郭柏林、杨连生：《高校交叉学科发展困境及破解蠡测——基于“学术部落化”的考察》，《高教探索》2022年第1期。

力。[①] 作为发展中国家，资源短缺是我国高等教育发展的现实掣肘，但学科建设又是一项需要消耗大量资源的活动，因此以重点学科建设带动学校整体实力提升也许是我国大多数高校学科建设的可能路径。[②] 因此，高校在资源的投入与分配方面，应向交叉学科与重点学科群倾斜，以学科建设带动一流大学的特色发展。根据国际一流大学对交叉学科的资源分配经验，根据研究领域而非学科界限配置资源是世界一流大学的通用做法或改革发展方向。在学术评价制度方面，高校也应考虑开展交叉学科研究学术人员的成果评定方法的科学性、综合性、前沿性与创新性，以激励学术人员从事指向问题解决的前沿交叉学科研究，带动特色学科群发展。

再次，为打破交叉学科建设的学科壁垒，一流大学以创造原创性知识贡献的问题研究为取向，精心布局学科交叉前沿研究领域。选择具有突破性的知识创新领域应遵循以下三个原则：一是选择能够占据知识与技术发展制高点的研究领域和方向，打造国家科技发展和本校学科建设的核心优势；二是选择我国相对薄弱且亟须破除西方发达国家科技壁垒的高新科学技术领域，为我国高科技产业的发展提供有力支撑，为经济发展创造新的生长点，提供新的发展动能；三是立足本校优势学科群，依托强大的优势学科力量，选择独特的方向，建立相关学科交叉研究领域，在学科交叉点上实现重点突破；四是鼓励传统学科学者根据自己研究兴趣跨越学科边界选择具有创新价值的跨学科研究，创建新的研究方向或领域，为传统学科的发展注入新的生机和活力，推动传统学科的创新发展。[③] 为促进不同学科知识的交流与协同创新，缩小不同学科间的“范式”距离，挖掘和培养学科共同点、促进学科间的平等对话、相互理解及接受，高校也应积极建设交叉学科的交流平台，

① 袁广林：《综合交叉学科发展的组织建构和制度设计——基于我国大学创建世界一流学科的思考》，《学位与研究生教育》2018 年第 7 期。

② 眭依凡、李芳莹：《“学科”还是“领域”：“双一流”建设背景下“一流学科”概念的理性解读》，《高等教育研究》2018 年第 4 期。

③ 袁广林：《学科交叉、研究领域与原始创新——世界一流学科生成机理与建设路径分析》，《学位与研究生教育》2022 年第 1 期。

既可以通过创建交叉学科的实体运行组织，也可根据不同学科的特点和交叉学科发展的不同阶段搭建科研、教学、服务、信息等平台，总之，能够实现跨学科交流与知识分享的方式都可视为交叉学科的平台搭建手段。①

最后，高校应重视交叉研究团队的打造以及交叉学科人才的培养，为我国未来前沿交叉学科的研究与教学工作提早储备成熟的创新型人才。由于多学科特性，从事交叉学科研究的学术人员往往来自不同学科领域或专业背景，从事大型交叉学科项目研究的往往是由不同学术背景人员构成的研究团队。高校应关注交叉学科研究团队的组建与服务保障，对研究领域相对固定、专业化程度较高的研究团队，尽可能保障其研究发展需要，因为这些团队不仅可能发布具有国际影响力的高水平研究成果，还可能组建基于现实问题的系统化的新生跨学科领域。同时，高校也不应只将眼光放在当下跨学科学术人员的挖掘与学术团队的组建上，也应具有长远眼光，注重未来交叉学科研究与学术人员的培养。这要求一流大学通过设置交叉学科专业、双学位制度和跨学科招收研究生等方法，使学生学习到前沿、综合的知识、方法和技术，培养具有多学科视野和研究能力的跨界型新一代研究人才和团队带头人，这些人才将是推动世界一流学科建设的核心力量。

三、以人才培养为根本，创新人才培养模式与培养体系

面向未来的教育改革和人才培养，“创新”成为一个关键词。所谓创新人才，就是具有创新意识、创新精神、创新思维、创新能力并能够取得创新成果的人才。② 建设创新型国家的战略目标对高等教育发展提出了新的要求，为世界一流大学建设提供了新的历史机遇。培养和造就一大批能够引领社会进步、科技发展和参与国际竞争的创新型人才，是当前人才工作、教育工作的重大主题和历史使命，也是建设世界一流大学的根本任务。大学是科技进步和人才培养的结合点，在建设创新型国家中担负着重要的使命，肩负着不

---

① 项杨、周志强、亓晶：《复杂系统视角下学科群的生成逻辑、演化路径及推进策略》，《高校教育管理》2020 年第 4 期。

② 王英杰、刘宝存：《国际视野中的大学创新教育》，山西教育出版社 2005 年版，第 13 页。

可替代的历史责任。为了培养创新人才，世界各国相继对大学教育进行改革，实施创新教育，成为大学教育改革的主旋律。中国高等教育目前面临的主要任务，就是要以强烈的创新精神推动大学建设的各个方面和主要环节，以培养创新型人才和推进高水平科技创新作为大学的主要任务，把增强创新精神、提高创新能力作为高水平大学建设的工作主线，努力成为创新型国家建设中的基础和引领力量，积极为创新型国家建设服务。

注重基础知识的扎实掌握，强调专业知识的系统学习，提倡刻苦学习精神和良好学习习惯等，是我国在创新人才培养上的相对优势。但是，与创新型国家对人才的实际需求相对照，与国外高水平大学相比，我们所培养的人才的创新意识、创新精神和实践能力还需要极大加强，培养出的拔尖创新人才还严重不足，“千校一面”“千人一面”的趋同培养模式亟待改革。同时，我国高校存在的教育理念滞后、教学方法陈旧、人才评价体系不合理和教育资源紧缺等问题也严重制约着高校创新人才的培养。围绕培养创新人才这个核心目标，我们必须继续深化教学改革，分不同层次、不同门类对大学人才培养规格与质量标准组织深入研究，把学生创新精神与实践能力的培养摆到专业培养计划的核心位置，积极推进大学人才培养模式的改革和创新。

一流大学要坚持以本科教育为基础，改革本科生教学培养方案。当前我国一流本科教育存在缺乏对育人使命的守持理性、人才培养目标不高且缺乏操作性、培养模式单一落后、创新文化氛围淡薄等问题①，就多数世界一流大学在本科教育阶段都极为重视的通识教育而言，我国高校当前存在理念陈旧、视野狭窄、通识教育与专业教育融合度弱等问题。② 从本科教育改革的重点和方向来看，我国一流大学应在更新培养理念与目标、改革课程教学模式、创新人才培养模式方面着力。在教育理念方面，本科教育应以先进的教育理念为指导，明确创新人才培养目标。我国一流大学应当以先进的教育理念，尤其是先进的通识教育理念指导教育教学改革，这种先进性一定是我

① 眭依凡：《一流本科教育改革的重点与方向选择——基于人才培养的视角》，《现代教育管理》2019 年第 6 期。

② 别敦荣、齐恬雨：《论我国一流大学通识教育改革》，《江苏高教》2018 年第 1 期。

国现实社会环境对高层次高素质人才培养要求的反映。同时，确立有关创新人才培养的适切性目标。《关于深化教育体制机制改革的意见》指出：“不同类型的高等学校要探索适应自身特点的培养模式，着重培养适应社会需要的创新型、复合型、应用型人才。”① 对此，不同层次和类型的高校要以新时代社会发展的需求为导向，根据自身特点与定位，明晰、确立人才培养目标，培养与社会经济发展结构相适应的有责任、勇担当的创新型人才，使其肩负起民族复兴的时代重任。在培养模式方面，一流大学既应注重结构化培养路径，特别是课程结构与教学体系，又应注重非结构化的培养方式。人才培养过程中最常见、最基本的形式就是课程。课程结构体现并落实了培养目标，也反映了大学教育目的之所在。不论是本科教育阶段的通识教育还是专业教育，都需要整合不同学科、内容的课程结构，来培养学生的人文素养或专业能力。通观世界各国大学的本科生教育，“通专结合”的培养模式是多数一流大学的选择，其也采取了相应举措注重通识教育与专业教育的衔接与结合。对此，我国在本科生教育阶段，也应注重处理好通识教育、专业教育的关系并注重二者在培养过程，尤其是课程结构上的衔接。与此同时，在“互联网＋教育”及“人工智能＋教育”的时代，知识获取及知识积累的渠道和方式的多样化及便捷性，彻底改变了大学先知识积累、后能力发展的传统人才培养模式。一流大学应顺应时代发展趋势，在非结构化的培养方式上下功夫，通过创新培养模式改进教学方法以提高大学生的知识创新能力、动手解决问题能力、不断自我学习和发展能力。高校应全面提高教育质量，紧密围绕拔尖创新人才的核心能力开展人才培养模式改革与创新。

同时，一流大学要加快发展研究生教育，提高博士生水平。研究生教育改革是建设一流和高水平研究型大学的关键问题。研究生教育是高层次人才培养的主要途径，是科技创新的重要生力军，研究生教育水平是评价高水平大学的关键指标。研究生教育是我国高等教育质量体系中相对薄弱的部

---

① 中共中央办公厅、国务院办公厅：《关于深化教育体制机制改革的意见》，2017 年 9 月 25 日，见 http://www.moe.gov.cn/jyb_xwfb/s6052/moe_838/201709/t20170925_315201.html。

分。我们应借鉴世界一流大学的成功经验，对研究生教育的学位类别设计与质量标准体系进行调整和完善。改革培养体制，调动研究生及其导师的积极性，是研究生教育改革的核心。新的培养体制应具备如下特点：一是以科研项目和科研团队为基础，把研究生有机地组织到重要的科技创新活动中去，并充分挖掘他们的创新潜力，在科研中培育创新人才；二是建立以科学研究为主导的导师负责制，由那些具备科研能力的教师和团队承担主要的培养任务，实行与科学研究紧密联系的导师资助制；三是以科研经费作为研究生培养经费的主要来源之一，通过三助（助教、助研、助管）特别是助研制度为研究生提供资助和实践锻炼的机会；四是以提高质量为核心，强化研究生教育质量保障体系，进一步完善包含优质生源选拔多样化、培养过程规范化和学位论文审核专家化等全过程的研究生质量保证体系；五是以创新性培养为核心，设置跨学科培养项目，加强科研训练与批判思维能力培养，扩展研究生的国际视野，提升其国际竞争力。与此相适应，研究生招生体制的改革要进一步扩大高校的招生自主权，赋予学术团队和指导教师更大的管理权。

四、加强质量文化建设，完善人才培养质量保障体系

随着高等教育规模的扩大，人民群众在得到更多高等教育机会的同时，高等教育质量保障问题也越来越受到社会各界的关注。我国高等教育只重视教育质量，尤其是人才培养质量，不断完善高等教育人才培养质量保障制度，才能满足人民日益增长的教育需求，适应经济全球化和我国社会经济发展的要求，提升“双一流”建设成效并实现高等教育强国的建设目标。

高等教育质量保障制度要以质量文化建设为根基。高等教育质量文化是高等教育文化的一部分，具有多层面多维度的特点，是围绕高等教育质量所形成的理念、信念、价值及由此所衍生和发展起来的相关制度、行为、惯习和物化载体的有机体。质量文化是高等教育发展的土壤，也是质量保障体系搭建的基础。优良的质量文化能够孕育高质量的高等教育，而低劣的质量文化则可能有损高等教育的质量建设与整体发展。发达国家质量保障体系建设的经验表明，要顺应世界高等教育变革的潮流，树立建设高等教育质量文

化的理念，变传统的质量保障管理为质量文化建设，使提升高等教育质量成为高校全体成员的共同理解和文化观念。① 对我国而言，在整个高等教育系统内树立质量文化建设的管理理念势在必行。

大学质量文化建设由谁来发起并推动？一方面，政府无疑要发挥质量文化发展的倡导作用，并辅以实际行动。近年来教育部颁布的一些政策文件中已经出现有关质量文化的字样并将其作为工作指标之一，这可视为质量文化理念倡导的第一步行动。政府对高校办学自主权的保障也对高校打造质量文化有所裨益。另一方面，高校作为推动内部质量文化发展的真正主体，决定着质量文化理念能否在大学落地生根、真正推行，是教育质量持续改进的核心驱动力。② 高校加强其内部质量文化建设，首先应树立以学生为中心的高等教育质量核心价值。学生是高等教育质量文化的主体，又是目的所在。一切高等教育质量及质量文化最终都要在学生身上得到体现。遵循学生中心原则，高等教育质量文化建设必须从满足学生发展需要出发，落实学生主体地位，构建服务学生全面发展的人才培养体系，全面提高学生自主学习能力和发展质量。对此，高校必须践行学生中心理念，办学定位与发展愿景规划、学科专业建设与发展、课程教学改革、社会合作与国际交流、教学环境条件更新等都要以服务学生全面发展、提高学生发展质量为准绳，建立以学生为中心的办学体系。③ 其次，高校应打造有助于推动质量文化建设的内部组织体系。欧洲大学协会“质量文化工程”的建设经验表明，高校内部质量结构是大学能否成功嵌入质量文化的基本要素之一，创建新的结构来更加系统地处理内部质量问题是实施质量文化的重要举措，一般包括质量部门、院校研究与信息办公室、研究管理中心办公室、学生支持服务部门等机构。④ 再次，加强高校内部的质量文化建设还应打造内部质量保障体系。内部质量

---

① 冯惠敏、郭洪瑞、黄明东：《挪威推进高等教育质量文化建设的举措及其启示》，《高等教育研究》2018 年第 2 期。

② 徐赟、马萍：《欧洲大学质量文化建设：实践及启示》，《外国教育研究》2017 年第 9 期。

③ 别敦荣、易梦春：《高等教育质量文化及其建设策略》，《高等教育研究》2021 年第 3 期。

④ 徐赟、马萍：《欧洲大学质量文化建设：实践及启示》，《外国教育研究》2017 年第 9 期。

保障是高等教育质量文化的基石。不论高等教育发展处于精英化、大众化或者普及化的哪一阶段，高校的内部质量保障都在高等教育整体质量保障过程中发挥着主要作用。加强质量文化建设，应当更好地发挥内部质量保障的作用，高校应当牢固树立质量文化意识，高度重视内部质量保障的基础地位和作用，健全内部质量保障体系，将质量保障的根基植于学科专业教育教学过程，将学生本位、持续改进和追求卓越的文化精神融入办学各方面和全过程。①

高等教育质量文化与质量保障体系相互作用，前者是后者建设的基础，后者也能够对前者的塑造起到影响作用。而质量文化建设是一个漫长的过程，不仅需要多主体共同推动，具有明显转变的见效时间也相对较长。因此，在强调质量文化对质量保障体系潜移默化影响的同时，也应关注质量保障体系本身的制度性建设。世界一流大学的质量保障体系经验表明，多数发达国家和教育体系都具有多元的质量保障主体，政府、社会、高校以及学校的各部门及教职员工都积极参与到质量保障活动中来；质量保障过程愈发强调有效性、正式性和规范性；各国普遍强调内部与外部质量保障机制相结合，其中内部质量保障更加关注输入和过程的运作，外部质量保障则更加关注输出结果。据此，我国在高等教育质量保障体制建设方面，也应强调多元参与及内外结合。

作为高等教育质量保障体系主体的政府、社会和高校，都需要以适当的形式参与到高等教育质量保障体系中来，建立由高校、政府、社会共同组成的多元主体质量保障体系。其中，高校应在高等教育质量保障方面发挥关键主体作用，政府与社会应发挥引导和监督作用。高校作为高等教育质量内部保证的主体，要建立“教育输入、教育过程、教育输出”全过程的质量保障体系，具体包括加强学科专业、师资队伍、教学设施、教风学风等方面的建设；政府应把握高等教育发展方向，制定基本的质量保障政策，确定质量发展重点，规定高等教育的基本培养目标和人才质量规格，确保高等教育向

---

① 别敦荣、易梦春：《高等教育质量文化及其建设策略》，《高等教育研究》2021 年第 3 期。

着正确的方向发展，主要举措包括完善法律法规、强化行政指导、重视经济手段、有效利用评估结果等；社会应发挥好“供销商”“路向仪”“监督者”的作用，既对高等教育提出基本质量要求，也对高等教育质量进行反馈，在提供必要的人、财、物资源的同时，通过传媒、舆论及评估评价等对教育运行情况进行监督，引导高等教育向健康有序方向发展。此外，师生作为高等教育的主要参与者，其满意度是高等教育质量的最直接体现，其在教育中的主体性地位也不能被忽视，这就要求高校重视教师和学生在高等教育评价中的地位和作用。一方面，要激发教师和学生参与评价的热情，使教师和学生意识到评价与其切身利益相关；另一方面，要引导并指导教师和学生参与评价，给予教师和学生参与评价的权利，特别是赋予教师在教学、科研和人才队伍建设方面的知情权、参与权和决策权，同时还要加强对学生在相关方面的培训，使他们能够科学正确地行使自身的权利。①

除了普遍意义上的质量保障体系建设外，“双一流”高校尤其应注重人才培养质量保障体系建设，这关乎我国高层次人才培养的质量与成效，对我国科技创新与现代化建设起到关键影响作用。其一，要加强人才培养的质量标准建设。质量标准是质量保障的基础与前提，没有标准，质量保障就会无的放矢，质量评价和检查也无从谈起。质量标准是多层次的，学校标准在符合并执行国家标准与行业标准的同时，应该突出自己的条件与价值和目标追求。质量标准包括：自身定位、培养目标、培养规格、专业标准、课程标准、教材标准、队伍标准、资源建设标准以及人才培养各个环节的具体质量要求。② 各高校应加强质量标准建设，加强质量标准和规格的细致性、针对性与学校特色，在专业层面确立与学科特性、市场需求相贴合的人才培养方案与标准，并建立人才培养方案动态调整与优化机制，在课程层面将教学大纲的制定和规范执行作为教学质量监控的主要内容，建立课程教学大纲设计常态讨论机制，以之指导高校教学与管理，使提高教育教学质量工作有标准

① 吕锐、吴坚：《优化高等教育质量保障体系》，《中国高等教育》2021 年第 10 期。

② 董垌希：《本科教学审核评估对高校内部质量保障体系建设的启示》，《现代教育管理》2019 年第 6 期。

可依。其二，要开展行之有效的质量监控工作。过程质量保障的最终落脚点在于教学的基本单位——课程教学质量的保障上，其基本要点是学校对课程教学过程的监控，学生对课程质量信息的充分了解和对课程、教师的自由选择。[①] 在此过程中，高校可充分利用信息化和大数据平台，实现内部质量监控全程和智能化要求。质量数据和信息既应该注重收集那些结构化和特定的如人、财、物等方面的数据信息，更应该注重收集日常生活中形成的开放的、不确定的数据和信息。数据和信息越是全面、立体和多样，对高校质量保障体系建设就越是有利。高校应设立专门的部门和机构及时对信息数据进行统计、分析、挖掘和整理，并及时反馈和报送到相关的部门和人员，用于了解情况、发现问题和改进工作。[②]

五、加强世界创新高地建设，提高科研创新能力与社会服务能力

习近平总书记 2021 年 9 月 27 日在中央人才工作会议上指出，要加快建设世界人才中心和创新高地。当前，我国正处于政治最稳定、经济最繁荣、创新最活跃的时期，党的坚强领导和我国社会主义制度的政治优势，基础研究和应用基础研究实现重大突破，面向国家重大需求的战略高技术研究取得重要成果，应用研究引领产业向中高端迈进，为我们加快建设世界重要人才中心和创新高地创造了有利条件。[③] 建设世界一流大学高地是推进创新高地建设的重要路径之一。世界一流大学是国家、区域发展的重要驱动力量，而诸多世界一流大学的汇聚则能够为国家和区域发展提供战略支撑。世界一流大学高地集聚了若干世界一流大学及其他优质高等教育资源，形成新的人才高地和创新高地，为国家战略发展、区域经济建设、国际交流与合作提供支

① 赵春鱼、吴华：《高校教学质量保障：一个新的分析框架及其检验》，《高校教育管理》2018 年第 2 期。

② 董垌希：《本科教学审核评估对高校内部质量保障体系建设的启示》，《现代教育管理》2019 年第 6 期。

③ 《习近平在中央人才工作会议上强调：深入实施新时代人才强国战略　加快建设世界重要人才中心和创新高地》，《人民日报》2021 年 9 月 29 日。

撑。[1] 随着国家和区域城市创新体系的构建以及知识经济推动发展方式的转变，世界一流大学群体集聚并形成世界一流大学高地是国家跻身世界舞台中心的重要战略前提和途径。世界一流大学高地作为以人才培养、科研创新为手段来回应社会需求的国之重镇，同时也是为区域经济建设、国家战略发展、国际协同合作创造优质资源、提供智力支持的建设基地，具有服务性、创新性、前沿性、引领性等特征。在新时代、新阶段，我国建设世界创新高地，要以“双一流”建设为根基，立足科学技术发展前沿，加强国家宏观统筹，协调布局世界一流大学建设规划，同时加强大学与城市的融合发展，提升大学的创新与服务能力，努力开创大学协同创新发展的新模式，加快形成我国世界一流大学高地。[2]

世界创新高地建设，一方面取决于高校自身的创新与服务能力，另一方面受制于高校科研创新成果与经济社会发展需求的契合程度，以及高校能力发展的政策支持与引导。因此，要实现创新高地高等教育系统满足区域创新发展需求的外部功能，既要构建合适的外部制度环境作为统筹引领，又要同步促进高等教育系统的组织结构变革。在外部环境方面，需加强世界创新高地的政策引导与支持，强化世界一流大学与城市集群的互动关系，实现高校与区域城市的共同发展。政府、区域城市可以通过对世界一流大学的市场调节机制建设，持续加强世界一流大学对创新高地的人力和科研支持；也可通过区域与实际一流大学在文化方面的融合，加速文化流通，促进文化的包容与进步，协同世界一流大学与创新高地的发展目标、理念、建设路径，通过文化认同与文化融合实现二者的协同发展与相互促进。[3]

对于外部制度保障，要强化高等教育在创新体系中的重要地位，并完

① 王战军、刘静、王小栋：《世界一流大学高地：概念、特征与时代价值》，《高等教育研究》2021 年第 6 期。

② 王战军、蔺跟荣：《世界一流大学高地形成的时空逻辑与经验启示》，《大学教育科学》2022 年第 1 期。

③ 王战军、刘静、王小栋：《世界一流大学高地：概念、特征与时代价值》，《高等教育研究》2021 年第 6 期。

善以此为导向的相关制度。各级政府在进行创新制度完善时，应充分体现高等教育部门在创新体系中的参与主体地位，将创新活动相关的高等教育要素纳入产权保护、金融服务和激励机制等规则的设计范畴之中，保障高校师生参与科研创新与社会服务的基本权益，提升其参与积极性。在高等教育整体布局方面，应以创新发展要素为导向优化高等教育供给结构。创新高地建设需要一流大学、科研院所、领先企业的研发中心、新型生产要素交易中心等机构的参与及贡献，增强高等教育系统的参与能力；在技术方面需要信息技术平台的有力支持；在学科结构方面，需获得基础学科、根据区域战略性支柱产业和新兴产业集群的发展特色打造的优势学科的支持。① 对此，区域城市集群应积极引进不同类型的创新型机构，保障创新能力发展的资源供给与资源更新，赋予院校设置学科的相应自主权，建立产教融合型企业制度和组合式激励政策，加强一流大学的产教融合建设与服务区域经济社会发展的能力。

加强世界创新高地建设，还需要一流大学提升其指向重大发展需要的创新与服务能力，这就要求高校提升教育服务领导力。不同学校、不同学科有不同的服务面向和服务重点，教育服务创新驱动发展要提升服务领导能力，一要提升科学决策能力，主动了解所在地区乃至全国的经济社会等发展状况，并且能够准确分析发展需求。二要提升战略统筹能力，加强学校统筹规划，合理进行学科科研布局。② 未来的科技创新范式要求加强多元主体共生互动的协同创新，大学首先应以建构健康和谐的学科生态系统为行动起点，系统布局由主干学科、基础学科、特色学科构成的学科链，以特色学科建设引领高水平大学内涵发展，为跨学科研究和教育提供充足的学科资源和交流机会，在此基础上，有重点、有步骤地实施"学科会聚计划"，充分释放新型研究型大学学科生态系统协同创新、融合生成、共生演化的潜

---

① 薛新龙、史薇、霍鹏：《创新高地的高等教育组织结构变革研究——以美国旧金山湾区为例》，《中国高教研究》2021 年第 9 期。

② 陈霞玲：《"十四五"时期高等教育服务创新驱动发展：新要求、重点领域与推进举措》，《现代教育管理》2021 年第 9 期。

力。[①] 三是要提升融合创新与学术创业能力，将各种创新要素——研究人员、专利人员、企业家、金融投资者、技术资源、制度规范等——创造性地加以融合，使各要素之间相互匹配、相互支撑，进而促进工程技术、产业形态、商业模式的深度融合，形成独特、不可复制的创新能力与核心竞争力。这要求大学深度参与国家科技计划的关键核心技术研发，在此过程中打造商业学术的制度保障与环境，支持商业化的氛围，采取助推技术商业化的精准举措，通过学术创业带动国家经济社会需要的新兴战略产业的发展。[②]

一流大学内部还存在与提升科研创新与服务能力不相适应的组织模式、评价体系与管理结构，建设世界创新高地，最大限度发挥高校的创新与服务能力，要求高校改革内部管理评价体制，以促进具体创新功能的实现为依据完善高校内部组织管理结构，破除制度性障碍，推动高校更好地服务区域社会经济发展、国家重大战略决策与科技创新发展需求。其一，要创新科研组织模式。长期以来，我国大学以“搭建大平台、组建大团队、承担大项目、产生大成果”为主要科研组织模式，这种以任务驱动发展、通过系统集成服务重大需求的科研组织模式在过去一段时间发挥了重要作用，但是却不利于原始创新，已经不能满足新时代科研自主创新的新要求。新时代面临新发展，大学研究要率先从“跟踪模仿”向“原创引领”转变。大学要进一步创新科研组织模式，根据学校特点和实际需要，积极探索多样化科研组织模式，尤其要重视“在应用中生产知识”的非线性科研模式。科研生产活动的组织，要注重以实际问题解决为驱动，在问题解决中寻找需求、挖掘前沿，促进科学研究、技术创新和转化应用的相互融合、相互促进。其二，完善科研评价体系。评价是行为的指挥棒，要建立健全科研评价体系，制定出科学合理的项目评审、机构评估、职称评聘、人事考核等评价指标，从制度上引导教师回归科研本原、安心教学，做真正有用的研究，做负责任的教

① 赵庆年、姚伟：《高校科研创新与服务创新驱动发展能力评价研究——以广东高水平大学建设为例》，《现代教育管理》2020 年第 1 期。

② 武建鑫：《面向创新驱动发展战略的新型研究型大学实践路径研究》，《高校教育管理》2021 年第 3 期。

师。在推进破“五唯”改革中，不仅要“破”更要“立”。要着重推进分类评价，突出贡献评价，注重团队激励，丰富评价主体，建设符合创新高地发展需要、符合学术发展规律与人才成长规律的科学完善的学术评价体系，切实服务好人才成长、学术创新、一流大学建设与创新高地建设。[①] 其三，完善内部组织管理结构。为实现服务国家战略和技术转化合作等创新需求的组织功能，研究型大学需要在学校整体发展规划和办学理念的指导之下，设立由具备一定决策自主权和市场判断力的专业化产学研管理机构，负责帮助和引导校内教师以公益性为目标发掘各类研究成果的潜在应用价值。[②] 高等教育服务驱动创新发展战略下，科技管理部门要更加积极作为，提高科研组织运营能力。当前，我国大学都在努力构建“基础研究—技术开展—应用推广—产业化”看似完整的创新链，这种创新链的“完整”主要体现在组织设置上，即在每个链条上都设置了相应的科研组织，但是却人为地割裂了科技创新各项活动，破坏了科技创新链，这不利于科技创新与科研成果转化。对此，一流大学要加强科研组织运营，着力弥补创新链断层，促进创新系统良性循环。[③]

六、加强世界一流人才中心建设，着力打造一支高水平的师资队伍

习近平总书记 2021 年 9 月在中央人才工作会议上发表重要讲话，提出了一系列关于新时代人才工作的新理念新战略新举措，对深入推进人才强国战略擘画了路线图、发出了动员令，也对高校工作提出了新的更高要求。中国发展需要世界人才的参与，中国发展也为世界人才提供机遇。人才不仅是我国构建新发展格局的战略资源，也是高校发展的关键资源。我国要建设

---

① 陈霞玲：《“十四五”时期高等教育服务创新驱动发展：新要求、重点领域与推进举措》，《现代教育管理》2021 年第 9 期。

② 薛新龙、史薇、霍鹏：《创新高地的高等教育组织结构变革研究——以美国旧金山湾区为例》，《中国高教研究》2021 年第 9 期。

③ 陈霞玲：《“十四五”时期高等教育服务创新驱动发展：新要求、重点领域与推进举措》，《现代教育管理》2021 年第 9 期。

成为世界重要人才中心和创新高地，“双一流”高校承担着重大时代使命。① 新时代新形势下，要实行更加开放的人才政策，不唯地域引进人才，不求所有开发人才，不拘一格用好人才，在大力培养国内创新人才的同时，更加积极主动地引进国外人才特别是高层次人才，大力加强高校教师队伍建设，努力造就一支高素质、高水平的高校教师队伍。

在打造高水平师资团队的过程中，高校有诸多环节需要改进相关工作。首先，应树立以人为本、开放包容的理念。教师在高等教育育人和研究的过程中发挥核心作用，但他们也是有理想、有追求、有需要的鲜活个体，高校需认识到教师个体的独特性、差异性，致力于激发教师的个性与创造力，使教师团队充满活力。以人为本、开放包容，体现在为教师发展提供全方位的支持与平台，包括组织研修活动，开展教学研究与指导；加强学习共同体建设，建立传帮带机制；面向新入职教师和青年教师开展教学方面的培训和科研工作指导，为学校培育生力军。② 同时，充分尊重教师还体现在保障其待遇、尊重教师地位。教师是学术职业的核心，其质量是影响高等教育水平的决定性因素，没有可观的薪资和良好的工作环境，学术职业难以繁荣发展。但我国大学资源配置却普遍重视物力资源投入，人员支出比例过低，且存在教师内部工资水平差异较大、经费使用效率不高等问题。高校应调整工资制度，扩大工资支出，让教师能够专心于教学与研究，同时根据职务等级、学历、学科差异和学术水平等建立差异化工资标准体系。③ 大学教师同样渴望受到尊重，这一尊重不仅来自于社会认知，更体现在政府和学校对学术人员的管理过程中。大学科研人员作为科研治理多元主体之一，期望得到平等、尊重、包容，并参与到合作共治中，与政府和高校协同形成科研治理行动体系；期望更多自主权，如科研经费预算调剂权、科研仪器设备采购权、科研

① 郝平：《服务世界重要人才中心和创新高地建设　打起“双一流”高校的时代使命》，《学习时报》2022 年 2 月 25 日。

② 姚之彦：《高校师资队伍建设的有效途径》，《中国高等教育》2019 年第 23 期。

③ 毛建青、陈文博：《世界一流大学经费规模、收支结构与科研产出的关系研究——基于 36 所美国大学 16 年间的数据分析》，《教育发展研究》2019 年第 19 期。

技术路线决策权等；期望科研服务柔性化、精细化、智能化。[①]

其次，高校应坚持引进与培育并举的师资团队建设路径。一方面，一流大学应面向全球广纳贤才，使得高校成为汇聚全球高水平创新人才的聚集地，助力学科群发展、学科特色发展。招聘环节的复杂、公开、程序化以及健全完善的解聘机制为人才引进工作提供了坚实基础；另一方面，一流大学应注重学术人才成长的土壤培育和保护，努力营造良好的学术生态环境，聚合国际化人才并激发跨文化交流的创新力，逐步形成一流师资的内生机制，推进国内一流大学建设进程。[②]一流大学应通过多种方式培育学科带头人，建设高水平学术团队，以专家引领学科、学校的发展。在此，高校应加快培养学科带头人的步伐，并将学科带头人的培养与师资队伍建设通盘考虑、一并谋划，认识到每个专业、每个学科、每所学校都应该有各自领域的"大师"，教育思想丰富、理论建树丰硕、创新意识强、形成了自己鲜明独特的教学理念、教学风格和教学特色，被教育界广泛认可的教师都可称为大师；[③]同时，"大师"和高质量的师资团队紧密联系、彼此成就，二者是在积极互动中形成的，因此高校应注重高水平团队的协同发展，在保障教师个体待遇、地位、发展机遇与环境的同时，打造学科团队建设的机会与平台，在培养本土"大师"及优质师资团队的同时带动特色学科群发展。

再次，高校应完善教师考核评价体系，实施和完善分类考核，深刻落实"破五维"的评价标准，提升评价的科学性与综合性，将教学活动、学生评价等多维度、多主体纳入评价标准中。对教师的评价，主要是定期考核如年度考核、晋升考核等，与教师的聘任、待遇和晋升密切相关，因此教师评价是教师管理过程中的重要一环。由于学科性质差异，不同学科范畴的教师在教学、研究、服务领域的时间分配与成果产出存在很大不同，因此，对不

---

① 方成、方同庆：《大学科研治理：冲突与变革——基于大学科研人员治理主体》，《科技进步与对策》2020 年第 7 期。

② 孙刚成、贺列列：《基于世界大学排名面板数据的中外一流大学师资比较》，《黑龙江高教研究》2018 年第 2 期。

③ 铁铮：《中国高等教育要加快培养大师步伐》，《中国高等教育》2021 年第 12 期。

同层次、不同类型、不同学科领域的教师应制定差异化的评价标准。这已成为当前我国政府与诸多一流大学就教师评价的共识，然而，这一理念在实际操作过程中仍存在诸多难题。对此，可以借鉴世界一流大学的教师评价经验，来完善我国一流大学的教师评价制度。如在教师考核中体现大学共治原则，即邀请院系、校外专家、学术委员会、校长等诸多群体参与教师的关键考核与评价缓解；还例如引入校外第三方主体参与教师考核，增强考核的公平与可靠性。①

① 庞青山、李望梅、蓝清华、黄健柏：《研究型大学师资队伍建设三题》，《现代大学教育》2019 年第 2 期。

参 考 文 献

一、中文参考文献

（一）中文著作

1. [德] 弗·鲍尔生：《德国教育史》，滕大春译，人民教育出版社 1986 年版。

2. [德] 弗里德里希·包尔生：《德国大学与大学学习》，张弛、郄海霞、耿益群译，人民教育出版社 2009 年版。

3. [法] 多米尼克·格莱克、[德] 布鲁诺·范·波特斯伯格：《欧洲专利制度经济学：创新与竞争的知识产权政策》，张南译，知识产权出版社 2016 年版。

4. [荷] 弗兰斯·F. 范富格特主编：《国际高等教育政策比较研究》，王承绪译，浙江教育出版社 2001 年版。

5. [加] 许美德：《中国大学 1895—1995：一个文化冲突的世纪》，许洁英主译，教育科学出版社 2000 年版。

6. [加] 约翰·范德格拉夫：《学术权力——七国高等教育管理体制比较》，王承绪等译，浙江教育出版社 2001 年版。

7. [美] 阿曼达·古多尔：《世界一流大学校长必须是科学家吗?》，孙蕾、沈悦青译，上海交通大学出版社 2018 年版。

8. [美] 德雷克·博克：《回归大学之道：对美国大学本科教育的反思与展望》，侯定凯、梁爽、陈琼琼译，华东师范大学出版社 2008 年版。

9. [美] 菲利普·阿特巴赫等：《新兴研究型大学：理念与资源共筑学术卓越》，张梦琪、王琪译，上海交通大学出版社 2020 年版。

10. [美] 凯文·凯里：《大学的终结：泛在大学与高等教育革命》，朱志勇、韩倩等译，人民邮电出版社 2017 年版。

11. [美] 休·戴维斯·格拉汉姆、南希·戴蒙德：《美国研究型大学的兴起：战后年代的精英大学及其挑战者》，张斌贤、於荣、王璞译，河北大学出版社 2008 年版。

12. [美] 伊丽莎白·波普·贝尔曼：《创办市场型大学：学术研究如何成为经济引擎》，温建平译，上海科学技术出版社 2017 年版。

13. [美] 约翰·S. 布鲁贝克：《高等教育哲学》，王承绪、郑继伟、张维平、徐辉、张民选译，浙江教育出版社 1998 年版。

14. [美] P.G. 阿特巴赫：《比较高等教育》，符娟明、陈树清译，文化教育出版社 1985 年版。

15. [美] 伯顿·R. 克拉克：《高等教育系统——学术组织的跨国研究》，王承绪等译，杭州大学出版社 1991 年版。

16. [美] 伯顿·克拉克主编：《高等教育新论：多学科的研究》，王承绪等译，浙江教育出版社 2001 年版。

17. [美] 查尔斯·维斯特：《一流大学　卓越校长：麻省理工学院与研究型大学的作用》，蓝劲松主译，北京大学出版社 2008 年版。

18. [美] 达雷尔·R. 刘易斯、詹姆斯·赫恩：《美国公立研究型大学：为新时代公共利益服务》，杨克瑞、王晨译，河北大学出版社 2008 年版。

19. [美] 德里克·博克：《美国高等教育》，乔佳义编译，北京师范学院出版社 1991 年版。

20. [美] 德理克·博克：《走出象牙塔：现代大学的社会责任》，徐小洲、陈军译，浙江教育出版社 2001 年版。

21. [美] 菲利普·G. 阿特巴赫主编：《变革中的学术职业：比较的视角》，别敦荣主译，中国海洋大学出版社 2006 年版。

22. [美] 菲利普·G. 阿特巴赫主编：《国际学术职业：十四个国家和地区概览》，周艳、沈曦主译，中国海洋大学出版社 2008 年版。

23. [美] 菲利普·阿特巴赫、贾米尔·萨尔米主编：《世界一流大学：发展中国家和转型国家的大学案例研究》，王庆辉等译，上海交通大学出版社 2011 年版。

24. [美] 弗兰克·H.T. 罗德斯：《创造未来：美国大学的作用》，王晓阳、蓝劲松译，清华大学出版社 2007 年版。

25. [美] 亨利·罗索夫斯基：《美国校园文化——学生·教授·管理》，谢宗仙等译：山东人民出版社 1996 年版。

26. [美] 克拉克·科尔：《大学的功用》，陈学飞等译，江西教育出版社 1993 年版。

27. [美] 劳伦斯·维赛：《美国现代大学的崛起》，栾鸾译，北京大学出版社 2011 年版。

28. [美] 罗伯特·M. 罗森兹威格：《大学与政治：美国研究型大学的政策、政治和校长领导》，王晨译，河北大学出版社 2008 年版。

29. [美] 罗伯特·M. 洛森茨维格、芭芭拉·特林顿：《研究型大学及其赞助者》，张弛译，河北大学出版社 2008 年版。

30. [美] 罗杰·L. 盖格：《研究与相关知识：第二次世界大战以来的美国研究型大学》，张斌贤、孙益、王国新译，河北大学出版社 2008 年版。

31. [美] 罗杰·L. 盖格：《增进知识：美国研究型大学的发展》，王海芳、魏书亮译，河北大学出版社 2008 年版。

32. [美] 罗杰·盖格：《大学与市场的悖论》，郭建如、马林霞等译，北京大学出版社 2020 年版。

33. [美] 莫顿·凯勒、[美] 菲利斯·凯勒：《哈佛走向现代：美国大学的崛起》，史静寰、钟周、赵琳译，清华大学出版社 2007 年版。

34. [美] 乔伊斯等：《教学模式》（第七版），荆建华等译，中国轻工业出版社 2009 年版。

35. [美] 威廉·德雷谢维奇：《优秀的绵羊》，林杰译，九州出版社 2016 年版。

36. [美] 约翰·S. 布鲁贝克：《高等教育哲学》，王承绪等译，浙江教育出版社 1998 年版。

37. [美国] 克莱顿·M. 克里斯坦森、亨利·J. 艾林：《创新型大学：改变高等教育的基因》，陈劲、盛伟忠译，清华大学出版社 2017 年版。

38. [摩洛哥] Jamil Salmi：《世界一流大学：挑战与路径》，孙薇、王琪译，上海交通大学出版社 2009 年版。

39. [以色列] 约瑟夫·本–戴维：《科学家在社会中的角色》，赵佳苓译，四川人民出版社 1985 年版。

40. [英] 阿什比：《科技发达时代的大学教育》，滕大春、滕大生译，人民教育出版社 1983 年版。

41. [英] 大卫·帕尔菲曼：《高等教育何以为“高”——牛津导师制教学反思》，冯青来译，北京大学出版社 2010 年版。

42. “211 工程”部际协调小组办公室：《“211 工程”发展报告（1995—2005）》，高等教育出版社 2007 年版。

43. 别敦荣：《世界一流大学教育理念》，厦门大学出版社 2016 年版。

44. 陈利民：《办学理念与大学发展》，中国海洋大学出版社 2006 年版。

45. 陈其荣：《科学技术哲学论集》，上海人民出版社 2017 年版。

46. 程莹、王琪、刘念才主编：《世界一流大学：对全球高等教育的影响》，上海交通大学出版社 2015 年版。

47. 程永波、李雪飞：《嬗变与发展：美国研究型大学战略规划研究》，科学出版社 2016 年版。

48. 戴晓霞：《世界一流大学之卓越与创新》，高等教育文化事业有限公司 2006 年版。

49. 丁学良：《什么是世界一流大学?》，北京大学出版社 2004 年版。

50. 董保城：《教育法与学术自由》，月旦出版社股份有限公司 1997 年版。

51. 都昌满：《从走近到走进：美国高等教育纵览》，上海交通大学出版社 2017 年版。

52. 范文曜、马陆亭主编：《国际视角下的高等教育质量评估与财政拨款》，教育科学出版社 2004 年版。

53. 符娟明主编：《比较高等教育》，北京师范大学出版社 1987 年版。

54. 付军龙：《大学创新教育论》，教育科学出版社 2012 年版。

55. 郜承远、刘宁：《麻省理工学院》，湖南教育出版社 1996 年版。

56. 谷小燕：《世界教育蓝图与中国教育发展研究》，山西教育出版社 2018 年版。

57. 顾明远主编：《教育大辞典》，上海教育出版社 1991 年版。

58. 郭键：《哈佛大学发展史研究》，河北教育出版社 2000 年版。

59. 国务院学位委员会办公室编：《透视与借鉴——国外著名高等学校调研报告》（上），高等教育出版社 2008 年版。

60. 国务院学位委员会办公室编：《透视与借鉴——国外著名高等学校调研报告：2008 年版》（下册），高等教育出版社 2008 年版。

61. 何东昌主编：《中华人民共和国重要教育文献（1949—1975）》，海南出版社 1998 年版。

62. 何东昌主编：《中华人民共和国重要教育文献（1976—1990）》，海南出版社 1998 年版。

63. 何东昌主编：《中华人民共和国重要教育文献（1991—1997）》，海南出版社 1998 年版。

64. 贺国庆：《德国和美国大学发达史》，人民教育出版社 1998 年版。

65. 黄俊杰：《大学通识教育的理念与实践》，华中师范大学出版社 2001 年版。

66. 金耀基：《大学之理念》，生活 · 读书 · 新知三联书店 2001 年版。

67. 匡兴华：《高等学校的科学研究》，国防科技大学出版社 1991 年版。

68. 李建强、黄海洋：《国家实验室的体制机制与技术扩散研究》，上海交通大学出版社 2009 年版。

69. 李曼丽：《通识教育：一种大学教育观》，清华大学出版社 1999 年版。

70. 李勤国、马英、张守红：《高校产学研合作的理论与实践》，西安电子科技大学出版社 2019 年版。

71. 联合国教科文组织教育发展委员：《学会生存—教育世界的今天和明天》，华东师范大学比较教育研究所译，教育科学出版社 1996 年版。

72. 联合国教育文组织国际 21 世纪教育委员会：《教育—财富蕴藏其中》，联合国教科文组织总部中文科译，教育科学出版社 1996 年版。

73. 林红：《创新驱动战略与广东新兴产业发展》，广东人民出版社 2019 年版。

74. 刘宝存：《大学理念的传统与变革》，教育科学出版社 2004 年版。

75. 刘宝存：《为未来培养领袖：美国研究型大学本科生教育重建》，高等教育出版社 2011 年版。

76. 刘宝存、刘强主编：《光荣与梦想：世界一流大学建设》，山东教育出版社 2015

年版。

77. 刘宝存、张梦琦主编：《创建世界一流大学政策的国际比较研究》，北京师范大学出版社 2021 年版。

78. 刘宝存、张晓报等：《当代大学发展形态与大学观比较研究》，人民出版社 2021 年版。

79. 刘芳：《思想者书系：美国简史》，新世界出版社 2017 年版。

80. 刘念才、［加拿大］Jan Sadlak：《世界一流大学：特征、排名、建设》，上海交通大学出版社 2007 年版。

81. 刘念才、［加拿大］Jan Sadlak 主编：《世界一流大学：战略 · 创新 · 改革》，上海交通大学出版社 2009 年版。

82. 刘念才、程莹、王琪主编：《从声誉到绩效：世界一流大学的挑战》，江小华翻译，上海交通大学出版社 2017 年版。

83. 芦文慧：《高校公共关系理论与实践》，东北大学出版社 2008 年版。

84. 罗云：《中国重点大学与学科建设》，中国社会科学出版社 2005 年版。

85. 马德秀：《变革与超越：走中国特色的一流大学之路》，上海交通大学出版社 2014 年版。

86. 马万华：《从伯克利到北大清华：中美公立研究型大学建设与运行》，教育科学出版社 2004 年版。

87. 马万华主编：《多样性与领导力：马丁 · 特罗论美国高等教育和研究型大学》，教育科学出版社 2011 年版。

88. 马万华：《全球化时代的研究型大学美英日德四国的政策与实践》，教育科学出版社 2013 年版。

89. 美国商务部创新创业办公室：《创建创新创业型大学：来自美国商务部的报告》，赵中建、卓泽林译，上海科技教育出版社 2016 年版。

90. 孟明义主编：《高等教育发展战略简论》，社会科学文献出版社 1987 年版。

91. 庞青山：《大学学科论》，广东高等教育出版社 2006 年版。

92. 朴雪涛：《重建中国精英高等教育》，黑龙江人民出版社 2002 年版。

93. 乔锦忠：《学术生态治理：研究型大学教师激励机制探索》，教育科学出版社 2008

年版。

94. 乔玉全：《21世纪的美国高等教育》，高等教育出版社2000年版。

95. 全球大学创新联盟编：《2007年世界高等教育报告：高等教育的质量保证》，汪利兵、阚阅译，浙江大学出版社2009年版。

96. 上海科学技术情报研究所编著：《全球科技创新中心战略情报研究——从"园区时代"到"城市时代"》，上海科学技术文献出版社2016年版。

97. 沈航：《高校技术经纪研究》，上海交通大学出版社2019年版。

98. 沈红：《美国研究型大学形成与发展》，华中理工大学出版社1999年版。

99. 施晓光：《美国大学思想论纲》，北京师范大学出版社2001年版。

100. 石毓智：《斯坦福的创新力：来自世界一流大学的启示》科学出版社2018年版。

101. 孙福全、王伟光、陈宝明：《产学研合作创新 理论、实践与政策》，科学技术文献出版社2013年版。

102. 陶爱珠：《世界一流大学研究：透视、借鉴、开创》，上海交通大学出版社1993年版。

103. 滕大春主编：《外国教育通史》（第2卷）。山东教育出版社1989年版。

104. 汪霞主编：《世界一流大学研究生培养模式和课程体系研究》，南京大学出版社2015年版。

105. 汪霞、钱铭主编：《世界一流大学通识教育课程研究：以美国大学为例》，南京大学出版社2017年版。

106. 汪霞、钱小龙主编：《世界一流大学教学助理制度研究》，南京大学出版社2017年版。

107. 汪霞、顾露雯主编：《世界一流大学案例研究：高质量的秘密》，南京大学出版社2018年版。

108. 汪霞、郭月兰主编：《世界一流大学学生事务管理研究》，南京大学出版社2019年版。

109. 汪昕宇主编：《人力资源管理理论创新与实践》，中央民族大学出版社2018年版。

110. 王建华：《学科的境况与大学的遭遇》，教育科学出版社2014年版。

111. 王莉华、王素文、汪辉：《世界一流大学学科竞争力》，浙江大学出版社2015

年版。

112. 王琪、程莹、刘念才主编：《世界一流大学：国家战略与大学实践》，上海交通大学出版社 2011 年版。

113. 王琪、程莹、刘念才主编：《世界一流大学：共同的目标》，上海交通大学出版社 2013 年版。

114. 王廷芳：《美国高等教育史》，福建教育出版社 1995 年版。

115. 王雁：《创业型大学：美国研究型大学模式变革的研究》，同济大学出版社 2011 年版。

116. 王英杰：《美国高等教育的发展与改革》，人民教育出版社 2002 年版。

117. 王英杰、刘宝存：《国际视野中的大学创新教育》，山西教育出版社 2005 年版。

118. 王英杰、刘宝存：《世界一流大学的形成与发展》，山西教育出版社 2008 年版。

119. 吴洪富等：《制度与实践：一流研究型大学科教融合研究》，华中师范大学出版社 2018 年版。

120. 徐辉：《高等教育发展的新阶段—论大学与工业的关系》，杭州大学出版社 1990 年版。

121. 徐昭恒、王琪：《走进世界名校：德国》，上海交通大学出版社 2014 年版。

122. 许迈进：《美国研究型大学：办学功能与要素分析》，浙江大学出版社 2005 年版。

123. 薛天祥：《高等学校科研管理》，华东师范大学出版社 1988 年版。

124. 杨汉清、韩骅：《比较高等教育概论》，人民教育出版社 1997 年版。

125. 杨树勋：《现代高等教育学》，化学工业出版社 1999 年版。

126. 易高峰：《崛起中的创业型大学：基于研究型大学模式变革的视角》，上海交通大学出版社 2011 年版。

127. 于雯杰：《德国财政——制度框架与改革方向》，中国财富出版社 2020 年版。

128. 喻恺、徐扬、查岚：《转危为机：世界一流大学在国际金融危机中的应对策略》，知识产权出版社 2015 年版。

129. 袁兆亿：《基础研究竞争力及产业影响：兼论人才创新力培养与发展路径选择》，吉林人民出版社 2014 年版。

130. 张宝泉：《美·苏·英·德·法高等学校管理比较》，东北师范大学出版社 1998

年版。

131. 张劲夫主编：《海外学者论中国》，华夏出版社 1994 年版。

132. 张念红：《教育百科辞典》，中国农业科技出版社 1988 年版。

133. 张人杰：《大教育学》，广东高等教育出版社 2003 年版。

134. 张栓兴：《高校科技成果转化问题研究——以陕西省为例》，经济管理出版社 2019 年版。

135. 张晓华：《创新合作：大学科技园与跨国公司研发中心》，南开大学出版社 2014 年版。

136. 中央教育科学研究所：《中华人民共和国教育大事记（1949—1982）》，教育科学出版社 1984 年版。

137. 曾天山：《中国社会科学研究质量标准体系研究》，广东高等教育出版社 2014 年版。

138. 周常明：《牛津大学史》，上海交通大学出版社 2012 年版。

139. 朱国仁：《高等学校职能论》，黑龙江教育出版社 1999 年版。

（二）中文论文

1. [美] 菲利普·阿特巴赫、叶志坚、周岳峰：《世界级大学的代价和好处》，《高等教育研究》2004 年第 5 期。

2. [日] 金子元久：《高等教育发展的中国模式：来自日本的观察》，《教育发展研究》2006 年第 5A 期。

3. [英] 艾伦·文特、邵文忠：《英国剑桥大学的管理及运行机制》，《临沂师范学院学报》2008 年第 4 期。

4. 白彦锋、陈珊珊、冯阔：《我国高等教育发展不均衡的财政原因与对策分析》，《中央财经大学学报》2018 年第 2 期。

5. 毕家驹：《高等教育质量保证小议》，《高教发展与评估》2007 年第 7 期。

6. 别敦荣：《论“双一流”建设》，《中国高教研究》2017 年第 11 期。

7. 别敦荣、齐恬雨：《论我国一流大学通识教育改革》，《江苏高教》2018 年第 1 期。

8. 别敦荣：《必须进一步扩大高校办学自主权——我国高等教育发展 70 年的经验》，《教育发展研究》2019 年第 Z1 期。

9. 别敦荣、易梦春：《高等教育质量文化及其建设策略》，《高等教育研究》2021年第3期。

10. 别敦荣：《“十四五”时期大学发展规划的战略意义》，《大学教育科学》2021年第6期。

11. 蔡文敏、刘军伟：《剑桥大学导师制及其对我国大学教育的启示》，《中国电力教育》2010年第9期。

12. 柴江：《我国高等教育经费投入的趋势与展望：基于OECD成员国的比较》，《黑龙江高教研究》2018年1期。

13. 常娜、曹辉、符永宏：《世界一流大学的基本特征与评价体系》，《改革与开放》2017年第1期。

14. 陈斌：《论一流大学建设的内在逻辑与现实境遇》，《大学教育科学》2020年第2期。

15. 陈洪捷、巫锐：《“集群”还是“学科”：德国卓越大学建设的启示》，《江苏高教》2020年第2期。

16. 陈丽媛、祁翔：《世界一流大学投入模式研究—基于中国、美国、日本与中国台湾地区的比较》，《高等教育研究》2018年第9期。

17. 陈鹏、李威：《“双一流”建设背景下西部高等教育的挑战与政策供给》，《教育研究》2018年第11期。

18. 陈倩倩：《美国研究型大学的科研成果转化研究》，广西师范大学硕士学位论文，2010年。

19. 陈瑞英：《日本创建世界一流大学的政策措施：“全球顶尖大学计划”》，《比较教育研究》2018年第3期。

20. 陈伟斌：《“双一流”建设背景下新兴交叉学科建设路径思考》，《中国大学教学》2021年第9期。

21. 陈文博：《世界一流大学经费规模、收支结构与科研产出的实证研究》，浙江工业大学硕士学位论文，2019年。

22. 陈霞玲：《“十四五”时期高等教育服务创新驱动发展：新要求、重点领域与推进举措》，《现代教育管理》2021年第9期。

23. 陈艺波：《德国高校教师制度理念探析》，《比较教育研究》2009 年第 9 期。

24. 陈永明：《德国大学教师聘任制的现状与特征》，《集美大学学报》2007 年第 3 期。

25. 程哲、卢兴富、李福林：《世界一流大学建设成效评价分析——基于科研论文的视角》，《中国高教研究》2020 年第 10 期。

26. 储祖旺：《中国高校筹资问题研究》，华中科技大学博士学位论文，2003 年。

27. 代蕊华：《筹资者：大学校长新角色》，《高等教育研究》2000 年第 3 期。

28. 翟亚军：《大学学科建设模式新解——基于世界一流大学的分析》，《学位与研究生教育》2009 年第 3 期。

29. 丁学良：《什么是世界一流大学》，《高等教育研究》2001 年第 3 期。

30. 丁学良：《何为世界一流大学—丁学良教授在北京大学的讲演》，《文汇报》2005 年 1 月 26 日。

31. 董垌希：《本科教学审核评估对高校内部质量保障体系建设的启示》，《现代教育管理》2019 年第 6 期。

32. 董泽芳、袁川：《国外高校成功培养创新型人才的经验与启示—以哈佛大学、牛津大学和东京大学为例》，《现代大学教育》2014 年第 4 期。

33. 凡奇：《牛津大学的导师制对我国高校教学方式改革的启示》，《辽宁工业大学学报》（社会科学版）2008 年第 5 期。

34. 方成、方同庆：《大学科研治理：冲突与变革——基于大学科研人员治理主体》，《科技进步与对策》2020 年第 7 期。

35. 冯惠敏、郭洪瑞、黄明东：《挪威推进高等教育质量文化建设的举措及其启示》，《高等教育研究》2018 年第 2 期。

36. 付海南、毛丽娅：《“双一流”建设下高校人才培养的定位、缺位和进位》，《黑龙江高教研究》2018 年第 10 期。

37. 高耀明、张光辉：《大学内部教学质量保障体系——以上海师范大学为例》，《大学・研究与评价》2007 年第 10 期。

38. 龚成：《管办评分离与高校办学自主权的落实》，《江苏高教》2018 年第 10 期。

39. 顾明远：《铸造大学的灵魂——一流大学建设的关键所在》，《清华大学教育研究》2003 年第 3 期。

40. 郭柏林、杨连生:《高校交叉学科发展困境及破解蠡测——基于“学术部落化”的考察》,《高教探索》2022 年第 1 期。

41. 郭丛斌:《中国高水平大学学科发展现状与建设路径分析——从 ESI、QS 和 US News 排名的视角》,《教育研究》2016 年第 12 期。

42. 郭丽:《日本大学教授会自治的形成与演变》,《外国教育研究》2006 年第 6 期。

43. 郝平:《服务世界重要人才中心和创新高地建设　扛起“双一流”高校的时代使命》,《学习时报》2022 年 2 月 25 日。

44. 何秀超:《教育督导推进教育“管办评”分离的思考》,《教育研究》2019 年第 2 期。

45. 胡炳仙:《中国重点大学政策:历史演变与未来走向—基于新制度主义的政策分析》,华中科技大学博士学位论文,2006 年。

46. 胡炳仙:《中国重点大学政策的逻辑起点》,《现代大学教育》2008 年第 2 期。

47. 胡德鑫:《我国世界一流大学建设的困境与治理挑战——基于多重制度逻辑分析范式》,《高等工程教育研究》2019 年第 2 期。

48. 胡建华:《大学科学研究的性质、地位、作用之比较分析》,《高等教育研究》2006 年第 5 期。

49. 胡娟、张伟:《哈佛大学资金来源、筹资模式及其启示》,《高等教育研究》2008 年第 5 期。

50. 胡科、陈武元、段世飞:《英国高校科研评估改革的新动向—基于“科研卓越框架 2021”的分析》,《中国高教研究》2019 年第 8 期。

51. 胡丽:《我国高校科技成果转化平台的建设探索》,《社会科学家》2018 年第 6 期。

52. 黄瑶、马永红、王铭:《知识生产模式Ⅲ促进超学科快速发展的特征研究》,《清华大学教育研究》2016 年第 6 期。

53. 贾莉莉:《基于学科的大学学术组织研究》,华东师范大学博士学位论文,2008 年。

54. 蒋洪新、孙雄辉:《大学科技园视阈下高校科技成果转化路径探索——来自英国剑桥科技园的经验》,《现代大学教育》2018 年第 6 期。

55. 蒋晓伟、张海舟:《德国的教授制度》,《社会》2001 年第 11 期。

56. 金玉善：《韩国世界一流大学建设工程研究—以“BK21plus 工程”为例》，天津师范大学硕士学位论文，2019 年。

57. 靳贵珍：《美国工科研究生教育的旗舰——麻省理工学院的经验与启示》，《学位与研究生教育》2007 年增刊。

58. 康宏：《建设世界一流大学：政策回顾与矛盾分析》，《黑龙江高教研究》2006 年第 5 期。

59. 康宁、张其龙、苏慧斌：《“985 工程”转型与“双一流方案”诞生的历史逻辑》，《清华大学教育研究》2016 年第 5 期。

60. 孔捷、［德］马蒂亚斯·韩、迟芳：《讲座制下德国大学教师的职业发展》，《外国教育研究》2010 年第 1 期。

61. 黎军、陈微：《中美高校教师招聘制度的比较——基于耶鲁大学与北京大学教师招聘制度的分析》，《教师教育论坛》2013 年第 7 期。

62. 李春卉：《美国大学图书馆科研影响力评价服务实践研究》，《新世纪图书馆》2021 年第 8 期。

63. 李金烁：《日本“COE 计划”阶段演变的特点及启示》，《中国高校科技》2019 年第 4 期。

64. 李铭霞、吕旭峰：《美国斯坦福大学技术许可办公室的使命与专业化管理》，《世界教育信息》2015 年第 21 期。

65. 李鹏虎：《世界一流大学建设：排名、学科及挑战》，《现代教育管理》2017 年第 3 期。

66. 李鹏晓：《美国研究型大学科研项目管理研究》，华中科技大学硕士学位论文，2019 年。

67. 李巧针：《美国大学董事会、校长、评议会权力关系解析及启示》，《国家教育行政学院学报》2007 年第 11 期。

68. 李瑞琳、［澳］Hamish Coates：《我国大学社会服务职能发展：国际经验、现实问题与政策建议》，《高校教育管理》2020 年第 4 期。

69. 李伟：《欧美高校经费筹措多元化途径探析》，《沈阳建筑大学学报》（社会科学版）2008 年第 4 期。

70. 李志锋、汪洋：《世界一流大学教师队伍的结构与分类管理逻辑—以 MIT 为案例》，《教师教育研究》2018 年第 1 期。

71. 李志民：《关于建设世界一流大学的“冷”思考》，《中国高校科技》2016 年第 Z1 期。

72. 李志民：《推进“双一流”建设　提升高等教育水平》，《中国高等教育》2021 年第 19 期。

73. 廖菁菁：《日本建设世界一流大学的战略及实践—以日本东北大学为例》，《当代教育科学》2018 年第 5 期。

74. 林杰：《中美两国大学教师“近亲繁殖”之比较》，《高等教育研究》2009 年第 12 期。

75. 刘宝存：何谓大学：西方大学概念透视。《比较教育研究》2003 年第 4 期。

76. 刘宝存：《美国大学的创新人才培养与本科生科研》，《外国教育研究》2005 年第 12 期。

77. 刘宝存：《美国研究型大学一年级习明纳尔课程》，《外国教育研究》2005 年第 3 期。

78. 刘宝存、王维、马存根：《美国高等学校的服务性学习》，《比较教育研究》2005 年第 11 期。

79. 刘宝存：《国外大学学科组织的历史演进》，《天津市教科院学报》2006 年第 1 期。

80. 刘宝存：《世界一流大学发展模式的个性化选择》，《比较教育研究》2007 年第 6 期。

81. 刘宝存、张伟：《国际比较视野下的创建世界一流大学政策研究》，《比较教育研究》2016 年第 6 期。

82. 刘道玉：《中国怎样建成世界一流水平的大学》，《高等教育研究》2003 年第 2 期。

83. 刘海峰：《“双一流”建设的继承、创新与推进》，《高等教育研究》2021 年第 1 期。

84. 刘海燕、曾晓虹：《学科与专业、学科建设与专业建设关系辨析》，《高等教育研究学报》2007 年第 4 期。

85. 刘晖；《高等教育大众化进程中的教育质量评估问题——兼论英国高等教育质量监督与评估的经验和启示》，《外国教育研究》2001 年第 6 期。

86. 刘莉、朱军文：《欧洲高校科研评价制度的趋势即政策启示》，《中国高校科技》2014年第11期。

87. 刘仁山：《“双一流”建设与新时代人才培养》，《国家教育行政学院学报》2018年第6期。

88. 刘瑞明、金田林、葛晶、刘辰星：《唤醒“沉睡”的科技成果：中国科技成果转化的困境与出路》，《西北大学学报》（哲学社会科学版）2021年第4期。

89. 刘学政：《牛津大学本科生导师制探究》，《辽宁医学院学报》（社会科学版）2010年第1期。

90. 刘永林、周海涛：《深化高等教育“放管服”改革的思考》，《复旦教育论坛》2017年第5期。

91. 刘宇雷：《“双一流”背景下高校内部治理面临的挑战及其应对》，《江苏高教》2019年第11期。

92. 刘赞英、李亚琳：《现代大学制度构建的逻辑：内生与外延相平衡》，《大学教育科学》2015年第5期。

93. 刘正正：《2016版哈佛通识教育解析及其启示》，《高教发展与评估》2021年第5期。

94. 刘志民、李馨儿：《澳大利亚高校科研评价改革动向与启示》，《高校教育管理》2020年第5期。

95. 鲁世林、冯用军：《“双一流”大学建设的监测机制与评估标准探究》，《黑龙江高教研究》2018年第10期。

96. 陆道坤、[肯尼亚] Joseph Muiruri Thige：《加州大学伯克利分校教师教学能力发展机制研究》，《大连理工大学学报》（社会科学版）2016第2期。

97. 罗涛：《剑桥大学技术转移和商业化经验》，《高科技与产业化》2013年第4期。

98. 吕锐、吴坚：《优化高等教育质量保障体系》，《中国高等教育》2021年第10期。

99. 马浚锋、罗志敏：《我国世界一流大学建设政策的成效研究——基于双重差分模型的经验证据》，《高校教育管理》2022年第2期。

100. 马赛、郝智秀：《学分制在哈佛大学创立和发展的历史轨迹——兼论美国学分制产生和发展的社会背景》，《高教探索》2009年第1期。

101. 马廷奇、郑政捷：《从“重点”到“一流”：历史制度主义视角下我国学科建设制度的变迁逻辑》，《高校教育管理》2022 年第 2 期。

102. 毛建青、陈文博：《世界一流大学经费规模、收支结构与科研产出的关系研究——基于 36 所美国大学 16 年间的数据分析》，《教育发展研究》2019 年第 19 期。

103. 聂永成：《知识生产模式转型视角下的大学治理结构变革》，《国家教育行政学院学报》2019 年第 9 期。

104. 牛风蕊、沈红：《德国研究型大学学术职位制度的历史、特点及变革趋势》，《外国教育研究》2015 年第 10 期。

105. 潘黎、邢颖：《德国“卓越大学”理念嬗变及对我国“双一流”建设的启示》，《教育科学》2020 年第 1 期。

106. 庞青山、李望梅、蓝清华、黄健柏：《研究型大学师资队伍建设三题》，《现代大学教育》2019 年第 2 期。

107. 彭涛：《从最有钱大学到最严重财政危机》，《南方都市报》2009 年 7 月 27 日。

108. 蒲蕊、柳燕：《教育管办评分离中政府、学校和社会的角色》，《教育科学研究》2016 年第 12 期。

109. 秦琴：《日本高等教育质量评价与保障体系：历史演进与改革方向》，《高教探索》2018 年第 1 期。

110. 秦竹、何立芳：《美国大学科研管理的模式及其启示》，《中国高等教育》2008 年第 Z1 期。

111. 邱均平、欧玉芳：《亚欧四国世界一流大学建设比较研究》，《高教发展与评估》2016 年第 4 期。

112. 邱勇：《一流本科教育是一流大学的底色》，《光明日报》2016 年 6 月 21 日。

113. 尚胜男、杨颖秀：《“双一流”建设政策分析及展望——基于邓恩政策集成分析的视角》，《现代教育管理》2022 年第 5 期。

114. 施一公、饶毅：《靠什么创建世界一流大学》，《光明日报》2008 年 4 月 2 日。

115. 时庆洁、马娜：《剑桥大学教学质量保证机制及启示》，《江苏大学学报》（高教研究版）2006 年第 1 期。

116. 眭依凡：《论大学的善治》，《江苏高教》2014 年第 6 期。

117. 眭依凡、李芳莹:《“学科”还是“领域”:“双一流”建设背景下“一流学科”概念的理性解读》,《高等教育研究》2018 年第 4 期。

118. 眭依凡:《关于一流大学建设与大学治理现代化的理性思考》,《中国高教研究》2019 年第 5 期。

119. 眭依凡:《一流本科教育改革的重点与方向选择——基于人才培养的视角》,《现代教育管理》2019 年第 6 期。

120. 眭依凡:《转向大学内部治理体系创新:高等教育治理体系现代化的紧要议程》,《教育研究》2020 年第 12 期。

121. 孙刚成、贺列列:《基于世界大学排名面板数据的中外一流大学师资比较》,《黑龙江高教研究》2018 年第 2 期。

122. 孙进:《德国大学改革问题的组织理论解析》,《北京大学教育评论》2005 年第 2 期。

123. 孙淑芹:《德国高校教师职务的聘任与启示》,《中国林业教育》2000 年第 4 期。

124. 陶凤、王晨婷:《加快“双一流”建设 动态调整建设范围》,《中国改革报》2021 年 3 月 31 日。

125. 田恩舜:《高等教育质量保证模式研究》,华中科技大学博士学位论文,2005 年。

126. 铁铮:《中国高等教育要加快培养大师步伐》,《中国高等教育》2021 年第 12 期。

127. 佟婧、申晨、洪成文:《牛津、剑桥捐赠基金资产配置及对“双一流”的启示》,《中国高等教育》2018 年第 1 期。

128. 汪永成、胡胜全:《“双一流”范围调整的社会风险:生成机理、特征表现与防控策略》,《深圳大学学报》(人文社会科学版)2020 年第 6 期。

129. 王保星:《美国大学教师终身教职与学术自由的关系》,《北京大学教育评论》2005 年第 1 期。

130. 王凤玉、都本伟:《第二次世界大战前美国一流大学群体崛起的原因及其启示》,《教育科学》2019 年第 3 期。

131. 王建华:《重申高等教育体制改革》,《教育发展研究》2018 年第 1 期。

132. 王立兵:《高等教育“放管服”改革中法律保障的缺位与应对》,《国家教育行政学院学报》2021 年第 4 期。

133. 王丽佳、黎万红、卢乃桂：《教育质量保障视域中的问责网络建构：理据、实践与优化进路》，《复旦教育论坛》2014 年第 5 期。

134. 王宁：《美国大学教师流动机制研究》，北京师范大学硕士学位论文，2008 年。

135. 王世英：《“优先 2030 计划”：俄罗斯新一轮世界一流大学建设述析》，《江苏高教》2022 年第 4 期。

136. 王晓阳、刘宝存、李婧：《世界一流大学的定义、评价与研究——美国大学联合或常务副主席约翰・冯（John Vaugh）访谈录》，《比较教育研究》2010 年第 1 期。

137. 王雅芬、贾丽娜：《国内外高校科研评价方式的比较研究》，《评价与管理》2005 年第 1 期。

138. 王英杰：《关于世界一流大学建设之路的思考》，《清华大学教育研究》2003 年第 3 期。

139. 王英杰：《以美国为例谈世界一流大学建设中的几个问题》，《华东师范大学学报》（教育科学版）2016 年第 3 期。

140. 王英杰：《广义国际化与世界一流大学建设》，《比较教育研究》2018 年第 7 期。

141. 王悠然、沙芳兵：《英国与欧盟科研合作面临严峻挑战》，《中国社会科学报》2022 年 6 月 27 日。

142. 王战军、蓝文婷：《世界一流大学与社会发展“双螺旋”模式》，《中国高教探究》2020 年第 8 期。

143. 王战军、雷琨、于妍：《韩国大学评估特征探析及对我国“双一流”建设评价的启示》，《教育发展研究》2020 年第 3 期。

144. 王战军、娄枝：《世界一流大学的社会贡献、经验与启示—以哈佛大学为例》，《清华大学教育研究》2020 年第 2 期。

145. 王战军、刘静、王小栋：《世界一流大学高地：概念、特征与时代价值》，《高等教育研究》2021 年第 6 期。

146. 王战军、蔺跟荣：《世界一流大学高地形成的时空逻辑与经验启示》，《大学教育科学》2022 年第 1 期。

147. 魏丽娜、周翔宇：《我国高等教育经费配置的现实困境与改进策略——基于新加坡的经验启示》，《云南师范大学学报》（哲学社会科学版）2020 年第 5 期。

148. 魏玉亭、高长完：《韩国一流大学与卓越人才发展计划："BK21 PLUS 工程"实施述评》，《高等工程教育研究》2020 年第 3 期。

149. 吴小玉：《大学科技园发展趋势》，《中国科技投资》2006 年第 10 期。

150. 武建鑫：《面向创新驱动发展战略的新型研究型大学实践路径研究》，《高校教育管理》2021 年第 3 期。

151. 习近平：《在中国科学院第十九次院士大会、中国工程院第十四次院士大会上的讲话》，《人民日报》2018 年 5 月 29 日。

152. 夏国萍：《世界一流大学关键特征与中国路径依赖研究》，《中国电化教育》2019 年第 9 期。

153. 项杨、周志强、亓晶：《复杂系统视角下学科群的生成逻辑、演化路径及推进策略》，《高校教育管理》2020 年第 4 期。

154. 肖国芳、杨银付：《管办评分离背景下高等教育第三方评估的价值意蕴、实践困境及突破路径》，《高校教育管理》2020 年第 5 期。

155. 谢和平：《对大学教育的几点思考》，《大学教育科学》2021 年第 4 期。

156. 谢维和：《国内高水平大学科研的新阶段与新常态——关于高校科研工作的几点思考》，《中国高校科技》2016 年第 5 期。

157. 徐来群：《"哈佛帝国"的建立——哈佛大学筹资研究》，《高教探索》2010 年第 2 期。

158. 徐娜、孙春梅：《俄罗斯提升大学国际竞争力"5—100 计划"评析》，《比较教育研究》2016 年第 11 期。

159. 徐艳秋、余建森、何勇：《论跨世纪优秀年轻学术带头人的培养》，《师资培训研究》1997 年第 4 期。

160. 徐赟、马萍：《欧洲大学质量文化建设：实践及启示》，《外国教育研究》2017 年第 9 期。

161. 薛新龙、史薇、霍鹏：《创新高地的高等教育组织结构变革研究——以美国旧金山湾区为例》，《中国高教研究》2021 年第 9 期。

162. 闫欢欢、王莉：《俄罗斯的世界一流大学建设："5—100 计划"述评》，《高教探索》2020 年第 10 期。

163. 闫俊、钱多：《韩国“世界一流大学工程”对我国“双一流”建设的启示》，《辽宁教育行政学院学报》2019 年第 4 期。

164. 杨岭、毕宪顺、赵光锋：《新旧动能转换背景下地方“双一流”建设大学社会责任实现的机制研究》，《江苏高教》2020 年第 7 期。

165. 杨岭、毕宪顺：《“双一流”建设的内涵与基本特征》，《大学教育科学》2017 年第 4 期。

166. 杨希、王倩、李欢：《中外一流大学对创新型经济贡献的比较：基于指标与案例分析》，《上海交通大学学报》（哲学社会科学版）2019 年第 3 期。

167. 姚荣：《高等教育领域“放管服”改革的意图、效应及其深化——基于〈高等教育法〉首次执法检查报告的分析》，《湖南师范大学教育科学学报》2020 年第 2 期。

168. 姚之彦：《高校师资队伍建设的有效途径》，《中国高等教育》2019 年第 23 期。

169. 叶桂芹、袁本涛：《大学校长与世界一流大学建设：伯克利的案例》，《清华大学教育研究》2008 年第 1 期。

170. 俞可：《从卓越计划到卓越战略——德国志在打造高等教育强国》，《中国教育报》2016 年 7 月 1 日。

171. 俞云金：《美国大学教师选聘机制的考察与思考》，《国家教育行政学院学报》2008 年第 7 期。

172. 袁广林：《综合交叉学科发展的组织建构和制度设计——基于我国大学创建世界一流学科的思考》，《学位与研究生教育》2018 年第 7 期。

173. 袁广林：《学科交叉、研究领域与原始创新——世界一流学科生成机理与建设路径分析》，《学位与研究生教育》2022 年第 1 期。

174. 岳珠峰：《剑桥大学本科生教学的一些认识》，《西北工业大学学报》（社会科学版）2003 年第 4 期。

175. 张河清：《国外本科生导师制经验探究——牛津大学的启示》，《现代商贸工业》2009 年第 24 期。

176. 张惠、刘宝存：《法国创建世界一流大学的政策及其特征》，《高等教育研究》2015 年第 4 期。

177. 张继龙：《基于协商民主的学院学术治理改革》，《教育发展研究》2017 年第 5 期。

178. 张继明：《德国柏林洪堡大学的治理结构及其特征——基于〈柏林洪堡大学章程〉文本的解读》，《中国高等教育评论》2016 年第 6 期。

179. 张凌云：《主动与渐进：德国高校教师聘任制度的特点与改革动向》，《高等教育研究》2009 年第 5 期。

180. 张淑林、崔育宝、李金龙、裴旭：《大学排名视角下的我国“世界一流大学”建设现状、差距与路径》，《清华大学教育研究》2018 年第 1 期。

181. 张曦琳、田贤鹏：《“双一流”建设中的教师流动治理：挑战、困境与举措》，《高教探索》2020 年第 3 期。

182. 张晓鹏：《日本的“大学机构改革”：进展、背景和意义》，《复旦教育论坛》2003 年第 2 期。

183. 张雪：《19 世纪德国现代大学及其与社会、国家关系研究》，华中师范大学博士学位论文，2012 年。

184. 张艺、龙明莲、杜军：《“双一流”大学与产业部门、科研机构的三螺旋互动成效》，《中国高校科技》2020 年第 10 期。

185. 张鹰、龚映杉：《建设一流大学的重要内容》，《中国高等教育》1999 年第 15 期。

186. 张智光：《提升一流大学人才培养质量的根本出路——教学—科研—社会服务的超循环共生系统》，《国家教育行政学院学报》2019 年第 3 期。

187. 赵春鱼、吴华：《高校教学质量保障：一个新的分析框架及其检验》，《高校教育管理》2018 年第 2 期。

188. 赵江涛、胡华：《世界大学排名视域下我国“双一流”高校的建设成效与差距》，《高教探索》2021 年第 7 期。

189. 赵军彩：《牛津大学内部决策制度及其对我国高校内部管理的启示》，河北师范大学硕士学位论文，2016 年。

190. 赵俊芳、安泽会：《韩国“WCU 计划”实施述评》，《高等教育研究》2016 年第 9 期。

191. 赵俊芳：《讲座制的历史演进及其当代评价》，《现代大学教育》2009 年第 3 期。

192. 赵乃瑄、金洁琴、周沫：《中国“双一流”大学建设的成效分析——基于 ESI 观测视角》，《高教发展与评估》2021 年第 2 期。

193. 赵庆年、姚伟：《高校科研创新与服务创新驱动发展能力评价研究——以广东高水平大学建设为例》，《现代教育管理》2020 年第 1 期。

194. 赵伟：《从隐性走向显性：俄罗斯创建世界一流大学政策评析》，《比较教育研究》2016 年第 6 期。

195. 郑文：《论英国大学副校长的角色、特征及权力》，《比较教育研究》2006 年第 7 期。

196. 周光礼：《实现三大转变，推进中国大学治理现代化》，《教育研究》2015 年第 11 期。

197. 周光礼、蔡三发、徐贤春、王顶明：《世界一流大学的建设与评价：国际经验与中国探索》，《中国高教研究》2019 年第 9 期。

198. 周济：《创新与高水平大学建设：在第三届中外大学校长论坛上的演讲》，《国家教育行政学院学报》2006 年第 9 期。

199. 朱欢欢：《美国哈佛大学“非升即走”制度研究》，山东师范大学硕士学位论文，2017 年。

200. 朱继光：《大众化背景下英国高校教育质量保障机制的特点及启示——以剑桥大学为例》，《世界教育信息》2009 年第 4 期。

201. 朱莲莲：《德国卓越大学建设——“卓越计划”到“卓越战略”的异同对比分析》，《教育教学论坛》2020 年第 39 期。

202. 朱宇华、王友云：《从干预走向规制：面向高等教育治理现代化的政府与市场关系建构》，《黑龙江高教研究》2021 年第 2 期。

203. 左雪丽：《日本“21 世纪 COE 计划”研究》，吉林大学硕士学位论文，2009 年。

二、英文参考文献

（一）英文著作

1. Allan，M.. *The Goals of the Universities*. Buckingham，etc.：The Society for Research into Higher Education & Open University Press，1988.

2. Altbach，P. G.. *Comparative Higher Education：Knowledge，the University and Development*. Greenwich，Conn.：Ablex Publishing Corporation，1998.

3. Arrow, K. J., etc.. *Education in a Research University*. Stanford, Calif.: Stanford University Press, 1996.

4. Ashby, E.. *On the Meaning of the University*. Utah: The University of Utah Press, 1976.

5. Barnett, R.. *The Idea of Higher Education*. Buckingham: The Society for Research into Higher Education, 1990.

6. Ben-David, J.. *Centers of Learning*. New Brunswick, N.J.: Transaction Publishers, 1977.

7. Bentinck-Smith, W.. *The Hrarvard Book*, 350 Aniversary Edition. Cambridge, Mass.: Harvard University Press, 1986.

8. Bok, D.. *Beyond the Ivory Tower: Social Responsibilities of the Modern University.* Cambridge, Mass.: Harvard University Press, 1982.

9. Bok, D.. *Higher Learning.* Cambridge, Mass.: Harvard University Press, 1986.

10. Bok, D.. *Universities and the Future of America*. Durham: Duke University Press, 1990.

11. Bowden, J. and Marton, F.. *The University of Learning*. London, etc.: Stylus Pub. 1998.

12. Bowen, W. G. and Bok, D.. *The Shape of the River: Long-term Consequences of Considering Race in College and University Admissions*. Princeton, N.J.: Princeton University Press, 1998.

13. Boyer, E. L.. *Educating for Survival*. Change Magazine Press, 1977.

14. Boyer, E. L.. *College: The Undergraduate Experience in America*. New York: Harper &Row, 1987.

15. Brennan, J.. *Managing Quality in Higher Education: An International Perspective on Institutional Assessment and Change*. Buckingham; Philadelphia: OECD, Society for Research into Higher Education, Open University Press. 2000.

16. Brock, M. G. and Curthoys, M. C.. *The History of the University of Oxford*. V6. Oxford: Claredon Press, 1997.

17. Brubacher, J. S. & Rudy, W.. *Higher Education in Transition: A History of American Colleges and Universities*. 4th edition. New Brunswick, N.J.: Transaction Publishers. 1997.

18. Brubacher, J. S.. *On the Philosophy of Higher Education*. San Francisco: Jossey-Bass Publishers, 1982.

19. Clark, B. R. *Sustaining Change in Universities Continuities in Case Studies and Concepts*. Maidenhead: Society for Research into Higher Education & Open University Press, 2004.

20. Cote, J. R.. *The Research University in a Time of Discontent*. Baltimore, M.D.: The John Hopkins University Press, 1994.

21. Duderstadt, J. J.. *A University for the 21st Century*. Ann Arbor, Michigan: University of Michigan Press, 2000.

22. Flexner, A.. *Universities: American, English, German*. New York, etc: Oxford University Press, 1930.

23. Gesset, J. O. y.. *Mission of the University*. Princeton, N.J.: Princeton University Press, 1944.

24. Hutchins, R. M.. *The University of Utopia*. Chicago: The University of Chicago Press, 1936.

25. Hutchins, R. M.. *The Conflict in Education in a Democratic Society*. Westport, Conn.: Greenwood Press, Publishers, 1953.

26. Hutchins, R. M.. *The Learning Society*. New York: The American Library, 1968.

27. Hutchins, R. M.. *The Higher Learning in America*. Westport, Conn.: Greenwood Press, Publishers, 1979.

28. Lucas, C. J.. *Crisis in the Academy: Rethinking Higher Education in America*. New York: St. Martin' s Griff, 1998.

29. Jacoby, B. and Associates. *Service-learning in Higher Education: Concepts and Practices*. San Francisco, Calif. : Jossey-Bass Publishers, 1996.

30. Jaspers, K.. *The Idea of the University*. London : Peter Owen Ltd. 1965.

31. Johnson，D. M. and Bell，D. A.. *Metropolitan Universities：An American Model in American Higher Education*. Denton，Tex：University of North Texas Press，1995.

32. Kennedy，D.. *Academic Duty*. Cambridge，Mass.：Harvard University Press，1997.

33. Kerr，C.. *The Great Transformation in Higher Education*. Albany，N.Y.：State University of New York Press，1991.

34. Kerr，C.. *Higher Education Cannot Escape History*. Albany，N.Y.：State University of New York Press，1994.

35. Kerr，C.. *The Uses of the University*. Cambridge，Mass.：Harvard University Press，1982.

36. Kerr，C.. *Troubled Times for American Higher Education*. Albany，N.Y.：State University of New York Press，1994.

37. Levine，A.. *Higher Learning in America 1980-2000*. Baltimore，M.D.：The John Hopkins University Press，1992.

38. Licata，C. M.，Morreale，J. C.. *Post-Tenure Faculty Review and Renewal：Experienced Voices*. Washington，DC：American Association for Higher Education，2002.

39. Lipset，S. M.，Riesman，D.. *Education and Politics at Harvard*. New York：Mcgraw-Hill Book Company，1975.

40. Lucas，C. J.. *American Higher Education：A History*. New York：St. Martin's Griff，1994.

41. Miller，R. I.. *American Higher Education：Issues and Challenges in the 1990s*. San Francisco：Jossey-Bass Publishers，1991.

42. Newman，J. H. C.. *On the Scope and Nature of University Education*. London：Dent，1965.

43. Newman，J. H. C.. *The Idea of a University：Defined and Illustrated*. Chicago，Ill.：Loyola University Press，1987.

44. Riesman，D.. *On Higher Education：The Academic Enterprise in an Era of Student Consumerism*. New Brunswick，N. J.：Transaction Publishers，1998.

45. Rudolph，F.. *A History of American Undergraduate Course of Study since 1636*. San

Francisco：Jossey-Bass Publishers，1977.

46. Rudy，W.. *The Universities of Europe，1100-1914：A History*. London：Associated University Press，1984.

47. Scott，P.. *The Crisis of the University*. London：Croom Helm Australia Pty Ltd.，1984.

48. Soares，J. A.. *The Decline of the Previlige：The Modernization of Oxford University*. Stanford，Calif.：Stanford University Press，1999.

49. Tapper，T. and Salter，B.. *Oxford. Cambridge and the Changing Idea of the University*. Buckingham：The Society for Research into Higher Education & Open University Press. 1992.

（二）英文论文

1. Abramo，G.，Angelo，C.，Pugini，F.. The Measurement of Italian Universities' Research Productivity by a Non Parametric-Bibliometric Methodology. *Scientometrics*，2008，76（2）：225-244.

2. Akalu，G.. Higher Education in Ethiopia：Expansion，Quality Assurance and Institutional Autonomy. *Higher Education Quarterly*，2014，68（4）：394-415.

3. Anatoly，O.. World-Class Universities and the Soviet Legacies of Administration：Integrity Dilemmas in Russian Higher Education. *Higher Education Quarterly*，2022，76（2）：385-398.

4. Baker，D. N. & Miosi，T.. The Quality Assurance of Degree Education in Canada. *Research in Comparative and International Education*. 2010，5（1）：32-57.

5. Bagautdinova，N.，Gorelova，Y.，Polyakova，O.. University Management：From Successful Corporate Culture to Effective University Branding. *Procedia Economics and Finance*，2015，26（C）：764-768.

6. Bath D.，Smith C.. Academic Developers：An Academic Tribe Claiming Their Territory in Higher Education. *International Journal for Academic Development*，2004，9（1）：9-27.

7. Begin，J.. Faculty Governance and Collective Bargaining. *The Journal of Higher*

Education，1974，45（8）：582-593.

8. Brown，R.. Mutuality Meets the Market：Analysing Changes in the Control of Quality Assurance in United Kingdom Higher Education 1992-2012. *Higher Education Quarterly*，2013，67（4）：420-437.

9. Daniel，W.. A Lexicon of Inter-Institutional Cooperation. *Higher Education*，2002，44（1）：153-183.

10. Darshna，B.，Kanika，B.. Creating World Class Universities：Roles and Responsibilities for Academic Leaders in India. *Educational Management Administration & Leadership*，2020，38（3）：570-590.

11. Deem，R.，Mok，K. H. & Lucas，L.. Transforming Higher Education in Whose Image? Exploring the Concept of the World-class University in Europe and Asia. *Higher Education Policy*. 2008，21（1），p.83-97.

12. Feller，I.. Interdisciplinarity：Paths Taken and Not Taken. *Change*：*The Magazine of Higher Learning*，2007，39（6）：46-51.

13. Fien，J.. Advancing Sustainability in Higher Education，Issues and Opportunities for Research. *International Journal of Sustainability in Higher Education*，2002，3（3）：243-53.

14. Gamze，S.. The New Leadership Model of University Management for Innovation and Entrepreneurship. *Eurasian Journal of Educational Research*，14（57）：73-90.

15. González，C.. Leadership for World-Class Universities：Challenges for Developing Countries. *The Journal of Higher Education*，2013，84（1）：144-146.

16. Gunn，A.，Mintrom，M.. Global University Alliances and the Creation of Collaborative Advantage. *Journal of Higher Education Policy and Management*，2013，35（2）：179-192.

17. Halstead，J. A.. What Is Undergraduate Research? *Journal of Chemical Education*. 1997，（12）：1390-1391.

18. Harland，T.，Staniforthb，D.. Academic Development as Academic Work. *International Journal for Academic Development*，2003，9（2）：25-35.

19. Henkel，M.. Academic Values and the University as Corporate Enterprise. *Higher*

Education Quarterly，1997，51（2）：134-143.

20. Henry，W.. Redefining Autonomy of Universities. *Higher Education Policy*，1995，8（3）：15-17.

21. Li，J.. World-class Higher Education and the Emerging Chinese Model of the University. *Prospects*. 2012，42（3：319-339.

22. Enders，J.. A Chair System in Transition：Appointments，Promotions，and Gate-Keeping in German Higher Education. *Higher Education*，2001，41（1-2）：3-25.

23. Trow，M.. Managerialism and the Academic Profession：The Case of England. *Higher Education Policy*，1994，7（2）：11-18.

24. Miles，M.，Shepherd，C.，Rose，J.，Dibben，M.. Collegiality in Business Schools. *International Journal of Educational Management*，2015，29（3）：322-333.

25. Morris，H.. Rankings and the Reshaping of Higher Education：The Battle for World Class Excellence. *Studies in Higher Education*，2011，36（6）：741-742.

26. Mudzakkir，M.，Sukoco，B.，Suwignjo，P.. World-Class Universities：Past And Future. *International Journal of Educational Management*，2021，36（3）：227-295.

27. Oliver，D.. The Road to Academic Excellence：The Making of World-Class Research Universities. *Comparative Education Review*，2013，57（2）：342-344.

28. Ortega，J.，Aguillo，I.. Mapping World-class Universities on the Web. *Information Processing & Management*，2008，45（2）：272-279.

29. Ploeg，F.，Veugelers，R.. Towards Evidence-based Reform of European Universities. *CESifo Economic Studies*，2008，54（2）：99-120.

30. Shin，J.. Building World-Class Research University：The Brain Korea 21 Project. *The International Journal of Higher Education and Educational Planning*，2009，58（5）：669-688.

31. Smith，H.. Universities，Innovation，and Territorial Development：A Review of the Evidence. *Environment & Planning C*，2007，25（1）：98-114.

32. Sukoco，B.，Mudzakkir，M.，Ubaidi，A.，Nasih，M.，Dipojono，H.，Ekowati，D. & Tjahjadi，B.. Stakeholder pressure to obtain world-class status among Indonesian

universities. *The International Journal of Higher Education Research*，2021，82（3）：561-581.

33. Tuchman，G.. The Rise and Decline of Faculty Governance：Professionalization and the American University. *Contemporary Sociology*：*A Journal of Reviews*，2015，44（6）：800-811.

34. Waas，T.，Verburuggen，A.，Wright，T.. University Research for Sustainable Development：Definition and Characteristics Explored. *Journal of Cleaner Production*，2009，18（7）：629-636.

35. Xavier，C.，Alsagoff，L.. Constructing "world-class" as "Global"：A Case Study of the National University of Singapore. *Educational Research for Policy and Practice*，2013，12（3）：225-238.